es 1101

edition suhrkamp

Neue Folge Band 101

Was schmerzlich fehlt, was mißlungen ist und weiter in monströsen Ausmaßen mißlingt, das bleibt wichtig zu untersuchen. Aber wir wollten trotzdem einmal in der anderen Richtung forschen: welche *Errungenschaften* die letzten Jahre gebracht haben, Erfahrungen, die vom unglücklichen Bewußtsein nicht aufgelöst zu werden brauchen. Es sind keine großformatigen, prinzipiellen Errungenschaften, womöglich Institutionen, das gewiß nicht. Vielfach erweist sich schon die *Frage* nach den Errungenschaften als eine solche, denn sie krempelt Geschichten und Konstellationen dergestalt um, daß sich Perspektiven eröffnen – keine zentralen, sondern gleichsam regionale –, in denen nicht nur über-, sondern auch weitergelebt werden kann. Zu welchen zivilisatorischen Aussichten, beispielsweise, können die grassierenden Beziehungsprobleme auch ermutigen: vielleicht auf eine Institution, die keine mehr ist, weil sie ausschließlich von den Motiven der Beteiligten getragen wird: Ist Westberlin mit seinen historischen und ökonomischen Ruinen, mit seinen Ausländern, alten Damen und jungen Aussteigern womöglich ein kulturelles Modell für die Zukunft? Entstehen nicht auch anderswo Formen des Wissens, der Bildung und der Orientierung, die die melancholische Reflexion als Verfall und Auflösung nur ganz unzureichend enthüllt, weil sie auf neue Stufen des Zivilisationsprozesses deuten? Ein Wort zum Untertitel des Bandes: »Kasuistik«, so liest man im Wörterbuch, kann sowohl »Fallsammlung« als auch »Spitzfindigkeit« bedeuten. Die Leser des Bandes sind zu der Untersuchung eingeladen, worum es sich in jedem einzelnen Fall handelt.

Errungenschaften
Eine Kasuistik

Herausgegeben von
Michael Rutschky

Suhrkamp

edition suhrkamp 1101
Neue Folge Band 101

Erstausgabe

Satz: Leingärtner, Nabburg
Druck: Nomos Verlagsgesellschaft, Baden-Baden
Umschlagentwurf: Willy Fleckhaus
Printed in Germany

Inhalt

Bildende Kunst, Literatur, Musik

Theorie des Soziotop

Sinn und Sinnlichkeit

Werner Graf

Die Politik der Anwesenheit

Vom Ein- und Aussteigen

Von »Aussteigern« wird vor allem im Innern von Institutionen gesprochen, von außen betrachtet ist das drängende Problem eher der verwehrte Einstieg. Beide Perspektiven sind aktuell, und sie sind nicht so gegensätzlich, wie sie erscheinen. Motive, die im einen Fall das Einsteigen hemmen, beschleunigen in anderen das Aussteigen. Da solchen Beweggründen nur in konkreten Zusammenhängen überzeugend nachgespürt werden kann, beginne ich mit einer Geschichte aus dem Innern einer Schule.

Die Fachkonferenz versammelte sich freiwillig, inoffiziell in einer Kollegenwohnung, weil ein unvorhergesehenes Problem entstanden war. Die Deutschlehrer(innen) einer Gesamtschule, fast alle um die dreißig, viele sogar jünger, sind fast vollzählig erschienen. Diese Sitzung folgt dem Bedürfnis, eine Sache in Ruhe gemeinsam zu diskutieren, ein Wunsch, der im Alltagsbetrieb der Schule ständig enttäuscht wird.

Die Bereitschaft zu solchen Gesprächen, manchmal wurden sogar Wochenendfahrten der Fachkollegen durchgeführt, um Unterrichtsprobleme ohne Zeitdruck zu besprechen, dieser Wunsch, Schulfragen gemeinsam zu klären, wenigstens auszusprechen, hat seinen Ursprung sicher in dem verbreiteten Lehrergefühl, trotz der Nähe und der Ähnlichkeit der Arbeit eigentlich nebeneinanderher arbeiten zu müssen, durch institutionalisierte Regeln und organisatorische Abläufe vereinzelt zu werden. Lehrer können nicht zusammenarbeiten, jeder muß allein vor die Schüler(innen) treten, selbst die Lehrer, die in unterschiedlichen Fächern dieselben Schüler unterrichten, sehen sich offiziell nur zur Zeugniskonferenz. Aus Verhinderungen und Versäumnissen werden Bedürfnisse: mit anderen über seine Tätigkeit zu reden, Geschichten zu hören und zu erzählen, Beobachtungen mitzuteilen, Interpretationen zu versuchen, Materialien auszutauschen, zu reflektieren, zu kritisieren, also: die diffuse Unterrichtswahrnehmung in einen Erfahrungsprozeß zu überführen, um sich gemeinsam die in

Bruchstücke zerfallende Verausgabung wieder anzueignen, die institutionell hergestellte Gemeinsamkeit auch wirklich, ausgesprochen, hörbar, sehbar zu erleben. Die Wahrnehmung des Alltags reproduziert ein Bedürfnis, das als Utopie ohnehin zu unserem Bewußtseinsvorrat gehört, nämlich das Ziel, »gesellschaftliche Vereinzelung in kollektiv organisierten und gemeinsam bestimmten Arbeitsprozessen aufzuheben«.

Für die Kollegen ist es also selbstverständlich, sich in ihrer Freizeit zu versammeln, um Fragen zu erörtern, die zu ihrer beruflichen Arbeit gehören. Viele unterscheiden, genaugenommen, ihre Privatexistenz nicht strikt von ihrer öffentlichen Funktion. Wenn sie noch freie Zeit haben, dann übernehmen sie fachliche und pädagogische, politische, gewerkschaftliche oder schulische Aufgaben, sie planen in kleinen Gruppen praktikable Reformvorhaben, entwerfen Unterrichtseinheiten und Jahrespläne usw. Das Privatleben wird gebündelt in die Ferien abgeschoben, sechs Wochen lang darf das Wort »Schule« nicht ausgesprochen werden. Aber danach sind sie wieder ganz da, ausschließlich für die Arbeit. Neben der Einzelarbeit in der Klasse sitzen sie wieder in vielen Gruppen und Gremien beieinander.

Die Versammlung der Fachkolleg(inn)en an diesem Sonntagvormittag ist also nichts Außergewöhnliches, auch der immerhin ungewöhnliche Zeitpunkt ergab sich mit stundenplanmäßiger Notwendigkeit: es war der einzige Termin, zu dem alle konnten. Als ob sich alle den Zeitraum freigehalten hätten, der traditionellerweise dem Gottesdienst vorbehalten ist.

Es gab nur einen Tagesordnungspunkt: Wie soll sich die Fachkonferenz bei der anstehenden Besetzung der Fachleiterstelle verhalten? Zum Verständnis dieser Situation und ihrer »Einschätzung« durch die Kollegen sind einige Bemerkungen vorauszuschicken: Die Lehrer(innen) wollten selbstverständlich diese Frage nicht der Schulleitung oder gar dem Bezirksamt überlassen, sie hielten sich als die Betroffenen für legitimiert, über die Besetzung zu entscheiden bis hin zu einer förmlichen Abstimmung über die Bewerber; sie gingen weiterhin davon aus, daß ihr Vorschlag befolgt werde. Rechtlich ist es wohl so: das Bezirksamt besetzt die Stelle, wobei es sich in der Regel an den Vorschlag der Schulleitung hält. Und praktisch sah es in diesem Fall so aus: der Schulleiter hatte »hinter vorgehaltener Hand« versprochen, daß er entsprechende Wünsche der Fachkonferenz, wenn sie nicht als

Forderungen erhoben würden, sich zu eigen machen werde. Schließlich müßten sie mit dem Fachleiter leben, unter Umständen dreißig Jahre lang. Andererseits werde er dem Amt niemand nennen, mit dem er nicht könne, aber er könne fast mit jedem, außerdem habe man ja jemanden.

Die Stelle war nämlich kommissarisch besetzt gewesen von einer Frau, die bislang die laufbahnrechtlich vorgesehene Dienstzeit noch nicht zusammengehabt hatte. Jetzt war die Besetzungsfrage aktuell geworden, weil die Fachleiterin nun die Mindestjahre für die Ernennung zur Studiendirektorin erreicht hatte und deshalb die kommissarische Verwaltung nicht mehr verlängert werden konnte. Aus formaljuristischen Gründen war die Stelle ausgeschrieben worden, und der bisherigen Fachleiterin war zugesagt worden, daß sie bloß eine Bewerbung einzureichen brauche. Aber diese glatte Geschichte war nun doch noch zum Problem geworden: die vorgesehene Frau hatte dem Schulleiter mitgeteilt, daß sie sich nicht bewerben könne. Diese Entscheidung, das war selbstverständlich auch ihr Bedürfnis, wollte sie den Kollegen erklären. Diese wiederum hofften, sie doch noch zur Bewerbung bewegen zu können. Und falls sie fest blieb, was aber nach den durchgesickerten Gründen keiner glaubte, sollte eine Strategie überlegt werden, wie die Stelle anders besetzt werden könnte.

Thema des Treffens war also eine höchst private Entscheidung einer Lehrerin über ihre Berufskarriere. Konsens der Versammelten war jedoch, daß es sich hier um keine Privatsache handeln könne, da alle betroffen seien. Diese Ansicht teilte auch Karin – die Lehrer(innen) dieses Kollegiums sprachen sich mit dem Vornamen an –, sie fühlte sich dazu verpflichtet, ihre Motive öffentlich zu erläutern, obwohl die Gründe ihrer Verweigerung, wie sich schnell zeigte, nicht nur nach traditionellen Vorstellungen der explizit geschützten Privatsphäre angehörten. Jedenfalls entzogen sich ihre Motive dann doch der Verhandlung, denn sie machte religiöse Erfahrungen geltend. Sie habe etwas erlebt, sagte sie, das für sie von zentraler Bedeutung sei, das möglicherweise ihr Leben verändere, weshalb sie für die Zukunft keine Verantwortung übernehmen könne. Für eine solche Stelle könne sie sich jetzt nicht restlos entscheiden. Sie müsse frei sein, aus dem Schuldienst auszutreten, wenn es für sie wichtig werde. Sie sei voller Hoffnung, sagte sie, und das sei ihr wichtiger als der berufliche Aufstieg.

Die Versammelten machten betretene Gesichter, die Wortlosigkeit war peinlich. Schließlich war man zusammengekommen, um wie üblich über Probleme zu sprechen. Doch nun hatte die Fachleiterin etwas Unaussprechliches geltend gemacht und mit einer subjektiven, religiösen Erfahrung das Kontinuum der Rede unterbrochen. Sollte schweigend akzeptiert werden?

Keiner der professionellen Sprecher und Problematisierer riskierte eine Widerrede. Offenbar bezog sich ihre wortlose Entscheidung auf einen sprachlosen Konsensbereich, der tiefer in den einzelnen verborgen war als das laute Kommunikationsbedürfnis. Indem sie deutlich machte, daß ihre Entscheidung für sie eine essentielle Lebensfrage sei, hatte sie jeden kollektiven Anspruch negiert. Ihr existentieller Einsatz unterlief alle kommunikationstheoretischen Lernziele. Es wurde ihr müde dies und jenes zu bedenken nahegelegt, aber keiner wagte es, ihr nachhaltig und unbeirrt das Recht auf diesen gezielten Abbruch ihrer Karriere abzusprechen. Keiner griff ihren Wahn an, keiner zeigte ihr die Folgen auf.

Die Fachleiterin hatte für sich das Recht proklamiert, jederzeit aussteigen zu dürfen. Dieser Individualismus, das war auch tröstlich, wurde akzeptiert, weil sie ihn ernst meinte, obwohl sein Inhalt nicht geteilt wurde. Im Gegenteil, Karin wollte ja nicht nur mal nach Indien reisen, sie wollte sich unbeirrbar den »Orangenen« anschließen. Sie bekannte sich zu einer Sekte, vor der zu warnen für die Kolleg(inn)en längst zum täglichen Unterrichtsstoff geworden war, wie die Warnung vor Rauschgift. Die Vorstellung, nach Poona zu gehen, fanden alle entsetzlich falsch, es wird ein furchtbares Erwachen geben, man hat doch inzwischen schon Informationen bekommen, gerade von Frauen, es ist doch bekannt, was dort los ist. Das Wissen war da, aber das Recht, es selbst zu erfahren, »am eigenen Leibe«, dieses Recht erschien in neuer Heiligkeit als etwas Unbestreitbares.

Die kritischen Lehrer(innen) akzeptierten Karins Absicht. Obwohl üblicherweise selbst kleine Verhaltensabweichungen kritische Bemerkungen nach sich zogen, wird man bei diesem Akzeptieren an Toleranz denken, an den weiter wirksamen bürgerlichen Individualismus. Aber hätte ein konservatives Kollegium dies so gleichgültig hingenommen, hätte keiner Interesse oder Mitgefühl gezeigt, hätte sich keiner eingemischt, hätte keiner geurteilt? In diesem GEW-Kollegium bekam die Aussteigerin einen Nimbus;

weil sie einen riskanten Selbstversuch wagte, wurde sie schon fast wie eine Märtyrerin behandelt, unmöglich war es, ihr zu sagen: »Hör mal, so geht das nicht!«

Sie war nicht mehr von dieser Welt, sie weilte nur noch auf Zeit unter den schockierten Kollegen, die sich im übrigen im Alltag nicht als Förderer der Lehrer- und Schülerindividualität auszeichneten, wiederum im Gegensatz zu einem stilisierten bürgerlichen Kollegium. Hier in der Gesamtschule war es dem einzelnen Lehrer z. B. nicht erlaubt, seinen Unterricht so zu veranstalten, wie er es für richtig hielt, denn für ihn legte das Team den Unterrichtsplan samt Lernzielen und Unterrichtsmaterial mehrheitlich fest. Individuelle Pädagogik gab es nur heimlich, denn im bürokratischen Verständnis der Chancengleichheit sollten alle Schüler denselben Unterricht bekommen. Alle Lehrer sollten dieselbe Rolle spielen, es wehte schon ein Hauch von DDR-Didaktik herüber.

Die Widerstandslosigkeit, mit der der »Lehrkörper«, wie es früher bezeichnend hieß, eines seiner »Glieder« verloren gab, ist letztlich mit Toleranz gegenüber individuellen Entscheidungen nicht erklärbar, sie ist keine Folge bürgerlicher Tugenden. Und weil diese Lehrerin, obwohl sie für die Funktion des Kopfes vorgesehen war, von allen als Partner auf gleicher Ebene anerkannt war, weil sie keine Feinde, nicht einmal Rivalen hatte, kann auch keine geheime oder latente Mißgunst oder Gegnerschaft dafür verantwortlich gemacht werden, daß die Lehrer(innen) sie entgegen ihren Überzeugungen ziehen ließen. Vermutlich ging es nicht mehr um Überzeugungen. Ihre unerwartete Ankündigung hatte alle argumentativ entwaffnet, oberflächlich und altklug hätte jeder gewirkt, der – wie es in der Schule heißt – »begründet Stellung genommen hätte«, weil sie im Kern einen Wunsch getroffen hatte, den (fast) jeder der Anwesenden schon für sich einmal empfunden hatte, den jeder als diskursiv nicht auflösbare Ahnung vom falschen Leben in sich verborgen trug. Die Vernunft der Gründe, die gegen ihre Entscheidung hätten vorgebracht werden können, war auch die Vernunft der Berufsarbeit, die Karin floh. Argumente hätten tautologisch die Wirklichkeit wiederholt, die sie negierte, das andere Land jedoch, die Wunschwirklichkeit, war im Bewußtsein der Kollegen vom Bereich ihrer Handlungsdispositionen, ihrer Lebensentwürfe und ihres Selbstverständnisses sorgfältig abgeschirmt, gerade weil diese radikale Sehnsucht nie befriedigt worden war. Jeder erinnerte sich an eigene Bedürfnisse, die nie widerlegt, sondern mit der Einsicht niedergeschlagen worden waren, ihre Befriedigung sei historisch-gesellschaftlich ausgeschlossen. Mit der Ankündigung, ihre Karriere zu beenden, verließ Karin auch den Rationalitäts- und Rationalisierungskonsens, aus der intellektuellen zweiten Natur sprang sie in ein Paradigma, dessen Geltung lebensgeschichtlich überwunden schien. Die Wiederkehr infantiler Lustorientierung machte die Situation so peinlich, weil keiner auf die Infantilität hinweisen konnte, ohne sich und andere zu denunzieren. Vielleicht trennten sich die Lehrer(innen) von dieser Aussteigerin so leicht, weil sie sich selbst schützen mußten vor der Infragestellung ihres nüchternen Zustands der Befriedigung.

Glücklichsein wäre vielleicht ein Gesprächsthema gewesen, aber wahrscheinlich wäre dann sogleich komparatistisch vorgerechnet worden, daß sie falsche Erwartungen hege. Die Kollegen waren nicht fähig, ein Gespräch zu führen. Nach der fast förmlichen Erklärung von Karin, die mit dem Satz endete, daß sie das Gefühl habe, diese Möglichkeit nicht versäumen zu dürfen, herrschte eine stille Aufgeregtheit, wie es früher gewesen sein muß, wenn in Gesellschaft eine unpassende Bemerkung gefallen war. Mit einem Schlag waren neue Konventionen als solche entlarvt und für einen Augenblick, wie durch einen Rückgriff in ein elementares Inventar körperlicher Verhaltensweisen, unmöglich gemacht. Es gab nichts »auszudiskutieren«, es wurde Verständnis oder Widerstand gefordert.

Vielleicht haben die manchmal aggressiven Gleichheitsforderungen, die erwartete Ein- und Unterordnung im Team, die didaktische Verleugnung subjektiver Dynamik, die Festlegung auf sozial-moralisches Engagement, also die Elemente des fortschrittlichen Lehrerselbstverständnisses, die an die Stelle traditioneller individueller Werte getreten sind, vielleicht haben die kollektiven Ansprüche im Bewußtseinsuntergrund Gegenkräfte radikalisiert, die plötzlich als existentielles Tabu auftauchten, als körperliche Ich-Radikalität, die weder Thesen verficht noch Antithesen akzeptiert, die sich nicht nur von der beruflichen Praxis verabschiedet, sondern auch vom Diskussionszusammenhang, vom ewigen, nie endenden Diskurs, vom Verbalisierungskontinuum, wie es in Wohngemeinschaften entstanden ist. Weil ich hier akzeptieren muß, so könnte ein Lehrer formulieren, daß ich nicht nach meinen Wünschen unterrichten darf, habe ich einen großen Wunsch immer frei: das Unterrichten insgesamt zu lassen. Meinen Platz zu räumen. Die ohnehin austauschbare Arbeit von einem anderen erledigen zu lassen. Wenn über Glück nicht gesprochen werden kann, dann beende ich das sinnlose Geplapper. In der Wohngemeinschaft, in der Karin lebte, verabschiedete sie sich ohne Erklärung für die Ferien; ihre Rückkehr wurde selbstverständlich erwartet.

An der geschilderten privaten Fachkonferenz nahm auch ein etwas älterer Lehrer teil, der jedoch erst seit kurzem an der Schule unterrichtete. Er sagte nicht viel zur Sache, es muß ihm seltsam vorgekommen sein, was da besprochen wurde. Sicher setzt das Aussteigenwollen voraus, daß man eingestiegen ist, daß man aus dem Innern nach draußen blickt und dort, wie der Reisende am Fenster des Zuges, in den vorüberziehenden Bildern das versäumte Leben vermutet. Dann möchte man anhalten, nicht berührungslos, unverändert vorbeifahren. Sicher wird solche Regungen ein Reisender empfinden, der nie die Gelegenheit hatte, das passierende Land in Ruhe kennenzulernen. Andererseits wird ein Bewohner dieser Gegend, der den Zug immer vorüberfahren sieht, sein Versäumnis in der Ortsgebundenheit erkennen und einsteigen wollen. Mit dem Aussteigen sind immer geographische Phantasien verbunden, ein Ortswechsel erscheint notwendig, aber oft auch eine Zeitreise. Dieser ältere Lehrer schwieg hier, denn er hatte es als Glück erlebt, nach langen Auslandsaufenthalten gerade noch auf den abfahrenden Zug der Verbeamtung aufspringen zu können. Er war nach dem Examen, Anfang der sechziger Jahre, als Lektor nach Italien und dann nach Norwegen gegangen. Damals war es nicht nötig gewesen, sich um eine Stelle zu sorgen, es war die Zeit des Lehrermangels. Den Referendardienst hatte er beispielsweise auf neun Monate verkürzt bekommen, ohne in dieser Zeit übermäßig belästigt zu werden. Er sollte schneller fertig sein, um früher in die Schule eintreten zu können, aber er wollte sich gerade damit Zeit lassen. Heute, meint er, könne man sich dieses Vergnügen nicht mehr leisten, jahrelang wegzugehen, ohne später um eine Lebensstelle anzustehen. Weil es beim Einsteigen kein Gedränge gab, gab es damals auch keine Aussteigerdiskussion. Jeder wurde, wenn er später kam oder zwischenzeitlich wegging, wieder aufgenommen.

Für diesen Kollegen war der Wunsch auszusteigen das verständliche Ergebnis des verfrühten Berufseintritts. Erst muß man »Welterfahrung« sammeln, könnte er sagen, erst muß man leben, das Leben anderswo kennenlernen. Und seine Frau betonte, daß sie ihn nicht geheiratet hätte, hätte sie ihn erst als Lehrer kennengelernt, er habe ja keine Zeit mehr für sie, alles sei Arbeit. Ausstiegsphantasien vermischten sich bei ihm mit Erinnerungen, er hatte sie hinter sich. Andere mußten da etwas nachholen, was natürlich problematisch ist. Er würde nicht mehr aussteigen – nach einigen Tagen in der Schule hatte er mit der Bemerkung Erstaunen ausgelöst, er komme mit dem Geld nicht aus und müsse deshalb unbedingt Oberstudienrat werden –, aber gerade deshalb fesselten ihn Aussteigergeschichten wie kompensatorische Lektüre. Er träumte nur noch von einem anderen Leben, vom Aufstieg, vom Ruhestand, und auch seine Frau wird nun wohl bei ihm bleiben.

Von den Fachkollegen verdächtigten ihn sicher einige, daß er auf die frei werdende Stelle spekuliere, ein übler Karrierist sei. Die Diskussion kam nämlich auch dann zu keinem Ergebnis – aber wenigstens konnte diskutiert werden –, als der Bewerbungsverzicht akzeptiert war und eine andere Lösung, also ein anderer Bewerber gesucht wurde. Ingo, der sich durch seine Stellung im Fachkollegium und durch sein Engagement als Alternative anbot, wies die Bewerbung aus einem plausibel-typischen Grund von sich: er war aus politischen Grundsatzüberlegungen gegen jede Lebenszeitbesetzung von Funktionsstellen, weil sie den basisdemokratischen Einfluß für Jahrzehnte ausschloß. Andere Kolleg(inn)en waren, auch auf drängende Befragung hin, nicht bereit, sich um die Direktorenstelle zu bewerben. Der ältere Kollege wurde übrigens nicht aufgefordert, und von sich aus behielt er sein Schweigen bei.

Karin betonte immer wieder, wie sehr sie es bedauere, den Kollegen solche Probleme zu bereiten, obwohl es inzwischen Ingo war, der eine Lösung erschwerte. Aufgrund seiner Position wäre jede andere Bewerbung aus diesem Kreis zu einer demokratisch und moralisch äußerst fragwürdigen Handlung geworden, nur die bisherige Fachleiterin war als erwiesen integre Person würdig gewesen, sich für das anrüchige Geschäft zu opfern. Diese lähmende Handlungsunfähigkeit vor lauter mehrheitsfähigen Überzeugungen war eine durchaus typische Situation in dieser Schule; handeln, so schien es, konnten manchmal nur die drei, vier Konservativen, denen keine Gesamtschuleinstellung im Weg war. Ingo hielt sich nicht nur an gewerkschaftliche und politische Positionen, vor allem war sein Verzicht eine für ihn persönlich vertretbare Haltung: ein einfacher Lehrer zu sein und zu bleiben, sich nicht korrumpieren zu lassen durch Funktionen und Leitungsaufgaben, die, wenn sie einmal übernommen sind, Sachzwänge oder institutionelle Nötigungen nach sich ziehen würden. Sein Verhalten folgt einer Vermeidungsstrategie: sich möglichst nicht in die Situation zu bringen, wo es nur noch die Entscheidung gibt, die gebotene Funktion wahrzunehmen oder ganz aufzuhören. Der Gewerkschaftsfunktionär wollte nicht Funktionär werden, sein kalkulierter Verzicht ist eine Art vorbeugender Ausstieg.

Ingo läßt andere spüren, daß er zugunsten der gewerkschaftlichen Arbeit jeden Hedonismus verurteilt, seine Utopie verspricht Gleichheit, nicht Glück. Aber auch er macht, obwohl er den Grundsatzbeschluß einer GEW-Gruppe zitieren kann, letztlich eine nicht diskutierbare persönliche Entscheidung geltend. Er begrenzt vorbeugend seine funktionelle Verwendbarkeit. So verdichtet sich gerade an ihm der Eindruck, daß die radikalisierte Egozentrik des Ausstiegs ein paradoxes Produkt der kollektiven Binnenüberzeugungen ist. Weil Ingo Gesamtschulen für sinnvoll hält, ist er ausstiegsgefährdet. Weil er sich mit seiner Arbeit in dieser Schule identifiziert, weil er – wie Karin – beim Aufbau dieser Gesamtschule aus Überzeugung mitarbeitet, weil er seinen Beruf nicht nur als Job nimmt, weil er in dieser Schule ein sinnvolles Produkt seiner Arbeit erkennt, ist er unfähig zur inneren Distanzierung, zur bloß äußerlichen Verrichtung einer Arbeit. Deshalb setzt er sich dem Risiko aus, ganz aufhören zu müssen, wenn er sich nicht mehr wiedererkennen kann in dem, was er tut. Durch seine Überzeugungen sind ihm nicht nur äußere Grenzen gezogen, die nicht verletzt werden dürfen, durch diese Überzeugungen ist er selbst innerlich an seine Arbeit gebunden. Weil ihm seine Arbeit eine persönlich wichtige Sache ist, kann er – wie Karin – als eine Art Grundrecht reklamieren, daß er jederzeit aus diesen selbstauferlegten Grenzen auswandern darf. Wenn die Arbeit nicht hält, was sie verspricht, dann kann er sich wieder sich selbst zuwenden.

Ein sinnvolles Ziel seines politischen Engagements sieht Ingo im Kampf gegen Berufsverbote, er setzt sich für die Freiheit des Einstiegs ein. Da er sein Verhalten darauf richtet, Umstände zu vermeiden, die ihn zum Kündigen nötigen könnten, stellt sich als sein Anliegen heraus, staatlich produzierte Aussteiger zu vermeiden. Er möchte möglichst viele gute Kämpfer innerhalb der Institution. Keiner soll verzichten, keiner soll sich abschrecken lassen, denn die fortschrittlichen Kräfte sind in der Minderheit. Politisch ist Ingo gegen Aussteiger.

Die Gleichzeitigkeit von Einstellungskampagne und Aussteigerwelle scheint typisch zu sein. Die Bedingungen des Berufseintritts von Akademikern haben sich historisch drastisch verändert. Indem die Wahl einer Berufsarbeit ganz abhängig geworden ist vom Stellenangebot, ist die Entscheidung vom Subjekt auf die Institution übergegangen, die Verkehrung ist exemplarisch für die immer tiefer gehende Fremdbestimmung. Die Institution wählt aus, das Subjekt stimmt freudig zu, sonst wird es arbeitslos. Dem einzelnen, der eine Stelle sucht, bleiben Bewerbungsphantasien, er kann sich ausmalen, was er machen könnte, wollte. Hat er eine Arbeit bekommen, dann hatte er kaum die Gelegenheit, sich für sie zu entscheiden, die Zeit der Besinnung kommt hinterher. Entweder er gewinnt seine Arbeit noch lieb, oder er sinniert auf Wechsel oder Aufhören. Die Angst, nicht reinzukommen, enthält schon den Wunsch, wieder auszusteigen.

Zurück zur Besprechung der Deutschkollegen. Karin betonte ihre Sorge, die Kollegen könnten ihren Schritt falsch verstehen, vielleicht als Bruch der Gemeinschaft oder als Folge von Enttäuschung, dies sei bestimmt nicht der Fall, sie habe mit jedem Kollegen gern zusammengearbeitet, auch die Aufgaben des Fachleiters habe sie mit Überzeugung im Interesse aller wahrgenommen, und sie habe auch immer versucht, trotz der Hektik menschliche Umgangsformen zu verwirklichen, und sie sehe auch Fortschritte, sie halte ihre Arbeit im Rahmen des Möglichen keineswegs für gescheitert, sie habe es meistens mit Freude gemacht, es sei schon so etwas wie Gemeinsamkeit entstanden. Ihre jetzigen Überlegungen seien rein subjektiv wichtiger, es gehe um ihre persönliche Weiterentwicklung, sie müsse vorbehaltlos das tun, was sie als richtig für sich erkannt habe, sie müsse so leben dürfen, wie sie es für richtig halte, deshalb müsse sie dorthin gehen, wo ihr dieses Leben möglich sei, wo der Rahmen dafür gegeben sei, wo ihr geholfen werde, sich zu verändern, denn sie müsse sich ändern, und halbe Schritte seien nicht sinnvoll. Vorerst wolle sie die Sache nur kennenlernen in den Sommerferien, erst dann werde sie sich entscheiden.

Karin warb um Verständnis, die bisherige Bezugsgruppe, so ist ihre Werbung zu interpretieren, sollte ihren Vorstoß absichern, sie wollte sich nicht nur ganz sich selbst widmen, sondern wünschte sich diesen Selbstbezug im Einklang mit der Umwelt, erst dann würde aus dem Narzißmus eine runde Sache. Dieses Verhalten verrät das Motiv ihres Ausstiegs: das Ich-Gefühl zu steigern durch die identifizierende Umkränzung mit anderen Ichs und dabei selbst auch die anderen zu spiegeln, um ihnen das Selbstgefühl zu ermöglichen. Das Kollektiv, das im Beruf oft nur als Nötigung zur Einordnung erfahren wurde, soll nun in den Dienst des Ichs gestellt werden, aber nicht mit dem traditionellen Ziel der abstrakten Ich-Identität, sondern mit dem Bedürfnis, sich quasireligiös, körperlich-seelisch als Einheit zu erfahren, in der Gemeinschaft Gleichgesinnter.

Wie kann eine vage Erlösungsutopie schwerer wiegen als die Aussicht auf eine Stellung als Studiendirektor auf Wunsch der Kollegen? Obwohl in der christlichen Tradition offenbar die beiden Pole von der Persönlichkeit integriert werden konnten, kann man Karin nicht verstehen, wenn man sie nun bei ihr als Alternativen aufbaut. Vielmehr scheint gerade ihr Aufstieg auf der Karriereleiter die Voraussetzung für ihren Entschluß zu sein. Weil sie relativ schnell optimale Berufsbedingungen erreichte, konnte ihr erst aufgehen, was sie dabei versäumte, was nie einzuholen war. Etwas anderes, sie selbst, konnte erst wichtiger werden als ihre Rolle, als klar war, daß sie in ihrer Rolle alles erreicht hatte, was möglich war. Mit der anstehenden Stellenbesetzung waren die Möglichkeiten der Berufskarriere ausgereizt, sie ließ keinen Spielraum mehr für Hoffnungen, deshalb mußte sie sich gerade zu diesem Zeitpunkt nach außen orientieren.

Sie wollte ihre Arbeit immer »ganz« machen, sie wollte einstehen können für das, was sie tat, sie wollte mit allen auskommen, aber sie wollte auch vor allen ihr Tun vertreten können, vor den Schülern, Kollegen, Eltern und vor der Schulleitung. Zeitweise hatte sie das Gefühl, in ihrer Arbeit aufzugehen, jedenfalls konnte sie das Leben nicht von der Tätigkeit abtrennen. Weil für sie Befriedigung nicht auslagerbar war, war jedes Doppelleben als Perspektive ausgeschlossen. Weil sie sich nicht neben der Schule mit anderen zusammen auf ein sinnlich sinnvolles Projekt selbstorganisierter Arbeit einlassen konnte, weil sie ihre Bedürftigkeit nicht aufteilen oder von der Schule ganz abkoppeln konnte, um sie beispielsweise in eine alternative Gruppe einzubringen, weil ihre Arbeitskraft von der Schule absorbiert wurde, ohne sich dort jedoch entfalten zu können, weil der Energierest nicht ausreichte, um das Äußerungsdefizit privat aufzuarbeiten, weil also ein Doppelleben keine Möglichkeit sein konnte, verengten sich die Wege möglicher Außenorientierung zu einer Einbahnstraße: Ausstieg.

Für die Lehrer war Karins Absicht – bleibt man bei den Eisenbahnmetaphern – eine Entgleisung; eine sinnvolle Weichenstellung konnte keiner erkennen. Oder wollte sie sich sogar auf die Schienen werfen, wollte sie unter die Räder kommen? Ihre Ankündigung hatte etwas von einer Selbstmorddrohung, denn wenn sie sich wirklich entschloß, dann war sie für immer weg. Trotzdem hielt sie keiner zurück, vielleicht war dies ihre Enttäuschung, vielleicht hatte sie noch experimentiert, spielend gehofft, die Kollegen würden sie festhalten. Doch diese blieben rational distanziert, was eben überhaupt ihr Fehler war!

In der internationalen Politik bezeichnet der Terminus »Einmischung in innere Angelegenheiten« ein striktes Verbot im Verhältnis zwischen souveränen Staaten. Dieses Prinzip wird immer dann strapaziert und manchmal auch eingehalten, wenn ein Staat die Angst vor seinem Interventionswunsch zerstreuen will. In Deutschland dagegen wurde diese Maxime oft zum Vorwand für Politikverzicht, die Regierung kann Untätigkeit, Unfähigkeit, Ziellosigkeit und unlautere Interessen kaschieren. Das edle Prinzip, das Selbstbestimmungsrecht anderer zu achten, scheint besonders dann Anwendung zu finden, wenn eine fremde Regierung geduldet werden soll, die gerade nicht demokratisch legitimiert ist.

Ich denke, daß dieses auch zwischenmenschlich liberale Prinzip der Nichteinmischung in der Schule ebenfalls wirksam geworden ist und daß die Folgen seiner Anwendung in vergleichbarer Weise verkehrt sind. Im Verhältnis Lehrer-Schüler sind, nach dem Ende autoritärer Herrschaftsansprüche und durchgepaukter Bildungsziele, zahlreiche Indizien zu erkennen, die die Problematik des Verzichts auf Einmischung zeigen. Hier geht es mir um die Wirkung dieser Maxime im Lehrerkollegium. Lehrer verzichten nach meiner Beobachtung – auch wenn sie unbedingt darauf bestehen, das Unterrichten gemeinsam zu bestimmen – auf persönlichen Umgang, das Privatleben bleibt ausgeblendet, die Lebensgeschichte interessiert nicht, das Vorleben zählt in der Institution nicht mehr, Beziehungen nach außen sind verdächtig. Trotz der intensivierten Einbindung in Teams und Konferenzen wird das »Individuelle«, das, was für jeden einzelnen wichtig ist, vom kollektiven Diskurs vollständig ausgesperrt, es entsteht der gegenseitig bestätigte und gestützte Eindruck, daß es ein Innenleben nicht gibt. Aber die Kollegialität ist nur äußerlich hergestellt, das Innenleben ist bloß abgekoppelt, es entwickelt sich unabhängig vom Kommunikationsprozeß, losgelöst von der gewerkschaftlichen Organisierung, getrennt von der beruflichen Erfahrung in einem künstlichen Raum, immer auf der Suche nach Wirklichkeit. Diese Trennung beschädigt beide Seiten, die äußere Erscheinung und das verborgene Innere.

Die Verleugnung des Innenlebens begünstigt die Gleichschaltung der äußerbaren Ansichten. Jeder, der neu in die Institution eintritt, bringt Einwände und Fragen vor, zumal, wenn die Institution so fremd und undurchschaubar ist wie der Schultyp, der unter dem Namen Gesamtschule eingerichtet wurde. Die Reaktionen der Integrierten sind dann spröde abweisend: »Hör auf, ich kann es nicht mehr hören, das haben wir hier jahrelang diskutiert!«; oder: »Das ist doch die Politik des Philologenverbands.« Da die Gesamtschulen »von außen« ständig kritisiert und angegriffen werden, weil auch die täglich wahrgenommene Praxis nicht leicht zu verarbeiten ist, wird innerhalb der Institution jede abweichende Meinung als Verrat gewertet und bekämpft. Das Gefühl, sich in einem fortschrittlichen Duzkollegium einig zu sein, setzt den Verzicht voraus, eine eigene Position zu behaupten. Statt selbst agieren zu dürfen, muß man sich solidarisieren bis hin zum Paradox: man wird z. B. vom Gewerkschaftskollegen genötigt, eine Unterschriftenliste für »freie politische Betätigung« zu unterschreiben.

Sicher gibt es auch politische Aktionen, die eine sinnlichere Qualität haben als die stumpfsinnige Vertretung von Gewerkschaftsbeschlüssen, aber insgesamt spiegelt dies Politikverständnis das der Schulbürokratie wider. Die Gewerkschaftsfunktionäre sind immer noch Hegelianer, Meister des begrifflichen Denkens; wie Hegel, bevor er die Bewegung des Geistes zum Selbstbewußtsein darstellte, die sinnliche Wahrnehmung als Erkenntnisinstrument ausschloß, so lassen sie sich bis heute ihr politisches Bewußtsein nicht durch sinnliche Erfahrungen verschmutzen. Auch die politische Organisation innerhalb der Institution schließt physische, individuelle Bedürfnisse selbstverständlich aus.

Den vehementen Protest gegen die selten befriedigend funktionierende Klimaanlage der Schule z. B. darf man nicht als Kritik an einer verfehlten Bau- und Beschaffungspolitik auffassen, als eine Gelegenheit, Forderungen an die Behörden zu formulieren. Ursache des Protests war das unmittelbar körperliche Empfinden von Unwohlsein in fensterlosen Räumen, in die trockene Heißluft hineingeblasen wird, eine materiale Wahrnehmung: Reizung der Schleimhäute. Diese durch keine historische oder gesellschaftliche Notwendigkeit begründbare Gängelung des Körperempfindens radikalisierte die Überlegungen: aus welchen Gründen soll ich *so* mein Leben verbringen. Die Aufregung über die Klimaanlage ging so weit, daß Streik angedroht wurde. (Der von der Gewerkschaft nicht unterstützt werden konnte, jedoch das Bezirksamt so nachhaltig alarmierte, daß Reparaturen vorgenommen wurden.)

Als Verletzung der leiblichen Unversehrtheit habe ich die Dysfunktion der Klimaanlage interpretiert, um zu zeigen, wie elementar und auch unreflektiert das Bedürfnis sein kann, gegebene Bedingungen nicht länger hinzunehmen. Eine solche Überreaktion weist auf heftiges körperliches Unbehagen hin, das sich in der Regel nicht öffentlich äußert. Sicher spielt auch die Sensibilisierung durch den globalen Wahnsinn des Wettrüstens, der Atomgefährdung und der Umweltvergiftung eine Rolle, wenn Beobachtungen aus der näheren Umgebung vergrößert werden. Das zentrale Problem ist nicht eine vitale Bedrohung des Körpers, sondern seine Entwertung. Die Entsinnlichung des Körpers gehört zum innersten Gebot aller pädagogischen Staatsaktionen. Dieses Tabu belastet Versuche, den Unterricht zu verändern.

Karin arbeitete als Lehrerin in der Überzeugung, auf der Seite der Schüler zu stehen, Konflikte aus ihrer Perspektive zu begreifen und Lösungen in ihrem Sinn zu suchen. Diese Einstellung war ihr so wichtig, daß sie die anfänglichen, für einen Außenstehenden unvorstellbaren Bedrohungen und Strafprovokationen einzelner Schüler durchstehen konnte.

Einmal begann ein Schüler sich in ihrem Unterricht demonstrativ auszuziehen. Selbst für die Klasse war dies eine neue Qualität, es herrschte gespannte Aufmerksamkeit. Einmal muß die Lehrerin doch eine Grenze ziehen, sie kann nicht alles durchgehen lassen, sie kann doch nicht alles bestätigen, gut finden oder verständlich. Der Junge tanzte nackt vor der jungen Lehrerin, näherte sich ihr, aber er schaffte es nicht, sie zu einem Verbot zu bewegen. Sie verließ auch nicht den Raum, sondern redete verständnisvoll auf ihn ein. Vermutlich hat sie ihm sogar erklärt, daß sie von seiner sexuellen Erregung nicht überrascht sei, dies sei ein großes Problem im Verhältnis zwischen Schüler und Lehrerin. Sie hat einfühlsam regungslos weitergesprochen, bis er sich rechtzeitig zum Pausenzeichen wieder ankleidete. Sie hielt – verbal zu jedem Zugeständnis bereit – die berührungslose Distanz aufrecht. Sie bot für den Schüler einfach keinen Ansatzpunkt, im Grunde hat sie ihn hingehalten. Diese körperliche Attacke blieb dennoch als Kern ihres Praxisschocks zurück.

Obwohl sich Aktionen demonstrativer Körperlichkeit nicht wiederholten oder steigerten – in anderen Jungenklassen wurden angeblich auch schon Lehrerinnen zum Entkleiden genötigt –, obwohl sie ihre konfrontationslose Unterrichtshaltung behaupten konnte und eine anerkannte Lehrerin wurde, hat ihr Selbstverständnis, das Gefühl der Einheit mit den Schülern, diesen Riß behalten. Jede Körperlichkeit ist tabu, konkret sinnlich gab es keine Berührung zwischen Lehrer und Schüler. Auch in ihrem Unterricht endete die Körperlichkeit spätestens beim Rollenspiel, und ihre Äußerungsmöglichkeiten blieben steif intellektuell: Worte, höchstens Gesten, Mimik – wie in der Ausbildung erlernt.

Natürlich trank sie mit ihrer Kerngruppe Tee, es gab Ausflüge und Klassenfahrten, einzeln und in kleinen Gruppen besuchten sie Schüler und Schülerinnen zu Hause. Sie lernte ihre Schüler auch privat kennen, und die Beziehungen waren nicht emotionslos. Aber die Harmonie, die Einheit schloß zwangsläufig Sinnlichkeit aus, keine Umarmung zur Begrüßung, wie es zwischen einigen Lehrerinnen üblich geworden war, und Hände werden schon lange nicht mehr geschüttelt. Bei Oberstufenschülern mußte sie sogar das vertraute »Du« aufgeben. Ihre Formel: »Ich bin die Karin«, wurde schief, suggerierte Gleichheit, Vertrautheit, die es nicht gab, war ein Versprechen, das nie eingelöst werden konnte. Sie lebte mit den Schülern in einer künstlichen Sprache, in einer Scheinwelt, die Bedürfnisse aktualisierte und sie dennoch wieder ausschloß, aber nicht offen-selbstverständlich wie früher.

Die erhoffte Bestätigung durch die Schüler, also der Sinn ihrer Arbeit, war ein Wahn, ihr Ausstieg eine Flucht aus diesem Wahnsinn, eine Konsequenz aus der wachsenden Diskrepanz zwischen ihrem Wollen und Tun und der sinnlich-konkreten Realität.

Die abgeschnittene Emotionalität, die verdrängte Sinnlichkeit, der Kampf gegen die Triebnatur: anscheinend längst kritisierte und widerlegte Ziele von Kadettenanstalten, überholte Praxis wilhelminischer Gymnasien. In Wirklichkeit zeigt die heutige Praxis, daß Freisetzung von Sinnlichkeit in der Schule nicht möglich ist. Und die Kumulation der verschmähten Liebe auf *einen* Schüler, was anscheinend doch nicht so selten ist, war für Karin keine Lösung, auch keine Möglichkeit, die sie akzeptiert hätte (für sich).

Ihr Ausstieg ist das Produkt der durch den schulischen Aufstieg radikalisierten verleugneten Triebgeschichte, sie wollte sich das nicht länger antun, sie konnte ihren Triebanspruch weder verdrängen noch durchsetzen, wollte aber das Ausgeschlossene ins Leben zurückholen, Schluß machen mit der Entwertung des Körpers zu einer empfindungslosen Attrappe, die neutral die Funktionen eines Lehrers beherrscht und sich von ihnen beherrschen läßt. Sie lehnte es ab, ihre emotionalen Fähigkeiten verloren zu geben. Sie brauchte eine Umgebung, die sinnliche Äußerungen erleichterte, ohne sie zu erniedrigen.

Die Aussicht auf das Ende der körperlichen Selbstbeherrschung und auf das Ende der Pflicht, Schülern einzuüben, was sie selbst ablegen will, war so verlockend, daß das Primat der beruflichen Existenzsicherung relativiert wurde, das Versprechen psychophysischer Befreiung löste eine Handlungsbereitschaft aus, die von der Versorgungsangst nicht gelähmt wurde. Vor der Möglichkeit, wirklich, d. h. als zärtlich vergegenwärtigter Körper, zu leben, wird die Berufskarriere zu einer sinnlosen Verausgabung. Nach den Sommerferien '80 blieb Karin in Poona.

Der Wunsch nach körperlicher Verwirklichung, also das materialistische Insistieren auf dem Ideal der entfalteten Persönlichkeit, scheint eine Reaktion auf die extrem entsinnlichte Intersubjektivität und intellektuelle Angleichung zu sein, die besonders für »links« geprägte Institutionen typisch ist. Der Linke, der es nicht wagt, das Kollektiv mit Sondervoten zu nerven, der sich immer Strategien, Einsichten und Mehrheitsbeschlüssen beugt, der sich nach den Wünschen anderer (Arbeiter, Schüler) richtet, seine Ansichten von Kollegen oder Genossen übernimmt, der kann am Ende nur noch zu sich finden in dem Satz: »Ich steige aus!«

Ein Ausstieg scheint immer dann aktuell zu werden, wenn sich jemand aus subjektiven Bedürfnissen einer Minderheitenposition angeschlossen hat, um seine Lebens- und Arbeitsbedingungen verändern zu können, sich dann aber wiederfindet in einer Gruppe, in der diverse Binnenzwänge herrschen und die nach außen nicht in der Lage ist, ihre Vorstellungen durchzusetzen, so daß mit der Zeit unabweisbar die ursprünglichen Motive sich wieder melden und daran erinnern, daß diese Art der Organisation ihre Berechtigung verspielt hat, wenn sie nicht erfolgreich sein kann.

»Ich will endlich leben«, schrieb eine erfolgreiche Frau in der *Zeit* und begründete ihren Ausstieg mit der Erfahrung, im Beruf sei »mehr Streß als Streicheleinheiten« zu finden gewesen. Es geht offensichtlich um eine Veränderung des Arbeitsbegriffs. Sie will ihr »neues Leben« in einem bayerischen Dorf beginnen und legt eine Berechnung der Kosten vor. Sie präsentiert sich als angepaßte Karrierefrau, die jedoch durch ihr Kind ständig an andere Bedürfnisse erinnert wird. Sie addiert ihre bisherigen Großstadtausgaben für Miete, Auto, Tagesheim fürs Kind, vergißt auch die lohnabhängigen Steuern und Beitragssätze für Versicherungen und Krankenkasse nicht und vergleicht dann diese Summe mit den dörflichen Lebenshaltungskosten. Das Ergebnis fällt eindeutig aus: im Dorf reicht eine halbe Stelle, vielleicht kann sie sogar mit journalistischer Heimarbeit zurechtkommen. Dann kann sie immer mit dem Kind zusammen sein.

Ihren Schritt hätte sie vor einiger Zeit noch nicht als »Ausstieg« verkaufen können, aber ihre Berechnungen decken zutreffend die ökonomischen Voraussetzungen des Aussteigens auf: In dem Maß, in dem das Einkommen und der Lebensstandard über das Existenzminimum gestiegen sind, kann durch Reduktion der Ausgaben ein finanzieller Spielraum eröffnet werden, und die Senkung der Konsumausgaben kann die geographische Ungleichzeitigkeit der Entwicklung ausnutzen. Wird nun sogar der Ort der Reproduktion in ein weniger entwickeltes Land verlegt, wie es Karin getan hat, dann kann der Druck der Existenzsicherung ganz entfallen. Von einem Monatsgehalt kann sie in Poona fast ein Jahr leben, dazu kommt noch der Erlös aus ihrer Wohnungsauflösung. Und schließlich kann sie sich auch Hoffnungen machen, in einigen Jahren selbst Therapeutin zu werden. Auch die

Aussteigerexistenz kann also auf einem materiellen Minimum gesichert sein.

Die mit der Ausstiegsbereitschaft verknüpfte Lösung von tradierten Karrieremustern und berufsbedingtem Sozialprestige und die ökonomische Möglichkeit einer kalkulierten Existenzsicherung ohne endgültigen und vollständigen Verkauf der Arbeitskraft haben den Arbeitsbegriff historisch nachhaltig verändert und eröffnen neben dem spektakulären Aussteigen ein breites Spektrum individueller Alternativen, zusätzliche Arbeits- und Lebensmöglichkeiten, wie sie früher nur einer kleinen Schicht offenstanden: selbstorganisierte Arbeit in alternativen Projekten, Läden, Werkstätten, Zeitungen, im sozialen und im Erziehungsbereich. Ungezwungene Tätigkeiten im Felde einer zweiten Kultur, zwar nicht oder schlecht bezahlt, zwar ohne Karriereaussichten und ohne Sicherheit, aber mit dem Versprechen, Sinn und Sinnlichkeit ins tägliche Leben zurückzuholen.

»Jetzt fährt sie Rad«, bemerkte der zweite Schulleiter abfällig, »ein Auto kann sie sich nicht mehr leisten.« Karin ist nämlich wieder in Berlin, sie kam nach einem Jahr im Aschram im Frühjahr 1981 zurück, also bevor Bhagwan sich nach Amerika zurückzog, bevor also im Sommer viele abreisten, die von sich aus noch geblieben wären. Karin trägt weiterhin die Mala, die typische Halskette mit dem Bhagwan-Medaillon.

Karin fühlt sich nicht getäuscht oder verraten, für sie war es ein wichtiges Jahr. Verrat suggerieren nach Bhagwans Verschwinden die Medien im Westen, *Spiegel* und *Stern* haben Poona immer als verlorenes Paradies aufgebaut, als Illusion, der die Ernüchterung folgen wird. Illustrierte Nachrichten offenbarten eine Zügellosigkeit, die man sich besser versagt, und jetzt dröhnt die Schadenfreude. Aber Karin bekommt den Verzichttriumph gar nicht so deutlich mit.

Sie hat den Raum unserer Vorsorgevernunft verlassen, und sie ging keine neuen Fixierungen ein, Bhagwan wurde kein Autoritätsverhältnis, sie konnte sich lösen. Sie kam wieder, ohne die Alte zu sein, und dies ungefähr war auch ihr Ziel gewesen. Für sie war es eine Therapie gewesen, ein Gewinn an Selbständigkeit und Erlebnisfähigkeit, ein Verlust der Angst und Blockierung. Bhagwans Thesen, sein Spiel- und Erfahrungsprogramm lösten eine kleine Korrektur ihrer protestantischen Sozialisation aus.

Man muß sich ihr Lebensexperiment als gelungenes vorstellen, um das Scheitern zu verstehen. Denn auf eine schäbige Art scheinen diejenigen recht zu behalten, die es immer schon besser gewußt haben: daß es keine Lösung sei, keine Dauer habe, daß die alle wiederkommen werden, daß die alle noch froh wären! Die Altklugen bekommen recht, obwohl Karins Experiment notwendig und erfolgreich war. Sie riskierte ihre Identität – nicht nur ihre Lebenszeitverbeamtung, was in Deutschland auch eine Sensation Gst –, sie arbeitete an sich, an den Ergebnissen ihrer entsinnlichenden Sozialisation und an ihrer beruflichen Rollenprägung, an den pädagogischen Verdrängungen der Sinnlichkeit, sie überließ sich ihrer Körperlichkeit, der Hemmungslosigkeit, der Triebhaftigkeit, die Pädagogen immer bekämpften, bei andern und bei sich, bis zur Kastration. Sie wehrte sich gegen die erzieherische Tradition der Triebunterdrückung, sie wollte sich selbst befreien aus der Herrschaft der Schwarzen Pädagogik. Doch was immer ihr gelungen ist, es hilft ihr nichts an dem Punkt, wo wieder andere über sie verfügen.

Angenommen, Karin hätte jetzt wieder Lust zu unterrichten. Wäre sie nicht immer noch zur Lehrerin fähig, oder wäre sie gar höher qualifiziert? Ihre Stelle bekommt sie nicht mehr. In der Schule zählen Fachwissen und Fachdidaktik, aber auch Institutionenkonformität, und die hat sie verletzt. Ihre Anstrengungen um persönliche Reife wären innerhalb des Beamtenverhältnisses toleriert worden, aber diese Grenze überschritt sie. Nun ist sie ein Opfer der negativen Auslese, die die Institution betreiben kann, solange es arbeitslose Akademiker gibt: den engagierten, extravaganten Leuten werden angepaßte vorgezogen.

Die Fachleiterstelle, die Karin in Verlegenheit brachte, ist inzwischen besetzt worden, auf Lebenszeit, wie es immer war. Es kam übrigens kein Bewerber von »außen« – »außen« heißt von einer anderen Schule – ins Gespräch; denn es stellte sich bald heraus, daß doch im Kollegium einer zu finden war, daß doch einer bereitstand. Damals hatte sich Gerd aus der Diskussion herausgehalten, doch heute wirkt seine Beförderung konsequent. Damals stand er nicht zur Disposition, weil seine Erklärung akzeptiert wurde, er habe sich in einem Beirat engagiert und fühle sich verpflichtet, dort – es ging um die Konzeption eines neuen Schultyps – weiterzuarbeiten. Stillschweigend wurde angenommen, er werde dann in der neuen Schule eine Leitungsfunktion übernehmen. Deshalb kam er nicht in die Diskussion, und deshalb kam er am

Ende zum Zug.

Gerd ist der Lehrer gewesen, an dem ich die Beobachtung der Team-Schizophrenie machte. Zuerst lernte ich ihn als Verfechter der Gleichheitsideale im Team kennen, er war einer der Lehrer, die durch die Teamdiskussion das Selbstverständnis der Gesamtschule durchsetzen wollten, also z. B. die Forderung nach gleichem Unterricht in allen Parallelgruppen. Dann bekam ich mit, wie sein eigener – erfolgreicher – Unterricht funktionierte: er unterrichtete nicht nach den Teambeschlüssen, sondern über sie. Die Schüler hörten von ihm, was alle zu machen haben, und wurden dann von ihm dadurch ausgezeichnet, daß sie das alles etwas anders machen durften. Die Teamkonzeption war für ihn die Folie, von der er seinen Unterricht positiv abhob. Offenbar brauchte er beides, um arbeiten zu können, weil es ihm die Selbstdistanzierung ermöglichte.

Innerhalb der Institution wird einer, der aufhört, etwas anderes macht, als Verräter angesehen und entsprechend behandelt. Die überzogene Verurteilung erinnert an eine seltsame Verkehrung: Existentiell gesehen, aus der Perspektive eines Aussteigers, sind die Stelleninhaber diejenigen, die ihre Wünsche und Bedürfnisse zugunsten der Altersversorgung abgetreten haben, die für die Lebenssicherung auf das Leben verzichteten, mit anderen Worten: die aus ihrem Leben ausgestiegen sind. Auf diesen Verzicht legen Aussteiger den Finger.

Wer nach Poona ging, um leben zu lernen – auch wenn er sich irrte, es war ein Versuch aus Überzeugung –, wer nicht die Flucht vor Problemen ergriff, sondern übers Jahr wieder hier antritt, um zu arbeiten, der wird von denen, die lustlos dablieben und weitermachten, als Aussteiger gezeichnet, der seine Chance verwirkt hat. Es scheint ein Gesetz der Institution zu geben: Derselbe Mechanismus, der es verhindert, innerhalb der Institution subjektive Erfahrungen zu machen, schließt diejenigen aus der Institution aus, die den Versuch unternehmen, außerhalb danach zu suchen.

Karin, die ehemalige Fachleiterin, ist für den Staat nicht mehr tragbar, weil sie sich ein Jahr lang mit Erfolg um ihre persönliche Emanzipation kümmerte. Wie viele andere, die für die öffentlichen Schulen nicht die schlechtesten Lehrer wären, wären sie nicht den Behörden suspekt, wird sie sich wohl »alternativ« betätigen.

Rainald Goetz
Die Entdeckung des Arbeitens
Aus einem Krankenhaus

Für Albrecht Ohly

Eine theoretische Ausbildung lang, fünf Jahre, berichtet der Student, sei er aus den Zweifeln an dem gewählten Beruf in die Welt der Bücher geflohen. Aus dem Schutz der warmen Höhle Lektüre habe er sich in die Wirklichkeit der medizinischen Praktika begeben, so als seien eben dies Exkursionen ins Imaginäre, das seine Existenz nur am Rande berühre. Nur selten habe ihn der Druck des Studiums, berichtet der Student, im Kern seiner Person erreicht. Halblaut habe er sich dann Durchhalte-Parolen zugeflüstert und sich vertröstet auf die Zeit der praktischen Arbeit als Arzt.

Voller Erwartung habe er zu Beginn des letzten, des praktischen Studienabschnitts, seine Stelle in dem von ihm gewählten Fach, in der Psychiatrie, angetreten. Am ersten Tag habe er, nicht ohne Stolz, Kittel und Schlüssel in Empfang genommen. Doch bereits der erste Weg auf die ihm zugewiesene Station, die geschlossene Männerabteilung, sei ein Gang in die Bedrückung gewesen: Schwere Türen, Gänge, Winkel, Schlösser, Schlösser, Schlösser. Aus der Bedrückung sei dann innerhalb weniger Tage, im Umgang mit den Patienten, eine Verzweiflung erwachsen, die zunehmend von seiner ganzen Person Besitz ergriffen, berichtet der Student, vor der es kein Entrinnen mehr gegeben habe. Wohin mit dieser Verzweiflung?

Doch er wolle jetzt, sagt der Student, nicht von der Psychiatrie sprechen. Dies sei eine ganz andere Geschichte, deren Umrisse um so klarer würden, je weiter er sich von den niederdrückenden Erfahrungen selbst entferne. Hier sei nur festzuhalten, mit welchen Gefühlen er nach drei Monaten Psychiatrie seine zweite Stelle an einer Abteilung für Innere Medizin angetreten habe: Seine Verachtung für die gutwillig-indolente Hilflosigkeit der Psychiater, seine Angst vor den psychisch Kranken, seine eigene Ratlosigkeit, all dies habe sich zu einer umfassenden Abscheu vor der Medizin verdichtet, zu einem Haß auf Ärzte, Patienten, Krankenhaus, zu dem unumstößlichen Entschluß, diesem menschenunmöglichen Beruf nach dem Ende der Ausbildung den Rücken zu kehren.

Sie sehen das alles viel zu dramatisch, habe der zehn Jahre ältere Freund immer wieder betont, das ist nichts als der Praxisschock, den genauso jeder Referendar in der Schule erlebt, eigentlich jeder, der vom Studium kommend in das Berufsleben geht. Sie müssen doch überhaupt erst einmal lernen, einen ganzen Arbeitstag durchzustehen.

Solche beschwichtigenden Argumente hätten ihm zwar eingeleuchtet, ihn auch manchmal beruhigt, berichtet der Student, doch habe er zugleich den Verdacht gehabt, daß in derart allgemeinen Formeln zum Sozialisationsprozeß von Jungakademikern das Besondere seiner Hoffnungslosigkeitserfahrungen als angehender Arzt unterschlagen sei. Und so habe er begonnen, vor allem in Gesprächen mit jenem Freund, seinen Haß auf die Medizin argumentativ zu entwickeln.

Sie müssen sich diese Diskrepanz vergegenwärtigen: die Übermacht der Krankheit und zugleich eine maßlose Heilungserwartung beim Patienten. Mit jedem Studienjahr erkennen Sie klarer, wie begrenzt die Möglichkeiten der Medizin sind, wie wenige Krankheiten in ihrem Mechanismus wirklich begriffen sind und ursächlich behandelt werden können. Und dann kommen Sie in die Klinik und werden schon als fast ahnungsloser Lehrling, nur weil Sie diesen Kittel tragen, von den meisten Patienten mit einem phantastischen Vertrauen überschüttet. Und Sie müssen beobachten, daß auch die erfahrenen Ärzte die hochgespannten Hoffnungen der Patienten nicht rechtfertigen können.

Sie lächeln ungläubig, wenn ich »Kittel« sage, aber es ist so: Über dieses Stück Berufskleidung ziehen Sie eine bestimmte Rollenzumutung der Patienten auf sich, der sie kaum entgehen können. Das kann man als äußerlich, als lächerlich durchschaut haben, und doch beginnen Sie schnell, Ihre Bewegungen zu ändern, Ihren Gang, Ihre Gestik, sogar Ihre Mimik und Sprache.

Das Problem hierbei ist ja nicht, daß Sie überhaupt Theater spielen müssen, sondern die Tatsache, daß in der Ihnen zudiktierten Rolle alle, aber auch alle wesentlichen Erfahrungen nicht vorgesehen sind. Schärfste Tabus gegen Ihre täglich allgegenwärtigen Gefühle: Angst, Unsicherkeit, Ekel, sexuelle Attraktion, Ohnmacht, Überdruß. – Wo in Ihrer Person wollen Sie das alles unterbringen? Setzen Sie sich einmal nach einer Visite in eine Kaffeerunde von Ärzten! Ein solches Maß von Menschenverachtung, in witzigen oder zynischen Bemerkungen konzentriert, werden Sie anderswo kaum treffen. Und dabei ist es nichts als verständlich: all die unterdrückten Impulse suchen sich ihr Ventil. Da liegt die Menschenunmöglichkeit des ärztlichen Berufs, – naja, ein Aspekt davon. Sie müssen schon eine ganz außergewöhnliche Persönlichkeit sein, um diese Widersprüche in sich wirklich zu ertragen.

Für einen einzelnen ist es fast unmöglich, diese Spielregeln zwischen Krankem und Arzt zu durchbrechen. Die ganze Organisation Krankenhaus ist darauf aufgebaut, und Sie beginnen, innerlich revoltierend, zu funktionieren. Sie erkennen genau, was anders sein müßte: daß die Kranken anfangen müßten, ihre Heilung als einen von ihnen selbst mitzuverantwortenden Prozeß zu verstehen; daß Ihr Wissensvorsprung nicht in Macht über den Patienten mündet, der sich dieser so gefährlich bereitwillig unterwirft; Sie wissen, daß Ärzte wie Patienten die Krankheit als Sprache begreifen lernen müßten, auch als Revolte gegen lebensfeindliche gesellschaftliche Verhältnisse. Vor allem wissen Sie, daß die Ärzte über all dies und vieles mehr nachdenken müßten, damit die Medizin besser wird. Aber daß Ihnen all dies klar ist, nützt überhaupt nichts. Sie erkennen, daß fast alle Ärzte *Macher* sind, die für die Fragwürdigkeit ihrer täglichen Arbeit höchstens eine Portion Zynismus bereithalten; Sie erfahren, daß im Krankenhaus einfach nicht *nachgedacht* wird, außer über Untersuchungsergebnisse, Diagnosen und Therapien. Und Sie müßten ein Illusionist mit naiver Selbstüberschätzung sein, um zu glauben, Sie könnten da etwas in Gang bringen; oder Sie müßten tatsächlich ein Herkules sein.

Doch auch solche Argumentationen, berichtet der Student, hätten den Freund keineswegs überzeugt. Er habe dem Studenten geheime Größenideen attestiert, ein übertriebenes Selbstideal, dem keine Realität gewachsen sein könne und das dann zu völlig übersteigerten Insuffizienzgefühlen führe. Habe der Student gesagt, ich bin kein solcher Herkules, habe der Freund, berichtet der Student, regelmäßig gelacht und gesagt: Sie kennen doch das jüdische Sprichwort: Ach Moshe, mach dich nicht so klein, du bist nicht so groß.

Mit einem ziemlich wirren Gemisch also aus affektiver Ablehnung, Argumenten, berichtet der Student, und meinethalben versteckten Größenideen sei er in jene Klinik gekommen, um sich das von der Approbationsordnung vorgeschriebene Minimum an praktischer Erfahrung in der inneren Medizin anzueignen. Seine ganze Haltung sei die der Reserve gewesen: keine halbe Stunde zuviel im Krankenhaus, habe er sich vorgenommen, keinen Handgriff mehr als wirklich notwendig, um am Schluß jenes Papier zu erhalten, das ihm regelmäßige und erfolgreiche Teilnahme an diesem Ausbildungsabschnitt bescheinigen würde.

Die ersten Tage habe er sich ganz im Hintergrund gehalten. Er sei pünktlich um acht Uhr auf Station erschienen, sei im Behandlungszimmer gestanden und habe die zwei Ärzte und die Schwestern bei ihrer Arbeit beobachtet. Niemand habe eigentlich von ihm Notiz genommen, und dies sei ihm, berichtet der Student, äußerst angenehm gewesen. Nichts von jenen plump-burschikosen Distanzlosigkeiten zum Einstand, wie er sie in der Psychiatrie habe erleben müssen: Wir sagen hier alle »Du« zueinander, habe der Stationsarzt damals als erstes gesagt und seine Hand ausgestreckt, ich bin der Waldemar. – Jetzt habe er nur zugesehen, wie die Ärzte Spritzen und Kanülen zur Blutentnahme vorbereiteten, sei hinter einem der beiden her in die Patientenzimmer mitgegangen und habe beobachtet, mit Hilfe welcher Tricks man auch die verstecktesten Venen findet und das Blut abzieht.

Danach sei er, berichtet der Student, mit den Ärzten in eine weiträumige Küche gegangen, wo man Kaffee getrunken habe und die Ärzte ganze Stapel von vorgedruckten Formularen ausgefüllt hätten: Untersuchungsanträge, Entlassungspapiere, Statistiken. Während sie schweigend an dieser Arbeit gesessen seien, unterbrochen von kurzen Bemerkungen über einzelne Patienten, Kaffee trinkend, rauchend, habe er sehnsuchtsvoll durch die hohen, vielfach unterteilten Altbaufenster nach draußen geblickt, Parkbäume, Augustsonne, Ferienzeit; die vertrauten Ausbruchsphantasien, raus hier. Zugleich habe er sich in der zwanglos arbeitsamen Atmosphäre der Kaffeeküche wohlzufühlen begonnen, überrascht vor allem vom Fehlen des in diesen Situationen üblichen Geschwätzes. Nachdem die Ärzte ihre Papiere durchgearbeitet hatten, seien längere Debatten entstanden über die Vorgehensweise bei bestimmten Problem-Patienten, man habe sich beratschlagt, mal engagiert gestritten. Zwar habe er, berichtet der

Student, die fachlichen Internistenerwägungen kaum verstanden, habe anhand einiger Stichworte nur grob die Thematik begriffen, doch zugleich sei ihm plötzlich klar gewesen: dies wäre ein Klima, in dem er wirklich etwas lernen könnte.

Doch noch bevor sich in ihm der flüchtige Eindruck habe festigen können, daß bei diesen Ärzten Gewissenhaftigkeit, Engagement und Freude an ihrem Beruf eine selten glückliche Koalition eingegangen seien, habe er von derartig vorschnellen Idealisierungen Abschied nehmen müssen. Auf die Frage, wie lange er schon in der Klinik arbeite, habe der eine Arzt gequält gesagt, viel zu lange, das ist ja schon gar nicht mehr wahr, wie lange ich hier bin; höchste Zeit, daß ich endlich rauskomme aus dieser Mühle. – Also auch hier, habe er gedacht, berichtet der Student, herrsche eigentlich der ihm längst bekannte ärztliche Überdruß und die vor den Patienten gut verborgene Lustlosigkeit. Er habe nach den ersten Tagen auf dieser Station derartiges nicht erwartet, berichtet der Student, aber er habe sich nicht widerstandslos dem aufkommenden Gefühl der Enttäuschung überlassen. Zu eklatant sei ihm der Gegensatz erschienen zwischen dieser Äußerung und der Arbeitsweise des Arztes, wie er sie bisher beobachtet habe. Es müsse wohl doch alles etwas komplizierter sein, habe er sich gedacht, mit dem Selbstverständnis in einem Beruf wie der Medizin.

Aus seiner anfänglichen Reserve sei also innerhalb weniger Tage zumindest eine vorsichtige Aufmerksamkeit entstanden. Er habe sich nicht, wie das bei ihm so häufig sei, überrennen lassen von irgendwelchen schnellen Urteilen, von Zustimmung oder Ablehnung; und wie selbstverständlich sei sein Interesse an den Widersprüchen in eine gierig genaue Wahrnehmung des Ärztealltags übergegangen.

Sie sind nach zwei Stunden Visite, habe er zu dem Freund gesagt, selbst wenn Sie nur mitgegangen sind, entkräftet und erschöpft, bis in die letzte Faser Ihres Körpers, als hätten Sie tatsächlich Schwerarbeit geleistet. Dabei sind Sie nur von Bett zu Bett gegangen, haben ein bißchen zugehört, mehr selbst geredet, Therapieanordnungen gegeben, haben mit Ihrem Stethoskop an ein paar Lungen hingehört, vielleicht mal ein Kissen aufgeschüttelt. Natürlich, Sie haben nachgedacht, viel sogar, und punktuell mit der äußersten Konzentration: Habe ich an alles, wirklich alles gedacht? Aber auch der Druck der Verantwortung, das Wissen um möglicherweise erhebliche Folgen einer Nachlässigkeit oder

Fehlentscheidung – nein, auch das kann nicht wirklich Ihre Erschöpfung erklären. Es ist vielmehr, als hätten die Kranken, die vielen Alten, Ihre ganze Vitalität aus Ihnen heraus- und in sich aufgesaugt. Vampire, denken Sie, und beginnen, die verdörrte, schrumpelig-knochige Frauenhand zu hassen, die sich an Ihrem Arm festgekrallt hat, als Sie diesen verfallenen Körper nur ganz kurz berühren wollten, nein, die läßt Sie nicht los, diese Hand, Leichenfarbe, Leichenkälte, Vampire, die Ihnen ans Leben wollen. Und Sie hassen die kraftlosen Gesichter mit den sehnsuchtsvollen Blicken, die sich an Ihnen festsaugen; Sie hassen die Stimmen, das ölig Gequälte, Herr Doktor, bitte Herr Doktor, Ekel vor dem Alten Kranken Hinfälligen, das erbarmungslos Lebenskraft von Ihnen fordert und sich nimmt.

Verzeihung, habe der Freund gesagt, berichtet der Student, ich kann Ihre Aufregung nicht recht verstehen. Sie wissen doch selbst, daß Sie den Patienten nicht primär als Individuum gegenübertreten, sondern als Träger bestimmter Funktionen, die eine uralte Geschichte haben. Sie sind als Arzt Urenkel der Schamanen ebenso wie der Auguren, der Medizinmänner genauso wie der Priester. Ihre Rolle trägt Reste dieser und vieler anderer ausgestorbener Berufe immer noch in sich, da dürfen Sie sich doch nicht wundern, wenn Sie sich überfordert fühlen. Sie müssen eben lernen, dieses Rollendiktat anzunehmen und es zugleich Ihrer Individualität entsprechend zu modifizieren. Aber vor allem müssen Sie aufpassen, daß nicht ein ziemlich übertriebener Sensibilismus Ihnen jede realistische Wahrnehmung unmöglich macht.

Das letzte, berichtet der Student, habe ihm sofort eingeleuchtet. Denn das sei ja täglich zu beobachten, wie Betroffenheit, Gefühlsseligkeit und Egozentrismus sich verbünden zu einer Erlebnisweise, die wirkliche Erfahrung von vornherein ausschließt. Die vermeintlich beobachtete Außenwelt werde zum Reflektor innerer psychischer Konstellationen. Dies sei, natürlich, das Ende jeglicher Wahrnehmungen von Wirklichkeit. So habe er sich zu Sachlichkeit angehalten. Sei Empörung in ihm aufgestiegen, habe er ihr umgehend Argumente entgegengehalten, und sei es Begeisterung gewesen, nicht anders.

Doch diese Gespräche und Überlegungen, berichtet der Student, seien ihm immer sinnloser vorgekommen, gemessen an dem Klinikalltag selbst. Rolle hin und her, Sensibilismus, all diese Intellektualisierungen, die an kein Ende kommen, wozu? Die Arbeit selbst habe ihren Sog zu entwickeln begonnen, dem habe er sich, zunehmend bereitwillig, überlassen.

Das schwerste Zimmer der täglichen Visite sei in den ersten Wochen das dritte gewesen. Vor dem Betreten seien Blicke der Hilflosigkeit gewechselt worden, wenn man hier nur schon wieder draußen wäre, und mit einem tiefen Atemzug habe sich der eine Arzt richtiggehend körperlich aufgerichtet, den Rücken gestrafft, an die Türe geklopft, geöffnet, guten Morgen.

Wechselnde Patientinnen, berichtet der Student, in den Betten links an der Wand, ältere Damen mit Fieber, Herzbeschwerden, keine Tragödien. Dann die Fensterwand, sonnenbeschienen wie in der Küche, und rechts im ersten Bett eine 19jährige Greisin: Die gelbe Haut sei über die puren Gesichtsknochen gespannt gewesen, ohne Muskeln oder gar Fett dazwischen; ein fast haarloser Schädel, der ihn, berichtet der Student, sofort an die ausgezehrten Leichenkörper der Anatomie erinnert habe. Die junge Frau habe gelächelt, wenn die Ärzte an ihr Bett getreten seien, es gehe ganz gut, sie habe gestern nachmittag sogar kurz aufstehen und bis an die Türe gehen können, von den Eltern gestützt. Heute sei sie wieder etwas schwächer, aber: Ich bin froh, Herr Doktor, daß die Infusionen weg sind. Und ich habe auch den Joghurt behalten können, heute früh. – Die Ärzte hätten sich nach der Verdauung erkundigt, nach Schmerzen, und sie hätten immer geduldige, fast hoffnungsvolle Auskünfte von der Patientin bekommen. Dieser Widerspruch habe ihm in den Augen gebrannt, so der Student, zwischen dem unübersehbar desolaten Gesundheitszustand und dem merkwürdigen Optimismus der Patientin; die so deutlich geschwächte heisere Stimme, und das, was sie sagte.

Mit den Wochen sei die Stimme immer dünner geworden, die Haut intensiver gelb, von Aufstehen keine Rede mehr. Der Tod, das habe wohl auch die Patientin gewußt, sei nur eine Frage der Zeit gewesen. Niemand habe bei den Visiten vom Sterben gesprochen. Man habe das tägliche Auf und Ab beredet, die kleinen Siege; so wenn nach Tagen Fieber die Temperatur wieder zurückgegangen sei oder wenn die schmerzhafte Verstopfung aufgehört habe. Schon lange habe das Mädchen die Ärzte nicht mehr nach seinen Blutwerten und anderen Befunden gefragt; so als habe es sich nicht konfrontieren wollen mit dem objektiven Ausdruck seiner krebsartigen Erkrankung im Endstadium. Es habe offenbar ein wortloses Bündnis bestanden, zwischen der Patientin und den Ärzten, nur vom Nächsten zu sprechen. Dennoch habe er, berichtet der Student, fast bei jeder der letzten Visiten den Eindruck gehabt, daß die Ärzte dem Mädchen beim Sterben helfen würden. Sie hätten sich vor nichts gedrückt, hätten auf jede Andeutung der Patientin reagiert und seien zugleich nicht darüber hinausgegangen. Sie hätten auch ein bedrückendes Schweigen ausgehalten, ohne sich in eine parate Formel zu flüchten, seien den Augen nicht ausgewichen, vor deren Blicken er selbst, so der Student, sich habe abwenden müssen.

Ich habe begriffen, habe er zu dem älteren Freund gesagt, daß es eine andere Art von Beistand für Sterbende gibt, als der uneingeschränkte Aufklärungs-Imperativ einer angeblich fortschrittlichen Medizin vorschreibt, die von der ebenso forschen wie rücksichtslosen Vorstellung ausgeht, man könne und müsse für alles nur die richtigen Worte finden. Es darf in diesen Fragen keine Grundsätze geben, und seien die scheinbar noch so gescheit, sondern nur einen einzigen Maßstab, und das ist der jeweilige Patient; das, worüber er sprechen möchte und wozu er schweigen möchte, muß für Sie verbindlich sein. Das sind eigentlich Dinge des elementaren Respekts vor einem anderen Menschen. Aber Anstand, Respekt und auch Takt, ich habe es Ihnen ja schon so oft erzählt, sind nicht eben Qualitäten, die man unter Ärzten häufig findet.

Für diese junge Frau seien die Ärzte dagewesen, ohne Einschränkung und mit der größtmöglichen Einfühlung. Das Sterben habe sich sehr lange hingezogen. Die wachsende Verzweiflung und die Kraftlosigkeit auch der Ärzte seien unübersehbar gewesen, jedoch nur außerhalb des Krankenzimmers. Am Bett der Patientin seien sie eine Hilfe gewesen. Er habe das nicht, so der Student, als Theater oder gar als Show empfunden, sondern als eine *Haltung* bewundert. Er habe gedacht, so und nicht anders muß es sein.

Als eine Schwester den Schlüssel mit dem übergroßen Metallschild »Leichenkammer« vom Bord genommen habe, sei er, berichtet der Student, zufällig im Stationszimmer gewesen. Er habe sich auch ein paar der durchsichtigen Einmal-Handschuhe übergestreift und sei mitgegangen in den gegenüberliegenden Speiseraum, ein weites leergeräumtes Zimmer, meist verdunkelt, verwendet für besondere Zwecke, bei Überbelegung oder eben als Sterbezimmer.

Er habe sich erinnert an seinen zweiten Tag auf Station, als einer der Ärzte ihn hierher mitgenommen, an ein Bett geführt und gesagt habe: Bitte untersuchen Sie diese Patientin. Daraufhin habe er nach kurzem Überlegen, berichtet der Student, die Augenlider der alten Frau mit Daumen und Zeigefinger gespreizt, um die Pupillenreaktion der anscheinend bewußtlosen Patientin zu prüfen. Doch er habe in weißlich getrübte Augen geblickt und entsetzt zu dem Arzt gesagt: Aber die ist ja tot. Eben, habe der trocken geantwortet, seit zehn Minuten. Bitte machen Sie eine Leichenschau. – Die anschließende sachliche Unterweisung zum Umgang mit verstorbenen Patienten sei informativ und insofern interessant gewesen; doch er habe zwischen den Worten des Arztes, so der Student, vergeblich nach einer Andeutung gesucht, was man als Arzt denn eigentlich mit dem Tod machen solle, wie der in den Berufsalltag hineingenommen werden könne.

Jetzt habe er in dem Speiseraum an dem einzigen Bett das weiße Leinentuch zurückgeschlagen und sei doch, obwohl darauf vorbereitet, von dem tiefgelben ausgezehrten Leichengesicht erschreckt worden. Er habe die Beine noch aufgedeckt – so dürr, daß Knie und Füße übergroß erschienen seien –, habe den braunen Zettel in die Hand genommen, der mit einer Hanfschnur an der einen Großzehe festgebunden war: Name, Geburtsdatum, Sterbedatum, Sterbezeit. Er habe kurz nachgerechnet: neunzehn Jahre Leben.

Später Nachmittag, die Besuchszeit sei bereits vorbei gewesen, und der lange Gang, durch den sie das Bett hätten schieben müssen, wünschenswert leer. Die Schwester habe gesagt, kommen Sie, jetzt schnell. Und eilig, fast laufend habe er, berichtet der Student, gemeinsam mit der Schwester die weiß bedeckte Tote verstohlen an den Türen aller Patientenzimmer vorbei Richtung Aufzug gefahren. Sie seien bereits kurz vor dem Aufzug gewesen, da sei eine Patientin aus der Toilette gekommen, die hätte kurz auf das Bett gesehen, dann ein peinlicher Gruß an die Schwester, und von der eine unsichere Blickvermeidung, als sei sie ertappt worden. Mir ist das vor den anderen Patienten immer so unangenehm, habe die Schwester auf der Fahrt in den Keller erklärt, während sie sich die Plastikhandschuhe zurechtgezupft habe.

Die Leichenkammer, von einer Eisentüre verschlossen, sei ein dunkler Raum gewesen, mehr hoch als groß, irgendwo ein Oberlicht. Im Aufflackern des Neonlichts sei ein ziemliches Durcheinander von merkwürdigen Liegen erkennbar geworden, kaum ausreichend Platz, um das Krankenbett hineinzuschieben; hinter sich habe die Schwester die Türe zufallen lassen. Mit geübten, gehetzten Handgriffen habe sie jetzt zu hantieren begonnen und nebenbei gesagt: Das ist eine Arbeit, die ich wirklich hasse, verstehen Sie das? Daraufhin habe er, berichtet der Student, genickt und versucht mitzuarbeiten, unbeholfen genug. Die Bettwäsche sei bereits in einen dafür vorgesehenen Sack gestopft gewesen; eine jener Liegen sei neben dem Bett gestanden, ein Trog aus verzinktem Blech, der oben von einer Art Plastikrolladen verschlossen gewesen sei. Der habe geklemmt und sei erst nach langem Ziehen und Nockeln aufgegangen. Der Boden des Troges sei nicht flach, sondern zu einer Rinne gewölbt gewesen. Die Leiche sei unbedeckt dagelegen. Vor allem der Kopf habe gewackelt, wenn jemand an das Bett gestoßen sei, natürlich. Vom Fußende aus habe er, so der Student, einen unkontrolliert neugierigen Blick auf das Geschlecht der toten jungen Frau geworfen, auf die schütteren blonden Schamhaare, die zwischen dem Oberschenkelknochen und über dem eingefallenen Bauch strupppig herausgeragt hätten. Die Schwester habe das Leintuch aus der Matratze gezogen, über der Leiche zusammengeschlagen und gesagt: Jetzt packen Sie an. Der Körper, der so ausgezehrt schmächtig erschienen sei, habe in Wirklichkeit ein beträchtliches Gewicht gehabt, und nur mit Mühe sei es gelungen, ihn über den Rand in den Trog zu heben. Dabei sei der Kopf mehrfach an das Blech geschlagen, unvermeidlich. Nach dem Poltern sei es plötzlich ruhig gewesen, die Schwester habe innegehalten und auf das weiß eingeschlagene Körperbündel in der Kuhle des Troges geblickt: Ja, die Angelika. Dann habe sie mit einem Schwung den Schiebeladen zugezogen und den so verschlossenen Blechsarg auf Rädern nach hinten in die Kammer hineingeschoben, zu den übrigen, die da kreuz und quer gestanden seien. Dann wieder die Dunkelheit, das spärliche Oberlicht. Die Schwester habe das leere Krankenbett über den Gang in einen Desinfektionsraum geschoben, die Türe der Leichenkammer verschlossen und den Schlüssel mit dem überdimensionierten Anhänger in die Tasche ihres Kittels geschoben.

Zurück auf Station, berichtet der Student, habe er sich gedacht: Da nicht mehr mitmachen, bei diesem Wegschaffen von Leichen. Aber was mit ihnen tun? Gerade als Arzt, wo sie einem von den Schwestern weggeschafft würden, so daß man sie überhaupt nicht mehr wahrnehmen müsse? Und die Lücke im Krankenzimmer sei am nächsten Morgen schon wieder geschlossen gewesen, ein neuer Patient. Die Aufmerksamkeit für das Lebende einerseits und diese vollkommene Gleichgültigkeit andererseits gegen das Tote: Müll, Leichenmüll, weg damit.

Es geht mir nicht etwa darum, habe der Student zu dem Freund gesagt, daß die »Würde der Toten« gewahrt wird. Darunter kann ich mir sowieso nichts vorstellen. Die Würde der Lebenden ist wichtig; etwa die von todkranken Patienten. Was ich mich frage: Wie können Sie als Arzt einem Sterbenden helfen, wenn Sie das Tote so ausgrenzen, wie das im Krankenhaus üblich ist? Gerade da ist doch der Tod *die* Referenzkategorie Ihrer Arbeit. An fast jedem Sterbenden können Sie das sehen: daß der Tod nicht ein Blitzschlag ist, sondern ein Prozeß, der zum Leben gehört, indem er zunehmend von ihm Besitz ergreift. Als Arzt wollen Sie immer nur den lebenden Teil sehen, für den gegenteiligen Rest haben Sie einen Gesichtsfeldausfall; und so nehmen Sie nur den halben Patienten wahr oder noch weniger. Die Leichen müßten etwas Selbstverständlicheres sein im Krankenhaus, für alle, und nicht ein peinliches Mißgeschick, das man verbergen und heimlich beseitigen muß.

Jetzt kommen Sie plötzlich, habe der Freund geantwortet, mit Formeln und Postulaten. Das müßten Sie mir schon erklären, wie der Tod etwas Selbstverständliches sein soll; der ist einfach eine Ungeheuerlichkeit. Da kann man nicht mit hemdsärmeligen Parolen daherkommen, so nach dem Motto: Die Toten sollen nicht abseits stehen; oder: Auf Du und Du mit der Krankenhausleiche.

Irgendwie anders, berichtet der Student, habe er sich das natürlich vorgestellt. Aber wie eigentlich, wie genau, das habe er selbst nicht zu sagen gewußt. Was den Tod anlangt, habe er nach solchen Gesprächen und ebenso in der Klinik nichts als eine Ratlosigkeit in sich vorgefunden.

Nicht nur wegen der 19jährigen sei jenes dritte Zimmer in den ersten Wochen nur mit Überwindung betreten worden. Denn im Bett daneben sei eine junge Frau gelegen, Mitte zwanzig, die an derselben Krankheit gelitten habe wie die andere: an einer Lymphgranulomatose Morbus Hodgkin. Bei der Älteren sei die Krankheit eben erstmals aufgetreten, aus vollkommener Gesundheit heraus habe sie sich plötzlich ins Krankenhaus legen müssen, neben eine Todkranke.

Die Ärzte hätten der jungen Frau ausführlich erklärt, daß ihre Krankheit, obwohl jetzt noch symptomarm, gefährlich sei und eine aggressive Behandlung notwendig mache. Naturgemäß sei die Patientin darüber erschrocken gewesen, aber sie habe dennoch voller Optimismus der Behandlung zugestimmt: Sie sagen, das mit dem Haarausfall, das muß nicht immer passieren? Das fände ich schon schlimm, schauen Sie, wie dichte Haare ich habe, auch wegen meinem Mann.

Der Mann sei in die Klinik gekommen, zu einem Gespräch mit den Ärzten bestellt. Fast noch ein Bub, berichtet der Student; ein hübscher blonder Sonnyboy, und der habe sich das alles mit freundlich offenem Gesicht angehört, sehr gutwillig – aber er habe überhaupt nichts begriffen. Man habe ihm erklärt, was da in den nächsten Jahren auf ihn zukommen werde: daß man die Krankheit seiner Frau nicht heilen könne, daß man die Schübe, in denen sie voraussichtlich verlaufen werde, nur mit sehr aggressiven Medikamenten halbwegs kontrollieren könne und daß diese Krankheit, geschähe nicht ein Wunder, nach aller Erfahrung über kurz oder lang – die Ärzte hätten sich gerade da möglichst vorsichtig auszudrücken bemüht – zum Tode führen werde.

Allen Ernstes habe der junge Mann daraufhin gesagt: Wissen Sie, Geld spielt Gott sei Dank überhaupt keine Rolle. Wir können uns jede Behandlung, auch die teuerste, leisten. Heutzutage kann die Medizin doch . . . – Erst als daraufhin der Arzt das Wort *Krebs* ausgesprochen habe, habe der junge Mann gestutzt; doch nur, um diesmal als Frage zu wiederholen: Und auch die teuersten Medikamente, da kann man wirklich nichts dagegen tun, gegen diese Art Blutkrebs?

Die Zytostatika seien nachmittags gespritzt worden. Um den Kopf der Frau sei unterhalb des Haaransatzes ein Gummischlauch gespannt worden, obwohl man die Patientin nicht im unklaren gelassen habe darüber, daß dies wahrscheinlich kaum etwas bewirken könne: Leider ist ja gerade die Kopfhaut, habe der Arzt gesagt, die bestdurchblutetste Stelle der Haut überhaupt. Mit Beginn der Behandlung seien die heftigsten Nebenwirkungen aufgetreten, Übelkeit, Erbrechen, Durchfälle.

Jeden Tag hätten sich die Ärzte bei der Visite von der immer schwächeren Stimme, von dem gelben, uralt-kindhaften Gesicht der Todkranken an jene noch ungebrochen optimistische Patientin gewendet, die von ihren beträchtlichen Beschwerden berichtet habe, nicht ohne stets selbst hinzuzufügen: Aber das ist ja nur übergangsweise, haben Sie doch gesagt. – Die Ärzte hätten genickt, und zugleich habe er, berichtet der Student, die Angst in ihnen gesehen, die hier in sie gesetzte Hoffnung auf die Dauer nicht rechtfertigen zu können. Es seien Schweißausbrüche gekommen, Schlaflosigkeit, Appetitlosigkeit Gewichtsverlust, Blässe im Gesicht, dann Fieber. Der Optimismus in der Stimme der jungen Frau habe begonnen, etwas Forciertes anzunehmen. Es sei Cortison verordnet worden, wie üblich, zur Unterdrückung des Fiebers. Bereits nach wenigen Tagen habe das Cortison seine Wirkung getan: plötzlich gefüllte Backen, eine rosig-gesunde Farbe im Gesicht. Doch die Patientin sei darüber überhaupt nicht glücklich gewesen, sie habe sich vorwurfsvoll an die Backen gefaßt: Das ist total künstlich, so habe ich noch nie ausgeschaut. Aber mein Mann, habe sie hinzugesetzt, war gestern ganz begeistert über mein gesundes Gesicht. Das Künstliche hat er gar nicht gemerkt. – Das Lachen, mit dem sie das gesagt habe, sei brüchig gewesen.

Das Fieber sei zurückgegangen, genauso wie die übrigen Beschwerden. Es geht jetzt wirklich sehr gut, habe die Patientin gesagt, nur wenn ich mir durch die Haare fahre, schauen Sie, die fallen mir büschelweise aus. – Jetzt habe es begonnen, daß die Frau bei der Visite mit den Tränen gekämpft habe. Dann seien sie ihr einmal plötzlich aus den noch lachenden Augen rausgelaufen, und im nächsten Moment sei ihr Ausdruck wie ein Kindergesicht umgekippt. Aus dem Schluchzen heraus habe sie sich entschuldigt, habe wieder zu lachen versucht, vergeblich. Der eine Arzt habe sie am Oberarm angefaßt, um sie zu beruhigen. Man kann nichts tun, habe er sich gedacht, so der Student, als beruhigen. Man kann nicht einmal trösten. Er habe ein Zittern in seinem Gesicht gespürt und es mit der Hand weggewischt.

Kurz darauf habe die Patientin immer ein Haartuch getragen; dann sei der Friseur gekommen, um Maß zu nehmen für eine Perücke. Fast jede Visite habe in Tränen geendet. Geduld, Gelassenheit und Sympathie der Ärzte, auch hier. Und es sei unverkennbar gewesen, wie das der Patientin geholfen habe. Dabei sei es nicht eine Frage wohlgesetzter Worte gewesen, sondern der Mut der Ärzte, vor dem Elend nicht zurückzuweichen. Immer klarer habe er begriffen, berichtet der Student, daß es eine Frage des persönlichen Formats sei, ob Medizin gelingt. Dinge, die man nicht lernen oder lehren könne. Und es habe nichts zu tun mit gescheitem Geschwätz, wie er es pausenlos von den Ärzten in der Psychiatrie gehört habe, wo zugleich alle Handlungen bestimmt gewesen seien von einem geradezu unglaublichen Analphabetismus der Menschlichkeit: keine Angst, keine Zuneigung, nur gepanzerte Normalität.

Wirklich glücklich habe sich die Patientin am ersten Tag mit der Perücke präsentiert: Doch, das geht jetzt schon, finden Sie nicht? – Es sei den Ärzten gelungen, die junge Frau durch die erste Verzweiflungsphase ihrer Krankheit mit hindurchzumanövrieren. Am Tag der Entlassung sei sie adrett angezogen und geschminkt am Bettrand gesessen und habe strahlend gesagt: Mein Mann kommt mich in einer Stunde holen. – Die Ärzte hätten sich mit ihr gefreut. Vor der Türe habe der eine hilflos den gesenkten Kopf geschüttelt: Was auf die noch alles zukommt in den nächsten Jahren; da darf ich gar nicht dran denken.

Wissen Sie, was mir an diesen Ärzten gut gefällt, habe der Student zu dem Freund gesagt, das ist die Priorität des medizinisch-fachlichen Könnens. Die wollen richtige Diagnosen stellen, nichts übersehen und die bestmögliche Therapie durchführen. Das Wissen, das die haben, ist enorm; und wenn sie über Patienten reden, dann darüber, ob sie auch wirklich an alles gedacht haben.

Komischerweise wird ja von denen, die für eine humanere Medizin eintreten, von den Alternativen zum Beispiel, Fachkundigkeit von vornherein mit Ressentiment betrachtet. Für die riecht das nach Technokratentum und Unmenschlichkeit. Und es wird so getan, als läge das Heil der Medizin darin, daß die Ärzte nette, verständnisvolle Menschen werden. Diese netten Mediziner sollten dann immer noch reflexhaft an die psychosomatischen Zusammenhänge denken, und zwar bei allen Krankheiten; sollten möglichst wenig »Chemie« verschreiben, sondern lieber Kräuter – und schon hätten wir der Medizin den Teufel ausgetrieben.

Das sind die Vereinfachungen der Leute, die nebenher noch dafür kämpfen, daß wir endlich mit dem Bauch zu denken anfangen und nicht immer nur mit dem bösen Kopf. Das sind die Vereinfachungen, habe der Student zu dem Freund gesagt, die mich wirklich wütend machen. Schlimm daran ist doch eines: Überall da, wo unerträgliche Zustände richtig erkannt werden, sucht man die Antwort in gefühlsselig vernebeltem Irrationalismus. Weil die moderne Medizin, vor allem im Krankenhaus, in ihren menschenfeindlichen Auswüchsen ein Produkt wissenschaftlicher Rationalität ist, deshalb muß statt Wissenschaft *feeling* her.

Ich will aufhören zu polemisieren. Aber Sie müssen verstehen: Ich kannte bisher fast nur diese Art von gehirnamputierter Medizinkritik einerseits und andererseits die geistlose Praxis jener Funktionsfetischisten, die den täglichen Horror unserer Medizin perpetuieren. Und plötzlich sehe ich, wie ohne betuliches Gerede über die Arzt-Patient-Beziehung einerseits, wie ohne größenwahnsinnige Überschätzung der technischen Möglichkeiten andererseits alles in einer vernünftigen Dosierung zusammentrifft: fachliche Fähigkeiten und Akribie, selbstverständliches Einfühlungsvermögen in den Patienten und Respekt vor ihm.

Mir sind Ihre Hymnen verdächtig, habe der Freund geantwortet, berichtet der Student. Genauso wie ich Ihnen nicht glaube, daß Sie noch nie mit einer überzeugenden Medizinkritik konfrontiert worden wären oder daß Sie bisher nur dummfunktionierende Ärzte getroffen hätten. Sie übertreiben alles, eher noch: Sie erleben alles so übertrieben; entweder sind Sie völlig abgestoßen oder völlig hingerissen. Wieso eigentlich? Sie müssen mal lernen, etwas abwartender zu reagieren.

Ich sehe ja wirklich aus, als hätte ich einen Fußball verschluckt, habe die vitale Frau Mitte Vierzig gesagt und gelacht; dabei habe sie mit einer koketten Bewegung ihr Nachthemd über den Bauch hochgezogen. Oder als wäre ich schwanger, habe sie hinzugefügt, und die Hand des sie untersuchenden Arztes dabei gedrückt, als könnte sie auf ein einverständig obszönes Lachen von ihm rechnen. Draußen habe der Arzt sich geschüttelt und halblaut zu seinem Kollegen gesagt: Die ist natürlich todkrank und muß einem leid tun. Trotzdem hasse ich diese Art von Krankenbett-Geilheit bei alternden Weibern oder Koketterie oder Weiß-der-Teufel-was. Selten habe er diesen Arzt, berichtet der Student, so angeekelt und wütend gesehen.

Danach hätten die Ärzte über die Krankengeschichte der Patientin gesprochen: daß die Chirurgen vor vier Wochen den Bauch aufgemacht und einen in alle Eingeweide verwachsenen Tumor vorgefunden hätten; nicht einmal eine Reduktion der Tumormasse sei möglich gewesen; es sei nur eine Gewebsprobe entnommen worden, übrigens ein Liposarkom; und dann sei wieder zugenäht worden. Die Chirurgen hätten der Patientin etwas von einer Infektion erzählt und sie mit dem Ratschlag entlassen, sich internistisch untersuchen und beobachten zu lassen. Und jetzt, habe der Arzt gesagt, kommt sie hierher zu uns zum Sterben. Eine Sauerei ist das von den Chirurgen.

Drei, vier Visiten lang, eine knappe Woche, habe sich der Arzt gedrückt. Dann seien die Fragen der Frau immer drängender und direkter geworden: Was für eine Infektion, woher die Schwellung, die nach wie vor anwachse, und warum eigentlich eine Operation, bei der gar nichts geschehen sei? Schließlich habe die Patientin den Arzt gestellt: Bitte lügen Sie mich nicht an, alle haben mich angelogen, seit Monaten; aber ich kann es aushalten, bitte sagen Sie mir die Wahrheit: Habe ich Krebs? – Auf das Ja des Arztes habe die Patientin hysterisch verzweifelt immer wieder Nein gerufen, Nein, Herr Doktor, warum, warum? Nach einer halben Stunde Gespräch habe die Frau weinend beteuert: Aber ich bin Ihnen so dankbar, daß Sie mir die Wahrheit gesagt haben. Jetzt kann ich kämpfen, ich habe unheimlich viel Kraft. Und ich will *leben*, verstehen Sie, ich will noch so viel erleben.

Erschöpft hätten die Ärzte das Zimmer verlassen. Ich habe eigentlich gedacht, daß sie es gefaßter erträgt, habe der eine Arzt gesagt, zumindest am Anfang. Aber was heißt gefaßt, habe er sich sofort relativiert, wer soll denn das überhaupt aushalten können, so etwas zu erfahren?

Die Chefvisiten, berichtet der Student, hätten allen, insbesondere den Schwestern, zu lange gedauert. Der Chefarzt sei ein älterer Herr gewesen, kurz vor der Pensionierung, hochgewachsen, mit bedächtig gebücktem Rücken, jede Geste eine vielleicht überbetont deutliche Bescheidenheit. Unvorhersehbar habe er sich an irgendeinem Krankenbett auf die Kante gehockt und sei dort nach Belieben sitzen geblieben, zu nicht nur ärztlichem Gespräch. Ärzte und Schwestern hätten manchmal gequälte Blicke gewechselt, doch er selbst, berichtet der Student, habe diese Gespräche mit der größten Aufmerksamkeit verfolgt. Schnell sei ihm klargeworden, daß die Ärzte hier von ihrem Chef wohl viel gelernt und übernommen hätten; Geduld, Respekt und die Bereitschaft zur Reflexion. Und es sei ihm auch der prägende Einfluß deutlich geworden, den ein Chefarzt auf die Arbeitsweise einer ganzen Abteilung ausübe.

Bei der Patientin mit dem Liposarkom habe an jenem Tag die Chefvisite fast eine Stunde gedauert. Viel raten habe der Chefarzt nicht können, und naturgemäß habe er auch keine richtigen Hoffnungen machen können. Aber er habe die Patientin gefragt, woher, nach ihren eigenen Vermutungen, die Krebskrankheit komme. Wie unter Hochdruck habe daraufhin die Patientin zu sprechen angefangen, als habe eben diese Frage sie in den letzten Tagen unablässig beschäftigt. Derartige Erklärungsversuche hätten ihm seine Professoren, so berichtet der Student, während des Studiums als geradezu zwanghafte Patientengedanken vorhergesagt und als Wahnideen disqualifiziert: Davon dürfe ein guter Arzt sich nicht ablenken oder gar fehlleiten lassen. Ganz unübersehbar sei jetzt hingegen gewesen, von welcher Bedeutung es für die Frau gewesen sei, daß jemand sich wirklich interessiert gezeigt habe an der Eigeninterpretation ihrer Krankheit. Es sei ein Gespräch entstanden über den Krebs: die Wahnsinnslogik der Selbstdestruktion, woher das komme, daß der Körper sich selbst angreife, eben mit dem Ziel der Vernichtung. Es sei von Abwehrkräften des Gesunden die Rede gewesen, die gelte es jetzt zu mobilisieren, und die vitale Frau sei von dieser Anregung des Chefarztes sofort überzeugt gewesen: Genau, sie werde ihre Abwehrkräfte stärken, was sie essen solle, daß sie wieder besser schlafen müsse, sie sei so viel wachgelegen in den letzten Nächten; habe grübeln müssen, dauernd sinnlos im Kreis dieselben Gedanken denken, und der Kampf zwischen Verzweiflung und Hoffnung. Aber es gebe doch zumindest eine gewisse Hoffnung, habe sie suggestiv den Chefarzt gefragt, daß sie gesund werde, oder etwa nicht? Der habe daraufhin genickt, gewiß gebe es Hoffnung, und hinzugefügt, Hoffnung gebe es, solange es Leben gebe. Die Patientin habe diesen mehrdeutigen Satz ganz als Bestätigung aufgefaßt.

Eine knapp Sechzigjährige sei nach zwei Wochen in das bis dahin nur von dieser Patientin belegte Drei-Bett-Zimmer gelegt worden. Die Ältere habe ihre fleckig-gebräunte, glänzende Glatze mit einer illusionsfernen Selbstverachtung getragen, krankheitsgeübt, jenseits von Aufbegehren. Der Krebskranken sei diese Alte wie der leibhaftige Inbegriff des Verfalls erschienen. Bei der Visite, die männlich-faltige Fratze des Lächelns, zu der Jüngeren hin, während die Ärzte mit der gesprochen hätten, der Versuch zu einer Freundlichkeit. Die Krebskranke habe zurückzulächeln versucht, erfolglos, habe tief durchgeatmet, daneben Visitenroutine. Aber sei da nicht auch, so der Student, ein diabolischer Zug in dem Gesicht der Alten erkennbar gewesen? Ein: Wart nur ab, verfluchte

Gesunde, bald schaust du so grausig aus wie ich. Im Lauf des Tages habe die jüngere Patientin mehrmals nach Schwestern und Ärzten geklingelt, wegen unbestimmbarer Beschwerden, Angst, und man habe ihr gut zugeredet. Abends sei dann der Verlobte vorsichtig ins Behandlungszimmer gekommen, ein deutlich jüngerer Mann, zart, dunkelhaarig, kleingewachsen, leise, wie das Gegenteil zu der Patientin selbst. Der habe gesagt: Aber das ist ja grauenhaft, diese alte Frau, sagen Sie, Herr Doktor, wissen Sie, meine Verlobte ist ganz außer sich. Meinen Sie, daß man die vielleicht woanders hinverlegen kann? – Er werde sich bemühen, habe der Arzt gesagt. Von da an sei die Frau allein in dem Dreibettzimmer gelegen, ohne Privatkasse, aus ärztlich-menschlicher Notwendigkeit heraus. – Doch doch, habe der eine Arzt auf Fragen gesagt, das können wir schon mal machen, so was. Man braucht ja nicht darüber zu sprechen.

Medizinisch habe man kaum etwas für die Kranke tun können. Das sich im Bauchraum sammelnde Wasser habe man medikamentös auszuschwemmen versucht, zur Nacht habe die Patientin ein Schlafmittel bekommen. Die Schmerzen seien zunächst gering gewesen. Doch was tun gegen Appetitlosigkeit, Entkräftung, Auszehrung, Angst? Was tun gegen den im Bauch beharrlich, beinahe sichtbar wachsenden Tumor? Dort dieses Wachstum, und andererseits der rapide Verfall des gesamten restlichen Körpers.

Vom Krebs sei längst nicht mehr gesprochen worden. Innerhalb der kürzesten Zeit, berichtet der Student, habe bei der Patientin ein furioser Verdrängungsprozeß eingesetzt gegen die ihr in voller Tragweite bekannte, tödliche Diagnose; eine dem Außenstehenden ganz und gar unheimliche Dynamik. Ich kann es mir überhaupt nicht erklären, habe die Patientin bei einer Visite unvermittelt gesagt, aber ich muß schwanger sein. Ich verstehe das selbst nicht, daß ich schwanger bin, Herr Doktor, verstehen Sie das? – Sie habe mit dem Kinn auf ihren Bauch gewiesen, der tatsächlich vom Aussehen her ebensogut der einer Schwangeren hätte sein können. Nur daß diese Frau ihren eigenen Tod in ihrem Bauch ausgetragen habe, und nicht ein anderes Leben. – Was hätten die Ärzte hierauf antworten sollen, was tun, außer schweigen? Der Schwangerschaftsgedanke, ein mit dem fortschreitenden Körperzusammenbruch immer häufigeres Thema. Wie ein Flehen um ein zweites Leben.

Eines Morgens sei der Verlobte mit einem schwarzen Anzug bekleidet ins Behandlungszimmer gekommen, mit tastenden Schritten, wie verschüchtert von der feierlichen Eleganz der eigenen Kleidung. Ist sie also heute nacht gestorben, sei es ihm, so der Student, mit einem Erschrecken durch den Kopf geschossen. Nein, Hochzeitstag: einer der Ärzte als Trauzeuge, der Krankenhauspfarrer, ein blumenübersätes Zimmer, und das durch alle Schwäche hindurch strahlende Gesicht der todkranken 45jährigen Braut. Am Mittag dann großes Festessen in einem erstklassigen Hotelrestaurant, zum erstenmal seit Wochen habe die Patientin hierzu das Krankenhaus verlassen, gegen den Rat der Ärzte. Dort ein Schwächeanfall, Zusammenbruch, mit einem Sanitätswagen sei sie zurückgebracht worden ins Krankenhaus; jetzt die rotgeweinten Augen.

Einige Tage später sei sie zitternd und weinend auf ihrer Bettkante gesessen und habe versucht aufzustehen, doch sie sei zu schwach gewesen. Ihr Mann habe sie beruhigen wollen. Sie habe ihn halb angebettelt, halb angeherrscht: Die Autoschlüssel, sofort, gib mir die Autoschlüssel. – Aber du kannst doch nicht autofahren, habe er gesagt, leg dich doch wieder hin. Doch sie habe pausenlos wiederholt: die Autoschlüssel, und dann werde sie mit dem Wagen gegen einen Brückenpfeiler fahren, und aus und vorbei und endlich aus. In ganz verwaschener Sprache, diese Zwangsidee: das letzte Aufbäumen eines verlöschenden Willens. – Widerstandslos habe sie das Beruhigungsmittel eingenommen, sei in ihr Bett zurückgesunken und eingeschlafen.

Für die Ärzte habe jetzt eine leichtere Zeit begonnen. Nicht mehr die grausam sinnlosen Hoffnungseinfälle: Keine Rede mehr von Schwangerschaft, von Zukunftsplänen mit dem Mann. Die zunehmende Eintrübung des Bewußtseins, verstärkt durch opiathaltige Schmerzmittel, habe die Ärzte entlastet: Schlaflosigkeit, Schwitzen, Durst, Gewichtszunahme –: gnädig belanglose Themen, gemessen an den Gesprächen, die mit der Frau unmittelbar nach ihrer Einlieferung zu führen gewesen waren. Dennoch habe sich der Ekel der Ärzte vor dieser Patientin gesteigert. Ein scharfer Uringeruch sei ständig in dem Zimmer gewesen, so oft habe das Bett gar nicht gewechselt werden können, und den Blasenkatheter habe sich die Frau selbst wieder herausgezogen: Ich kann doch wohl noch selbst auf die Schüssel gehen. Und bei der Visite habe sie gefragt: Ich verstehe nicht, warum riecht es so nach

Urin hier im Zimmer? – In manchen Bewegungen ihres verunstalteten Körpers, in manchem Gesichtsausdruck sei immer noch der Versuch zu einer Anzüglichkeit oder Koketterie gewesen, ein erbärmlich abstoßender, erschütternder Rest von Geschlecht, Lust, Begierde.

Die Abscheu der Ärzte, dieses Zimmer betreten zu müssen, überhaupt ihr Grauen, Arzt sein zu müssen vor jener Patientin – er habe dies, berichtet der Student, nur zu gut verstanden. Wenn während der morgendlichen Formulararbeit in der Kaffeeküche das Gespräch auf die Todkranke gekommen sei, habe nur von der grundsätzlichen Unmöglichkeit des ärztlichen Berufs gesprochen werden können. Wovon sonst? Doch anders als zu Beginn seiner Arbeit auf dieser Station habe er jetzt, nach drei Monaten, so der Student, derartigen Äußerungen den richtigen Stellenwert geben können. Das Selbstverständliche sei eine *Erkenntnis* für ihn gewesen: daß ein richtiges Berufsverständnis eben beides zulassen müsse, Identifikation mit der Arbeit und die Abscheu vor ihr.

Fast pausenloses Wimmern, schließlich Schreien, in den letzten Tagen vor dem Tod der Patientin. Die Ärzte seien nur noch gekommen, um Morphium zu injizieren, immer größere Dosen, immer häufiger. Das Sterben werde dadurch, so der Student, nicht weniger grauenvoll; jedoch, vermutlich, erträglicher. Das gängige Pathos, habe er sich gedacht, vom bewußt erlebten natürlichen Tod: welch ein wirklichkeitsloses Hirngespinst.

Wenig später, zwei Wochen lang, die Arbeit auf der Intensivstation: Und das rapide Tempo des Sterbens dort; Tage, Stunden, einmal seien es kaum fünf Minuten gewesen, innerhalb derer ein 24jähriger junger Mann den Weg zurückgelegt habe von einem klaren Bewußtsein zum Tod.

Erst seit kurzem habe der Patient von seiner schweren, jedoch nahezu symptomlosen Blutkrankheit gewußt. Zu einem ersten Behandlungszyklus sei er jetzt in die Klinik gekommen, habe sich in der Nacht nach der Aufnahme geschwächt gefühlt und sei am Morgen mit Atemnot und Herzbeschwerden auf die internistische Intensivstation verlegt worden. Während er das Bett des jungen Mannes in das Zimmer geschoben habe, berichtet der Student, habe der über stechende Schmerzen in der Leiste geklagt und sichtlich schwer geatmet. Er habe gebeten, auf die Bettkante gesetzt zu werden, so könne er besser atmen. Dabei habe er, so der Student, dem Patienten geholfen, und als das ohnehin schon blasse Gesicht immer noch fahler geworden sei, die Schmerzen heftiger, sei er eilig nach draußen zu dem Arzt gelaufen: Der verblutet innerlich, wir brauchen Blut für den, da muß doch was bestellt sein, der stirbt doch, wenn wir nichts machen. – In aller Ruhe habe der Arzt geantwortet: Natürlich stirbt der; und besser so, als qualvoll langsam an seiner Blutkrankheit. – Daraufhin sei er, berichtet der Student, zurück zu dem jungen Mann gegangen; der habe inzwischen vor Schwäche nicht mehr sitzen können und habe hingelegt werden wollen. Innerhalb von Sekunden sei das Bewußtsein geschwunden. Zwischen den gierig nach Luft saugenden Atemzügen seien die Pausen länger geworden, die Augen hätten sich nach oben weggedreht, und nach einem letzten Einatmen sei das Kinn leicht heruntergeklappt. Banalität des extremsten Lebensmoments, des Sterbens.

Draußen im Wachraum die Routine der Intensivstation, ein dringender Fall, der alle Aufmerksamkeit gefordert habe. Als man dann das Kinn bei dem Toten habe hochbinden wollen, sei es bereits zu spät gewesen: die Totenstarre habe bereits eingesetzt gehabt, vergebliche Mühe mit der Mullbinde. Wenig später seien Angehörige gekommen, die Zwillingsschwester und die noch jüngere Frau des Toten. Ihr Weinen sei laut durch die ganze Station gedrungen. Das Gespräch des Arztes mit den Frauen, aber wie soll man Worte finden für einen so unerwarteten Tod? Schmerzhaft lächerlich die zwanghafte Suche nach Sinn.

Die Angehörigen der Patienten und der Umgang mit ihnen – dies sei ein besonderes Problem der Intensivstation, wo der unerwartete Tod zur täglichen Arbeit gehöre.

Auch hierin, wie bei den anderen Tätigkeiten, habe er den Arzt dieser Station, berichtet der Student, bewundert. Mehr noch als bei den anderen Ärzten der Abteilung, die er bisher kennengelernt hätte, habe er bei diesem auf Anhieb das Außerordentliche erkannt.

Während des Studiums habe er einige Intensivstationen kennengelernt und dort geradezu groteske Verbindungen vorfinden müssen von hochentwickelter Technologie und zugleich fast vollkommen zurückgebildeter Reflexionsfähigkeit der Ärzte. Ein derart geballtes Maß an Ignoranz, daß während eines Kurses auf einer Kinder-Intensivstation er in seinem Kopf, so der Student, nur noch wüste Schimpfworte habe immer lauter werden hören,

Arschlöcher Schweine Idioten Idioten Idioten, bis er das habe ausrufen und dann schnell das Zimmer habe verlassen müssen.

Schon hätte er glauben wollen, das ziehe sich an, die Apparate und die Dummheit, doch dann habe ihn der Arzt auf dieser Station des Gegenteils belehrt: die genaueste Reflexion bei jeder diagnostischen und therapeutischen Maßnahme; nichts vom Diktat des technisch Möglichen, des Machbaren, dem sich ja ohnehin nur unterwerfe, wer zu feige sei oder unfähig, eine Entscheidungsverantwortung zu tragen. Vor allem *eine* Überlegung sei es gewesen, die dem Handeln in schwierigen Situationen vorausgegangen sei: Was kann das aller Wahrscheinlichkeit nach für ein Leben sein, das ich diesem Patienten erhalte, wenn ich jetzt eine äußerste lebensrettende Maßnahme unternehme? Nur diese Frage könne die Intensivmedizin vor Inhumanität bewahren. So habe man hier nicht jene für immer vollständig bewußtseinsberaubten, jedoch organisch lebensfähigen Menschen-Pflanzen gezüchtet, Bett an Bett, wie er das, so der Student, auf jener Kinder-Intensivstation gesehen habe.

Um zu präzisieren und zu veranschaulichen, was er sagen wolle, müßte er wieder Geschichten erzählen, müßte er noch einmal ausholen, und es wären wieder Geschichten, die vom Sterben und vom Tod handelten, so wie vorhin, selbst wenn er ursprünglich etwas ganz anderes darzustellen sich vorgenommen habe, seien seine Erzählungen wie unweigerlich in Sterbens- und Todesgeschichten übergegangen. Habe er vom außergewöhnlichen Umgang der Ärzte mit einer Sterbenden sprechen wollen, habe er von fast nichts anderem als von der Sterbenden selbst gesprochen, als stünde es nicht in seiner Kontrolle, als sei die Macht dieser Erfahrungen stärker als jeder Vorsatz, jede Beweis- oder Erläuterungsabsicht. So wolle er sich, sagt der Student, diesem Sog, nachdem er ihn zu spüren bekommen habe, nicht erneut aussetzen, wolle sich jetzt nicht noch einmal an Geschichten versuchen. Auch sei dieser Bericht, wie er deutlich spüre, an sein Ende gekommen, selbst wenn so vieles, was er habe sagen wollen, unausgesprochen bleibe.

Nur noch einige Szenen, angedeutet: Die erste Visite morgens, bei den in der Nacht eingelieferten Selbstmördern: Wie die merkwürdig gelächelt hätten, ungläubig, und wie das Lächeln dann verrutscht sei, während der ersten Sätze mit dem Arzt, matt betrübte Gesichter, manchmal Tränen; aber nichts von Rebellion, oder nur sperrangelweit staunende Augen, daß das Leben einfach weitergeht.

Cor moriens, habe der Arzt gesagt, sterbendes Herz, auf die regellosen Oszillationen des EKG-Schreibers gedeutet und ein Stück des sich am Boden kräuselnden Papierstreifens heruntergerissen. Ich bin da etwas zwanghaft, so der Arzt, ich muß da wirklich die Nullinie sehen, im EKG. Daneben der schwere Männerkörper, an dem man vor wenigen Minuten noch Wiederbelebungsversuche gemacht hatte, erfolglos. Er selbst habe, berichtet der Student, bei der rhythmischen Kompression des Brustkorbes den Herzmuskel unmittelbar in seiner Handinnenfläche gefühlt. Das gibt es nur, habe jemand gesagt, weil die dem draußen schon alle Rippen gebrochen haben. Eben noch Objekt von Hoffnung all derer, die sich um ihn bemüht hätten, sei der Mann jetzt entblößt in dem Erstversorgungsraum gelegen, nur noch Registrierarbeit des EKG, das letzte Zittern des Herzens, cor moriens, habe er sich gedacht, so der Student, was für ein unangemessen versöhnlicher Klang.

An anderen Toten, eben Verstorbenen, hätten er und ein junger Arzt mit einer langen dicken Nadel geübt, die Vena jugularis zu treffen. Schwierig, aber wichtig. Keine falsche Scheu, habe der Stationsarzt gesagt, das könnte lebensrettend sein, für den nächsten Patienten, das müssen Sie lernen.

Die Faszination des Handwerklichen, die schnellen, wohlüberlegten Griffe, wenn ein neuer Patient von den Sanitätern gebracht worden sei. Was er vor allem lernen müsse, habe er sich gesagt, sei die Ruhe. Also der Kampf gegen die innere, die ihm eingeborene Hektik, und manchmal Erfolge dabei.

Tage, an denen er abends erschöpft die Klinik verlassen habe. Immer noch erstaunt über die frühe Dunkelheit, Herbstanfang, und die eiligen laubraschelnden Schritte durch den Park des Krankenhauskomplexes, raus und heim. Er habe eine eigentümliche Melancholie und gleichzeitig einen Stolz in sich getragen: Wieder ein verlorener Tag; ein Tag, an dem nichts vorgekommen sei vom *eigentlichen Leben*, von Büchern, Gedanken, Schrift. Zugleich habe er eine noch nicht gekannte Erhebung gespürt, *die Pflicht* getan zu haben: aus den unverbindlichen Spielereien des Studiums und einer literarischen Traumwelt herausgetreten zu sein, und hinein in die Welt der Erwachsenen: Selbstverzicht, Handeln, und direkt erfahrbarer Sinn.

Habe er nach solchen Tagen zu dem Freund gesagt: Wenn da vor Ihnen einer liegt und der stirbt, falls Sie nichts tun – das sind Fragen von einem anderen Kaliber, als, sagen wir, die Bedeutung des neuen Buchs von Botho Strauß. Habe er dies zu dem Freund gesagt, berichtet der Student, habe der geantwortet: Sie haben natürlich recht, und doch nicht. Zugegeben, die Unmittelbarkeit solcher Sinnerfahrung ist verführerisch. Doch zugleich hat sie etwas gefährlich Besinnungsloses an sich; das schneidet Sie ab, lassen Sie sich nicht täuschen, von der anderen Pflicht, von der notwendigen Denkarbeit.

Walter Schönau

Mit Gespenstern leben

Bruchstück aus einer Psychoanalyse

Errungenschaft?

Daß *die* Psychoanalyse als Errungenschaft gelten darf, braucht nicht mehr bewiesen zu werden. Wie *eine* Psychoanalyse als therapeutische Behandlung einer neurotischen Störung zu einem Ergebnis führen kann, das im Leben eines Menschen den Namen »Errungenschaft« verdient, das ist ein Thema, das oft aus der Sicht des Analytikers, relativ selten aus der Sicht des Analysanden dargestellt wurde. Und wenn das geschah, dann hatte der ehemalige Analysand inzwischen oft den Beruf eines Analytikers oder Therapeuten erlernt. Das erzählende Ich hatte sich dann die überlegene ärztliche Position erworben, von der aus das erzählte Ich im Rückblick diagnostiziert und analysiert werden konnte.

Was ich bieten möchte, sind einige Innenansichten einer laufenden Psychoanalyse, keine abgeklärte Diskussion der überstandenen Schwierigkeiten, ich möchte den Kampf mit diesen Problemen beschreiben, sozusagen im Hinblick auf die Errungenschaft ihrer Überwindung. Genaugenommen handelt es sich also um eine Krankengeschichte, die vom Kranken selber erzählt wird – ein riskantes Unternehmen, dessen psychoanalytisch-klinische Fragwürdigkeit unbestritten ist, das dafür aber an Authentizität und Unmittelbarkeit distanzierteren Darstellungen einiges voraus haben kann. Ich lasse mich darauf ein in der Erwartung, daß der Erfahrungsbericht mehr zur psychologischen Situation der Gegenwart auszusagen vermag, mehr Zeittypisches enthält, als dem Berichterstatter bewußt sein kann.

Meine Bruchstücke aus der Geschichte des heute etwa 45jährigen Germanisten W. sind als Beitrag zu einer *Kasuistik* (im engeren klinischen Sinne) gemeint. Aber, so ist zu fragen, gehört eine unabgeschlossene Krankengeschichte in einen Band mit *Errungenschaften?* Dieses Wort, so lehren die Lexika, war ursprünglich eine Vokabel der Kanzleisprache, es hatte lange die ziemlich eingeschränkte juristische Bedeutung des während der Ehe erworbenen Vermögens. In der Märzrevolution 1848 wurde es dann zum »Fahnenwort« für die der Regierung abgenötigten Zugeständnisse. Die allgemeine Bedeutung, in der es in diesem Buch gebraucht wird, ist also ziemlich neu. Das Schlagwort der Märzrevolution erinnert an das eigenwillige Motto, das Freud seiner *Traumdeutung* voransetzte: »Flectere si nequeo superos, acheronta movebo« (Wenn ich die Oberwelt nicht beeinflussen kann, so will ich die Unterwelt in Bewegung setzen), dessen mythischer und politischer Sinn nun auf psychische Vorgänge bezogen werden sollte. Auf diesen Gedankenbahnen kommen wir zu einem Vergleich politischer Interessenkonflikte mit dem psychischen Instanzenkonflikt, der während einer Analyse ausgetragen wird. Als *Errungenschaften* sind dabei die Zugeständnisse zu betrachten, die dem Es und dem Über-Ich abgenötigt werden und die eine Erstarkung des Ich bewirken. Dies wäre der Gesichtspunkt, unter dem man Fragmente eines analytischen Prozesses – mit gebotener Skepsis – zum Begriff der »Errungenschaften« in Beziehung setzen darf.

Fragmente der Anamnese

Bei der Einäscherung des Vaters, der aufgrund ärztlicher Nachlässigkeit bei einer Lithium-Kur starb, hatte W. als ältester Sohn ein paar Abschiedsworte zu sprechen. Er nannte die schweren Depressionen, an denen der Vater litt, seinen Dämon, mit dem er unausgesetzt zu kämpfen gehabt habe. Später empfindet er den Satz oft als zu theatralisch oder literarisch, dann wieder doch als treffend.

Eine Erinnerung an den Vater, der Deutschlehrer an einem Gymnasium war und die Gewohnheit angenommen hatte, halblaut Sätze vor sich hin zu sprechen: Er geht, seufzend und mit vergrämtem Gesicht, eine Treppe hinunter und sagt, sich unbeobachtet glaubend, langsam und mit traurigem Ernst: »Nun armes Herze, sei nicht bang, nun muß sich alles, alles wenden.« Dieser *Frühlingsglaube* an die radikale Wende zum Guten, ein notwendiges Pendant zur Schwermut, hat ihn durch sein Leben begleitet. Er studierte, autodidaktisch und in ziemlich einsamer Suche, viele Lehren mit Heilsversprechen. Er wurde Vegetarier, zeitweilig stand sein ganzes Leben im Dienst der Gesundheit, er studierte alternative Systeme wie Anthroposophie, Freiwirtschaft, Mazdaznan, er las C. G. Jung, Teilhard de Chardin, Krishnamurti, von Dürckheim, ohne sich endgültig in einem dieser Bereiche geistig anzusiedeln. Hesses Diktum, »du sollst dich nicht nach einer vollkommenen Lehre sehnen, sondern nach Vervollkommnung deiner selbst«, hätte für ihn keine Alternative bedeutet. Er mußte sich nach beidem sehnen, mit großer Strenge gegen sich selbst dieses Pensum erledigen, ohne je fertig zu werden. In seinen Büchern, die W. besitzt, sind die wichtigsten Stellen rot angestrichen. Einmal sagte der Vater, er hoffe, daß sein Sohn diese spirituelle Gedankenwelt nach ihm weiterpflegen und tradieren werde. Er sehe W. als Verwalter dieses Gedankengutes, das von der Masse nicht beachtet oder verachtet werde.

Als unakzeptabel empfindet W. den Gedanken, daß der Vater den Kampf mit dem Dämon letztlich verloren hatte. Mit 66 Jahren waren, nach einer relativ entspannten Phase, die Zustände stiller, beherrschter Verzweiflung zurückgekommen. Er hatte sich freiwillig bei der Klinik gemeldet, wo man ihn mit Elektroschocks und Chemikalien behandelte. Als W. ihn dort besuchte, traf er ihn bei der Herstellung von Wäscheklammern. Das war 1967.

Ein Jahr später promoviert W. mit einer Arbeit, die ihm zwar einige wissenschaftliche Achtung und nicht wenige positive Reaktionen einbringt, mit denen er aber merkwürdigerweise wenig anfangen kann. Es ist, als gehöre das nicht zu seinem Leben, als habe er den Erfolg im Grunde nicht verdient. Er ist inzwischen verheiratet, Vater zweier Kinder, nichts ist ihm noch wirklich mißlungen. Er scheint am Anfang einer vielversprechenden Laufbahn.

Einige Jahre vergehen, die Demokratisierungswelle, die auch seine Universität überschwemmt, erfaßt ihn und wirft ihn in Verwaltungsarbeiten in Fakultät und Fachbereich, die er jahrelang mehr aus Pflichtgefühl denn aus Liebe erledigt. Immerhin hat er das Gefühl, dazuzugehören. Ängsten vor öffentlichem Auftreten und schwierigen Entscheidungen weicht er geschickt aus.

Die Krise

Im Jahre 1974 wird er 38 Jahre alt, er wohnt mit seiner Familie in einem modernen Haus, das ein befreundeter Architekt entworfen hat, in einem Villenvorort. Äußerlich geht alles noch immer nach Wunsch, seine Frau und Tochter reiten, sein Sohn spielt mit Altersgenossen in dem großen Garten. Man könnte W. beneiden. Dann bricht die Krise aus, zunächst in Gestalt einer Ehekrise. Seine Frau verläßt ihn nach häßlichen Szenen und erbitterten Kämpfen, sie zieht mit den beiden Kindern zu einem älteren Mann. Im Herbst 1975 übersiedelt W. aufs Land, er hat sich in einem Dorf ein kleines Haus gekauft. Tief gekränkt zieht er sich zurück: auf sich selbst und in die Natur, die er zeitweise wieder liebt wie vor dreißig Jahren.

Schwer zu sagen, wann die Krise, die fällige Krise der Lebensmitte, die als ein unbegreifliches Schicksal über ihn hereinbricht und die sich in der Beschreibung so schulbeispielhaft, so *typisch* ausnimmt, begann. Das ist im Grunde Deutung, Entscheidung im nachhinein über die Periodisierung der eigenen Vita. In der Rekonstruktionsarbeit der Analyse, in der täglichen, zu lange aufgeschobenen Beschäftigung mit dem eigenen Leben, das nun als gründlich verfehlt erscheint, bieten sich zwei Anfänge an. Der erste ist eine traumatische Szene auf der Autobahn, auf der Rückfahrt aus dem Sommerurlaub 1973: Ein Mädchen steigt auf der Straßenseite aus einem Auto, das auf dem Abstellstreifen geparkt steht. Eine Sekunde später wird sie von einem anderen Auto erfaßt, hochgeschleudert und zu Boden geworfen. Was ist in diesem Bild das krisenauslösende Moment? Es ist wohl die unabweisbare Erfahrung von der *Realität* des plötzlichen Todes, der bisher als Element der Phantasiewelt verharmlost werden konnte. Die Phantasiewelt: das ist die Welt der eigenen Tagträume, der Literatur, des Fernsehens, aber besonders des Kinos, in der W. eigentlich zu Hause ist. In der Realität hat er meistens das Gefühl, das er bei Kafka wiedererkennt: »irgendwo, wo man nicht hingehört, sich aufzuführen, als ob man zu Hause sei.« In seiner Studentenzeit ist er im Kino zu Hause wie nirgends sonst.

Später wird er die Analyse als Verbannung aus der Phantasiewelt, als Einübung in die Wirklichkeit, als allmähliche *Realisierung* verstehen.

Der andere mögliche Ansatz der Krise: eine ziemlich leichtfertig beschlossene Teilnahme an einem *sensitivity training*, bei dem mehr in Gang gesetzt wurde, als er damals selber ahnte. Einige Steine lockerten sich, so daß schließlich ein Geländerutsch stattfinden mußte.

Eigenartigerweise fällt er nach der Ehescheidung nicht gleich in das schwarze Loch der Depression, sondern er genießt seine Freiheit. Er lebt vitaler und intensiver als je, manchmal fühlt er sich in einer wahren Euphorie des Neuanfangs, eine zweite Pubertät ist ihm geschenkt. Später wird er diese manische Phase als letztes Aufleben der Abwehr verstehen lernen und sie mit der euphorischen Stimmung in Hesses Erzählung *Klingsors letzter Sommer* vergleichen.

Hesse wird ihm eine Zeitlang zum Leitbild, er teilt die jugendliche Begeisterung seiner Studenten für die Romane, phantasiert über das magische Theater im *Steppenwolf,* reist nach Montagnola und steht in San Abbondio vor Hesses Grab. Jemand hat ihm Blakes Verse aufgeschrieben:

What is the price of experience? Do men buy it for a song,
Or wisdom for a dance in the street? No: it is bought with the price
Of all that a man hath, his house, his wife, his children.

Manchmal glaubt er, da er diesen hohen Preis bezahlt hat, nun auch über die Weisheit, die Erfahrung zu verfügen, die Blake meinte und von denen auch Hesse immer schreibt. Aber seine Beschäftigung mit ihm, so erweist sich in der Analyse, hat mehr von einer Identifizierung, von einem liebevollen Verschmelzen mit dem bewunderten Vorbild als von einer distanziert-kritischen Betrachtung, die sein Beruf ihm eigentlich vorschreibt. So ähnlich hatte er sich schon in seiner Studentenzeit mit Freud vertraut gemacht, später auch mit Thomas Mann: quasi als liebender Sohn, der völlig in der Welt des Vaters aufgeht und dafür belohnt wird mit einem Gefühl der Überlegenheit, des Dazugehörens: geborgte Identitäten, die Schutz gewähren um den Preis der eigenen Position. Langsam dämmert ihm die Einsicht in dieses Muster der narzißtischen Objektwahl.

Im Herbst 1976 ist der Rausch zu Ende. Er steht am Abgrund. Ein Bild aus dieser Zeit: Auf einer Bank beim Bahnhof sieht er jeden Tag einen zerlumpten Bettler. Eine halbleere Flasche steht auf der Bank neben ihm. Sein Blick drückt völlige Selbstaufgabe aus, die Ausweglosigkeit ist nicht mehr eine Drohung, sondern seine einzige Gewißheit. Zum ersten Mal fühlt W. mit erschreckender Intensität, wie wenig fremd solches Verkommensein jetzt ist, wie nahe, wie grundsätzlich »möglich« es geworden ist. Irgendwie fristet er sein Dasein. Einmal sitzt er im Bahnhofsrestaurant, und es überfällt ihn, wie nie zuvor, sein Verlorensein in einer heillosen Welt. Er ist ein Staubkorn im endlosen Raum, alles andere ist Illusion, Selbsttäuschung. Nach solchen Stunden der Bodenlosigkeit ist man ein Überlebender.

Die neuen Therapien

Noch vor der Ehescheidung lernt er 1974 eine neue Welt kennen, die ihn maßlos fasziniert und die ihn auf lange Zeit mit neuen Erwartungen, neuen Idealen erfüllt. Alles gerät in Bewegung, die Erstarrung scheint zu weichen, das Gefühl der Versteinerung läßt sich mit wirksamen Mitteln bekämpfen. Begeisterung überflutet ihn und vertreibt die lauernde Verachtung, den Zynismus. Es ist die Bekanntschaft mit Theorie und Praxis der aus Amerika stammenden Bewegung, die man als *human potential movement* charakterisieren könnte: mit Gestalttherapie, *encounter, sensitivity training, psychomotor therapy, sensory awareness, enlightenment intensive*, Massage, Rolfing, Zen, Yoga, Arica, Meditation – und mit dem lockeren, freien Lebensstil, der mit dieser Welt verbunden scheint. (Hier läßt sich ein zeitgeschichtlich deutbares, zeitgebundenes Element der Biographie abgrenzen, weil diese Befreiungsbewegung nicht ohne den Zusammenhang mit der Revolte der sechziger Jahre gesehen werden kann und weil es vorher dieses, meist aus Kalifornien stammende, inzwischen auch vielfach kommerzialisierte und popularisierte Angebot an neuen Ideen und Stilen nicht gab.)

Er stürzt sich mit wahrem Enthusiasmus in diese ihn magisch anziehende Welt, liest Fritz Perls, Carl Rogers, Abraham Maslow, Barry Stevens, er nimmt an Gruppenveranstaltungen teil, einmal ist er sogar einen Monat lang Mitglied einer solchen Trainingsgruppe. Er wird vom Willen, sich noch einmal ganz umzukrempeln, von der Sehnsucht, ein anderer Mensch zu werden, getrieben, und die Heilserwartungen, die er damit verbindet, verschaffen ihm die Energie für seine Anstrengungen auf diesem Gebiet. Er trägt sich mit dem Gedanken, seine Hochschullaufbahn mit ihrem Intellektualismus, den er haßt, aufzugeben und Yogalehrer zu werden. Perls' Autobiographie wird seine Bibel, »I am not in this world to live up to your expectations« seine Devise. Er liest fasziniert mehrere Male Barry Stevens' *Don't push the river*.

Aber irgend etwas stimmt auch jetzt nicht: Der so heiß ersehnte freie Lebensstil, wie er ihn besonders in der Welt der Gestalttherapie antrifft, bleibt ein Ideal, eine Norm, der er sich zeitweilig anpassen kann, aber die Norm wird keine innere Wirklichkeit, bleibt Zukunftserwartung, ist nicht die konkrete Erfahrung im Hier und Jetzt, auf die gerade in der Gestalt-Welt soviel Wert gelegt wird. Was bleibt, sind Insuffizienzgefühle, Selbsthaß, innere Leere und Unsicherheit. Eigentlich werden sie sogar stärker, so muß er sich in schweren Stunden eingestehen, wenn er völlig ehrlich ist – und Aufrichtigkeit, auch sich selbst gegenüber, ist ja das oberste Gebot in dieser Bewegung ohne Gebote, wo jeder Versuch zum Schönfärben als *bullshit* durchschaut wird.

Schließlich verliert, im Herbst 1977, diese Weltanschauung ihre Abwehrfunktion, er sieht keinen Ausweg mehr und zögert deshalb nicht lange, als sich ihm die Gelegenheit einer intensiven Psychoanalyse bietet: Fünf Mal wöchentlich wird er sich auf die Couch legen. Es ist wohl die letzte Rettungsmöglichkeit. Und er ergreift sie dankbar.

Der Anfang der Analyse

Zunächst überfällt ihn eine doppelte Scham: weil er sich, inzwischen 41 Jahre alt, in dieses erniedrigende Abhängigkeitsverhältnis begeben muß; und weil er sich nun doch in die Obhut der veralteten, verachteten Psychoanalyse begeben hat, deren Methoden er als so wenig effektiv und deren Begriffe er als so mechanistisch anzusehen gelernt hatte. Stimmt es denn nicht, daß die Analyse alle körperlichen Aspekte der Neurose vernachlässige und einseitig auf Verbalisierung bestehe? Noch abgesehen von der geld- und zeitraubenden Prozedur, die aus der Behandlung notwendigerweise eine Luxusangelegenheit mache? (Auch dieses Dilemma ist zeitgebunden, vielleicht typisch für die Gegenwart mit ihrem Überangebot an therapeutischen Richtungen und Methoden, gegen die die »traditionelle« Psychoanalyse sich wohl zu Unrecht abschirmt.) Daß W. sich zur Psychoanalyse entschloß, geschah, wie gesagt, in der Not. Er ergriff die Chance, es war ein Angebot, das sich nicht leicht wiederholen würde.

Über die Alternativen der *humanistic psychology* denkt er heute so: Alle diese Schulen, Lehren, Methoden und Systeme erheben den Anspruch der Allgemeingültigkeit. Eigentlich wollen sie den Menschen nach ihrem Bild formen, aber der Mensch baut sie statt dessen, ohne sich dessen bewußt zu sein, in seine eigenen Charakterdispositionen und Verhaltensmuster ein. Sie wollen, daß der Mensch sich ihnen anpaßt, und immer wieder lehrt die Erfahrung, daß das Umgekehrte geschieht. Vielleicht kann nur die Psychoanalyse sich im Prinzip diesem Teufelskreis entziehen, wenn sie die Forderung der ständigen Selbstreflexion erfüllt.

Im übrigen sind die gruppendynamischen Techniken etwa mit einem kräftigen Wasserstrahl vergleichbar, der manche Abwehr ruckartig wegspült, während das analytische Verfahren auf das Prinzip »Steter Tropfen höhlt den Stein« setzt.

Der Anfang der Analyse: Ein zäher Kampf gegen die Abwehr der ursprünglichen, verschütteten Gefühlserlebnisse beginnt, neue Stimmungstiefs ziehen vorbei, mit dem Unterschied, daß den Depressionen jetzt in der analytischen Deutung ein Sinn zugewiesen werden kann, daß sich später ihre Funktion im analytischen Prozeß erraten läßt.

»It has to get worse to get better«, lautet die Devise. Das vermindert nicht die Stärke der Nichtigkeitsempfindungen, auch die Aussicht auf einen vielleicht zu entdeckenden Sinn verringert kaum die subjektive Empfindung des Sinnlosen.

Langsam entsteht ein Panorama der ersten Lebenshälfte. Was einst als Erfolgsgeschichte aussah, als ununterbrochene Reihe bestandener Prüfungen und anerkannter Verdienste, zeigt jetzt seine dunkle Kehrseite. Das nie richtig reflektierte Verhältnis zu den Eltern wird unter Schmerzen neu definiert: eine bis zur Selbstaufgabe führende Bindung an den Vater, ein Mit-Leiden symbiotischer Art während seiner Melancholiephasen, Vermeidung schwerer Konflikte aus Angst vor seiner Wut, aus Rücksicht auf seine Verletzlichkeit. Die schwierigste Entdeckung: das Fehlen der Mutter in den Jugenderinnerungen, er hat keine Geborgenheitserfahrungen, eigentlich nichts als die rationale Überzeugung, er habe eine gute Mutter. Ihre Mutterrolle bestand aber aus Gesundheitspflege, Sorge für Essen und Kleidung, die Erziehung überließ sie ganz dem Manne, der, ohne das vielleicht zu wollen, in die Rolle des Haustyrannen zu gleiten drohte. In Jugendlagern kämpfte W. mit dem Heimweh, aber es war eine Sehnsucht nach einer vertrauten *Situation*, nicht nach einer vertrauten Person. Zwei ältere Schwestern waren da, aber er fühlte sich im Grunde allein. Auf langen Spaziergängen gelang es ihm manchmal, in mystischer Entgrenzung mit der Natur zu verschmelzen, ein melancholischer Ganymed mit einem Privatkult der *participation mystique*.

Einzelne Schlüsselszenen kehren in Spiralen immer wieder, drängen sich in immer neuen Zusammenhängen auf. Seine individuelle Urszene spielt sich ab auf einem desolaten Schulhof in der Provinz, kurz nach dem Kriege. Er wehrt sich endlich einmal gegen einen Angreifer, trifft ihn mit der Faust in den Bauch, worauf der Gegner sich krümmt, zu Boden fällt und wie tot daliegt. Großer Andrang aller Schüler, W. steht als Mörder über seinem Opfer und wünscht sich, selber tot zu sein. Richtig aggressiv wagt er danach nicht mehr zu sein. In dieser Periode entwickelt er einen Sprechfehler, ein Stottern, die Angst vor einem Rückfall in dieses Versagen wird ihn sein weiteres Leben begleiten. Kriegserinnerungen beunruhigen ihn wieder: Nächtliche Bombenangriffe, die Familie sitzt im Keller, ein paar Volltreffer in der Nähe erschüttern das Haus, seine Mutter ruft ängstlich: Um Gottes willen! Bei einem Umzug kehren die Gefühle der Heimatlosigkeit, die eine Evakuierung im Kriege, mitten im Winter, begleiteten, wieder.

Das Formulieren

Erst nach Jahren der Anstrengung, mit vielen Rückfällen in Zustände der Selbstentfremdung, in denen kein einziger Fortschritt erzielt scheint, dämmert die Einsicht in das fundamentale narzißtische Defizit, das die Suche nach der Überwindung dieser inneren Leere, dieses Basisgefühls eigener Wertlosigkeit, zu seinem Lebensprogramm gemacht hat. Geduldig demonstriert ihm der Analytiker, daß weder seine Vermeidungsstrategien noch seine Überwindungshoffnungen, sondern erst die Grunderfahrung dieses frühen Gefühls ihm weiterhelfen kann. Als *shrink (head shrinker*, Kopfschrumpfer), wie es in Amerika heißt, verweist der Analytiker ihn auf seine maßlosen Grandiositätsphantasien, deren Aufgabe nur mühsam vor sich geht. Es gibt Zeiten, in denen W. sich selber als ein Woody Allen ohne Witze und ohne schöpferische Begabung erlebt. Dann wieder sehnt er sich wie Tonio Kröger nach den »Wonnen der Gewöhnlichkeit«. Irgend etwas fehlt ihm, um sich als gleichwertig im Kontakt mit seinen Mitmenschen zu erleben. Er spürt, wie sich hinter seiner Bescheidenheit ein schwer zu fassender Hochmut eingenistet, hinter seiner Freundlichkeit die Wut sich aufgestaut hat.

Schwer auch zu beschreiben, wie Schuld einen Menschen im Würgegriff halten kann, und schwer zu fassen, wie die Formulierung dieses zermalmenden Gefühls in den Vokabeln der allgemeinen Sprache aus dem Isoliert-Individuellen etwas Überbekanntes, scheinbar Leichtverständliches macht. Wörter wie Depersonalisierung oder Depression – wie gutmütig, ja interessant muten sie an, und wie bedrängend ist die existentielle Wirklichkeit, die sie bezeichnen sollen!

Individuum est ineffabile – und trotzdem oder deshalb zielen alle Formulierungsversuche darauf. *Depersonalisierung*: Im Bewußtseinsstrom klingt selten klar und vernehmlich die eigene Stimme, meistens ist es ein hämisches Kritisieren anderer Stimmen, als habe eine Überfremdung stattgefunden und als wäre die vertraute innere Heimat von einer fremden Macht okkupiert. Es ist das Stimmengewirr der verachtenden Introjekte, dem er sich ausgeliefert fühlt.

Depression: Ununterbrochen und erfolglos starrt das Ich gebannt auf den inneren Radarschirm, ob nicht endlich eine Sinn-Erfahrung, eine Hoffnung, eine Anerkennung, ein Stück Leben auftauchen wird, irgend etwas, was den Verlust des Sinn-Gefühls aufheben wird. Verliebtheitsphasen erscheinen in der Erinnerung als Inseln der Erfüllung im grauen Meer des Alltags, in dem die tägliche Arbeit zur Sisyphus-Arbeit wird. Als Schutz gegen die Gleichgültigkeit der Welt drängt sich das falsche Idealbild des skrupellosen Gleichgültigen auf: *cool* zu sein, z. B. wie Joseph Fouché, dessen von Zweig beschriebene Biographie W. mit 13 Jahren fasziniert verschlungen hat.

Modus vivendi

Ich breche die Darstellung des *Ringens* ab, ehe sie in immer neuen Formulierungsansätzen in sich zu kreisen beginnt, und kehre noch einmal zu den *Errungenschaften* zurück. Da ist die Hoffnung auf die »Heilung«, die als aus den Erfahrungen anderer abstrahiertes theoretisches Wissen antizipierend verfügbar ist: die

Hoffnung auf die Fähigkeit zur Selbstannahme, zum Akzeptieren der frühen Entfremdung, die Zuversicht, daß trotz Reduktion und Beschädigung ein menschenwürdiges Dasein möglich ist – es geht um die langsame Entdeckung eines eigenen *modus vivendi*.

Frauen, Männer und Kinder

Gabriele Kreis, Ruth-Esther Geiger,
Hilke Holinka, Claudia Rosenkranz

Lieben und Arbeiten

Vier Bestandsaufnahmen

Morgens zum Frühstück kommt ihr Mann mit dem Spruch: Ich hab dich lieb, doch wo ist meine Zeitung? Er glotzt da rein und ihr fällt auch nichts mehr ein. Dann latscht er ins Büro und sie ist wieder allein. Manchmal denkt sie: Ich säge sie an, unsere Wasserleitung, und dann bestell' ich den charmanten Installateur. Bei Frau Nachbar geht er aus und ein. Ja, so was las sie auch schon mal im Frauenjournal. Aber weg mit solchen Ideen! Und sie läßt es lieber sein. Und dann staubsaugt sie los im Zimmer ihrer Tochter und wieder sieht sie das Plakat von James Dean. Und sie versinkt in seinen Augen und träumt die alten Träume: Sie ist jenseits von Eden mit zitternden Knien. Sie ist vierzig und sie fragt sich: War das nun schon alles, was für mich vorgesehen war? Vielleicht sollte sie jeden Tag so leben, als ob's der letzte wär', mit so einem Typ wie Jimmy in Kalifornien am Meer. Als sie ihren Tarzan geheiratet hat, ganz in Weiß, 58, im Mai, da sagte er: Meine Hitze wird niemals verglüh'n. Doch wenn sie sich heute einmal die Woche im Bett bemüh'n, dann schlafen sie nur aneinander vorbei. Sie ist vierzig.

(Udo Lindenberg, *Panische Nächte*)

Wir sind dreißig. Dreißig und drüber, unverheiratet und haben keine Kinder. Nur eine von uns hat einen Beruf, die anderen haben Berufe vor und hinter sich. Für uns ist noch vieles offen . . .

Ein Tisch, ein Bett, ein Bücherbord

Der Schreibtisch ist 2$^1/_2$ m lang. Ein Schreibtisch für zwei. Zwei Böcke, darauf eine Arbeitsplatte. Die Platte mußte extra zugesägt werden, so große Platten gab es gar nicht: 2$^1/_2$ m lang, 1,20 m breit. Auf der Platte zwei grüne Schreibunterlagen aus Gummi, mitgenommen aus dem Internat, in dem sie sich kennengelernt hatten. Dazwischen: 1 m Abstand. Zwei Schreibtischstühle eng nebeneinander.

Der Schreibtisch steht an die Wand gerückt vor einem großen

Bücherbord. Noch viele Bücher kaufen. Gemeinsam. Heute: Das Bord ist voll.

In der Ecke ein Sofa, ein Tisch, Korbsessel. Früher lag da ein Matratzenlager aus Schaumstoffteilen. Ausgebreitet ein Bett von 2 m mal 2,40 m. Sie breiteten es nicht oft aus, denn sie lagen gern eng beieinander. Tag und Nacht und Tag.

Das Glück: Ihre Namen werden in einem Atemzug genannt. Zärtliche Zweizeiler: »Welche Liebe regt sich da in mir – zu Dir?« – Das Herz weit offen: »Die Welt ist zu eng / Für dieses Glück / Angefüllt / Überfüllt / Quillt meine Seele / Wunderbar / Tosendes Chaos / In meinem Innern / Nur du / Verstehst es.« – Heiter vor dem schiefen Turm von Pisa: »Kohlrabi, Kohlrabi / Ich schreib' an meine Gabi / Kein Gruß der Mona Lisa / Ich winke heut' aus Pisa / Und vor mir steht der schiefe Turm / In jenem nagt der Zeitenwurm / Bald fällt der Arme um / Dann macht es bum.« Da war er verreist – mußte – ohne sie, und zählte die Tage bis zum Wiedersehen. Und sie auch. »Noch 3½ Tage, 84 Stunden, Ti amo«, die Wörter herzförmig angeordnet. – 21 Jahre er, 22 sie. Die Wohnung voller Freunde, lauter Männer, eine Wohngemeinschaft, eine der ersten am Ort, eine Familie, selbst gewählt. Sie spielten Vater, Mutter und Kinder; ihre erste Familie, die zählte. Und sie waren als Eltern verschwiegen: Die Kinder außen vor.

Begonnen das Studium, groß die Pläne: Alles war möglich und alles zusammen. Die zwei und die anderen. Er glaubte es, und sie glaubte es auch, und wenn sie sich in die Zukunft träumten, dann träumten sie sich zu zweit. Am Schreibtisch und im Bett: ». . . meine Gedanken / bei blauen Augen / mit braunen Punkten / und einem / Bauchnabel / in den eine Zunge sich eingräbt.« Gedichte, Ausrisse aus dem Tagebuch, Briefe, Karten, aber nicht viele, denn: selten die Trennungen – alles in der mit lavendelfarbenem Stoff bezogenen Pappschachtel, in der einmal Seife war und die immer noch leise nach Seife riecht.

Ich leere den Inhalt auf den Tisch, lege Zettel aller Formate ineinander, nebeneinander, über die Bücher und die Exzerpte, über die Notizen, den Terminkalender, das graue Federmäppchen. Über alles, über meinen ganzen großen Schreibtisch: 2 1/2 m lang, 1,20 m breit. Auf der grünen Schreibunterlage der Ausriß aus seinem Tagebuch. Und lese: »Ich bin nur noch glücklich.« Mit Filzstift dann ein rotes Herz gemalt. »Liebe, die wächst, verzehrt sich selten.«

Die Augen geschlossen.

Zwölf Jahre ist das her. Zwölf Jahre und zwei Tage, da wurde dieser Zettel geschrieben.

Lange Zeit. Für sie und ihn und das Bett und den Tisch.

Der Tisch. Nebeneinander am Schreibtisch. Er tippt. Die Arbeitsplatte wackelt. Sie ärgert sich. Immer mehr breitet er sich mit seinen Sachen aus. Sie wacht eifersüchtig über ihre Hälfte. »Die ewigen Flugblätter! Möchte mal wissen, was die hier zu suchen haben?« – »Stell' dich nicht so an! Du arbeitest doch sowieso nicht im Augenblick!« – »Wie denn? Kann ich ja auch gar nicht!« – Kuß.

Beim »Kapitalkurs« abends träumt sie davon, wie es wäre, wenn sie endlich mal die ganze Theorie drauf hätte, die materialistische. Und dann cool argumentieren – wie er! – und außerdem noch gut aussehen . . . Im Tagebuch steht: »Man muß ein *Mann* sein, um sich so von toten Buchstaben verblenden lassen zu können.« Theorie machen. Auf ihrem Nachttisch liegt das Fremdwörterbuch. Aber auch: Romane. Nacht-Freunde, wenn er schon schläft. Mit ihnen kennt sie sich aus.

Das Bücherbord wird voller: rechts seine Theorie, links ihre Romane. Die gemeinsame Bibliothek, alles aus einer Kasse. Sich vorlesen im Bett. Aber meistens liest jeder für sich allein. Wie am Schreibtisch.

Wenn er schläft, schnarcht er. Ist ihr früher nie aufgefallen. Vielleicht hat er früher nicht geschnarcht? Jedenfalls: jetzt stört es sie. Nicht auszuhalten. Kennt jeder . . . Ich auch: Damals haben wir in der Kammer einen zweiten Schlafplatz eingerichtet. Und einen weiteren Arbeitsplatz. Für alle Fälle. Zum Beispiel fürs Tippen. Ganz gemütlich, eine richtige Höhle. – Ja, das, was jetzt mein Schlafzimmer ist . . . Unser Ausweichquartier. Und wenn er da hinging, folgte ich ihm meistens. Umgekehrt genauso. »Kontaktraum«. An der Wand neben dem Bett mit Tesafilm ein Zettel befestigt: »Manchmal / scheinen / Worte und Taten / das Gegenteil dessen / auszudrücken / was / wirklich in uns / ist. / Dann / gähnt / jene / Kluft / des / Künstlichen / und / wir / leiden / . . . raubt dennoch nichts von der Gewißheit: Ich liebe dich. 5. 5. 1972« – Vor neun Jahren . . .

Ich lege das Gedicht in die mit lavendelfarbenem Stoff bezogene

Pappschachtel zurück, in der einmal Seife war und die immer noch leise nach Seife riecht.

Morgens bin ich dann oft zu dem anderen Mann im Hinterzimmer geschlichen, dem Kind, und wir haben uns unsere Träume erzählt, denn ich träumte immer noch. Für mich allein und mit dem anderen jetzt. Für den habe ich gespielt und mit ihm. Andere zählten kaum. Kinoträume. Experimentalfilm. Rosa von Praunheim – und Carla Aulaulu sagte einmal zu mir: Du bist süß. Magdalena Montezuma war mein Idol, dabei hätte ich an den Vietcong denken müssen. Meinte der eine und war heimlich froh, daß ich es nicht tat. Der andere meinte es nicht und glaubte, ich täte es doch. Zwischen den Stühlen richtete ich mich häuslich ein, nahm, was ich bekommen konnte, und es war nicht immer das Falsche. Aber das wußte ich nicht. Den Schreibtisch brauchte ich wirklich nicht, damals, 1972. – 1972: Das Jahr, in dem wir zusammen nach Italien gefahren sind, auch nach Pisa. Das Kartengedicht, schief geschrieben wie der Turm . . .

Jetzt in der mit lavendelfarbenem Stoff bezogenen Pappschachtel, mit den anderen Karten, den Briefen und Gedichten.

Und den Zeichnungen und den Bildern, denn der eine schrieb und der andere malte, und ich wollte immer beides, nichts Eigenes. Neun Jahre: Spurensuche in der Vergangenheit.

In der Frauengruppe neulich: »Ich habe noch nie einen Mann geliebt.« Jetzt geht der Satz nicht aus dem Sinn. – Liebe, das ist eine Phantasieleistung.

Ihre Phantasie! Die macht noch aus dem ältesten Lappen ein Stückchen Brokat.

Viel ist geschehen in neun Jahren.

Zwei ineinander übergehende Zimmer. Vorderzimmer. Er hat das größere, das mit dem großen Schreibtisch. Sie arbeiten mit einander zugekehrtem Rücken. Jeder hat seinen Bereich. Sie arbeiten voneinander weg. Manchmal tritt er plötzlich hinter sie. Dann dreht sie ganz schnell das Blatt um, das sie gerade beschreibt. Mit Gedichten. Sie würd' sie heut' noch keinem zeigen. – Er hat viele Arbeitsgruppen. Theorie mal wieder, keine Zeit mehr für Gedichte. Ausgeträumt. Der andere ist weg, in Amerika. Stipendium. Vater, Mutter, Kinder, die Kinder aus dem Haus, sogar das liebste. Vorbei.

»Gegen Tränen und Trauer hilft Librium«, sagt Belleboom, der

Nervenarzt, und: »Sagen Sie nicht, an allem sei die Gesellschaft schuld.«

Da war sie nach Frankreich gereist. Ein Dreivierteljahr war sie in Paris. Jetzt ist sie wieder da. Die Umstellung fällt ihr schwer. Die Veränderungen in der Wohnung: nur noch zu dritt, jeder hat zwei Zimmer. Ein Mann, zwei Frauen. Und immer noch zu viel. In Paris hat sie allein gewohnt. Schön. Nette Leute. Er hat ihr nicht gefehlt, aber wenn er sie besuchen kam, freute sie das doch. Dann machte sie ihn mit den neuen Freunden bekannt und mit der Stadt, in der sie früher, längst vor ihm, schon einmal gelebt hatte. Zu Weihnachten schenkte sie ihm den Eiffelturm. Toll, die Freundin in Paris, und die Entfernung tat der Liebe gut.

Die Sache mit der anderen Frau hatte sie plötzlich nicht mehr gestört. Die jetzt in einer Frauengruppe! Sie hatte gelacht, als er ihr das erzählte: Handarbeitsverein. Unterdrückte Frauen! Den wollte sie sehen, der sie unterdrückte!

Die seltenen Karten aus Amerika bewahrte sie in einer mit lavendelfarbenem Stoff bezogenen Pappschachtel auf.

Sie begann Beauvoir im Original zu lesen. Er las es auf Deutsch. Der Feminismus interessierte beide. Theoretisch.

Um sie herum zerbrachen die Beziehungen, sie aber fühlten sich sicher. In Paris sie, er in Hamburg.

Dann hatte er sie abgeholt eines Tages aus Paris, und ihren Kater, der Rosa wie Praunheim und Luxemburg hieß. Die Fahrt dauerte elf Stunden, während der ersten vier Stunden weinte sie.

Jetzt lebte sie sich wieder ein. Im eigenen Arbeitszimmer, im eigenen Schlafzimmer. Die Matratze wurde geteilt. Sie haben nun zwei Betten, jedes 2 m lang und 1,20 m breit.

Er kommt oft spät nach Haus. Stört so nicht ihren Schlaf, wenn sie Romane liest. Basisgruppen, Russelltribunal . . . Staatsexamen. Aber Lehrer werden? Lieber promovieren.

Ihr würde es gefallen zu sagen: »Mein Freund arbeitet an seiner Dissertation«.

Ihr Schreibtisch ist kleiner als seiner. So ein großer hätte nicht in ihr Zimmer gepaßt. Sie hat genaue Vorstellungen davon, was paßt und was nicht. »Ästhetin« spottet er liebevoll und überläßt ihr gern die einrichtungstechnischen Fragen. Auf seinem Tisch: die elektrische Schreibmaschine. Zum Tippen geht sie nur nach nebenan, wenn er nicht da ist. Einmal war er da. Das war, als sie ein Referat für ihn tippte. So irritiert war sie, daß plötzlich statt Legitimation Legimentation auf dem Blatt stand. Darüber hat er sich bis heute nicht beruhigt, und er erzählt es allen Leuten, und dann lachen sie zusammen. Sonst wenig gemeinsam . . .

Vielleicht sollte sie ihren Schreibtisch vergrößern . . .? Langsam denkt sie daran, Examen zu machen. Und jobbt nebenbei im Büro. Das Geld können sie brauchen, er und sie.

»Ich hab' immer nebenbei gejobbt, mich immer selbst finanziert. Ehrlich, ich hätt' mich ganz gern mal aushalten lassen . . . Die Aufrechterhaltung des Alltags, das war meine Domäne. Weiß es heute, sechs Jahre später.«

Vor drei Jahren:
Mitternacht. Sie arbeitet noch. Spät nach Hause gekommen. Erst im Kino, dann in der Kneipe. Mit der Freundin, die bald für einen Mann in eine andere Stadt gehen wird. Würde sie nie tun!« Der Mann, für den ich das täte, müßte erst noch geboren werden!« Sie neigt zu einer gewissen Unduldsamkeit.

Jetzt bereitet sie ihren Unterricht vor. Referendarin, Höheres Lehramt. Er findet sie zu eifrig, und: Gute Referendare seien nun mal angepaßte Referendare. Das Gegenteil beweisen.

Sie tippt. Die elektrische Schreibmaschine hat sie in ihr Zimmer geholt. Schließlich hat sie sie ja auch bezahlt.

Immer den gleichen Satz: »Die Schüler sollen erwachsen werden. Die Schüler sollen erwachsen werden . . . erwachsen werden . . . erwachsen . . .« Allererstes Lernziel! Da steht er in der Tür. »Lärm«, sagt er vorwurfsvoll, und »kann nicht schlafen.« Sie: »Oropax«, sonst nichts. Tippt weiter: »Hiermit plane ich grob meinen Unterricht. Ich gehe morgen zur Schule und bringe meinen Schülerinnen und Schülern bei, was man für das Leben braucht.« Erwachsen werden. Ich soll erwachsen werden. Ich. Arbeiten, leise. Still sein. Gut, aber nicht die Beste. Alle Examen mit »Eins«, und immer bescheiden »Glück gehabt« sagen und glauben.

Indessen der Mann eine andere hatte und kein Wort erzählt davon. Sie erfuhr es als letzte, als letzte wird sie es noch wissen. Der hat er Paris gezeigt, ihre Stadt. »Schmeiß ihn raus«, riet die Freundin aus Frankfurt. Aber das reichte ihr nicht. – In der Wohnung weht jetzt ein eisiger Wind. Sie wärmt sich außerhalb. Vorsichtig an Frauen. Bei Männern ist sie dreist und ohne Moral. »Rächerin der Entehrten«, witzelt einer. Da wendet sie sich dem

Feminismus zu, von allen Männern verlassen und alle Männer hinter sich.

Die Gedichte schreibt sie sich jetzt selbst.

Eines davon legt sie in die mit fliederfarbenem Stoff bezogene Pappschachtel.

Ich fand es wieder nach langer Zeit, als ich die Schachtel öffnete, und las es.

»Du sagtest schon öfter, so könntest du nicht leben. / Natürlich / ist / es / schwer / und / sicher / auch / lebensgefährlich / aber / das / andere / ist / der / Tod / von / Anfang / an.«

Der Tod von Anfang an?

Und schreibe drunter mit grüner Tinte: »Das ist ja zum Närrischwerden!« Heute, am 11. 6. 1981. Und klappe die Schachtel zu, das Gedicht drin auf den Karten und Briefen und Zeichnungen und anderen Gedichten, und trage sie in das kleine Zimmer, das früher mal der »Kontaktraum« war, dann sein Schlafzimmer, nun meines mit dem Bett 1,20 m breit, 2 m lang . . .

Ins Bord hinters Bett stelle ich die Schachtel, in Sichtweite, aber oft blicke ich nicht in diese Richtung.

Näher am Bett liegt das Notizbuch mit meinen Träumen.

Er träumte nie – sagte er jedenfalls –, ich häufig, heftig, und das bis heute.

Ein Traum, ich mag ihn nicht erzählen und erzähle ihn immerzu, geht so:

»Liege mit ihm und einem fremden Mann im Bett, im Etagenbett oben. Der fremde Mann fällt raus. Er fehlt mir nicht. Hab' ja den anderen, den vertrauten. Streichle seinen Schwanz, spiele. Und plötzlich breche ich ihn ab. Entsetzt! Er hat es noch nicht bemerkt, liegt friedlich-ruhig da. Muß es ihm sagen. Meine Angst ist groß. Sage es aber. Er, vorwurfslos und voller Vertrauen, glaubt, daß ich die alte Ordnung schon wieder herstellen werde. Ich springe ins Auto, den Schwanz gebe ich nicht aus der Hand . . . Der kastrierte Freund auf dem Beifahrersitz. Ich rase zu den Männern meiner Familie, lauter mikrooperationserfahrene Ärzte, doch keiner will mir helfen. Niemand nimmt mir den Schwanz aus der Hand. Er ist immer noch erigiert.«

Erinnerung:

Als ich aufwachte, hab' ich mir erstmal die Hände gerieben . . .

Hilfe, bin ich ein Mann?

»Erst die Arbeit – dann's Vergnügen!«

Schon als Kind haßte ich diese Trennung, diese Folge von Abläufen und ihre Prioritäten-Setzung. Ich lehnte mich auf gegen dieses Prinzip meiner Eltern. Es war nur eines ihrer Erziehungsprinzipien: »Wir haben unsere Prinzipien!«

Ich wollte, sobald ich denken konnte, was ich wollte, Arbeit *und* Vergnügen. Arbeit und Liebe in einem. Eine Arbeit, die mir nicht Pflicht, sondern Bedürfnis sein sollte. Und später, als ich etwa zwanzig war, eine Liebe, verbunden mit Arbeit an der Liebe.

Mit zweiundzwanzig, allein lebend und studierend, verfaßte ich dann programmatische Gedichte:

immer wieder ward uns neu empfohlen
unsre augen trüb zu halten
unsre ohren zu verpfropfen
und den kopf ganz einzumotten

immer wieder ward uns neu versprochen
dafür aufzugeh'n in seligkeit
»es gibt auch gesunde und erlaubte räusche
seht nur richtig ihr die wirklichkeit!«

für uns ist diese seligkeit ein reiz zum brechen
wir wollen nichts von eurer wirklichkeit
von euren scheißnormalen räuschen, der verlogenheit
von eurem ethos »erst die arbeit – dann's vergnügen«
wird uns speiübel
weil wir wissen wie ihr's euch erkauft

wir schaffen uns unser eignes vergnügen
das sind die arbeit und unsre früchte davon
und unser hauptspaß wird darin liegen
vor euren augen das zu genießen
wovon ihr nie eine ahnung gehabt

Pünktlich mit Studienbeginn war ich »politisiert«, und seit meiner Trennung von einem neun Jahre älteren Mann 1971 ständig auf's neue verliebt. Die Studentenrevolte habe ich nicht mitgemacht. Damals war ich Schülerin in einem Internat an der Ostsee und verfaßte nur manchmal für die Schülerzeitung altklug-süffisante Berichte über meine Ferienansicht von der Berliner APO. Denn in den Ferien mußte ich immer zurück zu meiner Familie nach

Berlin. 1970 ernteten wir einerseits die Früchte der Revolte, andererseits war da eine Anpassung in der Befreiung. Es gab gar nichts anderes mehr als Kollektivarbeit, es gab nicht mehr die Abarbeitung an reaktionären und immanenten Germanisten. Erstmal Erkenntnistheorie und Wissenschaftskritik und Marx, lautete das von studentischen Tutoren verabreichte Programm. Es gab keine Möglichkeiten, in den Einführungen auszuwählen, Kritik erstmal als Pensum. Ich fand's toll. Es war anders als in der Schule. Aber ob es anders als die herkömmliche Universität war, wußte ich nicht.

Ich hatte mit linken Freunden in Berlin Kontakt, die waren vom Internat aus dorthin gegangen, ich nach Hamburg wegen meines Freundes. Die in Berlin waren bald organisiert, im Spartacus, einem trotzkistischen Bündchen. Eine Freundin aus der Gruppe wußte, daß ich mit viel Elan meine Befreiung vom Elternhaus betrieben hatte – ich war wegen eines zu frühen Sexualinteresses mit 16 in's Internat gekommen. Mein Vater, Psychiater, in der offiziellen Begründung an den Leiter: »Wegen der Hippiekultur in Berlin und der in ihrem Zuge hier um sich greifenden Libertinage.« Die Freundin riet mir, Reich und Bebel zu lesen. Eine denkwürdige Mischung – hier Befreiungsexperimente, dort die Utopie einer sozialistischen Gefährtenehe. Ich versuchte beides zu vereinen, denn die Werke gefielen mir, und beide sprachen Wünsche in mir an. Den Wunsch nach dem sexuellen Experiment *und* den nach verbindlicher Sicherheit aufgrund politischer und menschlicher Übereinkunft.

So gründete ich Ende 1970 eine Emanzipationsgruppe (für Frauen mit ihren Freunden), lebte weiterhin mit meinem Freund bei dessen Mutter zusammen und probte parallel meine sexuelle Befreiung. Ein Gemischtwarenladen, der Sprengsätze unter den Bonbonnieren barg. Wir diskutierten die ersten Emanzipationstexte der BRD und die Klassiker Engels, Bebel, Beauvoir. Und nach gut einem Jahr Schulung und Psychowochenende in Dänemark, an dem zum ersten Mal meine Dominanz kritisiert wurde, hatten wir es geschafft: alle Paare trennten sich. Das war die Emanzipation. Die Gruppe löste sich auf, und einige, auch ich, gingen in politische, die ersten K-Formationen. In dieser Zeit schrieb ich das Gedicht über die scheißnormalen Erwachsenen-Räusche.

Der Anspruch und die Hoffnung, den die 68er mit Reich-Lektüre im Kopf gelebt hatten, strahlten auch auf uns Jüngere aus – nämlich: selbstbestimmte Arbeit (= größtenteils Politik) fördert befreite Liebe und umgekehrt. Denn man hatte ja analysiert, die beschissen entfremdete Arbeit, zu der uns das Kapital zwingt, ist es, die die verkrüppelten Sexual- und Familienbeziehungen hervorbringt. Nun können aber im Rückblick weder das Studium, trotz aller Reformen, noch die Politik, die wir in den K-Gruppen trieben, als nicht-entfremdet bezeichnet werden.

Bei mir sah das so aus:

Arbeit waren Studium, Germanistik und Soziologie, und fast noch mehr politische Termine und Aktionen, nie Geldverdienen. Das war eben Jobben: für die Ferien oder einen besonderen Wunsch.

Liebe – das war nie etwas, das sich mit den Genossen abspielte, eher umgekehrt. Nicht umsonst ging ich nach den endlos in die Nacht gedehnten »Terminen« meiner »Zelle« allein in die Disko und schleppte mir manchmal jemanden ab oder umgekehrt, immer so eine Sehnsucht unterm Hemd. Liebe war Verliebtsein, Begehren, manchmal Begehrt-Werden bis eine andere dazwischen kam, Gekränktsein, Suchen, Hinterhertrauern; möglichst nie allein sein, die längste Zeit solch einer Schmach dauerte drei Monate.

Dann funkte die Frauenbewegung in mein Leben. Die »Frauenfrage« ließ sich nicht mehr so mühelos wie vorher in meine »kommunistische Politik« integrieren. Sie lief ihr vielmehr davon, stellte sie in Frage. Ich versuchte zwar lange, sie wieder für mich einzufangen und einzubinden in unsere »massenfreundliche« Bündnispolitik, die auch den Feminismus binden sollte – aber ihre Sprengkraft hatte mich infiziert. Immer mehr klafften mein politischer Anspruch mit seinen Organisations-Verpflichtungen und meine Sympathie, Freundschaft und Praxis mit Feministinnen, die sich übrigens selbst kaum so nannten, auseinander. Zum Schluß kriegte ich Kopfschmerz und Brechreiz bei der Redeweise meiner »Anleiterin« und machte ihr in einem Lokal eine Szene. Das war, als ich schon eng mit Freundinnen an einem Frauenbuch arbeitete, mit einer Frau zusammen wohnte und promovierte. Ich verließ die »Zelle«, aber noch nicht die Organisation.

»Wir wollen Brot, aber wir wollen auch Rosen!« Arbeit und Liebe? Der BRD-Feminismus lebte zunächst, man sagt heute oft *nur*, aus der Abgrenzung von allem Männlichen. Aber noch heute hat dies zunächst einmal eine produktive, zukunftsweisende und vielleicht einmal gesellschaftsverändernde Funktion. Feministinnen wollen anders arbeiten, jedenfalls die linken (keine Hierarchie, keine Mannweib-Karriere, Frauenprojekte und selbstbestimmtes individuelles Arbeiten in Assoziation mit anderen) – so erlebe ich meine Freundinnen. Sie wollen parallel eine andere Liebe und Sexualität: nicht nur die Anerkennung ihrer Klitoris als mechanischer Reibefläche, sondern auch hier Selbstbestimmung, Spontaneität, Zärtlichkeit und Leidenschaft. Und da steckt das Problem: Nicht nur, daß es wenig Männer für eine solche Liebe gibt. Wenn sie Männer lieben, aber viel mit Frauen arbeiten, ist es für Frauen schwer mit der Einheit von Liebe und Arbeit.

Meine erste gute Frauenbeziehung begann im reifen Alter von 25 Jahren. Sie endete mit 28, als ich mich in einen Mann verliebte, den sie nicht akzeptierte, und als wir in's Berufsleben traten.

Damals lebte ich mit der Frau in einer Wohngemeinschaft, wir schrieben unsere Arbeiten zu ähnlichen Themen, uns verbanden ähnliche politische Anschauungen. Wir reisten gemeinsam in die Archive, halfen uns bei der Arbeit, machten zusammen Lektüre-Urlaub in Italien. Sie schirmte mich ab und zu gegen die Genossen ab, wenn die Botengänge oder Telephonate von mir verlangten, weil sie »auf der Arbeit« saßen und ich ja nur an meiner Doktorarbeit. Wir waren sehr verschieden. Sie systematisch, gründlich, exakt – aber manchmal trocken formulierend –, ich chaotisch, zwischen Tiefe und Oberflächlichkeit herumjonglierend, intuitiv, spontan und manchmal von glücklichen Formulierungen heimgesucht. Heute ist sie Unidozentin, und ich bin Publizistin. Wir ergänzten uns einmal. Ich bestaunte die Kontinuität in ihrer Liebesbeziehung zu einem Freund; sie interessierte mein häufiges Wechselspiel, bei dem man teils die Lust, teils das Unglück sehen konnte. Nach unserer Italienreise, während derer wir immer in einem Bett geschlafen hatten, unterhielten wir uns im Bad unserer Wohngemeinschaft – sie auf dem Wannenrand, ich unter der Dusche – darüber, warum wir nicht lesbisch seien. Beide fanden wir, daß es uns einfach nicht interessierte, alles zusammen zu machen. Daß unsere Freundschaft vielleicht immer noch spannend sei, weil wir nicht den von einigen Feministinnen zum Programm gemachten Ei-Wunsch nach totaler Vereinigung von Frauen lebten.

In einer Buch-Frauengruppe, die sich zwischen 1977 und '78 bei uns traf und Texte lektorierte, habe ich zum erstenmal eine optimale Verbindung von Arbeiten, Sich-Mögen, Sich-Kritisieren und -Bestärken in einer festen Gruppe kennengelernt. Bis heute ist es eine Vorbild-Erfahrung geblieben.

In dieser Gruppe kam endlich auch mein Schreibwunsch wieder an die Oberfläche, und ich traute mir zu, nach der Dissertation vom Schreiben zu leben. Langsam auch, und damit verbunden, anders als in einer Partei Politik zu machen.

Seit der Schule wollte ich Journalistin werden. Erst hatten es mir die Fachschaftsräte als Berufsperspektive ausgeredet. Ich behielt den Wunsch heimlich bei, studierte mit Absicht keine Pädagogik, um mir selbst keine Falle zu stellen. Dann arbeitete ich mit linken Journalisten zusammen, ihre Einstellung zum Beruf und zur Betriebspolitik hielten mich davon ab, in eine Redaktion zu gehen. So blieb zum Glück nur die Perspektive, frei zu arbeiten.

So – bis hierher reicht die Vergangenheit. Ab hier kann ich nicht länger leichthändig aus dem Abstand schreiben.

»Ruthchen wird nicht so leicht einen Mann finden, der sie versorgt. Die muß schon ihren Kopf gebrauchen«, sagte mein Vater am Eßtisch, als ich etwa zwölf bin.

Heute verdiene ich mein Geld mit freiberuflichem Schreiben und bin damit zufriedener, als ich es mir je träumen ließ. Es macht Spaß, es füllt mich aus, ich kann davon leben, und manchmal gelingt mir etwas, das rundum stimmt. Die Gedanken an die Arbeit, den Inhalt der Projekte, lassen mich aber, wenn ich einmal drin bin, kaum wieder los. Ich habe oft Angst, daß es aufhört, wenn ich Luft hole. Mein Körper kann sich selten entspannen, und wenn ich mit meinem Freund im Bett liege, lassen mich die Zeilen nicht mehr los, an denen ich gerade arbeite. Dabei habe ich mit niemandem vorher eine Erotik erlebt, in der ich mich so wiederfinde, wenn ich mich darauf einlasse. Er liebt mich nicht nur, weil ich so schlau bin und man manchmal was von mir sehen oder hören kann, öffentlich. Meinem Vater wollte ich immer gefallen, ihn übertrumpfen – aber mit Leistung. Nie habe ich erwartet, daß man mich aus anderen Gründen lieben könnte. Kaum ein Mann ist mir treu geblieben, es waren fast immer schönere Frauen, die dazwischenkamen. Heute lebe ich nach sieben Jahren zum erstenmal schon länger mit einem Mann zusammen, der auch meinen Körper, meine Traurigkeit, Schlaffheit und Kleinheit liebt. Aber ich liebe dies nicht an mir. Bei Frauen spielt mein Aussehen keine

Rolle, muß ich mich nicht als begehrenswert beweisen, kann ich sowohl banal als auch originell sein. Bei ihnen hab' ich das Gefühl, ich werde meist akzeptiert und gemocht. Es ist nicht so viel im Spiel; dafür aber spüre ich das, was wir miteinander tun und erleben, um so intensiver.

Als ich ihn kennenlernte, war er arbeitslos und hatte zwei Ehen hinter sich. Vorsicht, ein Chauvi, warnten mich Frauen. Wir wollten uns beide, und zwar so eindeutig, wie ich es lange nicht mehr erlebt hatte. Beide gaben wir – nach längeren Kämpfen – unsere bestehenden Liebesverhältnisse auf, um miteinander ganz verschränkt die erste Zeit zu leben. Ich hatte keine Angst, wollte mit ihm wohnen in einer Wohngemeinschaft, zusammen auch politisch arbeiten, und bald waren wir ein freies Berufsteam: er Photograph, ich Journalistin. Zwei Jahre lang genossen wir es. Es ging alles ineinander über, das Arbeiten, Darüber-Sprechen, der häufige Kampf mit Redakteuren, das Kennenlernen neuer Menschen, neuer Landschaften, das Verarbeiten von Erlebnissen.

Und gestern lag ich noch im Bett / und fühlte schon dein Morgentelephon im Rücken / Und als ich neben mir dein Zigarettenzieh- und Sackstreich-Ritual vorm Frühstück sah / da mußt ich selbst im Halbschlaf grinsen / Und sagte mir / heut mußt du mal ganz weg von ihm / und bei den Dingen sein / die nicht direkt mit ihm verbunden sind / Ich hatte Egotrip-Gedanken / und pflanzte sie mitten in unser warmes Morgenbett / Das ist es / was an dir nach Liebe schmeckt / Du küßt mich scheu / Und jeder hat noch seine Tasche voll Ideen.

Einige Freundinnen gaben mir zu verstehen: Ich könne nicht so viel mit einem Mann machen. Oder: Das gibt sich wieder – ihr seid verliebt. Für mich könnte es bis ins hohe Alter so weitergehen, dachte ich dagegen.

Erst äußere Veränderungen durch die Auftragslage, dann meine Arbeit im Funk- und Fernsehbereich ließen uns unterschiedliche Wege gehen. Ich fand es nun genauso spannend, mich selbst auszuprobieren, allein oder mit Kollegen. Er fand es furchtbar und litt darunter. Er leidet noch heute darunter. Und ich habe ein schlechtes Gewissen und weiß doch, daß ich die Arbeit weitermachen will, die ich jetzt angefangen habe und die größtenteils nichts mit ihm zu tun hat momentan.

Er sagt, wir sind irgendwie umgekehrt Mann und Frau.

12. 5.81 – Tagebuch

Plötzlich – Hilfe – großes Loch. Das Loch. Unser Loch. Ich falle, werde ganz kalt, angespannt. Die Faust auf meinem Magen. Auch jetzt am Morgen noch, als ich aufwache. Denke sofort an das Gespräch gestern nacht, das wie von außen über uns hereinbrach. Es mußte kommen.

Er sagt, ich bin ja eh nur dein Kasper.

Er meint, ich nutze, beute ihn aus, nicht bewußt. Aber egoistisch. Ich entwickle mich, indem ich mich von ihm entferne.

Du machst ja sowieso, was du willst. Mit all deinen Projekten, Träumen und Fernzielen entfernst du dich ja nur von mir. Was soll eine Beziehung mit dir, wo ich vielleicht in zehn Jahren mal die Standfotos zu deinem Film machen darf?

Ich glaube und sage, aber warum? Warum müssen denn alle Sachen und Träume, die ich im Kopf habe, alles, was ich machen will, erst durch den Filter, ob sie mit dir zu tun haben? Ich will erstmal in mich reinkommen, um mehr und mehr meine Ausdrucksform für meine Aussage-Wünsche zu finden. Und dann gucke ich, mit wem ich was machen kann und will. Ist das Selbstbestimmung oder Befreiung auf deinem Rücken? Bin ich ein Mann, der sein Opfer hat und unterdrückt?

Er sagt, ziemlich zum Schluß, ich habe viele Projekte bisher zurückgestellt, weil ich Angst hatte, mich von dir zu entfernen. Aber vielleicht ist es ja falsch, sollte ich auch nach meinem Arbeitsinteresse gehen. Nur, das habe ich lange genug – ich will nicht so einen Eheverschnitt, in dem man nur einmal im Jahr zusammen im Urlaub ist und sonst nur kurz austauscht, hallo, was machst du denn gerade? So aber muß es laufen, wenn du deinen Weg weiter verfolgst. Und du erreichst ja alles, was du dir in den Kopf setzt.

Ich glaube, sage ich, das ist nicht nur deine Angst, mich zu verlieren, sondern auch eine, überflügelt zu werden. Du willst, daß ich in deinem Rahmen bleibe, den du dir als realistisch für dein Leben gesteckt hast. Außerdem legst du mich mit deinem Vorwurf der Geradlinigkeit auf etwas fest, das ich selbst noch gar nicht weiß. Ich äußere eine Idee, einen Langzeitwunsch, und du sagst, in zehn Jahren bist du das. Ich will aber offen bleiben, neugierig, auch gegenüber mir selbst. Ich weiß nicht, was in zehn Jahren ist. Vielleicht habe ich ein Kind und schreibe gerade meinen ersten Roman.

Ach, das machst du dir doch vor. Du arbeitest doch geradlinig auf alles hin. In zwei Jahren bist du eine bekannte Journalistin. In zehn Jahren machst du Filme. Du machst dir was vor mit deiner angeblichen Offenheit.

Ich hasse es, so festgelegt zu werden, nur weil ich mal den Spleen mit dem Filmen äußere. Ich will mich selbst nicht fixieren und auch nicht von außen genagelt werden. Ich weiß vieles selber nicht, was da bei mir wächst und rauskommt. Und du willst 'nen Lebensentwurf, der für die nächsten zehn Jahre sagt: so und so wird es sein mit der Liebe und der Arbeit. Da und da habe ich bei Ruth einen Platz. Das und das werden wir immer zusammen tun.

Ich habe dieses Gespräch hier möglichst genau festgehalten, weil es nicht einmalig ist. Bei uns endet es immer häufiger damit, daß wir sagen, das ist unser Grundproblem, wenn wir das nicht knakken, müssen wir uns trennen. Ich bin es, die nicht zurück will. Ich weiß, welche Mühe es mich gekostet hat, dahin zu kommen, daß ich weiß, was ich will, und ausprobiere, womit ich es kann. Daß ich nicht nur so ein Ideal von selbstbestimmtem Arbeiten vor mir her trage, sondern es beginne zu leben. Trotz allem um mich rum. Lange genug hat mich die Suche nach dem interessanten Mann davon abgehalten, mich interessant zu finden. Immer fand ich das gerade toller, was der tat, assistierte oder schaute zu und ließ zu schnell mein Können oder ganzes Tun in Frage stellen.

Ich will aber auch nicht diesen umgekehrten Zustand, daß ich jemanden emotional benutze, um in Ruhe meiner Aufregung beim Schreiben nachspüren zu können. Hilfe, bin ich ein Mann!?

Ich könnte mich entscheiden

Ihr kamt in mein Zimmer, um einen Termin festzulegen mit mir. Die Geschichten, die wir geschrieben haben, wollen wir zusammen kommentieren, Sonntag. Da habe ich keine Zeit, sagte ich gleich. Überhaupt. Ich kann meine Geschichte, die euch nicht gefällt, nicht verändern. Ich steige aus dem gemeinsamen Projekt aus, wenn sie euch nicht paßt. Basta. Wir stritten. Schließlich gingt ihr. Eine nach der anderen.

Ich legte mich ins Bett. Auch den Kopf unter die Decke. Wie früher als Kind, nach dem Zank mit den Eltern. Ich schmollte. Dachte dann »Suppenkasper« und schrie: nein, nein. Ich esse meine Suppe nicht. Meine Suppe esse ich nicht. Am liebsten hätt' ich ihn genommen, den Suppenteller, und die heiße Soße allen, die am Tisch saßen, ins Gesicht geschüttet. Am Familientisch, damals, tat ich das nie. Ich war ein braves, ordentliches Mädchen, machte fleißig und selbständig meine Schularbeiten, half der Mutter artig im Haushalt. Daß ich mich häufig mit dem Bruder schlug und regelmäßig in der Schule mit dem Stuhl umkippte, und noch in der 12. Klasse die schlechteste Note in Betragen hatte, war kein Grund zur Besorgnis. Meine anderen Zensuren waren tadellos. Es fielen mir noch andere Worte ein, als ich im Bett an den Suppenkasper dachte. Ich hätte sie gerne vergessen.

Später setzte ich mich an meinen Schreibtisch. Die papiernen Schnipsel meiner Geschichte vor mir. Ihr hattet die Flüchtigkeit kritisiert, die Flüchtigkeit der Beschreibung, bei guten Bildern. Ihr hattet Mut gemacht und gesagt, du mußt ausruhen, Hilke, dich konzentrieren auf einzelne Szenen. Ein Konzept finden in all der Flüchtigkeit. Für die Flüchtigkeit der Geschichte. Dabei liebst du doch die Konzepte, hatte auch eine gesagt, als wir über die Geschichte redeten. Die Konzepte und die Flucht davor, antwortete ich. Als müßte ich immer zerstören. Das wollte ich gern vergessen. Wie vorher im Bett. Und nicht versuchen, die papierne Geschichte zusammenzukleben.

Denke jetzt an den ersten Mann, in den ich mich richtig verliebte. Da war ich achtzehn, Schülerin, er neun Jahre älter, Student. Denke an den Nachmittag, an dem ich zu ihm ging, um mich endgültig von ihm zu trennen. Viel zu tun hatten wir miteinander nicht mehr. Ich lebte in Berlin, studierte Germanistik und Soziologie, las Marx und Engels, Marcuse und Freud, ging auf Teach- und Sit-ins und auf Demonstrationen, damals 1967. Er arbeitete schon, hatte die erste Stelle als Betriebswirt, in Hamburg, wo ich herkam. Mit seinen betriebswirtschaftlichen Argumenten fiel er aus dem Rahmen im Kreis meiner neuen Freunde. Die alten gemeinsamen langweilten mich. Auf dem Weg zu ihm beschloß ich, mich endgültig von ihm zu trennen. Zwei Tage vorher hatte ich mit einem anderen Mann im Bett gelegen. Wollte mein Leben neu beginnen. Mich von den alten und den familiären Bindungen befreien. Endgültig. Selbständig, frei sein. Meinen Bedürfnissen, Fähigkeiten leben. Das war das Konzept.

Als wir dann zusammensaßen, bei Kaffee und Kuchen, wie früher, nach der Schule, als ich ihn auf der sturmfreien Bude besuchte, fiel es mir schwer, dazu zu stehen. Warum gleich so radikal, meinte er, du hast dich in Berlin anstecken lassen, durch all die Radikalen. Komm, laß uns wieder etwas zusammen machen. Geh mit mir in die USA. Ich bekomme das Arbeitsstipendium. Du kannst dort weiterstudieren. In Kalifornien. Du und deine Karriere. In Kalifornien. Bürgerlich. Hast du dich hier mal umgeschaut. Was von Springer gehört. Dich über Vietnam und den Schah informiert, antwortete ich und sagte noch: Du bürgerlicher Scheißer. Dabei spürte ich ein Grummeln im Magen. Ich hatte ihn einmal bewundert, anfangs, und ewige Liebe und ewige Treue geplant. Und hing noch an ihm, wie an der Familie, die auch stinkbürgerlich war.

Ein Grummeln im Magen. Es wurde stärker, als das befreundete Paar kam, um beim Trennungsgespräch zu vermitteln. Es sagte: Eine Liebe kannst du so schnell nicht kündigen. Gemeinsamkeiten entwickelt ihr. In jahrelanger Zweisamkeit. Warum beim ersten Konflikt ausweichen. Außerdem: er interessiert sich ja auch für Politik.

Mein schlechtes Gewissen. Daß ich diesen Mann verachtete, den nichts bewegte, was mich berührte. Ich hatte keine Bewunderung mehr. Beides beunruhigte mich. Ich konnte sie mir nicht gestatten, diese Gefühle. Gut, sagte ich später, nach stundenlangen Debatten. Gut, ich geh mit in die USA. Ich kann ja auch lernen in der Beziehung und selbständig sein.

Es fiel mir nicht leicht, zu dem Entschluß zu stehen. Von Anfang an. Mit den widersprüchlichen Gefühlen. Aber ich hatte mich ja entschieden. Wollte dazu stehen. Erst später wurde klar, wie ich an dem Mann klebte auch aus Angst vor der Eigenständigkeit und bereit war, mich unterzuordnen trotz meines Widerspruchs. Ablehnung, Protest konnte ich unterdrücken. Nur eine Zeitlang. Es grummelte weiter in mir, etwa ein Jahr. Wir waren dann in den USA, zusammen. Ich studierte, verdiente meinen Lebensunterhalt mit Sprachunterricht, fand mich selbstbewußt, besonders, als ich mich neu verliebte. In einen anderen. Und der sich in mich. Da zog ich dann aus, von einem Tag auf den anderen. Ohne lange Diskussionen. Die Trennung war leicht vollzogen. In der Ferne. Ohne kritisches Umfeld. Ohne die Freunde, die Familie, vor denen ich mich hätte rechtfertigen müssen. Leicht. Schmerzlos. Das Vergangene schien vergessen. Ich setzte auf das neue Leben. Allein. Unabhängig. Frei. Über die neue Beziehung dachte ich anfangs wenig nach. Die war ein Sprungbrett in die Eigenständigkeit. Eines stand fest: ich wollte nie wieder kleben. Ich wollte frei sein. Auch in der Liebe. Und meinen Interessen leben. Der Neue unterstützte das. Er wollte auch keine feste Bindung. Das war das gemeinsame Konzept.

In der zweiten Beziehung wiederholte sich vieles. Aber ich merkte es erst später, als ich mich fragte, warum dieser Mann auch neun Jahre älter war und warum ich ihm nachzog, nach New York, wo er eine Stelle gefunden hatte. Ein Jahr hatte ich gut ohne ihn gelebt, in Kalifornien, bis nach dem Examen. Dann wußte ich nicht mehr, was ich wollte. New York war ein Alptraum. Trotzdem ging ich hin. Es fiel mir noch immer schwer, mich für mich zu entscheiden. Zweifel äußerte ich nicht, nicht direkt. Bis zu dem Tag, wo mir der Widerspruch ins Gesicht sprang. Es war morgens, am Frühstückstisch. Er las die Zeitung. Ich hing an den Träumen der vergangenen Nacht. Schlief immer schlecht, in der Stadt, schwitzte viel. Der Straßenlärm, die Hitze, die air-conditioner, der Dreck und anderes machten nervös. Denke, wieder einmal, du mußt dich entscheiden. Für oder gegen den Mann und die Stadt und das Land und eine Arbeit. Endgültig, denke ich.

Während ich grüble, schaut er auf und mich an. Freundlich. Aufmerksam. Du siehst müde aus heute morgen, sagt er. Und deine Augen, merkwürdig. Du hast nichts gesehen? Ich gehe zum Spiegel. Vorhin beim Kämmen fiel es nicht auf. Jetzt glubscht es mich an, das linke Auge. Die Iris tritt vor. Das rechte Auge scheint kleiner, in sich verzogen. Der Widerspruch im Gesicht. Die Zerrissenheit. Ich weiß nicht, was ich will. Für mich. Und will doch alles. Auch als Kranke lebte ich den Widerspruch. Schilddrüsenüberfunktion, Schilddrüsenunterfunktion. Ich fühlte mich immer gesund. Noch als ich täglich 30 Tabletten schlucken und zweimal wöchentlich ins Krankenhaus zur Blutentnahme mußte. Aber es war wie im Schwimmbecken. Mit den hellgrünen Kacheln und dem hellblauen Wasser. Ich kraule von Beckenrand zu Beckenrand. Unaufhörlich. Gehetzt, schlaff, schnell, langsam, hin und her. Manchmal lehne ich an der einen, manchmal an der anderen Beckenseite. Das Ewiggleiche. Immer im Becken. Es gab keine Treppe raus, keine Brüstung, an der ich mich hochstemmen konnte. Aus dem Becken.

Sie war ein Einschnitt, die Krankheit. Ich konnte nicht mehr so leicht vor den eigenen Widersprüchen flüchten. Zu einem Mann. Auf der Suche nach Halt und einem Konzept. Mich in der Verliebtheit nicht mehr zeitweilig vergessen. Der Widerspruch war mir ins Gesicht gesprungen. Ich sah ihn täglich. Im Spiegel.

Obgleich ich vieles gespiegelt sah, manchmal allzu klar, veränderte sich wenig in meinem Verhalten. Vorerst. Die Muster: vorschnelle Anpassung, Unterdrückung der Kritik, Flucht vor der Auseinandersetzung, wiederholten sich. Und die Suche nach einem neuen Konzept. Auch in anderen Konstellationen. Auf der Suche nach neuen Wegen für mich.

Als ich einzog, in die neue Wohngemeinschaft, war das die dritte im Experiment neue Lebensform. Jede neue Wohnung schien da eine Rettung, nach der Flucht aus der alten. Wo mich die Verhältnisse vertrieben. Chaotische Küchen, lärmende Katzen, kaputte Beziehungen. Nur den Mut für was Neues nicht verlieren.

Die neue WG, in die ich zog, bot Neues. Vier Frauen. Zwei Männer. Einen Putz-, Koch-, Einkaufsplan. Alle befolgten den. Für die gemeinschaftliche Ordnung. Großfamilie, sagte ein Freund, der mich besuchte. Am Anfang. Ja, nickte ich stolz. Die neue Familienform. Ich fühlte mich heimisch. Im Mittelpunkt diesmal kein Mann, sondern vor allem zwei Frauen. Mit denen ich auch zusammenarbeitete. Politisch, in einer gewerkschaftlichen Frauengruppe, und privat, an einem Frauenbuch. Tagsüber beschäftigte mich ein kleiner Verlag, dessen Produkte mich nicht interessierten.

Als ich einzog, halfen mir alle. Anschließend feierten wir beim gemeinsamen Essen. Beim Auszug, zwei Jahre später, trug nur eine von den alten meine Sachen mit aus der Wohnung. Ein Abschiedsmahl hat es nicht gegeben. Die heimelige Stimmung war nicht mehr eingeplant nach zwei Jahren im gemeinsamen Putz-, Koch- und Einkaufsplan. Warum, darüber haben wir uns nicht mehr verständigt. Man trennte sich. Einfach. Für neue Experimente. Für ein Leben allein oder zu zweit oder in der neuen WG. Empfindlich gestört war auch meine Freundschaft zu den beiden Frauen. Am Ende von gemeinsamen Aktivitäten. Jede arbeitete für sich, seitdem. Manchmal mit anderen. Warum, darüber habe ich nur mit einer geredet. Monate später.

Von Anfang an waren die Ansprüche groß. Für Liebes-, Frauen- und andere Beziehungen. Eigentlich wollten wir alles. Freie Liebe und freie Arbeit. Gleich hier und im Jetzt. Die richtige Politik für das richtige Leben. Links. Undogmatisch. Feministisch. Aber: der Männerhaß war uns suspekt. Ohne die Männer würde sie nicht gelingen. Unsere menschliche Revolution. Daran hielten wir uns, engagiert.

Im Alltagsleben spielten die Männer immer weniger eine Rolle. Für mich nur in Kurzzeitbeziehungen. Ich arbeitete zusammen vor allem mit Frauen, in dem Verlag, mit dem vorgesetzten Mann, sonst autonom, an kleinen Projekten, in Frauengruppen. Viele hätten sich gern alternativ organisiert, langfristig. Aber jede hatte auch eigene Interessen. Und die ökonomischen Verhältnisse waren nicht so. So würde jede auf ihrem Platz für das gemeinsame Ziel kämpfen. Grundlage: ihre und die gemeinsamen Interessen. Von den Interessen her organisieren. So lautete ein Wahlspruch. An den Wochenenden fuhren wir manchmal gemeinsam aufs Land, auch mit Männern.

Die Ansprüche waren hoch. Einige packten sie nicht. So gab es Feinde, außerhalb und für die Gemeinschaft. Auch Frauen. In den eigenen Reihen wurde sondiert, die guten ins Töpfchen. In der neuen Familien- und Frauengruppe brodelte Altes, Konkurrenzen, Verachtung, Neid. Die wenigsten wollten das wahrhaben. Neue Innerlichkeit und Psychowelle lehnten wir ab. Auch die eigenen Schwächen. Die ganz privaten Probleme versuchte ich ganz privat bei einem Therapeuten zu regulieren. Und übte Kritik viel zu spät. Hatte mich schon distanziert. Was die anderen machten, war mir nicht ganz klar. Vermutlich regulierten sie sich ähnlich. Mit ihren jeweiligen Partnern. Ganz privat. Und im Beziehungswechsel.

An dem Tag, an dem ich meine Geschichte für das gemeinsame Projekt zusammenstückelte, ging ich auch noch spazieren. Über die Alsterwiesen, ans Wasser. Wie so oft. In meiner Kindheit und seit ich wieder in Hamburg lebe. Mit einem Freund. Ich kenne ihn lange, über zehn Jahre. Er ist einer jener flüchtigen Freunde, von denen es mehrere gibt in meinem Leben. Er wohnt in einer anderen Stadt. Wir sehen uns regelmäßig, mindestens einmal im Jahr. Warum erzählst du deine Geschichte so pessimistisch, fragte er mich. Es gibt so viele Kontinuitäten in deinem Leben. Du könntest alles als Lernprozeß deuten. Als Versuch einer Emanzipation. Du hast dich in Konstellationen erprobt. Immer wenn du dich darin nicht mehr gefunden hast, hast du dich dagegen entschieden. Mehr oder weniger rational. Immer deutlicher wird, was du möchtest, kannst und was möglich ist, unter gegebenen Bedingungen.

Nein, sagte ich. Das wäre eine andere Betrachtungsweise. Nicht für diese Geschichte.

Weißt du, du verschlingst mich

Den Kopf voll mit Dolviran, dessen schwebend machende Wirkung ich bei meinem letzten Zahnschmerzanfall entdeckt hatte, und mit Wein, den ich gerade allein im Hahnhof getrunken hatte, mein Herz ausgefüllt mit Sehnsucht nach einem Mann namens Hans, schlenderte ich ganz leicht durch irgendwelche Straßen in München. Es war Herbst, und mit jedem Schritt ließ ich die Blätter der Bäume hochfliegen, während ich immer wieder die letzten beiden Strophen des gerade auswendig gelernten Rilke-Gedichts *Die Liebende* vor mich hinflüsterte: ». . . Was bin ich unter diese Unendlichkeit gelegt, duftend wie eine Wiese hin und her bewegt, rufend zugleich und bange, daß einer den Ruf vernimmt, und zum Untergange in einem anderen bestimmt.«

Wann immer ich irgendwo allein war, in meinem Zimmer, auf dem Klo, zu Hause und in der Kneipe, beim Spazierengehen, schoß die mühsam im Zusammensein mit anderen zurückgedrängte Sehnsucht in mich hinein, und in diesem Gedicht gab ich ihr Ausdruck.

»Natürlich« war es ein Mann, der dieses Gedicht geschrieben hatte, und »natürlich« hatte ich es deshalb gewählt. Einerseits also war ich die Frau, die liebende, deren Sehnsucht, im Gedicht festgehalten, eine Erhöhung erfuhr, zum anderen war ich gleichzeitig der andere, der Mann, der seine Einfühlsamkeit in die Frau so schöpferisch umsetzen konnte, sie also kannte, die Frau, obwohl er anders war. So war ich »Liebende« und »erkannte« Geliebte des Mannes, der meine Liebe zu ihm erst in Worte fassen konnte. Im Dichter liebte ich Hans als Mann, der mich erkennen und erhöhen würde, und damit nun endlich auch mich selbst.

Aber da war er schon längst endgültig aus München weg, und nur ich glaubte noch an eine kurze Unterbrechung. Ich war zwanzig, und ich mochte mich.

Weißt du, Claudia, früher, da war ich ein Konvolut aus Gefühlen, sagte er, und wir sprachen über Wissenschaft und Kunst und Politik, ganze Satzzüge auslassend, weil wir immer schon wußten, fühlten, was der andere meinte. Nicht sich im anderen als anderen erkennen, wie ich es, bevor mir die Liebe wirklich widerfuhr, lautstark theoretisierend gepredigt hatte – ich war immer sehr laut und sehr theoretisierend, wenn wenig Erfahrung in mir war –, sondern im anderen das gleiche, sich selber sehen.

Weißt du, was Dialektik ist? fragte er, und ich murmelte etwas von These, Antithese, Synthese, und lächelnd liebevoll erzählte er mir von Hegel.

Eine schöne Frau ist immer auch eine kluge Frau. Eine Frau, die nur hübsch ist, ist nie klug, nie geistreich, sie ist nur Fassade, und ihre Hübschheit wird sich entlarven, wenn sie über sie hinaus Stellung beziehen muß, sagte er. Da wollte ich beides sein. Ich beschloß, dünner zu werden und Kant und Hegel zu lesen.

Aber da war er schon verschwunden, und das Bild von der schönen Frau, die Sinnlichkeit und Intellektualität in sich vereint, blieb an ihm hängen, verschwand mit ihm.

Ich nahm meine Geschichte der Trennungen wieder auf. Das in mir Getrennte schien zusammenführbar nur durch den Mann, der mich als »Ganzes« wollte. Ihm müßte ich irgendwann wieder begegnen.

Ich für mich selbst begriff mich eher als ein »Konvolut aus Gefühlen«. Ständige Liebesbereitschaft lauerte in mir mit dem Ziel, tatsächlich im anderen wie in dem Gedicht zu verschwinden. Ich sah Marcelle aus Sartres *Zeit der Reife* vor mir, mit ihrem üppigen Körper hingegossen auf das große Bett. Sie hat die Jalousien geschlossen, ignoriert den Morgen, seine Helligkeit und seine Geräusche. Sie wartet auf den Mittag, am Mittag erst kommt ihr Geliebter, bis dahin wartet sie mit dem Leben.

Da ich niemanden hatte, auf den ich warten konnte, habe ich nicht im Bett gelegen. Ich bin zur Universität gegangen, habe Wissenschaft betrieben mit den Männern und gegen sie. Gewartet darauf, daß das eigentliche Leben erst beginnt, das habe ich auch.

Während ich wartete, lernte ich denken, lernte, meine Liebesbereitschaft, die sich manchmal in kläglich endenden Verliebtheiten versuchte, zu verwandeln in thematische Interessen, die ich libidinös besetzte. Es war Ende der sechziger Jahre, die Zeit der Studentenbewegung, und ich lernte, daß in dieser Gesellschaft sinnvoll zu leben schlecht möglich war und daß ich, statt dem Traum von der romantischen Liebe nachzujagen, der mich an die Gesellschaft binden sollte, gegen diese kämpfen mußte. Voraussetzung für den effektiven Kampf gegen die Gesellschaft war das Durchschauen ihrer Funktionsmechanismen. Zwar kam in den theoretischen Begriffen, die dies Durchschauen garantierten, meine Sehnsucht nach einer Erfahrung, die das ganz andere von Realität sein sollte, wie ich sie mir von der Liebe versprach, nicht mehr vor, dafür aber versprachen diese Begriffe Ordnung, sowohl in der Welt um mich herum als auch in mir. An den Begriffen hing die Hoffnung, daß Liebe sich als Ideologie entlarven würde, aber auch die, daß sie es doch nicht tun möge.

Wieder schlenderte ich durch die Straßen von München. Wie so oft, hatte ich das Schweben und die Leichtigkeit statt mit Verliebtheit nur noch mit Alkohol besorgt. Haben aber mußte ich es. Je näher ich der Wohnung kam, desto zögernder wurde mein Schlendern, desto mehr wich die alkoholische Ersatzeuphorie der Angst. Nach langem Hinauszögern wagte ich einen Besuch bei dreien meiner alten Freunde, inzwischen Marxisten und Reich-Fans.

Ich setzte mich gleich in eine Ecke, so daß ich den Raum überblicken konnte. Er bestand hauptsächlich aus vielen lustversprechenden Matratzen, die beinahe den ganzen Boden bedeckten, aus unzähligen gefüllten Bücherborden und den riesigen Boxen einer Stereoanlage. Die drei Männer setzten sich im Schneidersitz um mich herum, tranken Tee, rauchten und begannen ein Gespräch mit mir, das ich für ein Verhör hielt: Was ich denn außer zu studieren und politisch zu arbeiten noch täte, ob ich denn auch Sexualität betriebe und wenn, mit wem, und wenn nicht, warum nicht? Warum ich denn immer nur so intellektuell reden würde und gerade auch mit ihnen? Liebe ist Sexualität, und befreite Sexualität ist Voraussetzung für den Klassenkampf und eine befreite Gesellschaft, sagten sie und ließen von mir nichts übrig als die lustfeindliche kompensierende Intellektuelle, fast eine Verbrecherin an der von ihnen vorgeführten revolutionären Lebensweise. Wir leben in einer Tauschgesellschaft, deren Mechanismen auch die Beziehungen unterworfen sind. Die Menschen sind füreinander austauschbar, was über ihren Tauschwert, der sie zu gleichen macht, hinausgeht, ist Ideologie, sagten sie.

Das hatte ich schon begriffen, hatte die »liebende Frau« schon im Zuge der Ideologiefahndung aus meinem Kopf vertrieben. Daß ich aber trotz theoretischer und politischer Arbeit noch immer keine »klassenkämpferische Genossin« sein durfte, begriff ich in diesem Moment. Mir fehlte der Austausch zwischen den Sexualobjekten, ich ging immer noch von einer gewissen Besonderheit des Menschen aus, dem ich mich zu nähern wünschte, wenn überhaupt. Das schloß mich aus von den Freunden, deren Freundinnen oft Sekretärinnen waren, die sie sich ausgesucht hatten, weil sie an ihnen inszenieren konnten, wie Emanzipation sich machen läßt. Ich wußte, daß diese Freundinnen vor jedem Beischlaf ohne Orgasmus zitterten, weil sie ihre Befreiung noch nicht schenken konnten.

Da wollte ich lieber falsch und reduziert bleiben, und doch schlich ich dann nach Hause: Ich war bloß eine Intellektuelle, Liebe gab es nicht, und ohne die promiskuitive Sexualität, zu der ich nicht in der Lage war, wartete auf mich die Ewigkeit des linken Blaustrumpfs.

Also erprobte ich mit der Zeit das Modell der befreiten Sexualität und fand heraus, daß das Bestehen auf Liebe eine Art Protest war gegen diese neue Art von Unterdrückung, die in der Freiheit lauerte. Während ich begann, mich aus den Kreisen dieser linken Genossen zurückzuziehen, mündete deren befreite Sexualpraxis immer häufiger in die Kopie der bürgerlichen Ehe, die sie als Hintergrundsicherheit brauchten für ihre eigentliche männliche, klassenkämpferische Berufung.

Später dann in Hamburg fand ich eine Möglichkeit, meine manchmal auch sehr lustvolle Theorie- und Politikarbeit und die immer weniger darin aufgehende Liebesbereitschaft, für die es immer noch keinen direkten Einsatz gab, zu verbinden: Ich begann eine Dissertation über Phantasie und Arbeit und bastelte mir eine Identität als »liebevoller geistiger Kumpel«.

Kaum noch ging ich allein schlendernd, suchend durch irgendwelche Straßen. Ich zog es vor, zu Hause zu bleiben in der großen Wohnung mit den drei Männern, mit denen ich zusammenwohnte. Trotz »praxisbezogener« Demonstrationen, Teach-ins und anderer Aktionen lag unser gemeinsamer Schwerpunkt linker Politik auf der theoretischen Arbeit. Aber wir kochten, aßen und tranken auch gemeinsam. Den Bauch gefüllt mit Herzgulasch, den Kopf voll mit Rotwein und dem identitätsverschaffenden

Psycho-Marx-Jargon fläzten wir uns erschöpft um unsere Kultstätte, einen großen runden Tisch in der Küche. Es gab zwar kein richtiges Leben im falschen, aber die Liebe als letzte Bastion in einer auf Wertabstraktion sich gründenden Gesellschaft war wieder, wenn auch nur als Wunsch, zugelassen. Direkten Ausfällen in Richtung Liebe und Zärtlichkeit bei diesen Gelagen, wie sie mir, wenn ich schon nicht den einen lieben konnte, entsprochen hätten, gemäß meinem inzwischen entwickelten Wunschbild der von allen geschätzten und begehrten Hetäre, begegneten diese Männer mit Angst und Schrecken. Weißt du, du verschlingst mich, du saugst mich aus, wenn du mir zu nahe kommst; oder: findest du nicht, daß du zuviel Gefühl demonstrierst, sagten sie, und wenn ich mich wehrte, ihre Angst zu benennen versuchte, stand ich unter Projektionsverdacht.

Und ich dehnte meinen schon durch die Promotion erweiterten Kopf aus bis zu den Füßen. War ich schon nicht das geschlechtliche andere, dem direkte Zärtlichkeit und Liebe als Zeichen seiner Anerkennung hätten zukommen müssen, so wollte ich diesen Männern gleich sein, verwandt, ähnlich. Über den überdimensionalen Kopf hinaus, den ich nun als Geschlechtsmerkmal mit ihnen teilte, hatten wir »gleiche Probleme«, waren alle vier »solo« und versuchten, mit der Erwartung von Liebe im Hinterkopf das falsche Leben zu überleben. Währenddessen befaßten wir uns ironisch-analytisch, aber auch genüßlich mit den gesellschaftlichen Hindernissen, an denen unsere Wünsche scheitern mußten.

Sehnsüchtig räsonnierend saßen wir um den großen runden Tisch und lösten unsere Geschlechtlichkeit auf in eine geschlechtslose Gleichheit, deren Merkmal eine hochentwickelte Form der Kopf- und Redeerotik war. Damit diese Erotik funktionierte, verwandelte ich meine direkten Gefühle in näheproduzierende emotional-intellektuelle Rede- und Gestikulierbeiträge und rückübersetzte, was ich auf dieser Ebene bekam.

Was meine Promotion betraf, so kam mir die Kopferotik nicht ungelegen, bewahrte sie mich doch vor der Konfusion, die ich in der direkten Liebe witterte. Ich ahnte es und hatte, wenn ich verliebt war, die Erfahrung gemacht, daß der Preis für das Denkenkönnen die Reduktion meiner Gefühle sein mußte, sonst gelang es nicht, driftete ich ab. Ich haßte mich manchmal dafür, und die Männer, denen es nicht so ging, wurden mir fremder, ich fühlte die Unterschiede in unserer Gleichheit. Sie konnten trennen, sortieren in sich, in mir schoß immer alles zusammen. Ganz allmählich begann ich mich abzugrenzen, merkte, daß unsere Gemeinsamkeit nur funktionierte, weil ich mich auseinanderdividierte, den nicht direkt brauchbaren Teil unterschlug. Wahrgenommen wurde von mir nur das, was sich in Worte fassen ließ.

Zum erstenmal begann ich Mitte der siebziger Jahre in den bisher bedrohlich schöneren und beneidet glücklicheren Frauen die Ähnlichkeit zu suchen. Auch in ihnen schoß immer alles zusammen, und wir machten uns in langen Sitzungen daran, uns gegenseitig auf den vielen verschiedenen Ebenen auszuprobieren und uns als »ganze Personen« zusammenzusetzen. Wir lernten, daß bei uns selbst die Teilungsschwierigkeiten anfingen, nicht erst bei den Männern, denen wir begegneten. Wir selbst spielten die sinnlichen und intellektuellen Teile in uns gegeneinander aus, konnten ihre Verbindung schlecht aushalten, weil wir so etwas wie Verrat an dem tief in uns steckenden Bild von der hingebungsvollen Geliebten spürten. Wir arbeiteten viel in Projekten zusammen und deckten in langen Gesprächen unser schlechtes Gewissen auf, diesem Bild nicht mehr zu genügen, also keine richtige Frau zu sein, riefen uns das Bild wieder ins Gedächtnis. Es wurde für uns deutlich, daß es nicht Konfusion war, sondern unser anstrengender Wille, das in allen gesellschaftlichen Bereichen und auch in uns Getrennte zusammenzuführen und trotzdem noch in den einzelnen Teilbereichen – wie Wissenschaft – funktionieren zu müssen.

Die Vorstellung, daß ein Mann kommen müßte, der aus mir ein Ganzes macht, wie ich es früher erhofft habe, zerstörte ich langsam. Assistiert von Frauen krieche ich noch einmal in die männlichen Hirnwindungen, versuche zu verstehen, was da vor sich geht, warum sie vor dieser Verbindung in sich und vor allem in uns Angst haben, uns mit ihrer Angst Angst machen. Ich lese bei Freud:

> . . . dann können wir uns der Einsicht nicht verschließen, daß das Liebesverhalten des Mannes in unserer heutigen Kulturwelt überhaupt den Typus der psychischen Impotenz an sich trägt. Die zärtliche und die sinnliche Strömung sind bei den wenigsten unter den Gebildeten gehörig miteinander verschmolzen; fast immer fühlt sich der Mann in seiner sexuellen Betätigung durch den Respekt vor dem Weibe beengt und entwickelt seine volle Potenz erst, wenn er ein erniedrigtes Sexualobjekt vor sich hat . . .

Die Hoffnung auf einen, dessen psychische Impotenz weniger

gravierend ist, geben wir nicht auf. Aufgegeben aber haben wir die Vorstellung, mit Einsatz unserer Person Überzeugungsarbeit leisten zu müssen.

Diesmal schwebe ich durch die Straßen, alle Blumen, alle blühenden Bäume, alle Gerüche, die von ihnen ausgehen, sind nur für mich. Es ist Sommer, und ich bin verrückt vor Liebe. Tagelang habe ich fast ausschließlich das Bett bewohnt. Ich mache Umwege, schlendere durch Parks, lächele allen Menschen entgegen. An der Haustür angekommen, fällt mir mein Lächeln ab, wird mein Körper schwer, quäle ich ihn die Stufen hoch an den mit Büchern und Papieren übersäten Schreibtisch. Ich setze mich in den rükkenfreundlichen Stuhl, stelle das Summen der elektrischen Schreibmaschine an und sehe, den Kopf mit beiden Händen haltend, stundenlang aus dem Fenster: Lähmung.

Ganz allmählich gelingt es mir, meinen »Blick aus dem Fenster« zurückzuziehen, den Kopf ohne die Hände zu halten. Ich greife nach den Zetteln mit den Gedanken, lege das Bild von dem Mann ohne Angst an eine andere Stelle in meinem Kopf und mache weiter mit meinen wohl lebenslangen Verbindungsarbeiten.

Heinz Bonorden
Das verschärfte Leben
Über Beziehungskämpfe in den siebziger Jahren

Es muß doch irgendwo ne Gegend geben
für das verschärfte Leben.
Udo Lindenberg

Immer hatte man den Eindruck, das Wort, in unsere Alltagssprache eingewandert, trifft nicht, was es bezeichnen soll. Aber von »Liebeskummer« mochte man nicht mehr reden, und »Ehekrach« war es ja auch nicht. So blieb es bei »Beziehungsproblemen«.

Das Wort kommt wohl aus dem Sprachgebrauch der Studentenbewegung, und in ihrer mit sozialwissenschaftlichen und psychoanalytischen Begriffen vollgesogenen Rede wurden sie zumeist auch ausgetragen, die Kämpfe der Nacht. Und wie das Wort entlehnt scheint aus dem Arsenal wissenschaftlicher Diskurse, für die Öffentlichkeit konstitutiv ist, so drängten auch jene Kämpfe, die das Privateste umkehrten, immer gleich in freieres Licht. In die Kneipengespräche, in die Frauen- und Männergruppen, in die Zeitschriften der Szene, als eine Art subjektiver Literatur auch in die Programme der großen Verlage.

Ein neues Wort wie dieses setzt sich nicht durch, wenn nicht massenhaft wirklich erfahren wird, was es bezeichnen will. Tatsächlich verbreiteten sich die »Beziehungsprobleme« epidemisch in meiner Wahrnehmung und in meiner Umgebung etwa seit Beginn der siebziger Jahre. In einem damals vielgelesenen Aufsatz zum Thema schrieb Peter Schneider 1974 im *Kursbuch 35:* »Wenn ich mich unter meinen Bekannten umschaue, entdecke ich kaum noch, was im neuen Jargon ›funktionierende Zweierbeziehung‹ heißt.« – Was *meine* Bekannten betrifft: Buchstäblich keines der Paare, die ich damals kannte, hat sich nicht getrennt.

Und schließlich das Unbehagen an der Blässe und Kälte des Begriffs: als wolle er nur vorläufig ein noch ziemlich unerforschtes Gebiet abdecken. Einerseits wollte ja niemand mehr heiraten. Andererseits waren das doch richtig feste Bindungen, viele lebten zusammen, zu zweit oder in Wohngemeinschaften, und sie galten als »feste Paare«. Nur wußte niemand so recht, worauf das hinauslaufen sollte; immer wieder knackte und krachte das dünne Eis. Man kam nicht mehr klar miteinander.

»Beziehungsprobleme«, das waren auch die wildwuchernden, popularisierten Reflexe der radikalen antiautoritären Kritik. Wurde der berühmte »Funktionsverlust der Familie«, von den Soziologen seit langem angesagt, so exekutiert? Viele haben es so gesehen, und es ist sicher auch nicht falsch. Aber es sagt auch nicht viel; es bezeichnet nur noch einmal das Problem: Etwas war kaputtgegangen. Und nun?

Folge ich meinen Erinnerungen, so steht am Anfang die Angst. Sie war die erste Errungenschaft, der erste Triumph über das, was uns erspart blieb, so oder so.

Aber ich will zunächst noch einen Schritt weiter zurückgehen; dahin, wo man von jenen Umbrüchen noch nichts weiß, wo noch Familien gegründet werden, als sei das selbstverständlich. Dahin, wo die Rückkehr zur Ordnung noch immer als Rettung gilt. Ich will mit meinem Bericht hier beginnen; sozusagen noch in der Vorzeit. Für mich ist das Gittis Geschichte.

Anfang der siebziger Jahre, als es in Berlin, wie gesagt, viele, die ich kannte, nicht mehr miteinander aushielten, war Margret, genannt Gitti, die in einem norddeutschen Dorf bei ihren Eltern wohnte, leidenschaftlich hinter Roland her. Wenn ich, entfernt zu Gittis Familie gehörend, von Berlin aus meine Eltern in der Provinz besuchte, gehörte die *chronique scandaleuse* von Gitti und Roland im Bereich der Familiennachrichten zum Dauerthema.

Mit einem Mann wie Roland, das war der rote Faden, macht Gitti sich unglücklich. – Gitti, im Kampf um diesen Mann, wollte Roland unbedingt heiraten. Sie muß sich die Ehe mit ihm gedacht haben als den Beginn des Lebens: Sie führte einen Befreiungskampf.

Gitti, kaufmännische Angestellte, kommt aus einer Handwerkerfamilie. Hier ist alles Fremde unbeliebt; verhaßt ist, wer nicht weiß, was sich gehört und wohin er gehört. Verhaßt war zum Beispiel einer wie Roland. Roland mit seinen Rüschenhemden, seiner herausfordernden, beinahe südländischen Schönheit. Für Gittis Familie besaß er jeden Makel, der sich denken läßt. Er hatte keinen ordentlichen Beruf, war Hilfsarbeiter, vorbestraft wegen

Diebstahls, unterhaltspflichtig für ein uneheliches Kind. Er galt als Angeber: ein Spinner, ein Spieler, ein Frauenmann. – Nicht schwer zu erraten, daß Gitti sich Roland in den Kopf gesetzt hatte, gerade weil er anders war als die gewohnte dörfliche Umgebung. Sie hatte viele Verehrer, aber sie wollte keinen Kinderkram mehr. Roland war der Mann für das verschärfte Leben. Wie sollte es aussehen?

Gitti war resolut und starrköpfig. Als sie sich in Roland verliebte, war sie 18 oder 19 Jahre alt. Strikt verboten die Eltern ihrer Tochter den Umgang mit diesem Mann. Der Kampf war eröffnet. Es folgten Jahre des Streits: Tränen, Drohungen und lächerliche Ausgehverbote, abgeschlossene Türen. Andererseits: Lügen, Finten, Fluchten, heimliche Treffen in Seligkeit. Als Gitti endlich volljährig wurde (damals noch mit 21 Jahren), drohte der Vater seiner einzigen Tochter mit Enterbung. Nichts verfing. Je stärker der Druck, desto rückhaltloser wird Gitti sich zu Roland gedrängt haben. Und gerade für die Jahre der Kämpfe, mit allzu kurzen Nächten in Tanzcafés und Autos, wird er der richtige Mann gewesen sein. Sein Stern mochte leuchten im Abenteuer; im Wohnzimmer der Handwerkerfamilie war allein schon die Leidenschaftlichkeit anstößig, mit der die Tochter ihn haben wollte.

Schließlich gaben die Eltern nach. Roland war als Schwiegersohn akzeptiert. Gitti hatte sich durchgesetzt. Aber gewonnen hat sie eigentlich nicht. Gleich sah es nämlich so aus, als habe sie sich selbstverständlich auf ein Tauschgeschäft eingelassen: Sie erhielt ihren Roland. Aber jetzt mußte sie beweisen, daß er ein ordentlicher Ehemann sein konnte – daß sie und Roland Erwachsene sein wollten wie alle anderen auch. Die Halbstarken-Zeit wurde für beendet erklärt. – Eine Chance bekommen, das hieß: mitspielen dürfen.

Die Hochzeit, finanziert von Gittis Eltern, fand im Dorfgemeinschaftshaus statt. Von dem Fest gibt es Farbbilder. Brautpaar und Trauzeugen auf dem Weg in die Kirche; Rolands Haar ist leicht toupiert. Ein Bild zeigt Roland und zwei Freunde hinter der Theke, alle drei ohne Jacketts, die Enden ihrer Krawatten haben die Männer in die Knopfleiste der Hemden gesteckt; jeder hält ein großes Bier am ausgestreckten Arm: Prost Roland – Dein Abschied vom Junggesellenleben. Dann das wichtigste Bild: Die ganze Hochzeitsgesellschaft zum großen Gruppenphoto versammelt. – Photos wie diese gibt es von allen Hochzeiten in Gittis Familie, und identisch wie das Arrangement auf den Bildern sind auch Verlauf und Zeremonie der Feste. Von der kirchlichen Trauung bis zum Tanz um Mitternacht, bei dem in einem wilden Gerangel der Schleier vom Kopf der Braut gerissen wird. Im Spiel vollzieht die Festgesellschaft kollektiv die Hochzeitsnacht. Danach, so ist es üblich, kleidet das Brautpaar sich um. Das Leben beginnt.

Gitti und Roland nahmen, als sei das selbstverständlich, ihre Wohnung im Haus von Gittis Eltern, die einige Umbauten hatten durchführen lassen und die Möbel bezahlten. Das Nest war gemacht. Am Hochzeitstag hatte man es übrigens besichtigen können. – Roland arbeitete jetzt im Handwerksbetrieb von Gittis Vater, der den Schwiegersohn nun als zukünftigen Erben seiner kleinen Firma betrachtete und dem ungelernten Arbeiter eine ordentliche Ausbildung in dem neuen Gewerbe zukommen lassen wollte.

Das alles war keineswegs ungewöhnlich, im Gegenteil: es war die Regel. Aber die gleichsam normale Integration eines jungen Paares ins soziale Feld, das die Eltern repräsentieren, wirkte hier ausgesprochen gewaltsam. Zu deutlich war, daß Roland, der Abenteurer und Leichtfuß, für dieses Nest nicht der Richtige war. Er sollte gezähmt werden. Und zunächst machte er mit. Zugleich war zu hören, Gitti habe durch geschickte Regelungen dafür gesorgt, daß er in finanziellen Dingen kurzgehalten werde. Roland sollte nicht in Versuchung geraten: Tatsächlich, Roland war nicht der eingeheiratete Schwiegersohn, er spielte ihn nur. Das sah man ihm an. Die traditionell häufigen Verwandtenbesuche wirkten bei den beiden wie Auftritte. Roland, immer overdressed, bemühte sich auffallend um alle, aber niemand nahm es ihm ab. Gitti, die stolz sein wollte auf ihn, wird gelitten haben, wenn die nahen Verwandten sich ungewohnt höflich zu Roland verhielten.

Es ging tatsächlich nicht gut. In der Firma kam Roland mit den Kollegen nicht klar und sie nicht mit ihm. Er habe den Juniorchef gespielt. Aber sollte er nicht auch der kommende Mann sein? – Von jetzt an wechselte er wieder häufiger die Arbeitsplätze. Immer deutlicher war den Jobs anzumerken, daß sie leichtes, schnelles Geld bringen sollten, immer scheiterten die Projekte: das Versicherungsgeschäft zum Beispiel, die gepachtete Kneipe. Von hohen Schulden war die Rede. Roland war ein Träumer, er wollte fliehen. Das war nicht drin. Aber während ihn die Familie, das

Dorf, die Erwachsenen also, auch Gitti, wegen seiner haltlosen Spinnereien ausgrenzten, andererseits zu disziplinieren versuchten – so waren es doch gerade seine haltlosen Phantasien, vor denen der Zwang und der Anpassungsdruck sich zu erkennen geben mußten; alle anderen dagegen schienen immer gleich einzuwilligen: all die ordentlichen Schwiegersöhne, Familienväter, Ehemänner, die Roland oft als Vorbild mochten entgegengehalten worden sein. Und warum hatte Gitti ihn schließlich so leidenschaftlich haben wollen?

Gitti, die inzwischen einen Jungen geboren hatte, an dem auch Roland hing – Gitti klammerte sich zunächst um so fester an ihn, je unübersichtlicher seine Kreise wurden. Halb mochte sie hoffen, so das Schlimmste zu verhüten, halb war sie sicher fasziniert von Rolands Ausbruchsversuchen. Schließlich – das Familiengespräch wurde zum Flüstern – arbeiteten Roland und Gitti, beide, in einer jener Erotik-Film-Bars, die in den siebziger Jahren an vielen Landstraßen in der Provinz eröffnet worden sind. Er machte den Filmvorführer, so wurde gesagt, und sie serviere. Die Bar lag nur wenige Kilometer vom Haus der Familie entfernt im Nachbardorf. Gittis Mutter, beschämt und hilflos, versorgte das Kleinkind. Das muß der Anfang vom Ende gewesen sein.

Gitti gab die Arbeit in der Bar irgendwann wieder auf, Roland wechselte in eine andere. Was zwischen den beiden jetzt geschah, weiß ich nicht. Aber es war deutlich, daß Gitti ins ganz Unübersichtliche nicht mehr hatte folgen wollen. Sie mußte auch das Kind durchbringen. – Roland exekutierte wie immer seine Tagträume. Wahrscheinlich hat er sich hineinphantasiert in den eleganten und harthäutigen Geschäftsmann der Nacht, den er, in Wirklichkeit eher weich und großzügig, immer wieder verfehlt haben wird. Von Wohnwagen mit Mädchen, irgendwo, war die Rede, die Roland zu verwalten habe. Vielleicht nur Gerüchte. Gleichviel. Er kam immer seltener nach Hause, zog schließlich aus, wurde wohl auch hinausgeworfen, wohnte in einer entfernten Kleinstadt mit einer ganz jungen Frau zusammen, hatte Schulden, wollte an das Geld der Frau, mit der er immer noch verheiratet war. Jetzt bewährte sich Gittis Vorsicht, die Roland durch Sicherungen von ihrem Eigentum, auch von den Werten in der Wohnung fernhielt. Dann, endlich, die Scheidung; die erste zerbrochene Ehe in Gittis Familie.

Gitti, die inzwischen fast dreißig Jahre alt war, mit einem sechsjährigen Sohn, halbtags berufstätig, mit Geldsorgen – Gitti war als geschiedene, ja als gescheiterte Frau vollständig isoliert in ihrem Dorf.

Es blieb wieder die Familie, von der sie aufgefangen wurde. Sie konnte gewissermaßen untertauchen, sich auch rehabilitieren in der ihr verbliebenen Rolle als Mutter eines reizenden Sohnes. Gitti, so wurde jetzt gesagt, hat es nicht leicht. Ihren Irrtum müsse sie bitter bezahlen.

Aber welchen Irrtum hatte sie begangen? Wenn ich in diesen Jahren von Besuchen auf dem Land nach Berlin zurückkehrte, habe ich manchmal von Gitti und Roland erzählt. Von Berlin aus fiel ein besonderes Licht auf die Geschichte. Zunächst schien sie noch einmal die Falschheit traditioneller Lebensformen zu bestätigen. Die zwanghafte Fixierung auf die Ehe etwa oder die Verhinderung individueller Spielräume durch die Anpassung an die Standards der Eltern. Aber diese Art von Kritik gehörte gewissermaßen schon zum neuen *common sense*. Und vor allem, Gittis Geschichte wäre so auch nur halb interpretiert. Auffällig ist sie ja nicht, weil sie sich von den Berliner »Beziehungsproblemen« unterscheidet, das tut sie natürlich auch – auffällig ist sie gerade, weil sie unseren Geschichten im Kern sehr ähnlich ist. Gitti hatte aufbrechen wollen zu neuen Ufern. Ihre Leidenschaft für Roland, ihren verbissenen Kampf um den unmöglichen Außenseiter verstanden die anderen in der Familie gleich richtig: als offene Rebellion gegen das Leben, das man für sie vorgesehen hatte. Für alle muß provozierend deutlich gewesen sein, daß es Gitti mit Roland um Faszinationen ging, die Beherrschung nicht duldeten; das Gegenteil von Sicherheit und Anständigkeit: Ekstasen. Um die kämpfte sie. So gesehen wäre Gittis Heirat als Hoffnung auf Befreiung verständlich. In der Ehe waren ihre Gefühle und Sehnsüchte, die jahrelang gewaltsam verfolgt und bedroht worden waren, vor der Unterdrückung sicher. Man könnte sagen: Den konservativen Schutz von Ehe und Familie, gesetzlich verbürgt, hat sie für sich und Roland in Anspruch nehmen wollen. Die Institutionalisierung ihrer Liebe also als harte, schützende, äußere Form – und im Innern ihr eigentliches Leben mit Roland; auf das sollte es ankommen. Sicherlich hat Gitti das, was sie mit Roland verband, als unzerstörbar angesehen, zugleich auch als etwas, das durch die Anpassung an den Lebensrhythmus des sozialen Umfeldes gar nicht sollte berührt werden können, weil es *privat* war.

Aber jene Faszinationen waren natürlich gegen die Normalisierung des Alltags ohne Chance. Sie hatten im Schoße der Familie keinen Ort, keine Zeit und keinen Namen mehr.

Gittis Irrtum war, denke ich, daß sie die Ekstasen der Befreiungskämpfe – und das war *ihr* Leben mit Roland gewesen – glaubte festhalten zu können für alle Ewigkeit, während sie gleichzeitig sich darauf einließ, Rolands gefährliche Unruhe – seine unsteten Tagträumereien – gewaltsam stillzustellen. Durchgesetzt hat sich schließlich jene Unruhe: Roland konnte sich nicht anpassen. Daran ist die Ehe gescheitert, wie die Eltern es vorausgesehen hatten. War das ein Beweis? Wofür oder wogegen? Gittis Geschichte ist traurig, weil ein anderer Verlauf sich kaum denken läßt. Sie ist ohne Ausweg, weil der Inbegriff des Ausbruchs allein das gefährlich abweichende Verhalten Rolands war. Darauf konnte Gitti nur als Desperado oder im Tagtraum reagieren; im Grunde aber, weil es so oder so ja nicht ging, allein durch die Rückkehr zur Ordnung, die strikt verbot, was Roland verkörperte und gleichzeitig zerstört hatte: anders miteinander zu leben.

Wußte man in Berlin mehr darüber? Schwer zu sagen. Wie miteinander zu leben sei, darüber wurde gar nicht so viel diskutiert. Thema waren die Brüche, die Trennungen, die Rückzüge. Immer hatten sie ein Doppelgesicht. Sie präsentierten den Schmerz, das Alleinsein; aber sie waren auch Triumphe, weil sie die Institutionalisierung zerschlugen, die Gitti ersehnt hatte. Sie hatte ihre Scheidung von Roland als Katastrophe ansehen müssen. Das galt jetzt nicht mehr. Die Brüche wurden anders behandelt, nicht als *échec*, eher, im Gegenteil, als Gewinn. Er bestand zunächst in der Wiederherstellung einer Allmachts-Phantasie: Die Trennungen schienen immer auch das lockende Versprechen auf eine andere, unbekannte Liebe zu enthalten, auf die Enthüllung von etwas, was bisher sich noch verborgen gehalten hatte: auf ein ganz anderes Leben, das wieder neu sollte begonnen werden können – und dann, nach dem nächsten Bruch, wieder von vorn . . . Vernünftig ist das nicht; aber vernünftig war Gitti erst recht nicht gewesen, als sie heiratete. Hatte sie ihre Hoffnung auf die Institutionalisierung ihrer Liebe gesetzt, so galt hier, gerade anders herum: Es sind die Brüche und Destruktionen, die Hoffnung wieder freimachen. In allem Schmerz waren die Trennungen dennoch verlokkend, weil sie dem vagen Tagtraum von einem unbekannten anderen Leben immer aufs neue seine Realisierbarkeit zu bestätigen schienen.

Und die Angst? Sie habe, wurde behauptet, am Anfang gestanden, gleichsam als erste Errungenschaft. Es war die Angst vor der Erstarrung, eine heftige Reaktion auf die lähmende Vorstellung von einem Leben in den geordneten Bahnen der Kleinfamilie, das eingefrorene Leben zu zweit. Ich rede von den Kinderehen, die damals, als Gitti heiratete, zahlreich in meinen Kreisen zerbrachen. Aber der Begriff scheint irreführend. »Ehen« waren ja nicht mehr geschlossen worden, und im Kindesalter waren wir längst nicht mehr. Trotzdem: Ich meine jene Liebesbeziehungen, die sich früh festgesetzt hatten. Begonnen vielleicht mit achtzehn oder neunzehn Jahren, noch in der gemeinsamen Gymnasialzeit, die pubertäre Intimität mitgenommen in die Universitätsstadt, hier die erste gemeinsame Wohnung. Gemeinsamer Alltag, gemeinsame Freunde, gemeinsame Urlaubsreisen: ein gemeinsames Leben, drei – vier – fünf Jahre lang, ohne Trauschein zwar, ohne bindende Absprachen, aber, für alle sichtbar, seit langem auf Dauer angelegt. Wollte man gemeinsam erwachsen werden?

Viele, die ich kannte, lebten so. Sie haben sich alle getrennt. Damit war das Karussell der »Beziehungsprobleme« überhaupt erst in Bewegung gesetzt. Die Destruktion dieser kindlichen Liebesehen – das war wie ein zweiter Verlust der Unschuld.

Sabine war die erste Frau, mit der Thomas geschlafen hatte. Das war, so sah er es, die Erlösung aus einer quälenden Pubertät gewesen. Die rasche Verfestigung ihrer Beziehungen hatte er fast staunend registriert. Er war, ohne recht zu wissen warum, bei ihr geblieben. Vielleicht waren es ihre Schwächen und Ängste, die ihn hielten. Da es niemals einen Streit gab, der sie trennte, schien hinreichend klar, daß sie zusammengehörten. In Berlin suchte man, wie selbstverständlich schon, eine erste gemeinsame Wohnung; fand auch eine, viel Glück für ein unverheiratetes Paar. Thomas studierte Geschichte, Sabine machte eine Fachschulausbildung. Sie lebten, als wäre die Zukunft einfach die Fortsetzung der Gegenwart.

Thomas wollte sich manchmal einreden, die Enge und Nähe sei allein Sabines Wunsch. Vor Freunden, im Gespräch, drängte er sie zu größerer Selbständigkeit. Wie sollte die aussehen? Er selbst hatte eine Art Generalverantwortung für sie akzeptiert. In allem und für alle Zeit sollte er Sabine, so schien es ihm, vor der Welt schützen. Eine diffuse Unruhe, die in ihm wühlte, vermochte er nicht zu artikulieren und versteckte sie wie eine Sünde. Oft spürte er sie auch gar nicht. Etwa, wenn er mit Sabine allein in der schönen großen Berliner Wohnung war. Die beiden hatten sich in eine Art Kinderwelt hineingelebt: Häufig sprachen sie zueinander mit veränderten, schmollenden Stimmen; sie deformierten die Worte so, wie Kleinkinder das tun; in endlosen Gesprächen erzählten sie sich immer wieder von ihrer Kindheit, erläuterten die alten Spiele, beschrieben deren Orte. Abends las Thomas manchmal Märchen vor. In dieser Atmosphäre konnte es keine Konflikte geben, keine Veränderungen, nur die sanfte Regression.

Außerhalb, bei Freunden, in der Universität, bei Sitzungen der politischen Gruppe verlor sich Thomas häufig in Absencen: ein Erschrecken, das nicht recht durchdrang, stillgestellt schien. Es darf so nicht weitergehen! Darüber mit Sabine zu reden, schien ihm unmöglich. Was hätte er fordern können? Zehn Jahre früher, in Berlin oder anderswo, wäre aus Thomas und Sabine unvermeidlich ein unglückliches Ehepaar geworden; noch im Unglück halbherzig erwachsen, gefangen im Netz aus Gewöhnung und Flucht vor den eigenen Ausbruchsphantasien. In den siebziger Jahre aber schienen diese Tagträume an der Macht. Thomas erkannte seine nervöse Unzufriedenheit überall wieder: in der Stadt und in der Universität; in den Büchern, die er las; im Kino. Überall die stummen Versprechungen, die ihm heimlich Recht zu geben schienen und zugleich seine Angst verstärkten. Sie füllten den Raum zwischen der alltäglichen Regression mit Sabine und den vagen Ausbrüchen im Traum.

Wie vermitteln sich die gesellschaftlichen Klimawechsel ins individuelle Bewußtsein? – Als auf einem Fest, das Thomas allein besuchte, eine seit langem mit ihm und übrigens auch mit Sabine befreundete Studentin ihn spielerisch in einen Flirt verwickelte, ließ er sich nicht nur gleich heftig darauf ein, sondern drängte in den nächsten Tagen auf eine Fortsetzung; alles zur Überraschung der jungen Frau, die selbst nur mäßig engagiert gewesen war.

Ein Sog war entstanden, in den Thomas sich widerstandslos hineinziehen ließ. Aber zwanghaft verheimlichte er vor Sabine die sich anbahnende Affäre. Er war, ohne jeweils darüber nachgedacht zu haben, davon überzeugt, daß die Wahrheit sie töten würde. Unmöglich aber auch, die Verbindung zu der neuen Geliebten abzubrechen. Die wiederum war selbst in Atem gehalten durch eine qualvolle Trennung von einem Mann, mit dem sie jahrelang zusammengelebt hatte und der jetzt, in einer anderen Stadt wohnend, kategorisch Abstand und Freiheit von ihr forderte. Daß die junge Frau an dieser anderen Person litt – Thomas kannte den Mann nicht –, gehörte, wie sich bald zeigte, zu den Voraussetzungen für die verheimlichte Liebesgeschichte, die sich zwischen ihr und Thomas schließlich entwickelte und über den Sommer hinweg andauerte. Während dieser Zeit verabredeten sich die beiden regelmäßig in einer kleinen Wohnung, die Thomas zur Verfügung stand. Er sehnte diese geheimen Treffen herbei und fürchtete sie, weil jedes die Last des Betruges vergrößerte. An dieses Doppelspiel konnte es keine Gewöhnung geben: ein wilder Gefühlswirbel, in dem Thomas zu versinken drohte.

Dabei war für ihn überraschend, daß die erotische Spannung zwischen ihm und der Geliebten, deren Sinnlichkeit ihn zunächst gebannt hatte, bald um wichtige Grade absank; vielleicht unter dem Druck der Schuldgefühle von beiden Seiten. Thomas selbst wollte scheinen, Erotik habe sich festgesetzt in den Gesprächen zwischen ihm und ihr. Nie gingen die beiden miteinander spazieren, ins Kino, zum Essen. Während ihrer Treffen hockten oder lagen sie auf einem zerwühlten Bett in einem unaufgeräumten Zimmer, wie in einer konspirativen Wohnung: sie rauchten und sie redeten – über sich selbst, über Sabine, über den anderen Freund; endlose aufgelöste Gespräche – »Beziehungsgespräche«. Sicher war jeder im Grunde mit der eigenen Person beschäftigt, mit der eigenen Trennungsgeschichte; trotzdem waren diese Gespräche mehr als ein wechselseitiger Austausch von Monologen. Das erotische Verlangen schärfte die Aufmerksamkeit für die Gefühle und Gedanken des anderen; zugleich konnten sie frei miteinander sprechen, weil ihr Interesse aneinander trotz allem begrenzt blieb, die Affäre gleichsam kalkuliert. So mußte nicht befürchtet werden, daß man den anderen durch Offenheit gleich wieder verletze. Unter diesen Bedingungen konnten sie füreinander zu beinahe idealen Zuhörern werden. Für Thomas waren diese Gespräche von elementarer Bedeutung: Hier konnte alles gesagt werden, während für sein Leben mit Sabine – das andere Leben – die gewaltsame Reduktion von Wahrnehmung und Wirklichkeit bzw. ihre regressive Umdichtung zur Voraussetzung geworden war. In den Gesprächen mit der Geliebten, die, von ihrer eigenen Geschichte gefesselt, auf Sabine kaum eifersüchtig war

– in diesen Gesprächen wurde Thomas, der zum erstenmal seinen Alltag mit Sabine, so wie er war, und seine widersprüchlichen Gefühle zu ihr sich selbst beschreiben hörte, nichts weniger als die Wirklichkeit der eigenen Wahrnehmung und der eigenen Phantasien zurückgegeben. Getaucht in die erotische Spannung war das für ihn eine ekstatische Eroberung.

Vielleicht läßt sie sich so genauer beschreiben: Die heimlichen Treffen zwischen Thomas und der jungen Frau fanden außerhalb der Welt des Alltags statt. Sie wurden nach außen strikt geleugnet, und in Gesellschaft begegneten sich die beiden immer noch weiterhin als die guten Bekannten, die sie früher auch gewesen waren. Die geheime Wohnung war Niemandsland. Die Zeit stand still. Erst hier, sozusagen im Irrealen, gelang es Thomas, sein reales Leben zu rekonstruieren. Das hieß: gegen die Kontinuität der Regression mit Sabine. Daß in irgendeinem schmutzigen Zimmer alles gesagt werden konnte, gab die Gewißheit: Du kannst Dein Leben ändern. Über die Wirklichkeit, den Alltag zu sprechen, bedeutete gleichzeitig: ausbrechen, träumen.

Thomas, so könnte man sagen, war noch gar nicht in der Lage, wirkliche Objektbeziehungen zu entwickeln; in seinem Verhältnis zu Sabine hatte ständig sein Narzißmus interveniert, den er mühsam zu verstecken gesucht hatte. Nicht daß er diese Defizite jetzt abzubauen vermochte: Fast zufällig war ihm durch die Liebesaffäre mit der jungen Frau die Chance zugespielt worden, sie – sprechend – zu agieren.

Das mußte schließlich den Bruch mit Sabine herbeiführen, der eingeleitet wurde durch einen Zufall. Sabine fand Thomas' Tagebuch. Ein Zufall, der merkwürdig adäquat wirkt. Zu den Grundüberzeugungen dieser Jahre gehörte ja, daß die Veröffentlichung der privatesten Probleme diese lösen helfe. Gefordert war, die strikte Trennung zwischen Privatheit und Öffentlichkeit zu lokkern, im Extrem gar aufzuheben: laut und vollständig über die eigene Befindlichkeit Auskunft zu geben, damit die Erkenntnis frei werden könne, daß die vorgeblich privatesten Gefühle von den anderen geteilt werden, weil sie durchs gesellschaftliche Ganze vermittelt sind: Veröffentlichung als Akt der Befreiung. – Gerade die Wahrheit seiner Gefühle hatte Thomas vor Sabine abdichten wollen. Als sie sein Tagebuch fand, war Öffentlichkeit in einem Gewaltakt hergestellt worden. Und der befreite Thomas tatsächlich – indem er Sabine grausam verletzte. Das war die endgültige

Zerstörung der kindlichen Unschuld.

Im Tagebuch hatte Thomas, hin- und hergerissen zwischen Schuldgefühlen und der Faszination durch jene heimlichen Treffen mit ihrer Droge der »Beziehungsgespräche«, im Tagebuch hatte er sein Leben, das zersplittert war, schreibend wieder zusammenfügen wollen. Seit Beginn der Liebesaffäre registrierte er präzise die genauen Tagesabläufe. Was, wann, wo geschehen war. Nicht mehr und nicht weniger. Die Arbeitsgruppensitzung am Vormittag beispielsweise, die telephonische Absprache mit der Geliebten, Eisessen mit Sabine nachmittags, die Gespräche mit der jungen Frau in der verheimlichten Wohnung abends, der Geschlechtsverkehr mit ihr.

Der katastrophale und grausame Fund, der jede weitere Erklärung oder Entschuldigung lächerlich machte, zerriß im Augenblick die Welt der Kinderehe. Dabei war, über den ersten Schock hinaus, nicht der Betrug selbst, die heimliche Liebesbeziehung, entscheidend dafür, daß die Trennung zwingend wurde. Vielmehr konnten Sabine und Thomas hinter die im Tagebuch dargestellte zerrissene, sehnsüchtige, egoistische Realität nicht mehr zurückzugehen. Die aber schloß in ihrer heimlichen Faszination gegenüber den Brüchen und Widersprüchen, in ihrer Suche nach anderen Erfahrungen nicht nur das gemeinsame Leben mit Sabine aus, sondern eigentlich überhaupt jede entschiedene Festlegung, mit der die Zukunft gebunden werden könnte. Das Tagebuch hatte die »Beziehungsprobleme«, die es nicht geben sollte zwischen Thomas und Sabine, schamlos dokumentiert und damit die phantastische Unschuld der Kinderehe destruiert. Thomas hatte gelogen, betrogen, hatte Sabine auf gemeine Weise tief verletzt. Aber eine Entschuldigung dafür war nicht angebracht.

Eine Lösung von Problemen kann man das nicht nennen. Diese waren vielmehr explodiert, hatten sich gewaltsam ihren Platz erobert. Liebesbeziehungen waren von jetzt an nur noch möglich, wenn sie die Realität, und das schloß die Realität der Tagträume ein, auszuhalten vermochten. Nun erst wurden die »Beziehungen« wirklich schwierig. Aber klang es nicht auch stolz, wenn Peter Schneider in jenem Aufsatz feststellte: »Irgendwie hat sich dieser Zwei-Jahres-Rhythmus durchgesetzt«?

Die Kontinuität der Brüche, wie Schneider sie andeutet, jene auf Permanenz gestellten »Beziehungsprobleme«, die der Destruktion einer Verbindung wie der von Sabine und Thomas häufig folgten: man wird das alles nicht ohne weiteres als Fortschritt, als Errungenschaft begreifen wollen. Ja, zu vielen der exaltierten Beziehungsdramen, an denen wir teilhatten – beobachtend, redend, handelnd –, drängen sich im Gegenteil ganz andere Wertungen auf. Eine neue mimosenhafte Unzufriedenheit, die auf niemanden und auf nichts sich wollte festlegen lassen, haltlose Gespräche über Stimmungen, über schwankende Gefühle, über immer wieder sich verschiebende Erwartungen an den anderen, schließlich die ganze Illusion der immer neuen Anfänge – war und ist das nicht auch schrecklich wehleidig, narzißtisch, ist das nicht auch schrecklich »unreif«? Der Mensch müsse lieben und arbeiten können, hat Freud gesagt. Sind die Beziehungskämpfe nicht immer wieder aufs neue gerade die Kapitulation vor dieser Forderung gewesen?

Eine gültige Antwort, so oder so, kann schwerlich gegeben werden. Und wahrscheinlich ist es ohnehin nicht besonders klug, in einer einzigen Formel gemeinsame Ergebnisse einer chaotisch bewegten Szenerie fixieren zu wollen. Sinnvoller und für die Interpretation interessanter ist es, zu Freuds berühmter Forderung noch einmal zurückzugehen. »Lieben und arbeiten können«: das ist ja kein bescheidenes Beharren auf einem psychischen Minimalprogramm, erst recht nicht die Verbeugung vor irgendeiner Durchschnittlichkeit; es ist das genaue Gegenteil, die Forderung nach dem Idealzustand als Normalität.

Die Beziehungskämpfe wären auf dieser Folie durchaus zu verstehen als Prozeß der Bewußtwerdung gegenüber einer solchen Forderung, als individuelle Aktualisierung klassischer Ansprüche. Zerfallen die blinden Zwänge, die »lieben und arbeiten« institutionell gesichert und oktroyiert haben, im Zweifelsfall immer als »heiraten und Karriere machen«, zerfallen die selbstverständlichen Normen und die institutionellen Zwänge, die im Dunstkreis des Durchschnitts die Individuen auch entlastet haben, so wird die Eroberung von individuell bestimmter Handlungsfähigkeit selbst zum Lebensprogramm: lieben und arbeiten. Wie soll das wieder, immer noch, trotzdem möglich sein? – Mit der Destruktion der Beziehungen begann die Bearbeitung dieser Fragen. Und nur wer immer schon weiß, wo es langgeht, weil er sich aufs Bewährte zurückziehen kann, wird in den schlingernden, gereizten Bewegungen der Beziehungskämpfe immer zuerst den Verfall erkennen und die Spuren der Rekonstruktion neuer Handlungsfähigkeit nicht sehen wollen. Wenn es Errungenschaften gibt in den Beziehungskämpfen, dann sind sie nicht zu trennen von den Niederlagen, egoistischen Verspannungen und Irrtümern. Mit anderen Worten: Wahrscheinlich war die fixe Idee einer Nullpunkt-Situation, die in dieser Form für niemanden existierte, diese zwanghafte Illusion der immer neuen Anfänge notwendig, um tatsächlich neu anfangen zu können.

Bei Julia zum Beispiel, die übrigens Mitte der siebziger Jahre mit anderen Frauen in einer Arbeitsgruppe »Zukunftsperspektive« mitmachte, in der nichts weniger diskutiert wurde als die Frage, wie künftig zu leben sei – auch bei Julia enthielt die Strenge, mit der sie Veränderungen forderte, groteske Momente.

Julia wollte sich nicht mehr einlassen auf das, was sie die »Frauenrolle« nannte; von den Männern in ihren »Beziehungen« verlangte sie eine ebenso radikale Demontage ihrer »Männerrolle«. Diese Kritik war so grundsätzlich angelegt, daß ihre diskursive Begründung immer auch gleich ein Beziehungskampf selbst war, der dann seinerseits der Kritik wieder Brennstoff lieferte. Das konnte zum Beispiel beginnen als ein Gespräch über Filme. Julia mißfiel das meiste, was in die Kinos kam. Aber sie interessierte sich auch nur wenig für die erzählten Geschichten oder die Akteure. Sie erkannte in allen Filmen immer wieder die Emanationen derselben Rollenklischees. Anders gesagt: Sie saß immer wieder in »Männerfilmen«, in denen die Frauen zurechtgebogen schienen zu stets den gleichen unselbständigen oder zickigen Wesen, in deren Leben erst die Männer den Sinn zu tragen hatten.

Julias Kritik funktionierte idiosynkratisch; ihr Mittel war eine Empörung, die immer auf der Lauer zu liegen schien, um die mit großem Scharfsinn interpretierten Bilder von Frauenunterdrükkung zu zerfetzen. Klar, daß Julia im Kino – und nicht nur dort – Differenzierungen und Ironisierungen nicht mehr wahrnehmen wollte. Sie wollte ganz andere Filme, weil sie ganz andere Frauen wollte, in einer ganz anderen Welt, mit ganz anderen Beziehungen zu Männern. Ihre Forderungen, zugleich schwach und unangreifbar, waren um so weniger explizierbar, je radikaler und umfassender sie gestellt wurden, weil sie überhaupt keine Begrenzungen mehr akzeptierten. Und unklar blieb nur, ob der Fluchtpunkt dieser Kritik die Auflösung der Geschlechtsunterschiede war oder die definitive Abwendung des einen Geschlechts vom anderen.

Um den Standort diese Kritik zu beschreiben, bietet sich erneut das Bild vom Niemandsland an. Es war für Julia zugleich ein Zufluchtsort. Um seinen Wert für sie zu verstehen, ist es notwendig, in ihrer Geschichte ein paar Schritte zurückzugehen.

Auch bei Julia war die erste »Beziehung« – wieder eine der Kinderehen ohne Trauschein – in einem langen Trennungsschmerz zerbrochen. Der Freund hatte sich in eine andere verliebt. Aber obwohl Julia das Ende passiv erleiden mußte, hatte ihr Ablösungsprozeß von dem Freund schon viel früher begonnen, mit einer Abtreibung nämlich.

Auf die unerwartete Schwangerschaft hatte sie, ganz verstört, selbst gar keine Antwort gehabt. Es gab auch keine, die nicht gewaltsam gewesen wäre: Beide waren 22 Jahre, studierten in den ersten Semestern, lebten in einer Wohngemeinschaft, diskutierten in Basisgruppen marxistische Wissenschaftskritik. Ein Kind mußte das Ende dieser Welt bedeuten, die Reduktion auf eine enge Privatheit, die man im Kampf gegen die Eltern gerade überwunden zu haben glaubte. Der Freund drängte mit verzweifelt vernünftigen Argumenten, hinter denen die Angst stand, sofort darauf, das Kind wegzumachen. Julias Verwirrung war sprachlos. Sie stimmte zu, fühlte sich gleichwohl überrumpelt. Vielleicht, wenn sie allein gewesen wäre, ganz allein – aber wie sollte man sich so eine Situation vorstellen? –, vielleicht hätte sie die Schwangerschaft einfach so weitergehen lassen . . .

Abtreibungen waren zu jener Zeit illegal. Ein sachlicher Arzt in einer fremden Stadt, durch ein kompliziertes Kontaktsystem endlich erreicht, vollzog den Abbruch der Schwangerschaft bei abgeschlossenen Türen und herabgelassenen Jalousien: Eine Ausschabung. Julia hatte starke Schmerzen, es gab keine Nachbehandlung. Sie hockte in der Bahnhofsgaststätte. Als der Zug endlich kam, fuhr sie nach Hause: so viel leere Zeit, aber kein Nachdenken, nur Verwirrung und Scham.

Der Freund bemühte sich, aber er wollte die Sache so schnell wie möglich vergessen, es war ja auch vorbei jetzt. Julia war nicht erleichert, sie war allein. Im übrigen sprach man damals auch in ihren Kreisen über diese Geschichten noch nicht. In den Basisgruppen wurde an der Wissenschaftskritik weiterdiskutiert. Als dann, später, der Freund sich verliebte, zog Julia nach Berlin.

Er hatte ihr gleich alles erzählt, aber darauf kam es nicht mehr an. War sie nicht wiederum vor Tatsachen gestellt, vollendete oder nicht, und überrumpelt worden? Und war das nicht überhaupt die Formel, die ihre Leiden erklärte? Eine Überwältigung die Abtreibung – von den Argumenten des Freundes bis zu den unerträglichen Schmerzen –, eine Überwältigung im Grunde auch schon der Geschlechtsverkehr, der zur Schwangerschaft geführt hatte. Ja, eigentlich jeder Geschlechtsverkehr, wenn sie es recht betrachtete. Die Männerwelt: eine einzige Gewalttat; von den Frauen mußte sie erlitten werden, sprachlos, hilflos, allein.

Die Frauenbewegung, die damals, und gerade in Berlin, rasch stärker wurde und der sich Julia gleich anschloß, die Frauenbewegung nannte und nennt sich immer noch »autonom«. Um diese Kennzeichnung sind heftige, trickreiche Fraktionskämpfe geführt worden; Abwehrkämpfe, wenn Unterwanderung oder Beeinflussung von dritter Seite befürchtet wurde. Nach innen aber blieb unscharf, soweit ich sehe, was Autonomie zu bedeuten habe: politische Unabhängigkeit; das Ende der Kompromisse; Alleinsein; ohne Männer leben. Es konnte wohl immer auch jede hineindenken, was sie benötigte. Für Julia war die Autonomie zugleich Traumland und Fluchtburg.

Sie organisierte mit anderen eine Selbsterfahrungsgruppe. Daß sie hier die Geschichte ihrer Abtreibung erzählen konnte, zum ersten Mal eigentlich und wie befreit, daß ihre Leiden hier angenommen wurden, weil jede der Frauen ähnliches zu berichten hatte, das rückte die Gruppe, den »Frauentermin«, in Julias psychischer Geographie sofort an den Platz, der bisher wie selbstverständlich von der »Beziehung« zu einem Mann okkupiert gewesen war. »In der Frauenbewegung sein«, das bedeutete auch: die Männer konnten sie nicht mehr haben. Die Treffen der Frauen, ihre Diskussionen, Aktionen, internen Konflikte, das war eine andere Welt. In dem Maße, wie sie sich hineinlebte in diese Welt, konnte sie der alten für's erste mit Kraft begegnen. Und das hieß auch: sich entziehen.

Julias Berliner Jahre waren von dieser Art: ein Moratorium. Alles schien nur vorläufig, provisorisch; bis hin zu der flüchtigen, unachtsamen Einrichtung der Wohnung. So fiel es ihr leicht, Entscheidungen auszusetzen. Schon morgen mochte sich alles wieder ändern. Sie war mit Männern zusammen, aber die »Beziehungen« blieben undeutlich, offen, wurden bekräftigt und doch auch wieder geleugnet. Sie studierte, aber Arbeit oder Beruf schienen sie nicht zu interessieren. Auch in der Universität hing sie ihren Themen nach: Frauenbewegung, Feminismus, weibliche Geschichte. Wie zu leben war, das mußte erst noch herausgefunden werden: Arbeitsgruppe »Zukunftsperspektive«.

Von heute aus gesehen ist es nicht entscheidend, ob die feministischen Kampagnen, an denen Julia beteiligt war, gelungen sind oder nicht, ob ihre Gruppen zerfielen, ob ihr Feminismus die Wirklichkeit – welche? – zu erklären vermochte. Julia hatte sich gerettet, indem sie sich zur Bewohnerin autonomer Gebiete erklärte. So konnte sie beinahe beliebig den an sie herangetragenen Zwängen, den »Rollen«, ihren Sinn entziehen. Freilich, das blieb immer noch eine unsichere Sache. Julia konnte die Autonomie einklagen gegenüber den Männern, sie rechtfertigen, durch Leiden nämlich; aber andererseits existierte jene Autonomie oft gar nicht: sie war immer auch ein Traumschloß und nur denen ein Schutz, die teil hatten an dem Traum. Dann zeigte sich, daß die Arbeitsgruppe »Zukunftsperspektive« doch nicht aus dem vollen schöpfen konnte, manchmal nichts anderes war als jene berühmte Verwaltung des Mangels.

Als Julia nach Abschluß ihres Studiums (sie hatte eine Arbeit über ein feministisches Thema geschrieben) nach Italien emigrierte, da paßte dieser überraschende Schritt scheinbar genau ins Bild. Sie hatte wenig Geld, sprach kein Italienisch, niemand erwartete sie: War das nicht weiterhin die Illusion der immer neuen Anfänge? Auch eine Flucht vor den kritisierten »Rollenzwängen«, diesmal vor denen der Berufsplanung? Italien – ein anderes Traumland? Mag sein, aber entscheidend ist etwas anderes. Die Reise nach Italien bedeutete für Julia den Auszug aus Niemandsland. Aber das wurde erst später klar.

Julia ist zwei Jahre in Italien geblieben, sie hat studiert und gearbeitet; sie kehrte nach Berlin zurück mit einem Mann, den sie schon vorher gekannt hatte und im Ausland, nicht zufällig, wiedertraf. Sie wurde gleich nach der Rückkehr schwanger, brachte eine Tochter zur Welt, wohnt, ohne verheiratet zu sein, mit Mann und Kind in einer Art Kleinfamilie. Dieses Leben, das in den Konturen so schrecklich vertraut ist, erscheint ihr nicht als Verrat, auch nicht als Kapitulation vor irgendeinem übermächtigen Zwang gegebener »Rollen«, die sie nur wenige Jahre zuvor so heftig bekämpft hatte: vielmehr als eine Art Operationsbasis. Daß das Leben mit Mann und Kind schiefgehen kann, ist nicht ausgeschlossen, natürlich nicht. Aber neu ist, daß Julia den Bruch nicht bereits vorgezeichnet sieht im Anfang; neu ist, mit einem Wort, daß sie keine Angst mehr hat vor dem, was sie tut.

Wenn es so ist, wie ich es beschreibe, dann wäre die Pointe ihrer Geschichte, daß sie auf der langen italienischen Reise ihren Handlungsraum vom Niemandsland zurückverlegt hat in Realität. Dann wäre Italien die Annäherung gewesen an die Wirklichkeit, nein, deren subjektive Eroberung.

Julias zeitlich begrenzte Emigration war eine Art »Probehandeln«. Diesen Begriff hat Dieter Wellershoff auf das Lesen angewandt. Indem der Leser den Geschichten seiner Bücher folgt, kann er wie im Spiel ein anderes Leben versuchen, vielleicht eines, das bunter ist als sein eigenes oder auch gefährlicher und gefährdeter. »Probehandeln« erweitert das Arsenal der Handlungsmöglichkeiten, von dem einer bisher wußte. Und vielleicht wird man das eine oder andere wirklich zu leben versuchen. Angewandt auf Julias Reise müßte der Begriff modifiziert werden: »Probehandeln« war hier ja wirkliches Handeln, aber sozusagen die experimentelle Einübung in einen Umgang mit Arbeit und Liebe.

Italien war für Julia wirkliches Abenteuer, wobei alles, was sie tat, dennoch den Charakter des Vorläufigen behalten durfte: Sie ließ sich in Mailand nieder, aber es hätte ebensogut Neapel oder Rom sein können. Nirgendwo wartete man auf sie. Sie zog zu italienischen Bekannten in deren Wohnung, aber es hätte auch eine andere sein können: sie war nur flüchtig bekannt mit den Wohnungsgenossen. Nahm sie eine Arbeit an, so war es ein Job, eine günstige Gelegenheit. Immer deutete alles auf einen schnellen Wechsel hin. Und doch war dies Provisorische nur die eine Seite ihres italienischen Lebens. – Es war ja andererseits äußerst schwierig, im fremden Mailand sich überhaupt festzusetzen, neue Freunde zu gewinnen, Wohnung und Arbeit zu finden. Dieses Leben erforderte Julias ganze Konzentration, all ihre soziale Intelligenz. Und trotz allem wäre es schiefgegangen, wenn sie sich nicht neugierig und mit Lust eingelassen hätte auf die neue Umgebung und ihren Alltag. Der entzog sich der glatten Zurichtung in der Wahrnehmung. Man kann sagen: In Berlin hatte Julia immer wieder im Konkreten die Norm gesehen, im Verhalten ihrer Freunde zum Beispiel den vorgegebenen Zuschnitt der »Rolle«, der sie sich pauschal verweigern wollte und konnte in den Schutzzonen ihrer autonomen Gebiete. In der Fremde dagegen schien jedes Detail neu und für sich, nur durch spezifische Aufmerksamkeit aus seiner faszinierenden oder schreckenden Fremdheit zu reißen. Die Fremdheit der Emigrantin brachte die Dinge zum Leuchten. So konnte sich Julia ihnen wieder nähern. Deshalb hatte sie nach Italien fahren müssen. Das galt jetzt auch für ihr Verhältnis zu Männern. Reagierte sie einerseits eher belustigt auf den allgegenwärtigen südlichen »machismo« – vielleicht, weil das am Ende wirklich der Inbegriff männlichen »Rollenverhaltens« war –, so verliebte sie sich, heftig wie seit langem nicht mehr, in die neuen italienischen Freunde, mit denen Sexualität, auch die wie neu entdeckt, ihr wieder leichtfiel. »Beziehungen« waren das nicht, es waren Liebesaffären, die brannten. Julias Stärke in ihnen war die Fremdheit, auch die Einsamkeit der Emigrantin, die paradoxerweise vor Überwältigung schützte. Sie konnte kommen und weggehen, lieben und verlassen.

War das die gelungene Selbstbefreiung aus jener Berliner »Rollenkritik«? Nein, es war wohl ihre Fortsetzung, weil erst die radikale, bis zur blinden Sturheit radikale Kritik der »Rollen« jene Erfahrungsprozesse erzwungen hatte, die auf verschlungenen Wegen eine neue operative Freiheit möglich machten. Und das ist wiederum nur ein anderes Wort für die Überwindung von Angst. (Die stand ja, verpackt in Leiden, am Anfang ihrer Geschichte.) Insofern ist das Berliner Leben mit Mann und Kind weder die Wiederholung der frühen ersten Kinderehe noch deren gelungenere Version: Vieleicht kann erst jetzt die Abtreibung von innen bearbeitet, wirklich begriffen werden. Das klingt optimistisch, aber das gehört ja auch dazu.

Gittis Scheitern, Thomas' Ausbruch, schließlich Julias Auszug, Reise und Rückkehr: drei Geschichten, sie gehen natürlich weiter, aber ihre Beschreibung breche ich hier ab. Das soll nicht heißen, daß die Zeit der Beziehungsprobleme vorbei ist. Nicht für Julia, nicht für Thomas; für Gitti übrigens beginnt sie vielleicht jetzt erst richtig. Sie sucht einen Mann und einen Vater für ihren Sohn, aber heiraten will sie nicht noch einmal.

Die Beziehungsprobleme gibt es weiterhin. Und wo das alles enden wird, ist noch nicht ausgemacht. Ich habe eine Art optimistischer Zwischenbilanz versucht durch Auswahl und Montage der Geschichten: Etappenberichte über ein paar Schritte vorwärts auf dem Weg zur (Rück-)Eroberung der Realität – der äußeren und der inneren. Beweisen, im strengen Sinne beweisen, läßt sich da wenig; und leicht könnte einer ganz andere Beobachtungen gegen meine anführen. – Sagen wir: Ich habe meine Interpretation vorgeschlagen. Wenn ich ihre Pointe zugespitzt formuliere, so lautet sie: Jene chaotischen Beziehungskämpfe der siebziger Jahre, die uns, die wir an ihnen teilnahmen, mehr als alles andere beschäftigt haben, jene Kämpfe haben die Möglichkeiten und die Bereitschaft zur Entwicklung von belastungsfähigen Liebesbeziehungen nicht gemindert, sondern erhöht. Die eruptive und gewaltsame Rücknahme der fraglosen Anpassung an eine präformierende Sicherheit von sozialen Normen und privaten Regressionen war produktiv. Sie ließ die selbstbestimmte, subjektive Aneignung von Liebesbeziehungen greifbar werden. Das heißt auch: Gegen die alte zwanghafte Sicherheit steht eine neue, individuell verantwortete Unsicherheit. Und das ist doch gar nicht so schlecht!

Aber vielleicht ist alles viel einfacher so zu sagen: Es sind Erfahrungen gemacht worden – Erfahrungen, mit denen nach den »Beziehungs*kämpfen*« eine »Beziehungs*arbeit*« überhaupt erst möglich wird. Wie die aussieht, das ist nicht mehr mein Thema; es zu bearbeiten fiele mir, nebenbei gesagt, auch schwer. Statt dessen will ich schließen mit einer Exkursion. Sie soll in einen Westberliner Kinderladen führen. Daß der Blick endlich auf die Kinder fällt, wenn von den Beziehungskämpfen der vergangenen Jahre die Rede ist, leuchtet ein. Bekanntlich steigt ja die Zahl der Geburten in letzter Zeit wieder leicht; auch in Berlin, auch in den Kreisen, zu denen Julia, Thomas, Sabine gehören. Aber ich will gar nicht interpretieren, ob das bereits ein gutes oder doch eher ein schlechtes Zeichen ist, was den Stand der Beziehungsarbeit betrifft. Ebensowenig will ich einzelne Kinder beschreiben. Es geht mir um den Laden selbst.

Er ist selbständig und zunächst ohne fremde Hilfe von den Eltern gegründet worden. Man kann ihn sehen als einen Nebenschauplatz in der Zeit der Beziehungskämpfe, der Beziehungsarbeit. Erfahrungsprozesse, ähnlich denen, die ich zu beschreiben versucht habe, sind in ihm manifestiert, haben bereits eine eigene Tradition gebildet: Die Arbeit läuft. – Das berichtet Marita. Sie gehört zu den Gründungs-Eltern des Ladens. Damals war ihre Tochter Laura gerade ein Jahr alt, jetzt ist sie viereinhalb. Viel ist geschehen in der Zwischenzeit.

Die Initiatoren hatten über eine Notiz am schwarzen Brett des

Kinderarztes zusammengefunden. Eine kleine Gruppe, die nach den üblichen Fluktuationen schließlich stabil wurde, indem sie übers Diskutieren hinausging und mit der Arbeit begann. In Berlin gibt es viele Kinderläden. Und die meisten der Väter und Mütter in Maritas Gruppe werden eine Anmeldung bei einer der staatlichen Kindertagesstätten, denen sie pauschal mißtrauen, gar nicht erst erwogen haben. Marita z. B. hätte einen solchen Schritt vor sich selbst und vor ihren Freunden kaum noch rechtfertigen können. Bei anderen Eltern im Laden mag das nicht so sein. Das soziale Spektrum in der Gruppe ist erheblich weiter als z. B. das in Maritas Freundeskreis.

Marita fühlt sich beispielsweise Petra, die noch studiert, und Hans, der Filme macht, besonders verbunden, und besonders Connie, die in einem kleinen eigenen Verlag Bücher vertreibt und von Übersetzungen lebt. Marita selbst hat die Schullaufbahn sausen lassen und lebt bis auf weiteres von Musikunterricht. Mit Karin etwa hat sie im Laden wenig Kontakt: Karin ist Angestellte im öffentlichen Dienst, sie ist geschieden, eine alleinstehende Frau. So würde sich Marita, die auch ohne Mann lebt, nie nennen.

Was alle Beteiligten verbindet, ist zunächst nicht mehr als ihre Entscheidung, am Aufbau eines eigenen Kinderladens mitzuarbeiten. Freilich ist gerade das wiederum ein aussagekräftiges soziales Merkmal. Kinderläden, will ich sagen, sind Bestandteile einer veränderten sozialen Kultur. Sie passen in die Szenerie der Beziehungskrisen und deren Bewältigung. Kinderläden sind selbstgebastelte Institutionen, nicht revolutionär – wie es etwa der Schülerladen »Rote Freiheit« damals sein wollte – und nicht richtig etabliert. Eine fast beiläufige Errungenschaft. Maritas Kinderladen, er heißt »Zebra«, arbeitet jetzt in eigenen bunten Räumen in Kreuzberg, mit zehn Kindern (und zwei Karteileichen), mit einer ausgebildeten Erzieherin und einem Praktikanten, beide vom eingetragenen Verein der Eltern ordnungsgemäß eingestellt und nach BAT bezahlt; bei »Zebra« gibt es einen organisierten regelmäßigen »Elterndienst« und wöchentliche oder vierzehntägige Elternabende; die Finanzierung erfolgt in der Hauptsache durch den Berliner Senat auf der Grundlage vorgegebener Tagessätze pro Kind: Gegründet worden ist dieser Kinderladen damals wie ein alternatives Projekt. Die Notwendigkeit, einen Platz für das eigene Kind zu finden, wurde aufgehoben in dem programmatischen Anspruch, diesen Platz selbst zu schaffen, seine konzeptionelle Ausstattung autonom und kollektiv zu erarbeiten. – Diese Vorstellungen erscheinen Marita heute merkwürdig antiquiert. Nicht weil sie falsch, naiv oder albern wären: Sie sind einfach verblaßt, während der Aufbau des Ladens gelang. Ungültig sind sie nicht. Der Wunsch nach einer Konzeptionalisierung der Arbeit, des Alltags, ist nie richtig aufgegeben worden, ebensowenig wie die Idee, auf den Elternabenden regelmäßig das Verhalten und die Entwicklung der einzelnen Kinder vorbereitet und gründlich zu besprechen. Aber dieser kollektive Diskussions- und Lernprozeß ist nie richtig in Gang gekommen, oder er ist – was aufs gleiche hinausläuft – immer wieder unterbrochen worden. Irgendwie haben sich die Konzepte nicht durchsetzen können gegen die Personen; auf sie kommt es an: die Eltern und Kinder begründen die Kontinuität der Arbeit.[1] Andererseits sind die – unterschiedlichen – Erwartungen an den Laden und an die anderen durchaus von Bedeutung. Sie leiten interne Verständigungen ein und lassen die Grenzen der Gemeinsamkeit aufscheinen. So ist die theoretische Kontroverse nicht bloß zugelassen, sie hat eine soziale Ökonomie: Heftige Diskussionen gab es z. B., als einige dagegen waren, daß Märchenbücher angeschafft wurden, deren Gewaltsamkeit ihnen verdächtig war. Dann arbeitete sich der Alltag des Ladens über die unaufgelösten Meinungsknäuel wieder hinweg, wie immer; aber niemand würde sagen, daß alles umsonst war. Etwas bleibt hängen, wird mitgeschleift, kann wieder verwendet werden. In der selbstgebastelten Institution produzieren Kontinuität und Diskontinuität sich gegenseitig. Anders gesagt: Sie scheinen einander nötig zu haben.

Die Geschichte des Ladens, in der die Kontinuität der Arbeit sich hergestellt hat, ist voller Veränderungen und Brüche: *stop-and-go*.

1 Tatsächlich haben die Eltern einmal ein »Erziehungskonzept« aufgeschrieben, aber das geschah im Auftrag einer bürokratischen Institution: die zuständige Senatsstelle entschied auf der Grundlage des zugeschickten Papiers über die Finanzierung des Ladens. Als »Arbeitsgrundlage« war dieses Konzept von vornherein ganz irrelevant, und dabei wird es, wie sich denken läßt, ganz vernünftig geklungen und den Vorstellungen der Eltern gar nicht widersprochen haben. Aber für die selbstgebastelte Institution »Zebra« hatte dieses Papier eine charakteristisch andere Bedeutung: Daß es nach taktischen Gesichtspunkten von den Eltern hatte erstellt werden können, daß so die Finanzierung zu sichern war – wie mit einem gelungenen Trick gleichsam –, das gerade bewies die praktische Handlungsfähigkeit der Gruppe und stärkte sie wiederum.

Gescheitert ist beispielsweise der Plan, Protokolle zu führen über jeden Kinderladen-Vormittag, um auf dieser Grundlage den Elternabend als eine Art pädagogischer Konferenz abzuhalten. Immer waren die Treffen überlastet mit Organisatorischem und mit praktischen Problemen; die pädagogische Konferenz verfiel von Mal zu Mal dem schlechten Gewissen, und aus der Eltern-Gruppe ist kein Eltern-Kollektiv geworden. Aber die Verständigung über die Kinder, und nicht nur über sie, findet trotzdem statt, außerhalb der Sitzungen und neben ihnen, beiläufig, in privaten Verabredungen: in den sozialen Subsystemen der Gruppe, die sich nach Affinitäten ordnen und die selbst wieder Produkte vielschichtiger sozialer Erfahrungen miteinander sind. Aggressionen untereinander, heftige Gesten der Distanzierung – am Anfang die einfache Folge der großen Unterschiede zwischen den Eltern – haben abgenommen, seit alle sehen, daß die Kinder gern hingehen und der Laden funktioniert, obwohl über vieles Einigkeit gar nicht zu erzielen ist. Gescheitert ist aber auch die Hoffnung, bereits durch die Anstellung einer Erzieherin, die jeden Tag im Laden ist, die Kontinuität der Arbeit zu sichern: In ziemlich regelmäßigen Abständen, etwa alle eineinhalb Jahre, wechselten die »Bezugspersonen« bei »Zebra«. Marita findet das nicht mehr verwunderlich. Bei vielen Eltern der Gruppe finden Umschichtungen in den Lebensumständen etwa in den gleichen Zeiträumen statt. Marita hat nach dem Studium das Referendariat an der Schule absolviert, dann hat sie ein paar Semester Musik studiert; den Musikunterricht für Kinder, von dem sie jetzt lebt, wird sie bald aufgeben. Wer sich für die Arbeit bei »Zebra« bewirbt und von diesen Eltern für die eigenen Kinder als »Bezugsperson« akzeptiert wird, der gehört ja selbst zu Maritas sozialer Szene, für die eine diskontinuierliche Lebensweise bezeichnend ist.

Wie werden die Kinder damit fertig? Schwer zu sagen. Die Mobilität der Eltern, auch deren Konfusion, hat die Kinder immer wieder mit Veränderungen konfrontiert. Marita hat sich zum Beispiel, als ihre Tochter Laura zwei Jahre alt war, von Peter, dem Vater des Kindes, getrennt. Das heißt, getrennt haben sich die beiden eigentlich nicht richtig: Sie sind in zwei verschiedene Wohnungen gezogen, in denen Laura regelmäßig einmal mit dem Vater, einmal mit der Mutter lebt. Marita und Peter sehen sich oft. Ihre Liebesbeziehung haben sie gelöst, sie haben sich sozusagen freigegeben, aber als Vater und Mutter von Laura halten sie weiterhin eng zusammen. Während Peter und Marita dieses schwierige Rollensplitting vornahmen, haben sie gemeinsam mit den anderen den Kinderladen aufgebaut. – Ähnlich komplizierte Verhältnisse gelten für viele Kinder in der Gruppe, kaum eines kommt aus einer richtigen Kleinfamilie. Zu dem Erzieherwechsel gehören deshalb die Trennungsgeschichten der Eltern, deren berufliche Mobilität, die Umzüge in neue Wohnungen und andere Stadtteile. Zweifellos sind das besondere, veränderte Sozialisationsbedingungen für die Kinder, aber man wird etwa in Lauras Fall selbstverständlich nicht sagen wollen, daß ihre Familienverhältnisse »gestört« seien. Allein schon der Kinderladen, Produkt des elterlichen Engagements, belegte das Gegenteil. Aber auf der Folie jener fortwährenden Umschichtungen zeigt sich genauer, worin die Kontinuität des Ladens im Kern besteht: Es ist die Kindergruppe, die seit Beginn in ihrer Zusammensetzung beinahe unverändert geblieben ist, so daß die Kinder zu Recht als die wahren Hausherren bei »Zebra« sich begreifen. (Sie drängen darauf, im Laden einmal gemeinsam zu übernachten, und die Eltern erlauben es ihnen.)

Ich denke, daß die den Eltern so wichtige soziale Integration der Kinder in der Gruppe und deren Beständigkeit einerseits eine Funktion der Veränderungen und der Beziehungskrisen im Leben der Eltern ist –, daß andererseits die Kinder gefährliche Umbrüche wie einen Erzieherwechsel abfedern können, gerade weil sie als »Zebra«-Gruppe eine eigene Geschichte haben. In die paßt hinein, daß sie zusammen verreisen, daß sie in ihren chaotischen Krawallspielen bei Regenwetter die Zimmer im Laden verwüsten, daß sie im Kuschelraum hinter geschlossener Tür die Doktor-Spiele lernen.

Wenn es nach Marita geht, werden die Kinder auch über ihren Schulbeginn hinaus im Laden zusammenbleiben. Der Kinderladen würde ein Schülerladen, und die Institution veränderte sich wieder mit ihren Subjekten.

Der Kinderladen als ein beweglicher, stabiler und selbstgebastelter sozialer Körper läßt sich begreifen als ein institutionelles Pendant zu den selbstbestimmten Liebesbeziehungen, auf die in meinem Bericht die Hoffnung sich richtete. Für beides gilt: Immer noch ist eine Bedingung fürs Gelingen die gemeinsame Verwicklung in Erfahrungsprozesse und deren subjektive Aneignung. Als bei »Zebra« die Erzieherin Anita vor kurzem ihren Ausstieg[2] ankündigte und eine Susanne sich bewarb, verabredeten die Eltern mit ihr im Laden ein Treffen, um die junge Frau kennenzulernen. Kontaktgespräche dieser Art haben viel Peinliches, auch weil es den Eltern von »Zebra« schwerfällt, als Arbeitgeber, die sie sind, zu agieren. Trotzdem waren sie verwundert, als Susanne den Spieß umdrehte und sich gründlich nach den Verhältnissen im Laden und besonders nach den Beziehungen in der Eltern-Gruppe erkundigte: Wie man miteinander auskomme? Welche Unterschiede im Verhalten gegenüber den Kindern und in der Erziehung allgemein es gebe? Ob die Eltern in den Kindern wiederzuerkennen seien? Welche Konflikte es gebe und wie sie gelöst würden? – Die Eltern waren verblüfft, aber bezeichnend ist, daß das Gespräch nur stockte, aber nicht abbrach, auch nicht in Gereiztheit verschwamm. Die Fragen wurden vielmehr zur Einleitung in Erinnerungen an die gemeinsam produzierte Geschichte des Ladens, die in vielen Konflikten und Kurswechseln, auf eine ganz andere Weise als Susanne gedacht hätte, die Antworten auf ihre Fragen aufhob. Das schloß die Erinnerung an »Beziehungsprobleme« ein. Freilich war das längst kein Einstellungsgespräch mehr, und Marita und Connie setzten ihre Unterhaltung über den Laden eine halbe Nacht lang in der Kneipe fort.

2 Ausgeschieden sind die Frauen bei »Zebra«, weil sie ein Studium beginnen wollten, weil sie aufs Land ziehen wollten: vor allem, weil die tägliche Arbeit mit den zehn kleinen Zweijährigen, Dreijährigen, Vierjährigen, Fünfjährigen in enervierende Routine abzurutschen schien. Und wahrscheinlich ist dieser Beruf, jene merkwürdige Säkularisierung und Professionalisierung der Mutter, psychisch wirklich sehr widerspruchsvoll und belastend, die Fluktuation daher vielleicht auch ein Ausdruck von Realismus.

Martin Roda Becher

Die Wünsche und die Institutionen

Aus einem Kindergarten

»Der alternative Kindergarten Gampiross sucht Betreuer (in) für die Vormittagsgruppe.«

Ein tolches Inserat hat B. unlängst in dem Anzeigenblatt *Baslerstab* aufgegeben. Gampiross läßt sich mit Schaukelpferd übersetzen, und es ist vielleicht ein ethnographischer Beleg für die Kinderfreundlichkeit des Dialekts, daß ein Kindergarten namens Schaukelpferd im Gegensatz zu Gampiross eine Aura des Musealen verbreiten würde, gehört doch zu dem klassischen Inventar des Kinderzimmers der Gründerzeit das Schaukelpferd, auf dem die Folgeerscheinungen der Dressur durch ein entspannendes Schaukeln etwas gelindert werden konnten. Im Wort Gampiross ist dafür mehr von der aktiven Inbesitznahme des Spielzeugs enthalten, von einer mutwilligen Benützung des Objekts, die dieses kurzlebig macht und alles Museale von vornherein ausschließt. Aber damit bin ich schon bei der zu beschreibenden Situation: Auch das Gampiross wird sich wohl nicht lange erhalten lassen, Dutzende ähnlicher Modelle sind in der letzten Zeit schon eingegangen oder welken dahin, von unqualifizierten Betreuern geführt, die Selbstauflösung befreit die Nachbarn von Lärm, Schmutz und Belästigung, die betroffenen Eltern von Sorgen und Querelen. Und nur der Blick in die staatlichen Kindergärten mit ihren organisierten Ringelreihentänzen, ihren Gänsemärschen (ganz abgesehen von den die Berufstätigkeit der Frau unterbindenden Öffnungszeiten) garantiert die Beständigkeit, mit der dieses Modell immer wieder von neuem ausprobiert wird.

»Der Wunsch ist ein Faktor der Unordnung, die dem Ziel der Institution entgegensteht.« Diesen Satz habe ich in einem Buch gelesen, das den Titel *Scheißerziehung* trägt, und die Scheißerziehung ist es eigentlich auch, an der sie alle dort im Gampiross laborieren, ams Erzieher und als Erzogene – das Wort Erziehung läßt sich offenbar auch im alternativen Milieu nicht eskamotieren –, doch erkenne er, sagt B., ein jedes Mal, wenn er seine Tochter abhole in diesem Gampiross, an einer Vielzahl von Einzelheiten die

Unordnung beziehungsweise die Irregularität als einen Faktor des Wunsches – und sei es nur an der Schokolade, die beharrlich zum Frühstück gereicht werde, obwohl die zahnbewußten Eltern bei jeder Versammlung dagegen protestierten. Daß irgendwo Unordnung herrscht, das heißt, der Wunsch als Faktor vorkommt, läßt sich auch in der Außenwelt an einer Reihe von Zeichen ablesen: die Bedrohung (das Haus soll abgerissen werden), der permanente Geldmangel, die kalte Schulter der Institution. Das gehört dazu, das ist altvertraut. Was wären auch Errungenschaften ohne diese Abwehr?

»Im Bereich sozialer Erfindungen gehören alternative Einrichtungen mit Schrittmacher-Funktion zu den in kreativer Regression entstehenden gesellschaftlichen Erneuerungen.« Den Satz habe ich in den *Notizen über Archenbau* gefunden, einem Beitrag eines Professors von Gizycki zur »Ökologischen Zwischenbilanz« der *Frankfurter Hefte*. Ja, mag sein, aber dieses Bewußtsein einer Schrittmacher-Funktion enthebt die Betreuer nicht des Gefühls, sich in einer sehr undankbaren Aufgabe zu verbrauchen, der Archenbau wirkte da vielleicht nur als beschönigende Metapher für eine konkrete Situation. Tatsache ist, die beiden Betreuerinnen haben ihr Anstellungsverhältnis gekündigt, deshalb mußte B. das Inserat aufgeben.

An zwei Abenden haben sich die Eltern mit den einzelnen Kandidaten an einen langen Holztisch im Spielzimmer gesetzt. Einige Flaschen Wein haben die allgemeine Verklemmtheit etwas gelöst. Nach den informellen Gesprächen wurden die jeweiligen Kandidaten herauskomplimentiert, und die Eltern tauschten ihre Eindrücke aus. Daß dieses Prozedere etwas von einem Gesellschaftsspiel an sich hatte, soll die Beteiligten mit der Zeit immer weniger gestört haben. Einige sollen »richtig high« gewesen sein nach diesen Sitzungen, besonders diejenigen, für die die Erfahrung, in einem Gremium zu sitzen, etwas Neues war. B. hat mir die Notizen überlassen, die er sich während des Hearings machte.

Unterstrichen ist der Satz einer Kandidatin: »Ich will mit den Kindern zusammen etwas entdecken.« In dieser Programmatik, in der noch der Erfahrungshunger der siebziger Jahre mitzuschwingen scheint, sind die Kinder ein Medium, mit dem es etwas zu entdecken gäbe in einer Welt, die für den einzelnen keine Entdeckungen mehr bereithält. So stellte das Rührende, Hilflose der

in diesem Satz artikulierten Haltung doch eine mächtige Projektion dar, die zunächst abgewehrt werden mußte.
Ich zitiere aus dem Fragenkatalog:
»Wie reagierst du, wenn ein Kind bei einem der von dir organisierten Spiele nicht mitmachen will?«
»Wie reagierst du auf ein randalierendes, die anderen Kinder beim Spielen störendes Kind?«
Man könnte das Praxisnähe nennen, was sich in diesem Frage- und Antwortspiel niederschlug. Daß die Kinder, die großen Abwesenden an diesen Abenden, sich längst für eine Kandidatin entschieden hatten, für die Frau mit dem großen Busen, wie sie sagten, mit den langen Haaren und dem schönen Kleid, in dem sie wie eine Prinzessin aussehe, ist erwähnenswert, weil hier die viel zitierte Kreativität an der Schöpfung einer Idealfigur beteiligt war. Eine Fußnote verdient auch, daß die Wahl schließlich auf diese idealisierte Figur fiel, die einige Tage zuvor den Kindergarten besucht hatte.

Was waren das für Kandidaten? Einer sah so aus wie Mick Jagger, er hatte das Lehrerseminar besucht, und er war es plötzlich überdrüssig, Wissen zu vermitteln. Statt dessen wollte er »von den Kindern lernen« – ein Anspruch, den Peter Handke eigentlich ausgereizt hat. Sympathisch berührte das Gremium, daß er balinesische Musik betrieb: eine Musik, deren Merkmal »das allgemeine Fehlen von Höhepunkten« ist, wie ich bei Gregory Bateson in der *Ökologie des Geistes* lese. Diese Kennzeichnung balinesischer Musik hätte das Gremium sicher noch mehr für den Lehrer-Aussteiger eingenommen, denn, wie Bateson schreibt, bringt auch die Kindheitserfahrung das balinesische Kind davon ab, nach Höhepunkten in der zwischenmenschlichen Interaktion zu streben, und vielleicht liegt hierin schon das Modell dessen, was man an den Vormittagen im Gampiross erreichen will.
Von einer jungen Kindergärtnerin hieß es, »es ging von ihr nichts aus«; eine junge Lehrerin mit burschikosem Auftreten, die ebenfalls aus ihrem Beruf ausgestiegen war und die sich jetzt hauptsächlich mit dem Bau von Marionetten beschäftigte, machte auf eine der Mütter den Eindruck, »etwas Zerstörerisches an sich zu haben«. Einen Eindruck, den B. mit dem Einwurf korrigiert haben will, es liege möglicherweise an dem biographischen Knick der betreffenden Person, daß etwas Gebrochenes an ihr sei. Doch

das allgemeine, nicht deutlich artikulierbare Unbehagen gegenüber jener Kandidatin ließ sich nicht beseitigen. Sie konnten sich schließlich weder auf die Marionettenfrau noch auf den Mann mit der balinesischen Musik einigen, und zwar aus Gründen, die irgend etwas mit »Menschenkenntnis« und »erstem Eindruck« zu tun hatten , die sich jedoch B. zufolge so verbalisieren ließen: Wir sind doch keine Auffangstelle für gescheiterte Existenzen. Es geht schließlich um unsere Kinder. So haben sie im Gremium nicht argumentiert, aber so müßten sie, wären sie ehrlich gewesen, argumentiert haben, sagt B., der diesen Entscheid – wie man in der Welt der Höhepunkte so sagt – selbst mitgetragen hat. Und was hätte sie dann, die Träger einer alternativen Einrichtung, von einer x-beliebigen mittelständischen Vereinigung unterschieden? An diesem Punkt sieht es ziemlich defizitär für das Bewußtsein aus, das Gampiross scheint keine Arche zu sein, kein Ort schöpferischer Erneuerung, vielmehr scheinen auch hier Lieblosigkeit und Konkurrenzdenken als Mechanismen in allen Vorgängen zu wirken, die zur Bildung eines Urteils, einer Meinung führen. Sibyll, die scheidende Betreuerin, hat am nächsten Morgen eine Formel gefunden, die alle sofort übernommen haben: »Ihr seid doch schon kaputt genug, warum noch jemand Kaputten für die Kinder einstellen?«

Man kann das auch so sehen: nichts Emphatisches, nichts Romantisches, nichts Abenteuerliches durfte der Ambition anhaften, mit kleinen Kindern zu arbeiten. Die Wahl fiel daher auf eine junge Frau, die glaubhaft die These vorbringen konnte: »Damit sich die Kinder wohlfühlen, muß ich mich selbst wohlfühlen.« Das kam an. Beim Abschied soll sie gesagt haben, ein abschlägiger Bescheid wäre »der erste Hammer« in ihrer Laufbahn. Das gab den Mitgliedern des Gremiums das Gefühl, daß sie es mit jemandem zu tun hatten, der so etwas wie eine bruchlose Karriere in den Enklaven der Gesellschaft plante. Der in Fernsehporträts so attraktive Bruch mit der Karriere, zuerst Manager, dann Apostel der Grünen, kam hingegen in dieser konkreten Situation nicht an. In der Folge konnten sie sich auf keinen zweiten Kandidaten einigen. Deshalb mußte erneut ein Inserat aufgegeben werden.

Immerhin wußten sie jetzt Näheres über ihr Suchbild: der Kandidat mußte eine gewisse Ausstrahlung haben, einen künstlerischen Flair, er sollte jedoch keine Kaputtheit ausstrahlen, möglichst keine negativen Erfahrungen in einem anderen Beruf gesammelt haben, und nicht zuletzt sollte er sich gegenüber der Eltern-Gruppe und gegenüber den Kindern als Person mit eigenen Ansprüchen durchsetzen können. Aber dieses Suchbild mit allen seinen Daten war möglicherweise nur die Projektionsfläche der Eltern mit ihren Begierden und Ängsten. B. beispielsweise hatte *Das Drama des begabten Kindes* von Alice Miller gelesen, und in den dort erarbeiteten biographischen Mustern glaubte er manche Züge seiner eigenen Entwicklung entdeckt zu haben. Da er sich selbst als ziemlich narzißtisch empfand, wünschte er sich als Betreuer jemanden, der spontan Kontakt herstellen konnte. Aber ließ sich das, was er der eigenen Biographie als Mangel entnahm, mit den Daten der anderen überhaupt vereinbaren? M., die ihre Kinder allein aufzog, soll immer wieder eine für sie offenbar traumatische Szene beschworen haben, daß die Kinder nämlich mit nur halbwegs zu Ende geführten Zeichnungen aus dem Kindergarten nach Hause kämen, sie suchte nach jemandem, der ihren Kindern den Begriff des Vollendens, wenn auch nicht der Vollendung näherbrachte. B. mokierte sich über diesen Wunsch, wie über die dahinter liegende traumatische Szene. Aber vielleicht war es wichtig, daß sie ihre Wünsche aussprachen, und über der Erstellung eines Suchbilds kam ihr eigenes Bewußtsein zur Sprache. So gesehen, setzte diese Suche etwas in ihnen in Bewegung, das Bewußtsein eines Mangels. Und daß hier Lacan und die Psychoanalyse in der Nähe sind, ist ja nicht von Übel.

Es gibt jedoch noch eine andere Perspektive: Die Suche nach einem geeigneten Betreuer, die Auswahl unter den Kandidaten waren bloß eine Inszenierung der eigenen Ohnmacht, eine Parodie auf die Praxis des Menschenverschleißes durch die Privatwirtschaft, die Politik und die Institutionen. »Konzern sucht Generalbevollmächtigten Frankreich«, las ich kürzlich auf einer der Anzeigenseiten der *FAZ*, und einen Augenblick lang, während ich mich festlas in diesem Kanon hochgeschraubter Anforderungen und Angebote, befiel mich die Atemlosigkeit des Kandidaten, meine Uneignung für diesen Posten schrumpfte, und ich wurde Generalbevollmächtigter Frankreich. An diesem flüchtigen Tagtraum hatte gewiß der Primärprozeß seinen Anteil, aber möglicherweise haben Alternative aller Schattierungen längst den Weg in Richtung der gelebten Tagträume eingeschlagen, indem sie die große Welt mit ihren vielen Einrichtungen mit vielen kleinen Welten mit jeweils nur wenigen Einrichtungen vertauschen. Die große Welt sieht sich plötzlich einer Vielzahl von Miniaturwelten gegenüber, und eines Tages entdeckt der Generalbevollmächtigte Frankreich sein Bild in Tausenden von Hologrammen wieder – Tausende Generalbevollmächtigte winziger alternativer Konzerne. Die Vervielfältigung, nicht die Vergrößerung . . .

Unerwartet erschien auf das zweite Inserat ein eisgrauer Mann. Poliakoff hieß er oder so ähnlich, ein schlecht erhaltener Fünfziger oder ein gut erhaltener Siebziger, das ließ sich nicht bestimmen. Er sei soeben in Basel gelandet, sagte er (gelandet? offenbar geflogen), in Irland besitze er eine Garage. Er sei an dem Job interessiert. B. warf einen Blick auf den Fragenkatalog und fragte zurück: »Was für Vorstellungen haben Sie von einem alternativen Kindergarten?« (Intuitiv hatte er auf Sie umgeschaltet.) Ich weiß nicht, warum die Wahl auf Poliakoff fiel, diesen verrückten Polen, er hatte keine ihrer Fragen beantwortet. Jetzt stehen sie ganze Vormittage mit ihren Kindern im Regen und warten, daß Poliakoff sie einläßt. »Bringt den Garten in Ordnung«, ruft er ihnen von der Terrasse des Kindergartens aus zu. In den Spielzimmern hält er Dutzende von Vögeln. Die Kinder schweigen sich aus über die Stunden mit Poliakoff. An den Elternabenden meditiert er und ist oft Stunden nicht ansprechbar. Eines Morgens, als sie ihre Kinder abholen wollen, setzt Poliakoff gerade von der Terrasse ab, Vogelschwingen umgegürtet. »Light years away«, ruft er ihnen zu.

An einem dieser Abende soll in dem Gremium auch über den neuen Film von Alain Tanner gesprochen worden sein, der damals gerade in Basel lief – *Light years away*. Auch die Geschichte des Barkeepers Jonas, der aufs Land geht, um sich in der Nähe einer alten verfallenen Garage herumzutreiben, immer in Erwartung, aufgenommen zu werden von dem schrecklichen alten Mann, in dessen Scheune Dutzende von Vögeln leben – auch diese Geschichte enthält eine alternative Biographie. Jonas muß verschiedene Arbeiten verrichten, um das Vertrauen und die Liebe des Alten zu gewinnen, er muß z. B. einen Autofriedhof nach einem bestimmten Ordnungsprinzip aufräumen, so daß Berge von Autoreifen entstehen, Berge von Stoßstangen usw. Sollen dadurch Klassifikationen sichtbar werden? Offenbar eine sinnlose

Arbeit. M., die Mutter, die ihre Kinder allein aufzieht, soll hier ein Gleichnis dafür entdeckt haben, was es heißt, etwas zu vollenden, etwas fertig zu machen, wenn auch am Schluß alles in Flammen aufgeht. B., der narzißtisch Erkrankte, fühlte sich zu dem alten Mann hingezogen, weil er spürte, daß dieser ihn aus seiner Lebensangst herausgerissen hätte. Und vielleicht waren diese Resultate nur möglich, wenn die Reise, wie in dem Film, über die Grenzen der Zivilisation hinaus, in die Wildnis ging. Aber ist an diesem Punkt, der schon in das Innere der Versuchspersonen verlegt ist, noch eine »kreative« von einer »atavistischen Regression« zu unterscheiden, wie das der Professor von Gizycki in seinen *Notizen über Archenbau* versucht?

»Die atavistische Regression besteht dagegen im Zurückfallen und Liegenbleiben. Die atavistische und kreative Regression sind zwei grundverschiedene Spielarten des Zurückgehens auf archaische, ›primitive‹ oder wie immer bezeichnete ursprüngliche Bewußtseins- und Verhaltensformen.«

Könnte man es als eine atavistische Regression bezeichnen, wenn einer die Seele eines Vogels erwirbt und davonfliegt wie der Garagist Poliakoff am Ende des Films *Light Years Away*? Aber was ist dann eine kreative Regression?

B. meint, ich solle nicht seine psychischen Probleme mit den Problemen des Kindergartens vermengen. Den alten Poliakoff hätte das Gremium sicher abgelehnt, ebenso wie den Mann mit der balinesischen Musik und die Frau mit den Marionetten. Nein, an der Geschichte über die Suche nach Betreuern für das Gampiross ließe sich keine atavistische Regression ablesen. Es sei halt nur ein Hearing gewesen, in dem sich Tendenzen und Schicksale kreuzten.

Die Geschichte hat eine Fortsetzung, ein vorläufiges Ende, sogar ein Happy-End. Auch eine zweite Betreuerin wurde gefunden. Das Haus soll erst in einem Jahr abgerissen werden: das ist eine große Zeitspanne in einer Welt, die nicht von balinesischen Kunstformen, vielmehr von der Dramaturgie des Western bestimmt zu sein scheint. Doch der Austausch von Ideen, der in dem Gremium stattgefunden hat, dieses alternative *brainstorming*, hat zu mehr als nur zur Besetzung zweier vakanter Stellen geführt. Auch die Begriffe sind ja immer wieder vakant und müssen mit Gedanken und Ideen besetzt werden. Ihr habt, sage ich zu B., auf eurer Suche auch die Kompetenz bestimmter Begriffe überprüft, ob sie etwas taugen als Betreuer des Verstands.

Arbeiten an der Geschichte

Katharina Rutschky

Hören, Sehen, Glauben, Wissen

Über ein Entwicklungsproblem der Nachkriegszeit

D. G. (1945-1981) zum Gedächtnis

1

Jetzt, wo ich das schreibe, bin ich vierzig Jahre alt. Überblicke ich meine Entwicklung – jemand, der lange als Lehrer mit den Bildungsprozessen anderer und als Autor mit Erziehungsgeschichte sich befaßt hat, sollte nicht ganz ungeübt im Einnehmen solcher Perspektiven sein –, dann fällt mir auf, daß ich aus dem Selbstgespräch, das ich mit K., also mit mir selbst, schon so lange führe, selten hinausgetreten bin in ein Gespräch mit anderen, mit jemand anderem, gerade in jenen Jahren nicht, die doch gesellschaftlich dem Lernen, der soziopsychischen Entwicklung, Entfaltung, Anpassung, kurzum dem Erwachsenwerden reserviert sind. War ich schüchtern? Im Gegenteil, ich weiß noch, daß K.s freches Mundwerk – und dieser Vergleich war schmeichelhaft gemeint – manchen an die Fähigkeiten der Leute erinnerte, die in den fünfziger Jahren als Conferenciers des Handels – Propagandist hieß der Beruf – vornehmlich auf der Straße tätig waren. Sie boten gratis Unterhaltung, machten Witze, auch auf Kosten einzelner Umstehender, um dabei irgendwelche Patentartikel abzusetzen, z. B. Glasschneider, Gemüsehobel und Mixer, aber auch vergoldete Blechklemmen, mit denen besorgte Damen ihre Handtaschen vor sich an der Tischkante, statt unbeaufsichtigt hinter sich an der Stuhllehne aufhängen konnten. K. liebte das witzige Gedröhn, diese versprachlichte Pseudosouveränität der Erwachsenen der Nachkriegszeit, und eiferte ihm nach. Dieses Sprechen meine ich also nicht, wenn ich rückblickend an K. den Ausfall von Gesprächen beobachte; eher denke man sich die Emphase, mit der das Wort »reden« heute gebraucht wird: »Du, ich muß mal mit dir reden.« – »Er hat offenbar niemand, mit dem er darüber reden kann.«

Gelegentlich passierte es, daß K. in der Straßenbahn, wo zwei Damen nicht weit weg von ihr sich gegenüber saßen, Gesprächsfetzen auffing: »Meine Tochter und ich, wir verstehen uns prima.

Auch mein Sohn kommt mit allem zuerst zu mir.« – Oder eine Klassenkameradin pries ihre Tante, mit der man »über alles reden« könne. K. blickte ihr Gegenüber prüfend an und wunderte sich stumm – zu fragen hätte sie gar nichts gewußt, solche Sätze wollen geglaubt, nicht hinterfragt werden –, was das wohl für Harmonien waren, von denen sie so gar keine Erfahrung hatte.

Kann man aus der Tatsache, daß K. solche Formeln auffing, irgendwelche Schlüsse ziehen, z. B. den, daß sie den Wunsch hatte oder aufgrund solcher Beobachtungen entwickelte, auch ihre Eltern – die Verwandten lebten weit verstreut, eine Kriegsfolge, es gab also keine, die sie überhaupt kannte –, auch ihre Mutter oder ihr Vater möchten mit ihr in ein besonderes Redeverhältnis treten, in ein Verhältnis von einverständlichem Fragen und Antworten? Ich denke nicht. K. hatte, ohne daß ihr oder ihren Eltern und Geschwistern je etwas für sie erkennbar Schreckliches zugestoßen wäre, früh alle Naivität verloren. Unter Naivität verstehe ich den selbstverständlichen Wunsch des Kindes, geliebt, und die Erwartung, beachtet zu werden, sowie das korrespondierende Bedürfnis, sich mitzuteilen.

Alles unmöglich damals. Der Krieg endete für K., gerade vier Jahre alt, damit, daß sie einen aufgeregten Mann sah, der laut und unverständlich schrie, einen Arm erhoben hatte und offenbar eine Handgranate in den verängstigten Haufen von Frauen, Kindern und alten Männern werfen wollte, der sich beim Einmarsch der französischen Soldaten in einem Haus, in einer Stube zusammengedrängt hatte. In der alle umfassenden erregten Spannung hielten sich bei K. eine grenzenlose Neugier und eine ebenso große Angst die Waage. Weder Neugier noch Angst konnten damals zu ihrem Recht kommen. Ein zweiter Soldat beruhigte den ersten, zog den drohenden Arm mit der Waffe herunter und führte den Mann hinaus, der immer noch laut auf uns einredete. Wie viele Fragen hätte ein Kind stellen können und welche Antworten wären möglich gewesen? Die Erwachsenen blieben stumm. Viele Jahre später gab sich K. selbst die Antwort, die das Verhalten des Mannes erklärte. Er hatte versucht, so mörderisch zu werden wie die, die im Elsaß, vielleicht in Oradour – es gab ja so viele Orte, Landstriche, ganze Länder, die K. später nur befangen, mit verschluckten Tränen und versteckter Scham, bereisen konnte – seine Verwandten und Freunde liquidiert hatten. Oder es war so, das erklärte die Szene fast noch besser, der Mann sah ja nur – ein »nur«, das die

Nazis seiner Harmlosigkeit gründlich entkleidet hatten, auch für ihn, den Rächer – Mütter, Kinder und alte Leute vor sich, daß der Mann Jude war und uns antun wollte, was seinen Eltern, Geschwistern, Nichten, Neffen, Tanten und Onkeln, auch Leuten ohne Kombattantenstatus, nach ihrem Abtransport im Güterwagen irgendwo im Osten Europas widerfahren war?

K., das Kind, das kleine Mädchen, verhielt sich jedenfalls so, als ob sie damals irgendwann darauf verzichtet hätte, daß jemand sich um ihre Neugier und Angst kümmerte. Sie wollte nicht verstanden werden, sie wollte verstehen. Da die Erwachsenen nichts freiwillig sagten, verlegte sich K. aufs Lauschen, Spionieren, auf das Hören ohne Fragen.

Während K.s Pubertät – wie man sich ausrechnen kann, fiel sie in die erste Hälfte der fünfziger Jahre – tauschten sich die Mädchen auf dem Schulweg darüber aus, wessen Eltern denn wohl den Mut gehabt hatten, ihre Töchter, also uns, aufzuklären über das Geschlechtsleben. Das Wort Sexualität gab es damals nicht für die Sache, die die Mädchen vor allem lächerlich und schweinisch auffaßten. Von vornherein wurde so darüber gesprochen, als ob man die Eltern einer Prüfung unterzog, denn mehr oder weniger wußte man Bescheid, und die hatten sie selbstverständlich nicht bestanden. Ich erinnere mich, daß K. diesen Durchfall der Eltern mit einer rätselhaften Genugtuung registrierte, ihn ordentlich breitwalzte mit ihren Schulfreundinnen. Wiederholt bestätigte man ihn sich gegenseitig: »Und deine?« – »Nein, nie! Kein Wort!« Der gütige Klassenlehrer brachte es einmal sogar fertig, zwei aufeinanderhockende Maikäfer, die das behütete Kind einer Kriegerwitwe ihm fragend aufs Katheder legte, an Provokation war damals nicht zu denken, verlegen aber entschieden zu ignorieren. Natürlich hatte auch dieses Mädchen eine Ahnung von der Bedeutung des seltsamen Doppelkäfers; nur hoffte es, das Geheimnis des Lebens nicht ganz ohne Hilfe, ohne Bekräftigung von seiten der Erwachsenen, auflösen zu müssen.

Die armen Eltern! Der arme Lehrer! Sie waren in eine Falle gelockt worden, es ging nicht um Aufklärung, jedenfalls nicht nur um sexuelle. Viele Jahre später hörte K. einen Psychoanalytiker, er war ihr wichtigster Lehrer an der Universität, sagen, daß ein gescheiter Erwachsener nicht schamlos, aber deutlich über zwei Dinge reden können müsse: über Geld und Sexualität. Die ungeheure Tragweite dieser Forderung verstand K. sofort; denn so unglaubhaft das heute klingen mag, auch von Geld hörte K. nie reden in dieser Rekonstruktionsphase des westdeutschen Kapitalismus. Dabei kümmerten sich doch alle nur um materielle Dinge, um den Wiederaufbau, die Wiederherstellung, die Wiedergewinnung des verlorenen Wohlstandes. Der Hausrat, den die Eltern besessen hatten, war im Krieg zerstört oder gestohlen worden; das ersparte Geld hatte die Währungsreform entwertet. Jetzt drehte sich alles nur darum, wie viele Deutsche Mark man verdiente, wie viele abzuzweigen waren für Anschaffungen. Die Eltern arbeiteten angestrengt, ohne Worte. Ein anderes Kind fragte seine Mutter: »Sind wir eigentlich arm?« und diese bejahte überrascht. K. fragte nicht, denn sie hatte schon verstanden, daß diese Armut eine Schande war, die zu kennen man Kindern ersparen wollte. Hinzu kam vielleicht, daß Eltern ihren Kindern mißtrauten. Es war eine Vorsicht, die man beibehielt.

K. wurde Zeuge eines Prozesses, den die Psychonanalyse »Ungeschehenmachen« nennt. Sie hätte sonst vielleicht die romantische Trümmerlandschaft der Großstadt als Natur und die Armut der Familie als unverdientes Schicksal erlebt. So witterte sie überall Geheimnisse. Der Gehaltsstreifen des Vaters wurde versteckt. Auch Wahlen waren geheim, das war eigentlich alles, was sie von Politik wußte und worüber in der Familie geredet wurde. Was oder wen wählten die Eltern? Es war geheim.

Das verwies früh nach draußen, ohnehin, würde ich heute als Pädagoge sagen, die richtige Bewegung. Draußen, das waren nun alles Gleichaltrige, das waren Bücher und die kostenlosen Veranstaltungen der Volkshochschule, des Amerikahauses und des ersten Jugendheimes in der Stadt. Kein Tag, an dem K. nicht irgendwie unterwegs war. Da gab es eine Mädchenclique, die vor allem Fahrrad fuhr; dann einen Turnverein, der neben dem Training auch Geselligkeit in Form eines Heimabends offerierte; K. ging zum Töpfern; sie trat schließlich einem Jugendverband bei – gegen den Rat der Mutter, die ihm selbst einmal angehört hatte –, dessen ruhmreiche politische und pädagogische Vergangenheit noch zu spüren war. Es gab aber keine älteren Leute, die sie selbst noch mitgemacht hatten, außer Willi, immerhin, der aber stumm blieb, wie K. es ja nun schon von allen Erwachsenen gewohnt war.

Jetzt ist Zeit für eine Zwischenbilanz. War K. eigentlich normal, war das eine normale Entwicklung, die hier ablief? Es sah für jeden so aus, bloß K. selbst blieb unsicher. Ihr kam es immer mehr so vor, als ob andere Leute etwas hätten, was ihr fehlte, oder umgekehrt, daß ihnen etwas abging, was sie quälte. Z. B. schienen andere Leute, was sie machten, wirklich zu tun, während sie immer neben allem nur herlief, mitmachte, aber ganz und gar ungläubig blieb. War dieser Zustand darin begründet, daß K. das für sie Wichtige noch nicht gefunden hatte? Das wäre ja ein ganz altersgerechtes Entwicklungsproblem gewesen; heißt es doch, daß die Pubertät die Zeit des Suchens und Probierens ist. Ja, sicher, das gab es bei anderen. Eine Freundin widmete sich dem Liebeskult um ein wenige Jahre älteres Mädchen, der sie heimlich Rosensträuße auf die Türschwelle legte, die sie anrief, nur um kurz ihre Stimme zu hören, wenn sie sich mit »Hier spricht . . .« meldete. Ein Junge beschloß, zu jedem Jahreswechsel im Fluß zu baden, auch wenn er sich ein Loch ins Eis hacken müßte. Andere wurden periodisch zu Alkoholikern; andere behaupteten, ihre Nächte vor allem mit der Lektüre Kierkegaards zu verbringen. K. verstand das alles nicht. Vorausgesetzt ist bei solchen, dem Entwicklungsalter konzedierten Exaltationen, daß man sich selbst wichtig nehmen kann. K. nahm sich selbst nicht wichtig, sie wußte überhaupt nicht, was wichtig war, sie wußte gar nichts. Aus dieser Einsicht und der Erkenntnis, daß die andern sie nicht hatten, sondern einfach so drauflos lebten, resultierte allerdings ein gewisser Hochmut. Wozu sich an dem Theater, das um sie herum aufgeführt wurde, beteiligen? Etwas zu tun, zu handeln, Partei zu ergreifen, dafür war es ihrer Meinung nach viel zu früh. Das nichtige Gewese, der Lärm überall, verbunden mit der Enge in der Wohnung und in der Schule – aufeinander mußte man fast sitzen –, hinderten K. nur daran, die Stimmen zu hören, die Botschaften zu entschlüsseln und die Scherben zu ordnen, die der Zufall ihr bescherte.

K. wurde zum Vater eines älteren Mädchens bestellt, mit dem sie sich – nur mit Worten – heftig gestritten hatte. Sie stand also an der Wohnungstür und erläuterte ihren Standpunkt. Das Recht war auf ihrer Seite, deshalb hatte K. keine Angst. Der Vater versuchte sie kleinzukriegen, schloß aber schließlich die Tür mit der Bemerkung: »Du bist ja eine Intelligenzbestie!« War K. für diesen Mann nicht eher ein Revenant? Sie freute sich jedenfalls über die Bemerkung: Konnte Intelligenz gefährlich werden? Das war ja wunderbar und eröffnete ihr schöne Perspektiven für die Arbeit am Okkulten. Sie hatte keine Ahnung, daß das Wort eine Erfindung von Goebbels war.

Scheinbar vollkommen zufällig – K. hatte *Knaurs Lexikon moderner Kunst* samt den briefmarkengroßen Abbildungen mehrfach durchgearbeitet und wußte zuverlässig expressionistisch von impressionistisch gemalten Bildern zu unterscheiden, kannte den Stil von Manet und Monet, Rouault und Rousseau – wurde K. zum Anhänger und Nachahmer der modernen, vor allem der abstrakten Malerei. Gefielen ihr diese Bilder? Anziehend waren die frischen, oft grellen Farben und Farbkontraste, in einer Zeit, in der Kinder in ihrer Kleidung oft auf die Farbpalette beschränkt blieben, die gesetzte Leute bevorzugten, weil man von denen Stücke zum Umarbeiten geerbt hatte. Ungeachtet der bunten Paspeln, mit der die Mutter den düsteren Gesamteindruck der Kindergarderobe abzuschwächen suchte, wurde K. gefragt, ob sie denn Trauer tragen müsse. Es war jedenfalls so, daß K. eine unscharf schwarz umrahmte rote Fläche, mit zwei runden Tupfern unten und mit einer zum Bild gehörenden Signatur von Klee versehen, vehement gegenüber der Mutter einer Schulfreundin verteidigte. Das war das Bild eines bedeutenden Schrankes, so war moderne Malerei. Hatte K.s Vater in der Ausstellung nur seine Verwunderung darüber ausgedrückt, daß das Kunst sein sollte, so bekam K. jetzt den ganzen Text zu hören. Die Töne wurden immer schriller, nicht zuletzt deshalb, weil K. nicht zurückwich.

Die Vermutung liegt nahe, daß K. die Kontroverse herbeiführte, weil sie wieder einmal den herkömmlichen Autoritätskonflikt der Pubertät agieren mußte. Für diese Vermutung spräche auch, daß unklar blieb, ob K. diese Bilder wirklich gefielen. Schließlich kannte sie keine andern und wußte die moderne Malerei überhaupt nicht im Zusammenhang der Kunstgeschichte zu interpretieren. Gegen sie die Tatsache, daß K. der Streit so peinlich war. Unnatürlich war es, daß sie, die Schülerin, anstatt von dieser erwachsenen Frau zu lernen, gegen sie auftreten mußte, dazu in dem vollkommen sicheren Gefühl, tausendmal im Recht zu sein. Psychopathen seien diese Maler. K. hatte z. B. von dem abgeschnittenen und mit der Post verschickten Ohr gelesen. Affen sollten auch so malen können, das hätten Experimente bewiesen. Ja, wie sollte K. das ausschließen, sie kannte Affen nur aus der Tierschau im Zirkus. Sie selbst hatte ohne Anleitung, mit den primitivsten Hilfsmitteln bei ihren mysteriösen Exerzitien in der stillen Küche, wo sie sich auf ihre Zukunft als moderne Frau, Intellektuelle, Künstlerin, irgend etwas radikal Verrücktes, aber auch Gescheites und Tragisches vorbereitete, ganz schöne, jedenfalls effektvolle moderne Kompositionen zuwege gebracht. Eine ganze Serie von Werbekarten war auf der Rückseite mit Erfindungen à la Klee bedeckt worden. Dabei wußte sie genau, daß sie nie in der Lage gewesen wäre, ein Stückchen Landschaft, ein Gesicht oder eine Blume abzuzeichnen. Übrigens hatte sie dazu auch nie Lust verspürt, nie wollte sie Malerin werden. Wenn K. sich in ihre bunten Kritzeleien versenkte, Gesehenes nachahmte, versuchte sie, Kontakt mit dem Jenseits zu bekommen, mit Leuten, die verschwunden waren. Die Maler der Moderne traf es eher zufällig als erste, auch anderswo als in ihren Produktionen hätte sie wahrscheinlich brauchbares Bastelmaterial zur Konstruktion der Zukunft finden können.

So verwickelt war das alles, daß K. oft nicht mehr weiter wußte, und doch verbot sich taktvolles Nachgeben, das der peinlichen Selbstdenunziation von Frau S. endlich ein Ende bereitet hätte. K. war wieder obenauf, als Frau S. die Tatsache, daß abstrakte Malerei wider jede Vernunft ein Gegenstand des Feuilletons, der großen Kunstausstellung, der öffentlichen Diskussion geworden war, damit wegerklärte, daß man es hier mit einer Verschwörung geschäftstüchtiger Scharlatane zu tun habe, die ein gutmütiges Publikum beschwindelten wie Quacksalber das wundergläubige Volk. Das war Unsinn, denn von Geheimnissen fühlte K. sich wohl umgeben – Lügen hätte sie sofort erkannt, gerade weil sie die Erfahrung der Lüge nie gemacht hatte. Wenn K.s Mutter eine Frage nicht beantworten mochte, sagte sie bloß »Katzenwurzel«, ohne jede vernebelnde Ausflucht. Da wußte K. jedenfalls, daß sie etwas Wichtigem auf der Spur war, auch wenn sie zugleich erfuhr, daß ihr niemand helfen würde beim Klügerwerden. Überhaupt wurde nach dem Ende der Naziherrschaft nicht so gelogen wie nach dem Ersten Weltkrieg, wo man den politischen und militärischen Bankrott des Kaiserreiches hinter der Dolchstoßlegende verstecken wollte. Es wurde nicht gelogen, es wurde geschwiegen, und zwar, diese Erfahrung machte K. jedenfalls, von allen, auch von Leuten, die mutmaßlich nichts zu verschweigen hatten, wie ihren Eltern oder von Willi, dem Sozialdemokraten. Andererseits, wenn Leute einmal nicht schwiegen, wie Frau S., dann wurde es peinlich, K. mußte sich zu allem Überfluß auch noch stellvertretend schämen.

Wie ein Buch konnte K. reden, und das ist fast wörtlich zu nehmen, denn aus Büchern vor allem bezog sie den Mut, in Debatten wie der eben resümierten und anderen, die folgten, Erwachsenen gegenüber standzuhalten. Und wenn es nicht Bücher waren, die ihr der Zufall in die Hände spielte, dann war, was sie als richtig oder falsch erkennen konnte, irgendwie und irgendwo zugeflogen, aufgeschnappt, nie lernte sie aus direkter Rede. Ratschläge und Hinweise, die nicht ausblieben, befolgte K., wenn überhaupt, im Gegenteil. Lieber verließ sie sich auf ihre allumfassende Forschungs- und Spionagetätigkeit, deren Ergebnisse einer ebenso weitläufigen Auslegearbeit unterworfen wurden.

Orientierungen, die im Prozeß der indirekten Rede erworben werden, bleiben nicht nur unsicher und schwankend, sie sind auch seltsam abstrakt und allgemein. Das ist nur scheinbar ein Widerspruch. Die Abstraktheit ihrer Orientierung erlaubte K., schnelle, auch andere oft überwältigende – überzeugende wäre das falsche Wort – Urteile zu fällen. War das geschehen, begann K., auf dem Nachhauseweg etwa, darüber nachzudenken, ob ihrem Urteil überhaupt die richtige, vollständige Kenntnis der Situation zugrundelag oder ob sie das Wichtigste übersehen hatte. Und hätte sie diese Frage je beantworten können, blieb immer noch der Zweifel, ob sie das richtige Prinzip herangezogen hatte. Was wäre am Platze, Mitleid oder Wahrheit, Gerechtigkeit oder Glück, Strafe oder Belehrung, Moral oder Schönheit – endloses Grübeln!

Diese angestrengte Arbeit am Allgemeinen ließ dabei immer offen, was K. tun würde, wenn sie einmal beendet wäre. An sich selbst dachte K. nie, höchstens nahm sie sich als Beispiel für etwas anderes, als Teil eines Vergleichs. Mir kommt es heute so vor, als ob die Zeit für das Erleben und Durcharbeiten eines individuellen Pubertätskonflikts nicht günstig war. Es mußte dafür erst wieder der Boden gewonnen werden. Das klingt pathetisch, war es ja auch, zugleich machte K. – und viele andere mit ihr – sich lächerlich in dieser Anstrengung.

Zum Glück hatte K. wenigstens Zeit für all das; denn sie ging zur Schule, nicht acht oder höchstens zehn Jahre, wofür ihre Herkunft sie bestimmte, sondern dreizehn lange Jahre. Anfangs setzte sie große Erwartungen in das Gymnasium, in das sie sich mit 16 den Zutritt erkämpfen konnte, waren doch dort lauter studierte

Leute tätig. Sie verlor auch diese Hoffnung.

Unvermutet stand K.s Klasse bei einem Ausflug ins Blaue, den die ganze Schule unternommen hatte, im Garten eines rechtskonservativen und von den Nationalsozialisten vereinnahmten Schriftstellers und sang, angeleitet von einer älteren Biologielehrerin, Wanderlieder. K. sang mit, der uralte Mann ließ danken, und man lief weiter. Da erst sammelte K. sich und erinnerte, den Namen in unguten Zusammenhängen gehört zu haben. Am nächsten Schultag veröffentlichte sie ihre Bedenken, die Klassenlehrerin hatte eine Aussprache, an der sie sich nicht beteiligte, doch immerhin zugelassen; die Mädchen hörten sich an, was K. über Hans Grimm wußte, wenig genug natürlich, maßen dem Gesang im Garten aber keine Bedeutung bei. Sie konnten sich darüber nicht aufregen, K. wollte es jetzt aber. Verfolgte sie außerdem ein Ziel? Darüber hatte K. gar nicht nachgedacht und konnte es jetzt auch nicht mehr, weil sie ihre ganze Energie benötigte, um an der Berechtigung ihrer Bedenken festzuhalten, für die sich weder ihre Klasse noch – so sah es ja aus – ihre Deutschlehrerin interessierte. Die Frau Direktorin bestellte sie in ihr Zimmer. K. konnte nicht anders, sie fühlte sich wichtig, daran gibt es leider keinen Zweifel, und zugleich fürchtete sie, sich mit ihrer Mission lächerlich zu machen oder lächerlich gemacht zu werden. Oder hoffte sie, daß die schwerfällig-majestätische Dame an der Spitze der Schulpyramide nun endlich etwas Profundes sagen würde?

Die Frau Direktorin, die uns ja auch nicht in den Garten zum Singen geschickt, die erst auf Umwegen davon erfahren haben mochte, hörte sich K.s Rede an, besser: ihre aus vielen Abschwächungen, Fragen, Versuchen, Rechtfertigungen zusammengesetzten Bedenken. Sagte die Frau Direktorin überhaupt etwas, oder war es K., die allein redete? Sie wurde dann freundlich entlassen.

Heute liegt es nur allzu klar auf der Hand, was die Schulleiterin in einem sozialdemokratisch regierten Bundesland, noch dazu in einer Stadt, die als Hochburg der SPD galt, gezwungen hatte, sich um die ihr hinterbrachten Bedenken zu kümmern. Im Direktoratszimmer lag für K. schon die denkwürdig falsche Bezeichnung »Trommler« bereit, mit der die Direktorin intelligente Außenseiter als Gefahrenherde, potentielle Unruhestifter weithin kenntlich machte. Dem entging K. damals, weil sie als Musterschülerin unangreifbar war – sie glaubte nicht an die Lehrer, aber uneingeschränkt an ihre positiven Kenntnisse – und ihr Oppositionsgrund überhaupt nicht öffentlich werden durfte. Das wußte K. damals nicht, konnte es sich einfach nicht vorstellen, weil ein Stückchen lebensnotwendiger Naivität immer noch in ihr steckte, mit der sie von Erwachsenen Aufklärung und Belehrung erwartete. Die Enttäuschung darüber, daß es niemanden gab, der das konnte oder wollte, verschärfte allerdings K.s moralischen Rigorismus im Laufe der Jahre. Wenn sie sich später die Szene im Direktoratszimmer noch einmal vorstellte, erfand sie immer radikalere, skandalösere, ja: terroristische Fassungen. Schreien hätte sie müssen, ihr Gegenüber rütteln und schütteln oder im Gegenteil mit kaltem Hohn in die Ecke treiben.

Wenn bis hierher der Eindruck entstanden sein sollte, K. sei etwas Besonderes gewesen, ihre Entwicklung stelle einen Sonderfall dar, dann möchte ich dem entschieden widersprechen. K. selbst legte sich zwar während langer Jahre immer wieder die Frage vor, ob sie denn normal sei, so sehr erschrak sie oft selbst über die Arroganz und den unbeschreiblichen Hochmut, der sie erfüllte, wenn sie wieder der harmlosen Biederkeit, den Schwächen, Eitelkeiten oder vollends den auf irgend etwas Prätention machenden Erwachsenen, den Autoritäten, Lehrern, Leitern, Professoren begegnete. Auf ihr Verständnis, die von weiblichen Menschen besonders erwartete einfühlsame Harmlosigkeit, durfte niemand rechnen. K.s Haltung war jedoch ohne alle Überzeugung von irgendeinem persönlichen Weru, einem Recht oder einem Talent zustandegekommen. In K. brodelte nichts, das nach einem Ausweg oder einem Ausdruck suchte. Auf sie konnte es noch nicht ankommen. Die von der Entwicklungspsychologie für eine gesellschaftliche Naturtatsache gehaltene Identitätskrise fiel aus, salopp gesagt: mangels Masse. Es gab keine Leute, an die K. hätte glauben, von denen sie hätte lernen, mit denen sie hätte streiten können. Nach außen sah das frühreifer Erwachsenheit täuschend ähnlich, alle waren zufrieden mit ihr. »Du bist wenigstens vernünftig« – »Die weiß, was sie will« – »Du hast die Probleme eben nicht, die andere beschäftigen« – solche Festlegungen versuchte die Umwelt, während K. mit dem Sammeln und Beurteilen der unendlichen Masse von Eindrücken, Gerüchten, Fakten beschäftigt war, die von außen auf sie einstürmten. Ihr war zumute wie einem Polizisten, der aus fünf verschiedenen Richtungen Hilferufe vernimmt. Unschlüssig läuft er bald in diese, bald in jene Richtung. So wartete alles darauf, von K. gewußt und verstanden zu werden. Sie hatte sich dazu verstiegen, die Frage zu beantworten: »Wie ist Gesellschaft (Leben) möglich, und wie (warum) vielmehr nicht?«

2

Diese Frage wurde nun, nach abgelegter Reifeprüfung, in vielfachen Variationen der Wissenschaft unterbreitet. Studienort war Berlin. Da über die Studentengeneration, zu der K. gehörte, schon viel geschrieben worden ist, hebe ich hier nur das hervor, was entwicklungspsychologisch interessant ist. Die Wissenschaft, die wirklich zählte und auf die man schon gelegentlich von offizieller Seite aufmerksam gemacht wurde, von der man aber vor allem inoffiziell in esoterischen Zirkeln, die ältere Studenten leiteten, Kenntnis erhielt, stammte von Toten oder Auswanderern oder Leuten, die beides zugleich gewesen waren. Man bekam Hinweise, in welcher Seminarbibliothek sich noch ein Buch des einen oder anderen Forschers und Theoretikers erhalten hatte, oder einer jener Köpfe verkaufte Exemplare einer Restauflage, die er sich, wer weiß wo, gesichert hatte. K. las das alles in klösterlich gefärbter Stimmung. Überall gab man sich den Anschein, als ob es nur um Theorie, Kritik und die sogenannte Aufarbeitung von diesem und jenem ging. K. erhoffte sich mehr. Das wurde deutlich, als sie von Experten so nebenher erfuhr, ein bestimmter radikaler Theologe sei ein wüster Erotomane gewesen, in ihren Augen keine Empfehlung; oder jener Klassiker, der philosophische Ökonom, habe ein heimliches Kind, das er mit dem Hausmädchen der Familie hatte, verleugnet, seinem Freund untergeschoben, aus Feigheit. Lange Zeit wollte K. das und vieles, was ihr so an Klatsch zugetragen wurde, nicht glauben. Alles zerfiel weiterhin in Wahrheit und menschliche Schwäche, über die man sich nur immer weiter und weiter hinwegsetzen mußte. Man kann K. mit dem Autodidakten vergleichen, der sein Französisch nur aus Büchern ohne Lautschrift lernt. Wie wird er sprechen? K. wollte das Leben richtig leben und darum von Grund auf lernen. Was sie an Unterrichts- und Anschauungsmaterial hatte, waren Bücher und ein paar Photos; zugegeben, wunderbare Bücher und Bilder, die Heilige zeigten.

K. schloß sich dann aus verschiedenen Gründen einem Professor an, d. h., ohne ihre instinktive Distanz zur Gegenwart aufzugeben, bevorzugte sie seine Vorlesungen und Seminare; denn dieser Mann hielt ihrer hochmütigen Beobachtung – ganz abgesehen von seiner gleichzeitig anthropologisch (grundsätzlich und spekulativ) und phänomenologisch (mißtrauisch und genau) operierenden Wissenschaft, die ihr zusagte – auf Dauer stand. Er schien K.s Würde zu verkörpern, gerade weil er sich selbst auf eine bisher ungekannte Art als Erwachsener, männlicher Mensch, Professor und Staatsbürger desavouierte, nicht indem er, was später gezwungen und ungezwungen viele taten, sich anbiederte und formlos wurde. Er führte Beispiele und Erfahrungen aus seinem Leben an, ja, er stellte den Studenten Fragen, die so ausfielen, daß man erschreckt und schamhaft den Blick senken oder ins Weite schicken mußte und sich fragte, wie es jetzt überhaupt noch weitergehen sollte. Als an einem warmen Sommerabend sein Institut besetzt wurde, hielt er als einziger vom ganzen Lehrkörper Wache in seinem Zimmer. Von dort brach er hin und wieder zu Kontrollgängen, zu nicht ungefährlichen Expeditionen durch das Haus auf. Dann sah K. ihn von fern durch die Gänge streifen, im weißen Unterhemd, wie ihr schien, pathetisch entblößt. Es ergab sich dann, daß dieses Bild nicht getrogen hatte. Professor D., der selbst so viel im Kopf hatte und mit allem generös umging, so daß in K.s Kopf neben der Positivität des Wissens langsam auch die Kraft der Imagination erwachte, dieser Professor war nicht selbstlos, nein, er war tapfer genug, sich ganz entschieden auch zum Mittler zwischen den Enkeln und den Großmüttern und Großvätern zu machen, auf die nach Freud ohnehin, unter den besonderen historischen Bedingungen war das sehr zu wünschen, das Ich-Ideal zurückgeht.

Ich kann mir natürlich denken, nein, ich weiß es sogar, daß Professor D.s Person, seine Anregungen und Unternehmungen, bei andern, nun, sagen wir einmal, nüchterner eingeschätzt wurden. Als Einschränkung lasse ich das aber nicht gelten; denn worauf es ganz allein ankommt, ist, daß er für K. schicksalhaft – das Wort zufällig ist genauso richtig – zum Mittelsmann von Wahrheit und Leben werden konnte.

Irgendwann einmal wies Professor D. auf eine Dissertation von 1934 hin, deren Verfasser, es war eine Frau, sonst nicht weiter hervorgetreten war. Ihr Thema und die dokumentarische Methode paßten ausgezeichnet zu K.s Arbeitsinteressen, die sie langsam, die Gründe für diese Langsamkeit sind jetzt vielleicht klar, selbstbewußter entwickelte. Jahre später empfahl sie das Buch zur Wiederveröffentlichung einem Verlag. Wer war denn die Autorin? K. lernte sie kennen, eine der verschwundenen Lehrerinnen, die sie gern gehabt hätte. Es war nicht zu spät für ein Happy-End in diesem Entwicklungsprozeß, den ich hier pathetisch übertrieben – anders geht es gar nicht – skizziert habe.

Es war verblüffend einfach, die Anschrift von Frau F. zu ermitteln. Professor D. hatte K. mit dem Verfasser eines voluminösen Werkes bekanntgemacht, das zu den Büchern gehörte, die sie an langen Nachmittagen in stillen Seminarbibliotheken gelesen und auf großen Bögen exzerpiert hatte. Dieser Mann, der seit Jahrzehnten im Ausland lebte, förderte eine vierzig Jahre alte Adresse zutage, von der er natürlich auch nicht wußte, ob sie noch stimmte, ebensowenig wußte er, ob die frühere Bekannte überhaupt noch am Leben sei. Aus Angst vor einer negativen Auskunft überließ K. diese Nachprüfung gern dem interessierten Verlag. Sie erhielt dann die Fotokopie des Briefes, den Frau F. mit der Hand geschrieben hatte. Das war alles so unwahrscheinlich, und doch hatte K. jetzt, wo das Unwahrscheinliche sich als Wirklichkeit herausgestellt hatte, das Gefühl, sich irgendwie ein Recht auf so viel Glück erworben zu haben.

Frau F. und K. begannen Briefe zu wechseln. Gleich in den ersten hatte K. ein Photo von sich gelegt und damit die sachlichen Anlässe für die Korrespondenz von vornherein zur Nebensache zu machen versucht, natürlich mit der gebotenen Heimlichkeit und Zurückhaltung, die ihr das eigene Alter – längst mußte sie doch erwachsen sein – inzwischen auferlegte. Frau F. gefiel die Idee, sich auch so miteinander bekanntzumachen, und revanchierte sich mit einem Paßphoto, auf dem sie sich, K. bekam schließlich Gelegenheit, das zu erkennen, überhaupt nicht ähnlich sah. Bald standen die Dinge zwischen Frau F. und K. so, daß Frau F. K. aufforderte, ihre Ferien doch einmal bei ihr zu verbringen, teils mit Faulenzen in dem Badeort am Mittelmeer, wo sie seit vierzig Jahren wohnte, teils mit der Besichtigung, Prüfung, Begutachtung des Landes, das Frau F. sich damals erwählt hatte.

Eine verständliche, fast muß man sagen berechtigte Einladung, die K. aber trotzdem ausschlagen mußte, aus vielen Gründen, von denen aber nur die erwähnenswert sind, die mit K.s Entwicklungsproblem zu tun haben. Ihr schien, sie mußte darauf bestehen, Frau F. hier kennenzulernen – das Wort Deutschland vermeidet K. nach Möglichkeit –, wenn sie das Problem lösen, die erwartungsvolle Leere und die abstrakte Vernünftigkeit ihres bisherigen Lebens endlich aufheben wollte. Es schwebte K. eine Konstellation von Personen, Orten, Reden und Gegenreden vor, etwas Dramatisches, eine Art Seelentheater, ein künstliches Arrangement, in dem zeitverkürzt und ohne Umschweife alle Fragen, wichtige und eigentlich unwichtige durcheinander, schon diese Unterscheidung war ja eine Last, beraten, beredet und mit Aussicht auf Erfolg Beschlüsse gefaßt werden konnten. In einem anderen Land hätte sich diese Konstellation nicht herbeiführen lassen, denn das Jenseits, um dessen Erforschung es K. ging, hatte ja einen bestimmten Ort. In Frau F. vermutete K. wohl das ihr bestimmte Gegenüber, nicht zuletzt, weil sie eine intellektuelle Frau war wie sie selbst, doch auf das richtige Szenenbild kam es ebenso an. Oder lockte sie Frau F. zurück, weil auch sie etwas ungeschehen machen wollte?

Wenn K. nicht nach Israel reisen konnte – es wäre zwecklos gewesen – dann mußte Frau F. nach Frankfurt kommen, wo sie früher gelebt hatte und wohin sie nach Kriegsende schon gelegentlich gefahren war, um Familienangelegenheiten und Vermögensfragen zu klären. Die Hoffnung, daß sie es noch einmal tun würde, war allerdings gering. Wenn K. einige Wochen keine Post hatte, dann bekam sie jeden Morgen, ehe sie den Briefkasten öffnete, Angst. Schließlich kannte sie aus dem Lebenslauf, der traditionell jeder Dissertation beigefügt wird, das Geburtsjahr von Frau F. Sie ist so alt, daß die Leute auf der Straße oft ungläubig staunten, wenn sie so lebendig und diszipliniert daherkam. K. meinte oft sogar Erschütterung, plötzliche Ehrfurcht und Liebe in den Blicken zu erkennen. Oder mißdeutete sie manches, weil sie diese Reaktionen prinzipiell richtig gefunden hätte, ganz abgesehen von Frau F.s Alter? Eine Tatsache war jedenfalls das völlige Aus-der-Rolle-Fallen von Taxifahrern, Kellnern, Verkäufern und Hotelangestellten. Eine Taxiuhr wurde ausgeschaltet, weil der Fahrer, nachdem K. ihn auf die Besonderheit von Frau F. eigens hingewiesen, sie als eine Frankfurterin aus Israel bekannt gemacht hatte, ein zielloses Mitteilungsbedürfnis entwickelte, auf Adorno zu sprechen kam und bei der Verabschiedung noch vermutete, K. aus dem Fernsehen zu kennen. Das war wohl keine Verwechslung, sondern als ein Kompliment gemeint, mit dem er die Bedeutung seiner zwei Fahrgäste und ihres Vorhabens anerkannte. Das Mädchen an der Rezeption, ein Mann, der der Hotelchef sein konnte, ließen sich ohne Zögern herbei, ganz außer der Reihe Tee zu kochen für Picknicks, die Frau F. und K. mit Butterkeks und Schweizer Schokolade in der Halle abhielten, wenn beide zu müde waren, noch ein Restaurant zu suchen. Ohne Rücksicht auf ein halbes Dutzend wartender Kunden gab ein Verkäufer die ausführlichsten Erklärungen über die Vorzüge eines läppischen Artikels ab, nämlich Batterien für einen Elektrorasierer. K., die sonst ihre Sicherheit und die Fähigkeit zur Selbstbehauptung aus der Gewißheit des eigenen korrekten Verhaltens gewann, klagte weitere Ausnahmen für Frau F. ein, ohne je auf Widerstand zu stoßen. Das alles schien K. jetzt ganz selbstverständlich. Die Angst im voraus, die der abstrakten Vernünftigkeit ihres Lebens entsprach, war verschwunden. Es war ein Fest, für die innere Wahrnehmung ein weltbewegendes Ereignis, an dem teilzuhaben für andere verlockend sein mußte.

Ein Fest für K., aber auch Frau F. mußte es etwas bedeuten; denn warum war sie nach Frankfurt gereist und schenkte K. so viel ihrer kostbaren Zeit?

K. hatte Frau F. im ersten Telephongespräch, das die beiden miteinander führten, danach gefragt, und selbst, ohne abzuwarten, die Frage beantwortet. Sie denke sich, daß Frau F. in Frankfurt eine Menge Leute besuchen müsse und deshalb für sie, K., wenig und vor allem nur unbestimmt Platz im Terminkalender offen gehalten werden könne. Sie selbst sei ja nur in Frankfurt, um Frau F. endlich kennenzulernen, und daher sei es ganz selbstverständlich, daß Frau F. vollständig und ohne jede Einschränkung über sie verfügen könne. Ihr sei alles recht. Nun behauptete Frau F. überraschend, in Frankfurt niemand besuchen zu wollen, eigentlich auch gar niemanden mehr zu kennen. Erstaunt hörte K., daß sie dort ganz allein in einem Hotel wohne, das ihr die Touristen-Information im Hauptbahnhof genannt hatte. Sie begründete das für sie in vieler Hinsicht abenteuerliche Unternehmen dieser Reise mit dem Plan, mit K. ein Manuskript zu besprechen, von dem sie wünschte, es irgendwo zu veröffentlichen. Sie hoffte, daß K. sie beraten, vielleicht sogar das Manuskript weitervermitteln oder empfehlen könne. Sie hatte darin persönliche Erlebnisse, Familiengeschichte und die Entwicklung in Israel niedergelegt,

alles, was ihr aus den ersten 15 bis 20 Jahren in ihrer neuen Heimat mitzuteilen wichtig war. In Frankfurt sprachen die beiden auch ausführlich über das Projekt, wobei sich K. mühte, den Erwartungen von Frau F. zu entsprechen, vergeblich. K. war nicht in der Lage, sich praktisch zu verhalten und für Frau F. annehmbare Vorschläge zu machen, nachdem sie das Manuskript gelesen hatte. Sie war nur noch gieriger geworden, alles über Frau F., die Zeiten damals, ihre Gefühle, Reaktionen auf bestimmte Vorfälle, den weiteren Lebensweg ihrer Verwandten usw. usf. zu erfragen. Andererseits gewann K. den Eindruck, daß es Frau F. nur vordergründig um das Manuskript und seine Veröffentlichung ging, von dessen Wichtigkeit sie oft gar nicht überzeugt schien. Gegen K.s prinzipiellen Enthusiasmus, der das Manuskript, Frau F., Frankfurt, ihre eigene Person, kurz, die ganze Szene umfaßte, wandte sie ein, daß es eine einfache Geschichte von einer unbedeutenden und ganz unbekannten Person sei, von der man eigentlich überhaupt kaum annehmen könne, daß sie auf Interesse stoßen werde. Ja, aber wozu dann der ganze Aufwand?

Nun erst begriff K. das Glück ganz, das sie mit Frau F. zusammengebracht hatte. War es nicht so, daß Frau F. vom Jenseits her wie K. vom Diesseits an der Geschichte arbeitete, an der Lücke, dem großen Loch, das schließlich auch ganz privat bearbeitet, in der Psychologie einzelner versteckt, kaum noch als allgemeine Aufgabe zu erkennen war? Wenn Frau F. hier ein Manuskript veröffentlichen wollte, dessen Bedeutung sie zu allem Überfluß auch noch dadurch einschränkte, daß sie die Vermutung äußerte, es sei wohl eher ein Buch für junge Israelis, die die Pionierzeit ihres Staates nicht selbst erlebt hatten, dann konnte ihr Motiv nur sein, einen Beweis zu führen. Den Beweis, daß es sie gab, daß sie, die Auswanderin oder Emigrantin, sie selbst bevorzugte das unpolitischen Unternehmungsgeist anzeigende Wort, nicht einfach verschwunden war aus der deutschen Geschichte. Einerseits bekräftigte Frau F. immer wieder, wie richtig es gewesen sei, nach Palästina zu gehen; sie rechtfertigte als loyale Staatsbürgerin die Politik Israels. Andererseits versicherte sie, daß sie immer noch die deutsche Sprache, nicht Deutschland, nur die Sprache, als ihre Heimat ansehe. Nie hatte sie sich aufraffen können, wirklich gut Hebräisch zu lernen, weshalb sie sich wiederum anklagte: Gleich damals hätte sie Kurse belegen sollen!

K. war erschüttert, denn beim Lesen des Manuskripts war ihr sofort aufgefallen, daß Frau F., die in ihrer Ehe vor allem Englisch gesprochen hatte, jahrzehntelang, ganz unverkennbar Anglizismen unterliefen. Auch beim Reden konnte sie solche nicht vermeiden. Wenn sie etwas rasch und treffend sagen wollte, sprach sie auch einmal englisch. »You are a chicken. Sie kennen die Deutschen nicht!« wies sie einmals K.s Versuch, ihr Mißtrauen in die Behörden zu zerstreuen, zurück. Es war also ganz offensichtlich, daß Frau F.s Hoffnung, die Sprache als Heimat behalten zu können, gescheitert war, auch wenn sie selbst es sich nicht eingestehen konnte. Sie erzählte K. sogar, daß sie viel Freude beim Schreiben des Manuskripts gehabt, daß sie richtiges Glück erlebt habe, wenn ihr nach längerem Probieren endlich der richtige Ausdruck eingefallen sei. K. verkannte nicht, daß Frau F. über eine seltene Fähigkeit, den unbefangenen Blick, sie selbst nannte das herabsetzend »meine Oberflächlichkeit«, verfügte, aber die Sprache dafür war in dem babylonischen Durcheinander ihres Lebens verlorengegangen. Als K. mit Frau F. auf einem ihrer langsamen, aber intensiven Wege durch Frankfurt am Goethe-Denkmal vorbeikam, es stand früher woanders, wußte Frau F., fiel K. plötzlich ein, wie sehr sie einmal von dessen Ausdrucksgelenkigkeit überrascht worden war, nachdem sie lange Gottsched, Bodmer und Breitinger, Mendelssohn und Nicolai hatte studieren müssen. Der Einfall war zwingend, Frau F. mit Goethe auf seinem musenverzierten Sockel zu photographieren. K. dachte sich die Photographie als ein Denkmal, ein Dokument zum Verständnis von Sprache und Politik, das zugleich künstlich, wahr und gerecht sein sollte. Was machte es schon, daß niemand außer ihr dieses Photo verstehen würde? Jeder andere sähe das Denkmal, davor eine kleine alte Frau, ein Stück Park und die Commerzbank. Aber wenn er dann fragen würde: »Wer ist denn das?« und: »Wo hast du das aufgenommen?« – dann könnte sie wieder und wieder die Geschichte erzählen, das scheinbar triviale Bild auflösen in die ungeheuren Begebenheiten, die seinem Zustandekommen vorausgegangen waren.

Frau F. schien zuerst nur amüsiert von der Idee, mit Goethe zusammen photographiert zu werden. Sie bat darum, wie immer, wenn K. mit ihrem Photoapparat hantierte, günstig, darunter verstand sie: von vorn, aufgenommen zu werden. »Nur die Butterseite«, versprach K., denn diese Eitelkeit kannte sie von sich selbst und respektierte sie auch jetzt, obwohl sie nie eine schönere alte Frau gesehen hatte, schön in jeder Perspektive. Die emanzipierte, ironische Kameraderie in einem Punkt, den beide Frauen ernst und gleichzeitig unernst nehmen konnten, wich, als Frau F. endlich den Rasen überquert und sich seitlich vor dem riesigen Podest, auf dem der füllige Olympier sich erhob, aufgestellt hatte, jenem pathetischen Schweigen, das sich immer wieder einstellte, obwohl sich beide so viel sagen mußten und die Zeit so kurz war.

Wie dieses Photo, inszenierte K. noch eine Reihe anderer, der Bedeutung nach alles Monumentalaufnahmen. Sie knipste zum immerwährenden Andenken ein Kaufhaus, weil Frau F. gesagt hatte, daß dort die alte Synagoge gestanden hätte, im Unterschied zur neuerbauten vom Anfang des Jahrhunderts, die es aber auch nicht mehr gab. Im Palmengarten, dessen Ausgänge verändert worden waren, wie Frau F. ebenfalls bemerkte, gelang es K. endlich, sich selbst mit Frau F. zusammen auf ein Bild zu bringen, indem sie eine japanisch aussehende Amerikanerin bat, auf den Auslöser zu drücken. Diese zufällige kosmopolitische Konstellation dreier Frauen in Frankfurt, wohin keine gehörte, befriedigte K. Sie war ein optimistischer Vorgriff in die Zukunft, die, wenn überhaupt möglich, eine internationale Moral entwickeln würde. So hatte es K. bei einem der akademischen Lehrer gelesen, die Frau F.s Dissertation damals betreut hatten. Anders gesagt: wenn K. Frau F. bat, bestimmte bedeutungsvolle Orte aufzusuchen, und sie dann dort photographierte, machte sie keine nostalgischen Aufnahmen, sondern fixierte endlich die richtige Ausgangsposition, von der jetzt das Leben richtig weitergehen konnte. Auch Frau F. lag jede Sentimentalität fern. Als sie vor ihrem Geburtshaus stand, stellte sie fest, daß das Haus unverändert war, sogar die Holztür aus der Gründerzeit war noch dieselbe, und dann studierte sie die Namen auf dem Klingelbrett. An ihrem Geburtsort war es auch, wo Frau F. plötzlich auffiel, daß K. heute fast so aussah wie eine junge Frau »bei uns«: weiße Bluse, olivgrüner Rock, Söckchen und flache Schuhe, nur die Jacke fehlte! Die Bemerkung bewies K. ihre phantastische Kooperation, was den Sinn der Unternehmung anging.

Die schloß nicht aus, daß sie über viele Dinge streiten mußten, sich auch nicht einigen konnten. Das machte aber nichts, K. wechselte dann das Thema, sie hatte ja noch so viel zu fragen und nachzuholen! Auch Frau F. verlangte nach dem Gespräch so sehr, daß sie sich über die äußeren Umstände, unter denen es manchmal stattfinden mußte, vollendet hinwegsetzte. Ein fehlender Stuhl in ihrem Hotelzimmer, die ordinäre Häßlichkeit eines Lokals, der Lärm dort, im Auto oder auf der Straße, lauter Dinge, die K., wenn es nur in ihrer Macht gestanden hätte, für sie so leidenschaftlich gern richten wollte – gegenüber diesen Umständen verhielt sich Frau F. völlig gleichgültig.

Das Hotel, in dem K. sie zuerst sah, hatte Frau F. vor allem deshalb gewählt, weil es direkt neben dem Hauptbahnhof lag und zu Fuß zu erreichen war. K., die sich in Frankfurt nicht auskannte, war das recht. So war es ihr möglich, aus dem Zug zu steigen und ohne weitere Ablenkung pfeilgerade auf Frau F. zu treffen, die sie in ihrem Hotel erwartete. Nur einen Blumenstrauß kaufte sie noch, den wollte sie Frau F. entgegenstrecken, dann lief sie los. Es stellte sich heraus, daß das Hotel nur auf Umwegen, schmutzigen, schotterigen Behelfspfaden, zu erreichen war. Ein Haus, erbaut in den großzügigen Dimensionen der Gründerzeit und mit der Inneneinrichtung aus den fünfziger Jahren, von anheimelnder Schäbigkeit, das jetzt offenbar vor allem einwanderungswilligen oder Asyl suchenden Reisenden aus Asien und Afrika Unterkunft

bot. Ein Schäferhund schlich durch die Halle, und an einem der folgenden Tage beobachtete K., während sie auf Frau F. wartete, einen Mann mit einem riesigen Netz voller Gummibälle, die er, was er laut und leutselig, zum Witz verpflichtet, allen verkündete, in den Kaufhäusern der Umgebung vertrieb. K. empfand fast Mitleid, so weit lag die Bewunderung für Propagandisten hinter ihr. Trotz solcher Fragwürdigkeiten hielt das Mädchen an der Rezeption an Standards der alten Hotellerie fest. Es gab Zimmertelephon, und K. wurde angemeldet und eingewiesen. Als sie den Fahrstuhl verließ und auf den dämmerigen Flur trat, hätte sie Frau F. fast übersehen, die ihr winzig klein, gebückt und auf einen Stock gestützt entgegenkam.

Oft hatte sich K. gefragt, was z. B. Heiratswillige erleben, wenn sie nach einem Briefwechsel und dem Austausch von Photos sich schließlich irgendwo treffen. Frau F. sagte zu K.: »Hoffentlich sind Sie nicht enttäuscht.« Eine Besorgnis, die sie noch mehrmals in den folgenden Tagen aussprach. Wie hätte das sein können! K. schaute Frau F. an, fast gierig und jedenfalls rücksichtslos unkonventionell. Es machte ihr umgekehrt auch nichts aus, daß Frau F. ihr Äußeres, ihre Kleidung, Körpergröße, Gesichtsform, Frisur betrachtend kommentierte. Sonst machten sie solche Bemerkungen unsicher und verlegen. Irgendwie fühlte sie sich dann kritisiert. Das war jetzt anders.

Als K. Stunden später das Hotel verließ, Frau F. wollte sie zum Vorortzug bringen, K. konnte es ihr ausreden, die Straße war ja bei Dunkelheit geradezu lebensgefährlich für Frau F., da geleitete sie K. wenigstens bis vors Hotel, wo beide noch eine Weile standen und sich viel zu lange die Hände gaben. Auch später zogen sich alle Verabschiedungen in die Länge, immer gab es noch etwas zu sagen, und dann schlug Frau F. fürsorglich vor, vielleicht noch einen Tee zu organisieren. Und dazu holte sie Kekse, historische Kekse gewissermaßen, denn es gab sie seit vielen Jahrzehnten und vermutlich liebte Frau F. sie deshalb: es hatte sie schon damals gegeben. So kamen fromme Picknicks zustande.

Die Zeit war knapp und die Ungeduld von beiden groß, wenn sie auch gerade entgegengesetzte Ursachen hatte. Frau F. sprach oft vom Tod, von dem ihrer Mutter, ihres Mannes, aber auch von ihrem eigenen, ganz sachlich, so eben, daß klar war, auch der Tod und das Sterben gehörten dazu und mußten bedacht werden. K. hatte bis dahin alte Leute nur in weinerlicher Sentimentalität von ihrem Tod reden hören, so, daß jeder Jüngere aufgerufen war, den Gedanken daran unter einem Schwall sozialpädagogischer Floskeln zu begraben: »Morgen geht es dir bestimmt wieder besser!« – »Du wirst sehen, du kannst noch 90 werden mit dem Kreislauf, das sagt der Arzt auch!« Bei Frau F. war das überflüssig, und gerade weil ihre Energie und Ungeduld auch aus der Einsicht in ihre Lebensfrist flossen, gerade deshalb wurde bei K. das Gefühl immer stärker, von ihr leben lernen zu können, ein Wunsch, der ja ohnehin der ganzen Unternehmung zugrundelag. Einmal sagte K. zu Frau F. in ausgelassener Stimmung – sie sprach sonst nicht über solche Untergründe –, sie habe die Reise angetreten unter der Überschrift: »Ich suche mir mein Vorbild.« Da wurde Frau F., ganz überraschend, feindlich. »Ach, ihr Deutschen, aus dem Vorbild wird schnell der Führer. Alles müßt ihr immer übertreiben!« K. war ernüchtert. Sie hatte wirklich einen Hang zur Übertreibung, sie hatte sich zu ihrer historischen Begründung sogar gelegentlich etwas überlegt. Ihr schien Übertreibung eine Methode der Wahrheitsfindung, wenn alle dazu neigten, zu verleugnen, zu vergessen, zu schweigen oder alles irgendwie verständnisvoll zu interpretieren. Und dann: konnte man Dummheit, Gemeinheit, Feigheit und Opportunismus übertreiben? Nein, nur Tugenden waren übertreibbar, z. B. konnte aus dem Versuch, selbständig zu denken, hilflose, unendliche Grübelei werden. Auch der Entschluß, nach Frankfurt zu fahren, hatte etwas mit einer Tugend zu tun, die K. vielleicht übertrieb, der Pietät.

Kurzum, der »Führer« war keine Steigerungsform des »Vorbilds«, und die Übertreibung z. B. der Pietät war eine historische Notwendigkeit, auf die Frau F. ein Recht hatte, auch wenn sie es mit einer Demut, die K. aufbrachte und die sie mit Enthusiasmus aufzulösen suchte, nicht beanspruchen wollte. Sie bestand darauf, alle Rechnungen für K. zu bezahlen, die ihretwegen doch sowieso schon so viele Unkosten gehabt habe. Sie schenkte ihr eine Pakkung exquisiter Schokolade usw. usf., so, als ob sie K. gegenüber irgendwie verpflichtet sei und nicht umgekehrt.

Bemerkenswert an K.s Bekenntnis, das die Mißstimmung verursacht hatte, war, daß sie das Wort »Vorbild« spontan, wenn auch nicht ohne abschwächende Ironie gebraucht hatte. Es gehörte so wenig in ihren Wortschatz wie »Leitbild«, »Autorität«, »Wert«, »Gott«, »Schicksal« oder »Tragik«. Sie hatte gelernt, und mit ihr viele andere, daß die »Personalisierung« historischer und gesellschaftlicher Prozesse eine Todsünde war. Wer diese Neigung erkennen ließ, zeigte Züge der »autoritären Persönlichkeit«, deren massenhaftes Auftreten faschistische Regimes begünstigte. Der »Starkult« von Jugendlichen, den ganze Branchen schürten, um von ihm zu profitieren, war von K. und anderen mit politischer Bildung bekämpft worden. Der Titel eines Essaybandes von Adorno, *Ohne Leitbild,* hätte als Devise über allen Aktivitäten und Überzeugungen von K. stehen können. Warum also sagte sie jetzt plötzlich: »Ich suche mir mein Vorbild«? Hatte Frau F. vielleicht doch recht mit ihrer polemischen Bemerkung, war K. wie alle Deutschen autoritätssüchtig, vielleicht gerade weil sie den Zusammenbruch, die Niederlage einer totalitären Herrschaft auf eine verwickelte Art mitbekommen und nicht verschmerzt hatte? Ich glaube nicht. K. verlangte es nicht nach einer Instanz, an die sie sich anlehnen konnte, dazu nahm sie sich selbst viel zu wichtig mit ihrem moralischen Hochmut; eher konnte man sagen, sie suchte nach der Anschauung von Weisheit und Lebenskunst, einer Pragmatik, die nicht von vornherein moralisch diskreditiert war. Das Bedürfnis nach einer solchen Pragmatik hatten andere offenbar auch; mit ihm machte sich K. jedenfalls das neuerdings überall zu beobachtende Interesse für Lebensgeschichten, Biographien und Autobiographien plausibel. In diesen Zusammenhang gehört noch die Erinnerung, daß in K.s Schulzeit die geförderte Verbreitung eines Tagebuchs fiel, das ein halbwüchsiges Mädchen geschrieben hatte, ehe es in seinem Versteck entdeckt und in ein KZ abtransportiert worden war. K. hatte sich damals geweigert, das Buch zu lesen, das Lehrer und Pfarrer ihr in die Hand drükken wollten. Nicht, weil sie an dessen Authentizität den geringsten Zweifel hatte, sie wußte Bescheid, eher weil sie ahnte, daß sie durch die Lektüre keineswegs zum einfühlenden Gedenken an die Opfer, hießen sie nun Anne Frank, Sophie Scholl, Korczaks Kinder oder Adam von Trott zu Solz, bewegt und erzogen werden sollte – sondern zur Billigung von Angst, Feigheit, Opportunismus, Dummheit, von Schlimmerem zu schweigen. Das Entsetzen war eine Falle, ein Schreckmittel zum Schutz der Erwachsenen. Mit dem Tod war jeder bedroht, der nicht so war wie sie, die noch lebten.

Im Gedenken an die Überzahl der Toten ist es nicht leicht, die Einsicht auszusprechen: für K. konnte nur der Lehrer werden, der als Opfer überlebt hatte. Die Antwort auf die Frage: »Wie ist Gesellschaft (Leben) möglich, und wie vielmehr nicht?« konnte sie nur bei ihnen, nicht in Büchern finden.

K. befragte Frau F. möglichst genau über den Anlaß und die Umstände ihrer Auswanderung bzw. Emigration. Frau F. war nie eine Radikale, dem gehobenen Bürgertum, dem sie entstammt, seinen Lebensweisen, Überzeugungen, seiner Bildung und seinen Ambitionen war sie immer treu geblieben, so gut es ging. Ihr Verhalten damals schien ihr nichts Besonderes, die politische Klarsicht, die sie bewiesen hatte, rührte nicht von einer eigens trainierten politischen Intelligenz her. Sie war auf eine Wahlversammlung gegangen, hatte Hitler dort gehört und gesehen, wie ein liberaldemokratischer Bekannter hysterisch applaudierte, wie er später sagte, zu seiner eigenen Überraschung; dann hatte sie sich Hitlers *Mein Kampf* gekauft und gelesen. Für sie stand fest, daß er die Wahlen gewinnen und daß dann alles auch so weitergehen würde, wie sie es gehört und gelesen hatte. »Das kommt«, hatte sie zu ihren skeptischen Bekannten gesagt und Entschlüsse gefaßt. Obwohl ihr Doktorvater schon nach England hatte emigrieren müssen, gelang es ihr, Ersatz zu finden und das Promotionsverfahren abzuschließen. Dann war sie gegangen, sich eine neue Heimat zu suchen.

Vielleicht wirkt die Geschichte heute zu dramatisch – sie war es nicht in der aufs Praktische Wert legenden Erzählung von Frau F. –, um verständlich zu machen, was Weisheit und Lebenskunst, jene nicht diskredierte Pragmatik, die K. ja lernen wollte, bedeuten. Dann muß genügen: schon diese Geschichte wies Frau F. als Lehrerin für K. aus.

Und mit welchem Ergebnis verließ Frau F. jetzt Frankfurt? Ehe sie abreiste, telephonierten die beiden noch einmal miteinander. Was K. da von Frau F. hörte, beruhigte sie über einen letzten Punkt. Frau F. hatte ihre, wie sie es nannte, »Schüchternheit« überwunden, die Bekannten doch noch angerufen, deren Adresse sie auf K.s Drängen gemeinsam ermittelt hatten. Es gab also doch noch Leute, die sie von früher kannte und die sie gern wiedergesehen hätte! Selbstverständlich, meinte K., würden die sich ebenso freuen, von Frau F. zu hören. Die »Schüchternheit« ließ K. nicht gelten; sie vermutete dahinter etwas anderes, das sie nicht hinnehmen konnte: nachträglichen Gehorsam, die Sanktionierung ihres Ausschlusses damals. Sie sollte hier nichts mehr zu suchen haben, und nun glaubte sie es fast schon selbst.

Frau F. war zum Tee geladen worden, der sich bis in den Abend erstreckte, und K. schien sie glücklich: »Es war sehr, sehr nett.«

Michael Becker, Stefan Heerich

Vom Kampfflieger zum Intellektuellen

Porträt eines republikanischen Lehrers

1964: Es geht um Leitbilder ...

In einem Gymnasium verschwindet ein Plakat vom Schwarzen Brett. Mit einem schwarzen christlichen Kreuz auf rotem Grund, das nur unvollständig ein Hakenkreuz verdeckt, hat es für die Aufführung von Rolf Hochhuths Stück *Der Stellvertreter* in den städtischen Kammerspielen geworben. Als der Schülervertreter erneut ein solches Plakat aufhängen will, verweigert der Schulleiter seine Genehmigung. Eine Lappalie, könnte man meinen – doch der Streit um das Plakat wird zum Ausgangspunkt einer scharfen Kontroverse zwischen Schülern und Schulleitung. Ein anonymer Leserbrief in der Lokalpresse kritisiert die intolerante Haltung des Direktors und deutet an, daß dieser auch bei anderer Gelegenheit ein gestörtes Verhältnis zur deutschen faschistischen Vergangenheit gezeigt habe. Kurz erscheint dieser Leserbrief am Schwarzen Brett, dann ist auch er verschwunden; erst nachdem sich der Schülervertreter davon distanziert hat, darf der Zeitungsausschnitt wieder angeheftet werden. Doch ist es zu spät, um die Diskussionen zu unterdrücken, die in den oberen Klassen entstanden sind; jetzt werden auch andere Maßnahmen des Schulleiters kritisiert: die undurchsichtige Versetzung eines engagierten und daher unbequemen Lehrers, die Verbotsdrohung gegen eine Vorführung des Films *Nacht und Nebel* in der Schule. Ein Konflikt ist aufgebrochen, weitet sich aus und überschreitet schließlich die Grenzen der Schulöffentlichkeit: er wird zum Skandal.

Die Schüler sind unversehens auf einen neuralgischen Punkt gestoßen. Ursprünglich ging es ihnen nur um das einfache Recht, durch Plakate am Schwarzen Brett andere Schüler zu informieren, ein Recht, das ihnen bisher noch nie beschnitten worden war. Bei dem Stück Hochhuths, das sich mit der fragwürdigen Haltung der Kirche gegenüber nationalsozialistischer Politik beschäftigt, wird ihnen plötzlich dieses Recht verwehrt; von einer Kontroverse über die nationalsozialistische Vergangenheit soll die Schulöffentlichkeit abgehalten werden. Der Schulleiter setzt das volle Gewicht seiner behördlichen Autorität ein, um diese Maßnahme durchzusetzen, und dieses überzogene Reagieren auf das Aufhängen eines normalen Theaterplakats erscheint so unangemessen, daß die gesamte Haltung des Direktors kritikwürdig wird.

Doch mit ihren Fragen stoßen die Schüler bei der Schulleitung, einem Teil des Lehrerkollegiums und bei der Schulbürokratie auf Unverständnis und Abwehr. Die offizielle Seite erscheint schlicht überfordert, sie pocht auf Spielregeln und greift auf bisher verdeckte Verhaltensmuster zurück: Ruhe, Ordnung und Disziplin sollen ihre Autorität wiederherstellen. Der Konflikt zerreißt den Nebelschleier des republikanisch-demokratischen Anspruchs. Autoritätserosion und Verlust der Glaubwürdigkeit sind die Folge für den offiziellen Repräsentanten der Republik in der Schule; er kann für die Schüler keine Orientierung mehr bieten. –

Dieser Konflikt wird 1964/65 an einem gutbürgerlichen, traditionell humanistischen Gymnasium ausgetragen; er erscheint uns symptomatisch für die politische und kulturelle Atmosphäre jener Zeit. Die »Adenauer-Ära« ist gerade zu Ende gegangen, doch das konservative Klima des CDU-Staates mit seinen typischen Denk- und Verhaltensweisen ist geblieben.

Nicht wenige Schüler zeigen gegen den Antiintellektualismus und das christlich-konservative Ressentiment eine demonstrativ kritische Haltung. Ihre Option für Aufklärung und Kritik stellen sie in der Schulzeitung dar. Den vom Hochhuth-Plakat ausgelösten Konflikt dokumentieren, analysieren und kommentieren sie, fundieren ihre Thesen mit Grundsatzartikeln zur Deutschlandpolitik, in Reflexionen zur deutschen Geschichte, zum KPD-Verbot, zur Kriegsdienstverweigerung und immer wieder zum Nationalsozialismus und seinen Folgen.

Es liegt auf der Hand, daß diese Schüler sich nicht mit Schulleitern identifizieren, die bei jeder Konfrontation mit der Vergangenheit ausweichen und die Auseinandersetzung formal verhindern; dies sind ihre Gegner, die Repräsentanten des Verdrängungsprozesses, gegen den die Schüler angehen wollen. Eine ganz andere Orientierung scheint sie zu offensivem Handeln zu befähigen: das Leitbild des kritischen und engagierten Intellektuellen.

Von heute aus gesehen mag diese Beobachtung wenig Überraschendes haben; man hat sich daran gewöhnt, in solchen Schülerprotesten der frühen sechziger Jahre schon die ersten Anzeichen der Studentenbewegung zu sehen, in der die Figur des Intellektuellen eine zentrale politische Bedeutung hatte. Ein wichtiger Punkt bleibt indessen ungeklärt: Woher stammt diese für die damaligen Verhältnisse eher ungewöhnliche Orientierung der Schüler – in einer Republik, in der Intellektuelle eine diffamierte Minderheit ohne großen Entfaltungsspielraum und politische Bedeutung waren? An welchen Repräsentanten einer solchen Position konnten die Schüler sich orientieren?

Wie das Dritte Reich mit Intellektuellen umsprang, ist nur allzu bekannt; die nach 1945 zurückkehrten, fanden sich auch in der neuen deutschen Republik im Westen an den Rand gedrängt und mußten um ihr politisches Überleben kämpfen. Im folgenden soll nun nicht eine akademische Aufarbeitung der Intellektuellen-Diskussion seit dem Krieg präsentiert werden; es geht vielmehr um die lebensgeschichtliche Entwicklungslinie eines Angehörigen der Generation, die vom Zweiten Weltkrieg geprägt wurde, eines Mannes, der nicht auf lebendige demokratische Traditionen der Weimarer Republik zurückgreifen konnte und dennoch in einem Konflikt wie jener Hochhuth-Affäre nicht auf der Seite derjenigen stand, die sich auf ihre formale Autorität zurückzogen und eine Auseinandersetzung mit der Vergangenheit um jeden Preis zu vermeiden suchten. Es geht um einen Lehrer, der schon in den Jahren zuvor die Haltung eines republikanischen Intellektuellen vorgeführt hatte. In der Auseinandersetzung mit diesem Lehrer hatten jene kritischen Schüler argumentieren gelernt, der begründete Widerspruch war für sie zum Grundelement ihres Denkens und ihrer Vorstellung von Demokratie geworden, so daß sie diese Positionen gegen die Autorität der Schulleitung wirksam durchsetzen konnten. (Der Schulleiter wurde in der Tat versetzt.)

Wir haben mehrere Interviews mit diesem Lehrer geführt. Wir wollten herausfinden, wie er, aktiver Frontkämpfer im Zweiten Weltkrieg, zu dem republikanischen Intellektuellen geworden war, als den wir ihn kennengelernt hatten.

Jugend im NS-Staat: Die Wunschvorstellungen

K. war 1933 neun Jahre alt; er erlebte die Machtergreifung der Nazis in Deutschland kaum mit Bewußtsein. In dem westfälischen Dorf, in dem seine Eltern lebten, wurde dieses Ereignis wohl auch weniger spektakulär inszeniert als in den großen Metropolen. Latent bestand bei den westfälischen Bauern immer schon ein Argwohn gegen die »Regierung in Berlin«. K.s Vater konnte es sich allerdings nicht so einfach machen. Er war Landschullehrer und mußte sich, wenn er seine Stellung behalten wollte, mit der SA arrangieren. Dieser Vorgang prägte auch die Schulerfahrung seines Sohnes, der das Gymnasium einer Nachbarstadt besuchte: Angst, Unsicherheit und Verkrampftheit teilten sich im Schulalltag deutlich mit, etwa wenn Bildnisse humanistischer Vorbilder durch Führer-Konterfeis ersetzt wurden. Der ohnehin schon streng reglementierte und ausschließlich auf deutsche Bildungstradition orientierte Schulstoff in dieser preußischen Provinz, der nie die Möglichkeit nicht-national begrenzter geistiger Orientierung gefördert hatte, wurde von der NS-Schulverwaltung auf einen ideologisch abgeschotteten Grundkanon zusammengestrichen. Der Deutschunterricht wurde zum reinen Indoktrinierungsinstrument; man las Grimm, Vesper, Schiller, den »Franzosenfresser« Körner, die *Hermannschlacht* von Kleist; der Englischunterricht ließ nur wenige Texte zu, so den ideologisch brauchbaren *Merchant of Venice* von Shakespeare. An intellektueller Reibungsfläche wurde dem interessierten K. hiermit nicht viel geboten; es war zu wenig, um das Vorbild eines »geistigen Menschen« ausreifen zu lassen, das seine Zukunftsphantasien hätte beflügeln können. Immerhin tat K. aus eigener Initiative einige Schritte in dieser Richtung: mit Freunden las er Schopenhauer und Nietzsche. Ein anderer Versuch, auf eigene Füße zu kommen, wurde K. beinahe zum Verhängnis: als er im Geschichtsunterricht aus Experimentierlust die Frage aufwarf, ob es nicht vorteilhafter für Deutschland gewesen wäre, wenn Varus und nicht Hermann die Schlacht im Teutoburger Wald gewonnen hätte – immerhin hätten zivilisatorische Prozesse früher in Gang kommen können –, ordnete der Schulleiter den Hinauswurf an. Nur durch Eingreifen des Vaters bekam K. die Chance, das Kriegsabitur zu machen.

Die traditionelle humanistische Bildung deutscher Gymnasien hatte also nicht viel Chancen, Vorbilder für K. auszubilden. Andere Dimensionen der Realität drängten stärker in seinen Wahrnehmungskreis. Die Kriegspropaganda der Nazis fiel zeitlich genau in K.s Schulzeit, und den Gymnasiasten wurde für den Fall, daß sie sich als Kriegsfreiwillige für die Offizierslaufbahn meldeten, die Jagdflieger-Karriere in Aussicht gestellt. Jagdflieger – das war seit Richthofens und Udets heroischen Zeiten im Ersten Weltkrieg die Verkörperung des nationalen Helden, des ritterlichen Kämpfers, der trotz der Abhängigkeit von der Leistung seiner Maschine (die deutschen waren natürlich die besten gewesen) der Garant für einen sauberen, edlen Krieg war und der die Alpträume der Schützengräben im Bewußtsein überdecken konnte. In Konkurrenz mit den eingeschüchterten, verkrampften Repräsentanten des Geistes schaffte es die Vorstellung einer solchen Karriere mühelos, den 15jährigen K. zu faszinieren. Weitere Vergünstigungen ermutigten ihn: anstatt nachmittags Hausarbeiten zu machen, nahm K. nun an einem Segelfliegerkursus teil. Schon in der Schule war es also möglich, vom Jagdfliegerdasein zu kosten; keine Frage, daß diese Tatsache K.s Selbstbewußtsein nicht unbeträchtlich hob.

Für das Jagdfliegerdasein gab es allerdings noch eine weitere Vorbedingung: es wurde der Nachweis einer führenden Position in der HJ verlangt. K.s Freizeit zerfiel somit in Segelflieger- und HJ-Aktivitäten, und in beiden mußte er sich noch auszeichnen. Seine Entschlossenheit ließ aber nicht nach; moralisch aufgerüstet wurde er in den letzten Schuljahren durch Vorträge, die aktive Fliegeroffiziere der Wehrmacht im Gymnasium hielten. Man sah die leibhaftigen Helden aus nächster Nähe, und sie konnten sich in ihrem Ruhm sonnen: 1940/41 war die Zeit der großen Siege der deutschen Wehrmacht. K. tat alles, um den Helden nachzueifern. 1942 meldete er sich als siebzehnjähriger Kriegsabiturient und Fähnleinführer der HJ zur Aufnahmeprüfung für die Fliegerschule der Luftwaffe.

Krieg und Katastrophen: Die falsche Elite

K. hatte mit siebzehn Jahren für damalige Wertvorstellungen nicht wenig erreicht für sein Alter; ohne zu übertreiben konnte er sich zur nationalen Elite seines Jahrgangs rechnen. K. wollte sich nicht als stupider kleiner Befehlsempfänger, sondern als individueller Abenteurer auf den Krieg einlassen. Das Auftreten der Fliegerasse im Gymnasium hatte ihm ja diese Möglichkeit vor Augen geführt: als selbständige Kämpfer waren sie erschienen und hatten von ihren Taten berichtet. Das Militär und die NSDAP boten K. die Möglichkeit, den Rahmen des folgsamen, gewissenhaften

Schülerdaseins zu verlassen. Es war sozusagen das legalisierte Über-die-Stränge-Schlagen, das ihm hier die Profilierung gegenüber der Schule und der bürgerlichen Erziehung, nicht zuletzt auch gegenüber den Eltern erlaubte. So konnte er sich den Krieg als Siebzehnjähriger auch in dieser Hinsicht als individuelles Abenteuer vorstellen – zum Leidwesen seiner Mutter; ihre Bedenken waren allerdings den allgemeinen Überzeugungen, die K. ins Feld führen konnte, nicht gewachsen.

K. versuchte, den Traum vom brillanten jungen Fliegerleutnant in die Realität umzusetzen. Doch entstand hier bald ein Konflikt. 1943 war er zur Kriegs- und Pilotenschule nach Breslau abkommandiert worden. Nach Flügen über Warschau, Lodz und Prag fühlte sich K. schon so sicher, daß er einigen Mädchen des Breslauer Lyzeums versprach, vor ihren Augen während der Schulpause einen Looping über der Stadt vorzuführen. Aus K.s Sicht ein harmloses Vergnügen, das in seine Rolle als Offiziersanwärter gut hineinzupassen schien. Doch er hatte sich gründlich verschätzt, was die Nutzbarkeit des Militärs für die eigene soziale Anerkennung anging: Er wurde von den Vorgesetzten einer schweren Disziplinlosigkeit beschuldigt und aus der aktiven Fliegerausbildung entfernt. Die Disziplinarordnung der Luftwaffe zeigte kein Verständnis für die individuellen Wünsche eines ihrer zukünftigen Kämpfer; die heroischen, ritterlichen Qualitäten des Vorbildes »Jagdflieger« mußten im Anpassungsprozeß an die moderne Kriegstechnik ausgeschieden werden.

Doch gab K. sich so schnell nicht geschlagen. Wurde ihm die Fliegerei auch verwehrt, so kamen 1943 immer noch genug Elitetruppen seinen Vorstellungen entgegen. K. meldete sich zu den Fallschirmjägern – immer noch bei der Luftwaffe und immerhin eine Elitetruppe, die aufgrund ihrer militärischen Erfolge ein beträchtliches Ansehen genoß.

Nach einer kurzen Ausbildung in Magdeburg und Lyon wurde K.s Einheit zum ersten Mal im Kampf eingesetzt, und zwar beim »Unternehmen Sizilien«: die Engländer und Amerikaner sollten durch deutsche Eliteeinheiten von der Insel vertrieben werden. Schon dieser Einsatz verlief äußerst brutal; aus Angst vor der Flak setzten die Transportflugzeuge die Fallschirmjäger in viel zu großer Höhe ab, so daß von 3000 Soldaten nur 500 den Einsatz überlebten. Das Unternehmen schlug fehl, die deutschen Einheiten zogen sich in Italien bis kurz vor Rom zurück.

Der neunzehnjährige K. war in eine Kriegswirklichkeit gesprungen, die sich von den heroischen Erzählungen seiner Vorbilder gänzlich unterschied. Unter den Bedingungen des technisierten Krieges war die Realität von ganz anderen Imperativen gesteuert, als es die Wunschphantasien antizipiert hatten; K.s ritterlicher Individualismus mußte sich gleich zu Beginn im Rückzug bewähren, der mehr das Erlernen von Überlebenstechniken forderte, als daß er den verwegenen, der eigenen Initiative gehorchenden Zweikampf erlaubt hätte. Die größte Lektion stand K. allerdings noch bevor: die Schlacht um Monte Cassino, bei der an entscheidender Stelle seine Fallschirmjägereinheit eingesetzt wurde.

K. machte in dieser Schlacht eine Erfahrung von zentraler Bedeutung. Zunächst war jegliche Kriegsbegeisterung, soweit sie noch existiert hatte, verflogen; sie hatte nüchternen Überlegungen Platz gemacht, die nötig waren, um in dieser Materialschlacht zu überleben. Daß er fähig war, einen kühlen Kopf zu bewahren und nachzudenken, bevor er handelte, ließ K. oft überleben; z. B. suchte er vor und während der pausenlosen Bombenangriffe nicht in Kellern der Stadthäuser Deckung, die später fast alle verschüttet wurden, sondern in einem Bunker, in dem er dicken Beton über dem Kopf hatte. Zudem war er durch die Überlebenskalkulationen so angespannt, daß nicht mehr der geringste Raum blieb für andere Überlegungen; nach einer kurzen Zeit wurde K. zum Teil seines Maschinengewehrs. Wenn er in den Nahkämpfen auf dem Klosterberg überleben wollte, mußte er schneller schießen und aufmerksamer sein als die Soldaten der Alliierten.

Nach einer gewissen Zeit, in der der Kampf ununterbrochen getobt hatte, wurden allerdings von deutscher und alliierter Seite Gefechtspausen vereinbart. In diesen Momenten des Atemholens, in denen Deutsche und Amerikaner in Rufweite im Kloster verschanzt saßen, ergaben sich schon ein paar Rufkontakte – K. konnte genug Englisch –, und hin und wieder wurde schon mal eine Schachtel »Lucky Strike« herübergeworfen. In diesen Momenten hatte K. mit ein paar Kameraden, mit denen er sich verstand, das atemlose Bedürfnis, den Moment festzuhalten, um zu verstehen, welche Situation es überhaupt war, in der er steckte. Man hatte vor dem ständig drohenden Tod einige Minuten gewonnen, die aber auch nicht ausreichten, die Absurdität, die hinter allen Ereignissen sich abzuzeichnen begann, zu entkräften. Durch die Materialschlacht waren die heroischen Vorbilder längst verschlissen; es ging nur noch darum, in einer Maschinerie zu überleben, die jederzeit, abhängig vom technischen Zufall und anderen nicht kalkulierbaren Kräften, den Tod bringen konnte. Nun saß K., geschichtlich gesprochen, doch im Granattrichter von Verdun, und die Versuche, in angespannter Reflexion mit einigen Kameraden die Situation in den Griff zu bekommen, konnten ihn nicht herausholen.

K. überlebte die Schlacht; doch seine bisherigen sozialen und militärischen Gewißheiten waren vom »Trommelfeuer« in Monte Cassino nachhaltig zerstört worden. Die gesamte Lage der kriegführenden deutschen Truppen verschlechterte sich zusehends; nachgerade die deutsche Luftwaffe, K.s ehemaliges Traumziel, hatte dermaßen mit Spritmangel zu kämpfen, daß sie 1944 längst aufgehört hatte, den Alliierten ein wirklicher Gegner zu sein. Diese wiederum trugen das ihre dazu bei, um die Elitevorstellungen von der ritterlichen Luftwaffe nachdrücklich Lügen zu strafen: aus den Kurvenkämpfern und pionierhaften Beobachtungsfliegern hatten sich regelrechte Zerstörungsfabriken in Form von Bomberströmen entwickelt, die die deutschen Städte in Schutt und Asche legten und damit eine Strategie fortsetzten, die die Deutschen in Holland und Großbritannien vorgeführt hatten.

K.s Selbstverständnis wurde so zunehmend von der Realität widerlegt, was den Zwanzigjährigen, wenn er nicht ums pure Überleben kämpfen mußte, in Verwirrung und haltloses Grübeln führte. Die eigentliche Krise erlebte er dann im Sommer 1944 an der Normandie-Front in Frankreich, wo seine Einheit bei St. Lô eingesetzt wurde und in den Kessel von Argenton geriet.

Die Lage war hoffnungslos: Die strenge militärische Hierarchie mit all ihren Disziplinarvorschriften und uneinsehbaren strategischen Entscheidungen hatte K. nun endgültig in die Sackgasse geführt. So blieb ihm, der seine Person mit ihren individuellen Hoffnungen und Wünschen immer mehr hatte zurücknehmen müssen, nur der Rückgriff auf die eigene Initiative. Mit vier oder fünf übriggebliebenen Soldaten seines Regiments durchbrach der inzwischen zum Leutnant beförderte K. nachts den polnischen Sperriegel, um sich auf eigene Faust in Richtung Deutschland durchzuschlagen. Tagsüber versteckten sie sich, nachts wurde marschiert, bis sie eines Tages in einer Scheune, wo sie sich verborgen hatten, von einer größeren, etwa 50köpfigen Gruppe der französischen Résistance aufgestöbert wurden.

K. befand sich nun in einer Situation, auf die er trotz aller militärischen Überlebenserfahrung nicht vorbereitet war. In Monte Cassino war er in derselben Situation wie der Gegner gewesen: Feind und Freund steckten in einer Zerstörungsmaschinerie, die so übergreifend und so wirklichkeitsbeherrschend gewesen war, daß sich die Soldaten, obwohl sie pausenlos aufeinander einschossen, als überlebenwollende Menschen begreifen konnten. Hier aber war das eine völlig andere Situation. Die Résistance-Kämpfer waren keine Arbeiter einer Zerstörungsindustrie, keine fremd einmarschierten Soldaten aus Ostpreußen oder Kanada; sie wehrten sich aus eigenem Entschluß gegen die gewaltsame Besetzung ihres Landes, gegen den Terror des NS-Regimes und gegen den Verrat der Pétain-Regierung. Sie fühlten sich als Opfer fremder Gewalt und Machtpolitik, und zum ersten Mal mußte K. erkennen, daß er in diesem Augenblick als deutscher Fallschirmjägerleutnant ein Repräsentant, ein Agent genau dieser Gewalt war, als den er sich vorher noch nie begriffen hatte. Aber jetzt ging es nicht um seine persönlichen Wünsche und Absichten, jetzt ging es um die objektive geschichtliche und politische Rolle, die er seit 1939, aus welchen Gründen auch immer, spielte. Sie wurde nun zum persönlichen Verhängnis, denn die Résistance-Leute schickten sich an, die fünf Deutschen auf grausame Weise umzubringen.

Im letzten Moment griff ein amerikanischer Panzerkommandant ein, der die herumliegenden deutschen Uniformen gesehen hatte und jetzt den Franzosen auf nachdrückliche Art klarmachte, wie Kriegsgefangene seiner Meinung nach zu behandeln seien.

Kriegsgefangenschaft

Nach den Katastrophen des Fronteinsatzes fand sich K., aus einem New Yorker Krankenhaus entlassen, in einem amerikanischen Kriegsgefangenenlager bei Baltimore/Maryland wieder. K. war überrascht: Man wurde hervorragend verpflegt mit zwei warmen Mahlzeiten am Tag, konnte ein Fernstudium betreiben, konnte arbeiten, wenn man wollte, wurde aber nicht dazu gezwungen – kein Vergleich zu den rauhen Sitten in Deutschland. Bei der Arbeit stellte K. schnell Kontakte zu Amerikanern her, die sich anfangs wunderten, nicht jene wilden nordischen Gestalten vor sich zu haben, als die ihnen die Kriegspropaganda die

Deutschen schilderte. K. konnte sich sehr frei bewegen, und er nutzte dies einmal, um sich unbemerkt nach New York abzusetzen; bald danach stellte er sich aber freiwillig, um nicht jede Chance zu verspielen, jemals nach Deutschland zurückzukehren. Die Strafe fiel milde aus: K. wurde strafversetzt in ein Gefangenenlager in Texas. Große Kontingente des ehemaligen Afrika-Korps waren hier interniert, unter ihnen fanatische Nazi-Kämpfer aus der Zeit der großen Siege, die nicht an die Niederlagen glauben wollten, von einem künftigen faschistischen Europa träumten und die Mitgefangenen mit Selbst- und sogar Lynchjustiz terrorisierten. Selbst zwei ehemalige Reichsredner im Range von Obristen fanden sich unter den Wortführern. K. hielt sich möglichst von ihnen fern; wegen seiner Englischkenntnisse wurde er aber bald zum Lagerdolmetscher ernannt und mußte so zwischen Gefangenen und Lagerkommandantur vermitteln.

Dank der großzügigen Behandlung durch die Amerikaner hatte K. Zeit und Gelegenheit genug, sich über die Zukunft Gedanken zu machen. Die faschistischen Wehrmachtsoffiziere nahm er nun als Unbelehrbare und als Rowdies wahr, die die ganze Sinnlosigkeit seiner militärischen Laufbahn verkörperten, aber noch hatte er dem nichts entgegenzusetzen außer dem dumpfen Gefühl, betrogen worden zu sein. Täglich mußte er per Lautsprecher Nachrichten aus amerikanischen Zeitungen übersetzen, und die Berichte über Greueltaten der deutschen Truppen, zusammen mit ihren militärischen Niederlagen und den Bombenangriffen auf deutsche Städte, verdichteten sich zu dem Eindruck, daß Deutschland absolut keine Zukunft mehr habe; Gerüchte gingen um, daß alle Deutschen bis 1980 nach Sibirien deportiert werden sollten. Die Meldungen und Gerüchte verdichteten sich zu einer beklemmenden Atmosphäre, die mit der guten Behandlung ebenso kontrastierte wie mit dem Kampfwillen der unverbesserlichen Nazi-Offiziere.

Nach Kriegsende wurde eine Umerziehung der Kriegsgefangenen in Angriff genommen. Im Herbst 1945 kamen die ersten Filmdokumentationen über die KZs nach Amerika, und die deutschen Soldaten – das Lager in Texas umfaßte 3000 Mann – wurden vor großen Leinwänden versammelt, damit sie diese Filme ansahen. Erschüttert waren alle, bis auf wenige Unverbesserliche, die sofort behaupteten, man habe die Opfer der Bombenangriffe auf deutsche Städte zusammengetragen, um gegen die Deutschen

Propaganda zu machen. Viele der hartgesottenen Kämpfer brachen zusammen, Tausende von Soldaten saßen vom Schock gelähmt. Als Lagerdolmetscher hatte K. den Befehl erhalten, den englischen Kommentar zu übersetzen; nach zehn Minuten mußte er abbrechen, er konnte nicht weitersprechen.

Ende 1945 begannen die Amerikaner, die deutschen Kriegsgefangenen nach Europa zurückzuschicken, um sie in belgischen Kohlebergwerken einzusetzen. Ein kleiner Teil von ihnen allerdings blieb vorerst in Amerika: 30 Mann aus dem texanischen Lager wurden für ein halbes Jahr in ein Umerziehungslager geschickt, weil man sie für demokratiefähig hielt und sie als Elite nach Deutschland geschickt werden sollten, um am Aufbau eines demokratischen Systems mitzuarbeiten. Unter ihnen befand sich auch K.

Es waren naive Vorstellungen, die sich die Amerikaner hinsichtlich der demokratischen Substanz machten, die sie den Deutschen vermitteln könnten. Sie hatten, wie K. sich ironisch ausdrückt, »Easy-Readers« zusammengestellt, die klassische Autoren wie Locke, Montesquieu und Rousseau präsentierten, aber keine geschichtlichen und politischen Vorgänge, Zusammenhänge und Ziele erläuterten. Bezeichnend für die amerikanischen Bemühungen war auch, daß sie nur junge, unerfahrene und »unverbrauchte« Leute aussuchten; an älteren Kriegsgefangenen, die schon in den zwanziger Jahren gegen die Nazis gearbeitet hatten, zeigten sie kein Interesse. Demokratische Grundsätze sahen sie als zeitlose Moral an; es war eine sehr geschichtslose, abstrakte Demokratie, die dem Gewissen der Soldaten eingeimpft werden sollte. Immerhin begegnete aber K. hier zum ersten Mal klassischen Autoren der europäischen Philosophie, die, wenn auch populär zurechtgestutzt, erste Anhaltspunkte liefern konnten, um Licht in seine Orientierungslosigkeit zu bringen.

Daß ihn die Amerikaner nicht ins belgische Bergwerk, sondern ins Umerziehungslager schickten, um ihn für die Zukunft Deutschlands in ihrem Sinne brauchbar zu machen, empfand K. als Auszeichnung. Inmitten der allgemeinen Depression über den Zusammenbruch Deutschlands zeigten ihm die Amerikaner, die ihm in Frankreich das Leben gerettet und ihn auch danach fair behandelt hatten, daß er für das Neue zu gebrauchen sein werde, das es in Deutschland aufzubauen galt. In dem Vakuum, in dem er sich seit den Kriegserlebnissen befand, war für ihn diese Geste des Wohlwollens ein Indiz dafür, daß ein Neubeginn möglich sei, auch wenn die Amerikaner ihm kaum die Instrumente in die Hand gaben, die ihn fähig gemacht hätten, seine Erfahrung zu bearbeiten. Hinzu kam, daß die Ausgewählten für diesen Re-education-Kursus die Möglichkeit vor sich sahen, bald wieder nach Hause zu kommen. Außer den spärlichen Nachrichten, die K. den amerikanischen Zeitungen hatte entnehmen können, wußte er nicht, wie es in Deutschland aussah.

1946 wurde K. schließlich nach Le Havre eingeschifft und kam Monate später mit einem amerikanischen Militärtransport in Münster an. Mit Ermahnungen, nicht zu vergessen, was ihm beigebracht worden sei, wurde er dort entlassen.

Die Stunde Null

Die Stadt war völlig zerstört – vom Bahnhof konnte man quer über das Trümmerfeld der Innenstadt bis zum Schloß am gegenüberliegenden Stadtrand sehen. Trampelpfade zogen sich durch die Schutthaufen, allein der Dom stand noch auf seinem alten Platz. K. versuchte, eine Tante aufzusuchen, die in Münster gewohnt hatte, fand sie aber nicht; wie er später erfuhr, war sie bei einem Bombenangriff umgekommen.

Es lag nun gegenständlich und unausweichlich vor, was ihm in den letzten Jahren zunehmend klarer geworden war: an das Leben, das er vor dem Krieg geführt hatte, würde er nicht wieder anknüpfen können, es war abgeschnitten. Mit siebzehn war er von zu Hause weg in den Krieg gezogen, mit zweiundzwanzig kehrte er nun zurück und hatte in diesen Jahren seines Lebens nicht viel anderes gelernt, als ein Maschinengewehr zu bedienen. Auch seine privaten Fliegerträume waren geplatzt, mehr noch: er hatte, indem er sie verfolgte, ein verbrecherisches System unterstützt, das ihn beinahe selbst das Leben gekostet hätte. Für K. stand fest, daß er um seine Jugend und um seine Träume betrogen war.

Doch mischte sich in diese düstere Erkenntnis die Erleichterung, daß dieses Kapitel nun endlich zu seinem Abschluß gekommen war. Keine Wehrmacht, kein amerikanisches Militär würden ihm von jetzt an Vorschriften zu machen haben, er war noch am Leben, es war noch Zeit, aus den Fehlern zu lernen, die bisher sein Leben bestimmt hatten. Auf dem Weg nach Hause mischte sich in K.s Depression über die nationale Katastrophe der starke Drang nach sinnvollen Taten.

K.s Tatendrang wurde schnell gedämpft; enge Grenzen waren ihm gesetzt, denn der Alltag im Nachkriegsdeutschland erschöpfte sich in der mühseligen Herstellung der elementarsten Lebensverhältnisse. In dieser Situation Zukunftsplänen nachzugehen, schien unmöglich; als weiteres Hemmnis erwies sich, daß man K.s Kriegsabitur nicht anerkannte und er sich, eben aus dem Krieg zurückgekehrt, wieder auf die Schulbank setzen mußte, um in einem neunmonatigen Kurs das Abitur nachzumachen. Im zerbombten Schulgebäude der Stadt wurde der Unterricht von pensionierten und kriegsversehrten Lehrern, auch von Pfarrern abgehalten. Für alle hatte diese Situation etwas Groteskes: Die jetzt auf den Schulbänken saßen, hatten sich noch vor Jahresfrist als Kämpfer und Verteidiger des Deutschen Reiches gefühlt oder waren so behandelt worden; der Fallschirmjägerleutnant K., »grüner Teufel« aus Monte Cassino, saß zwischen dekorierten U-Boot-Kapitänen und Panzerfahrern, die nun Caesars *Bellum Gallicum* zu übersetzen hatten. Immerhin versuchte man sie als Erwachsene, nicht aber als Primaner und Professoren zu behandeln; die schlechte Versorgungslage bei Essen, Kohle und Lernmitteln machte es ohnehin erforderlich, daß man enger zusammenrückte und zusammenarbeitete.

K. war weder Fallschirmjäger noch Primaner während der neun Monate, die er die Schulbank zu drücken hatte; er befand sich merkwürdig dazwischen, in einem luftleeren Raum. Auch zu Hause war dies der Fall: Er wohnte wieder bei seinen Eltern, hatte aber schon zu viel Eigenes erlebt, um nur Sohn zu sein. Von den zahlreichen Freunden aus der Schulzeit kehrten nur wenige zurück, viele waren gefallen, einige im KZ umgekommen; manche trafen nach und nach wieder ein, man tauschte Kriegserlebnisse aus und war bald wieder in endlose Gespräche darüber vertieft. Unbewältigt und unbeweglich stand die Vergangenheit wieder da und band alle Phantasien, die sich eigentlich in die Zukunft richten wollten. Man wich aus, spielte Fußball und versuchte mit den Mädchen der Stadt zu schäkern.

K. gelang es lange nicht, diese Situation zu durchbrechen. Nach dem Abitur versuchte er, sich an der Universität Münster einzuschreiben, doch wurde es ihm verweigert; die Studienplätze seien zu knapp, und ehemalige Offiziere der Wehrmacht, noch dazu von Eliteeinheiten, waren zunächst vom Studium ausgeschlossen. K. geriet hier in die Entnazifizierungsmaßnahmen; wenn er sich auch nie wirklich als Verfechter der Nazi-Ideologie verstanden hatte, wurde er nun erneut dafür zur Rechenschaft gezogen, daß er der militärischen Elite des NS-Staates angehört hatte. Von den Behörden der britischen Militärregierung und von der deutschen Verwaltung wurde seinem beruflichen Fortkommen, aber auch seinem intellektuellen Nachholbedürfnis zunächst ein administrativer Riegel vorgeschoben.

K. blieb also in den ersten Jahren nach dem Krieg gezwungenermaßen in einem gesellschaftlichen und politischen Vakuum. Dennoch fand sein Drang nach Verarbeitung der Vergangenheit und damit seines ganz persönlichen Lebensschicksals einen Ansatzpunkt: die Lektüre. Während des Abiturlehrgangs war er zum ersten Mal der aktuellen Literatur begegnet, von deren Existenz er bis dahin nichts gewußt hatte; die Schullektüre aus der NS-Zeit lag weit zurück, und außer den »Easy-Readers« der Amerikaner hatte er während der ganzen Kriegszeit nichts Literarisches in die Hand bekommen. Gerade das empfand er jetzt als ein schweres persönliches Manko: Immer hatte er, seit er wieder zu Hause war, das Gefühl gehabt, unendlich viel erlebt zu haben, aber immer war die Erfahrung privat, persönlich geblieben. Jetzt bei der Lektüre trat ihm etwas entgegen, das diese Lebenserfahrung, diese Erlebnisse formulieren konnte, das sein Lebensgefühl objektivierte: die Literatur. Kafka und Hemingway schilderten Situationen und Erfahrungen, in denen K. die seinen wiedererkannte; die dumpfe Isolation, in der K. seine Erlebnisse mit sich herumgetragen hatte und die durch die Gespräche mit Kameraden nicht hatte durchbrochen werden können, ließ sich nun auflösen; das war die entscheidende Erkenntnis. Daß er dann sogar im Abitur mit Auszügen aus *Fiesta* die Prüfung erfolgreich bestreiten konnte, führte ihm eine nie geahnte Möglichkeit der Objektivierung vor Augen.

So begann er nun alles Lesbare, das er irgendwie auftreiben konnte, in sich hineinzuschlingen, und auch die miserable Versorgungssituation stellte kein Hemmnis mehr dar. Seit Kriegsende waren kaum Bücher gedruckt worden; 1948 begann Rowohlt in Reinbek Bücher als Zeitungen zu drucken. Der Vater konnte K. über Beziehungen einige Bücher besorgen, ergiebiger waren aber die Bibliotheken der Alliierten: In Münster war eine englische Bibliothek, die »Brücke«, eröffnet worden, und K. fuhr mit dem Fahrrad die 80 km hin und zurück, um sich dort die Bücher von Hemingway auszuleihen. Die Schwierigkeit, geeignete Lektüre aufzutreiben, steigerte seine Lesebegierde; hatte er die letzten Jahre mit begriffslosem Handeln nach falschen Idealvorstellungen zugebracht, so kehrte sich nun dieses Verhältnis um. Erlebnisse, die der Verarbeitung bedurften, waren genug vorhanden.

Bald erfuhr K., daß er nicht allein stand mit seinen Orientierungsversuchen in der rauschhaft nachgeholten Lektüre. 1948 wurde *Draußen vor der Tür* von Borchert in Hannover aufgeführt, und K., der die umständliche Reise nicht gescheut hatte, geriet wie selbstverständlich mit wildfremden Menschen, die nur zufällig den Platz neben ihm im Theater hatten, in lange und intensive Gespräche. Statt zwei Tage blieb er zwei Wochen in Hannover; man traf sich im Wartesaal und in der zugigen Bahnhofshalle, neue Texte und Ideen begegneten ihm und konnten den Gesprächen nun einen Halt geben.

Es lag nahe, diesem Nachholbedürfnis hemmungslos nachzugeben: keine andere Perspektive hatte sich K. bei seiner Rückkehr geboten. Nachgerade die Politik, zu der ihn seine amerikanischen Ausbilder hinführen wollten, erwies sich als schwer zugänglich. Eine allgemeine Stimmung des Ausgeliefertseins an politische Katastrophen hatte sich in den Nachkriegsjahren gehalten; die Angst, nach Sibirien verschleppt zu werden, wurde abgelöst durch eine neue Angst, die mit der Bildung der Machtblöcke entstand. Ein neuer Krieg schien nicht ausgeschlossen; die sich ankündigende deutsche Teilung und die Integration der deutschen Teilstaaten in den jeweiligen Herrschaftsbereich der Siegermächte, Berlin-Krise und Koreakrieg wurden als Bedrohungen der persönlichen Existenz erlebt. Man lebte in dem Bewußtsein, daß sich alles vom einen auf den anderen Tag katastrophal ändern könne.

K. klammerte die Politik nicht von seinen intellektuellen Arbeiten aus, aber sein Engagement hielt sich in Grenzen. Eher aus schlechtem Gewissen denn aus politischer Überzeugung fuhr er zum CDU-Parteitag nach Ahlen, wo damals ein Programm verabschiedet wurde, das nur eine kurze und folgenlose Episode in der Geschichte dieser Partei spielen sollte. Ebenso unentschlossen blieb K., ob er in diese Partei eintreten sollte; seine Sympathien richteten sich stärker auf die SPD. Aber dort gab es politische Zielvorstellungen, die aus einer Tradition vor dem Faschismus stammten und die deshalb die vergangenen 12 Jahre aus einer anderen Perspektive darstellten, als K. es sehen konnte. Kurt Schumacher, zwischen 1933 und 45 fast ununterbrochen in Gefängnissen und KZs eingesperrt, knüpfte an die erste deutsche Republik, die Tradition der sozialdemokratischen Arbeiterbewegung und die Erfahrung des Widerstandes an; K. hatte faktisch auf der anderen Seite gestanden. Da er die Fehler der eigenen Biographie zu begreifen begann, sympathisierte er mit der politischen Richtung der SPD, er konnte deren politische Tradition aber nicht einfach übernehmen. Wonach K. suchte, das war nicht eine von außen vorgegebene Orientierung, sondern ein noch imaginärer Punkt, von dem aus er die Erfahrungen seiner Jugend auflösen könnte. Dies führte ihn aber zunächst in eine Haltung politischer Abstinenz.

Beim Nachdenken, Lesen und Diskutieren gab es für K. immer noch einen Punkt, der sich nicht fassen ließ und der ihm als Symbol seines verfehlten Lebens erschien: die dramatischen Ereignisse in Frankreich bei seiner Gefangennahme durch die Résistance. Mit den Amerikanern hatte K. seinen Frieden machen können, sie waren ein fairer Gegner und ein großzügiger Sieger gewesen, aber jene Franzosen hatten ihn wie einen gemeinen Mörder behandelt und hätten nicht davor zurückgeschreckt, ihn an Ort und Stelle umzubringen. Kein Hemingway, kein Kafka half K. über dieses fatale Erlebnis hinweg, sie machten es eher noch schlimmer: K. mußte zugeben, daß diese Franzosen damals nicht ohne Grund so gehandelt hatten. Dennoch fühlte er sich als Opfer, als ungerecht Behandelter, und da die eigentlichen Urheber, die politisch Verantwortlichen des NS-Regimes, von ihm nicht zur Rechenschaft gezogen werden konnten – K. mußte sich vorwerfen, nur allzu bereitwillig ihren Machtansprüchen gefolgt zu sein –, richteten sich die Haßgefühle auf jene Leute, die ihm sein politisches und moralisches Versagen nur allzu drastisch vor Augen geführt hatten. Er fühlte sich verpflichtet, seine Wut den einzig greifbaren Objekten zu präsentieren, und beschloß, nach Frankreich zu fahren (den Ort des Geschehens hatte er sich genau eingeprägt), seine damaligen Peiniger aufzusuchen, ihnen seine Situation zu erklären und Verständnis zu verlangen. Geistig ebenbürtig wollte er ihnen begegnen, und aus diesem Grund faßte er den Entschluß, Französisch zu lernen.

Hatte sich K. während der Nazi-Zeit schon als individueller Abenteurer und nicht als Gattungsexemplar des Elite-Ariers verstanden, so betrieb er auch jetzt die Bewältigung der Vergangenheit persönlich. Er hatte, über das Bewußtsein einer allgemeinen Kollektivschuld der Deutschen hinaus, das unabweisbare Gefühl eines ganz persönlichen politischen und moralischen Versagens. So war für ihn der spätere Parteieintritt in die SPD kein ausreichender politischer Neuanfang. Eher galt dies für den naiven Entschluß, Französisch zu lernen, um damit die Voraussetzung für *seine* Vergangenheitsbewältigung zu schaffen. Die private Stunde Null war vorüber; mühselig mit einer alten Langenscheidt-Grammatik französische Verben lernend, ließ K. das Gefühl des politischen und moralischen Ausgeliefertseins an übermenschliche Kräfte hinter sich.

Existentialismus – ein philosophisches Problem?

Man kann die Erzählungen K.s von den ersten Nachkriegsjahren verstehen als die Beschreibung eines Moratoriums. Durch die Verweigerung eines Studienplatzes war K. freigesetzt von institutionellen Zwängen und Verhaltensvorgaben; er konnte einen großen Teil seiner Zeit dazu nutzen, seinen ästhetischen, sinnlichen und intellektuellen Bedürfnissen nachzugehen. Bedeutete diese Phase einen Schonraum zur Bildung und Bereicherung der eigenen Person, so war sie doch auch eine Situation des Mangels, von jenem Vakuum überschattet, das durch die Zerstörung der eigenen Identität und Orientierung entstanden war; dieser Situation konnte K. nichts Neues entgegensetzen. Chaos und Unsicherheit waren für ihn auch noch in den späten vierziger Jahren die vorherrschende Grundstimmung.

Doch langsam, fast übergangslos machten sich erste Veränderungen bemerkbar, sie signalisierten die Rückkehr zur Normalität in Westdeutschland. In dieser Situation, in der auch sein Nachholbedürfnis eine erste Sättigung erreicht hatte, wurde die lebensgeschichtliche Neuorientierung zum drängenden Problem. Diese Orientierung war schwierig: Mit seiner Abenteurerlust und seiner Distanzierung von der kleinbürgerlichen Welt hatte sich K. in einer Weise stilisiert, die verhängnisvoll gewesen war – gesellschaftlich und privat. Statt Souveränität und Selbstbewußtsein herzustellen, war dieser Versuch gescheitert, die Person von der vernichtenden Abstraktion des Nationalsozialismus vereinnahmt worden. K.s Überlegungen kreisten noch immer um jene katastrophischen Erlebnisse; Sinnentwürfe überhaupt schienen obsolet geworden zu sein.

Einerseits mußte er jetzt einen Punkt finden, von dem aus er handlungsfähig und realitätstüchtig für das normale gesellschaftliche Leben werden konnte; andererseits war K. völlig auf sich selbst gestellt, ohne Rückversicherung bei hilfreichen Autoritäten. Die Zeitschrift *Der Ruf*, die von K. mit großer Erwartung aufgenommen worden war, wurde 1947 nach nur zehnmonatigem Erscheinen von der amerikanischen Militäradministration wegen ihrer radikalen, »nihilistischen« Position verboten. Die anderen Angebote, die K. kennengelernt hatte, reichten ihm nicht mehr aus. Die Freunde, mit denen er in nächtelangen Diskussionen Einsicht zu gewinnen versucht hatte, besannen sich, wenn sie aus dieser Entscheidungssituation nicht in den Suff geflohen waren, nach und nach auf christliche oder bildungsbürgerlich-humanistische Traditionen. K. fand aber, daß seine Erfahrungen, an denen er festgehalten hatte, durch diese Orientierungen eher verdeckt als formuliert wurden. Durch zufällige und willkürliche Dezision sollten Traditionen wiederbelebt werden, deren Substanz für K.s Empfinden durch Krieg und Nationalsozialismus höchst fragwürdig geworden war.

Der Ausweg zeigte sich an einer Stelle, an der K. ihn am wenigsten erwartet hätte: Durch seine autodidaktischen Anstrengungen, die französische Sprache zu erlernen, erhielt er Einblick in die zeitgenössische politische Kultur in Frankreich. Er begann Camus, Sartre, Malraux und etwas später auch Céline zu lesen. Diese Texte, vor allem die literarischen und essayistischen Arbeiten Camus', gewährten eine plötzliche Einsicht. Aber nicht allein die Tatsache, daß ihm der Ausdruck eigener Erfahrung in literarisch objektivierter Form entgegentrat, begründete das Schockartige und Explosive solcher Lektüre, sondern auch, daß diese Erfahrungen formuliert wurden von den intellektuellen Vertretern der Résistance, jener Bewegung also, die ihn nur wenige Jahre zuvor als Agenten der faschistischen Okkupation hatten hinrichten wollen: jenes Trauma, das ihn zum Französischlernen bewogen hatte.

Die Lektüre Camus', seiner Romane *Der Fremde* und *Die Pest* sowie seines Essays *Der Mythos von Sisyphos*, wurden für K. zu einem Initialerlebnis: diese Arbeiten der jüngsten Vergangenheit hatte er bisher vergeblich gesucht. Der Begriff des Absurden gab ihm das Schlüsselwort, um das Katastrophische des Krieges und die Diffusität der Nachkriegszeit zu kristallisieren, um die eigene Stellung in einem gesellschaftlichen Zusammenhang zu bestimmen.

Der 1947 erschienene Roman *Die Pest* beschreibt, wie eine ganze Stadt durch die Epidemie in einen inneren und äußeren Belagerungszustand versetzt wird. Unterschiedliche Reaktionsweisen und Handlungsstrategien der eingeschlossenen Bewohner angesichts der unausweichlichen Katastrophe werden dargestellt und analysiert.

Liest man *Die Pest* auf dem Hintergrund der neueren französischen und europäischen Geschichte, so lassen sich eine Vielzahl von Hinweisen auf die gesellschaftliche und politische Realität während der faschistischen Okkupation Frankreichs finden, die eine politische Interpretation der *Pest* nahelegen. Fluchtversuche, äußere und innere Emigration, Anpassung an die unerträgliche Notsituation und Kampf gegen die »Krankheit«, Aufruhr, Kollaboration und Abstumpfung bezeichnen Verhaltensweisen, die, analog zur Pestdrohung, auch angesichts totalitärer Herrschaft Wirklichkeit waren. Die Pest wird in dieser Perspektive zur Allegorie des Faschismus.

Eine zweite Interpretationsmöglichkeit könnte sich auf die Gegenüberstellung der Argumente stützen, die der rigorose Moralist Tarrou dem illusionslosen Dr. Rieux angesichts der Pest entgegenhält: Er sieht in ihr nicht so sehr die Figuration einer konkreten historischen und politischen Situation, sondern den extremen Ausdruck eines sonst latenten und allgemeinen Zustandes in der modernen Gesellschaft: überall auf der Welt werden Menschen im Namen irgendeines Gesetzes oder einer Ideologie, im Auftrage einer Gesellschaft oder Partei hingerichtet. Schuldig an diesen Todesurteilen sind nicht allein jene, die diese Urteile aussprechen oder vollstrecken, sondern mittelbar alle, die ihnen durch ihre zustimmende Haltung oder stillschweigende Duldung eine Rechtfertigung zukommen lassen. Die Pest wird in dieser Perspektive zum Syndrom einer inneren Verödung des menschlichen Verhaltens, das zu Solidarität und Humanität nicht mehr fähig ist. Für eine solche Interpretation wird die Pest zur Allegorie der Entfremdung.

Die Pest als Allegorie des Faschismus und als Allegorie der Entfremdung sind zwei unterschiedliche, vom Text gleichermaßen gedeckte Interpretationsmöglichkeiten, die durch den Romanverlauf an einer Stelle zusammengeführt werden: in der Notwendigkeit solidarischen Widerstandes gegen die Pest. Tarrou formuliert es so:

> Deshalb kann diese Epidemie mich auch nichts lehren, außer daß ich sie an Ihrer Seite [Rieux'] bekämpfen muß. Ich habe die unumstößliche Gewißheit (. . .), daß jeder die Pest in sich trägt, weil kein Mensch, nein, kein Mensch auf der ganzen Welt frei davon ist. Und daß man sich ohne Unterlaß überwachen muß, um nicht in einem Augenblick der Zerstreutheit dazuzukommen, einem anderen ins Gesicht zu atmen und ihm die Krankheit anzuhängen. (. . .)
>
> Ich sage nur, daß es auf dieser Erde Geißeln und Opfer gibt und daß man versuchen muß, möglichst nicht auf der Seite der Geißeln zu stehen. Das scheint Ihnen vielleicht etwas einfältig, und ich weiß nicht, ob es einfältig ist, ich weiß nur, daß es wahr ist. Ich habe so viele Reden gehört, die mir fast den Kopf verdreht hätten und die genügend andere Köpfe verdrehten, bis sie dem Mord zustimmten, daß ich begriffen habe, daß der Menschen ganzes Elend von ihrer unklaren Sprache herrührt. Da habe ich beschlossen, in meinen Worten und Taten klar zu sein, um auf den rechten Weg zu kommen. Folglich sage ich, daß es Geißeln und Opfer gibt, und weiter nichts. (. . .)
>
> Es sollte natürlich eine dritte Gruppe geben, jene der wahren Ärzte. Aber tatsächlich begegnet man nur wenigen, und es muß schwer sein. Deshalb habe ich mich entschlossen, mich jederzeit auf die Seite der Opfer zu stellen, um den Schaden zu verringern. Inmitten der Opfer kann ich wenigstens suchen, wie man zur dritten Gruppe gelangt, das heißt zum Frieden. (. . .) Eigentlich, sagte Tarrou schlicht, möchte ich gerne wissen, wie man ein Heiliger wird.
>
> Vielleicht, erwiderte der Arzt [Rieux]. Aber wissen Sie, ich fühle mich mit den Besiegten enger verbunden als mit den Heiligen. Ich glaube, daß ich am Heldentum und an der Heiligkeit keinen Geschmack finde. Was mich interessiert, ist, ein Mensch zu sein.

Die Pest kann gelesen werden als erste literarische Analyse der menschenverachtenden Abstraktion des Nationalsozialismus und als existentialistischer Begründungsversuch der Résistance; sie kann aber auch abstrakt und moralisch gelesen werden als die schwierige Positionsbestimmung des Individuums in seinem Entfremdungsverhältnis zum gesellschaftlichen Ganzen. Dr. Rieux und Tarrou stehen als Protagonisten für diese Interpretationen. Es ist gerade die durch die allegorische Form bedingte Koexistenz und Ambivalenz der angedeuteten Interpretationen, das Nebeneinander von politischer Stellungnahme gegen den Faschismus und Reflexion auf die *condition humaine*, eine Ambivalenz, die, vermittelt über die eine Position, ein Verständnis der jeweils anderen erlaubt.

K.s Camus-Lektüre jedenfalls machte ihm, vermittels der Position Tarrous, die sich in einigen Punkten mit eigenen Überlegungen berührte, das politische Handeln der Résistance verständlicher. Er brauchte nicht mehr auf einer nachträglichen Anerkennung seiner Handlungsmotive durch die Feinde von 1944 – der ursprüngliche Impuls für seine Beschäftigung mit der französischen Sprache – zu insistieren, er konnte seine eigene Position in Zweifel ziehen – schließlich sogar die Handlungen der anderen als legitim anerkennen.

Die Camus-Lektüre war für K. ein entscheidender Lernprozeß: eine Haltung, die auf den angeblich lauteren Absichten der subjektiven Gesinnung beharrt und die fatalen Folgen allein den historischen Umständen zuschreibt, muß aufgegeben werden. Gegenüber dem NS-Regime gibt es keine neutrale, dritte Position, auf die man sich naiv zurückziehen kann, um sich als eigentlich unschuldig zu behaupten.

Bedeutete der französische Existentialismus für K. wie für viele Angehörige seiner Generation eine produktive Möglichkeit für eine geistige und lebensgeschichtliche Neuorientierung nach dem Krieg, so stieß er doch im akademischen Milieu Westdeutschlands zum größten Teil auf heftige Kritik und Ablehnung. Die Gründe hierfür sind nicht zuletzt in der deutschen Kulturtradition zu suchen. Auch im 20. Jahrhundert hatte man sich in Deutschland gegen die europäische Zivilisation gewehrt, die angeblich die spezifisch deutsche Identität zu vernichten drohte. Die Orientierung an spezifisch deutschen Kulturwerten war nach 1945 höchst problematisch, zumindest war es nun unmöglich, sie noch länger mit nationalem Pathos zu inszenieren. Was sich dennoch durchhielt, war die traditionelle deutsche Trennung von Politik, Wissenschaft, Literatur und Kunst in Fachgebiete und Fachkompetenzen, die voneinander streng isoliert blieben. Einer solchen fachbornierten Weltsicht kam nicht in den Sinn, welche gesellschaftlichen, politischen und auch biographischen Erfahrungen im französischen Existentialismus formuliert wurden. Man erklärte ihn zur schlecht durchdachten Weltanschauung und warf ihm vor, daß seine Haltung der Hoffnungslosigkeit zwangsläufig zu Fatalismus und Nihilismus führen müsse. Otto Friedrich Bollnow etwa sieht in der *Pest* von Camus nicht mehr als einen Modellfall dafür, »was Jaspers als das Stehen in einer Grenzsituation bezeichnete«; er dünnt den Roman aus zur Analyse von »allgemein menschlichen Lebensbedingungen (. . .) hinüberspielend in die systematischen Fragen der Existenzerhellung«. Diese Formulierung zeigt schon in ihrer heute grotesk anmutenden Harmlosigkeit die Unfähigkeit, gesellschaftliche und politische Vorgänge wahrzunehmen. Für Bollnow ist es nicht wichtig, ob die existentialistische Literatur adäquate Arbeit an Erfahrungen mit Nationalsozialismus und Widerstand war; zentral ist nur noch, wie die eine philosophische Konzeption durch eine andere, geschmeidigere, ersetzt werden kann. »Das Problem der Überwindung des Nihilismus wie des Existentialismus ist das brennende Problem unserer Gegenwart«, heißt es in einer anderen Rezension zu Camus' *Mythos von Sisyphos. Einfache Sittlichkeit* und *Neue Geborgenheit* nennt Bollnow die programmatischen Schriften, mit denen er den Existentialismus überwinden will. Die unangenehme Harmlosigkeit der Gedankenführung läßt das kulturelle Klima der Restauration in der BRD erkennen, das die traditionelle deutsche Kritikfeindlichkeit und ihren Antiintellektualismus fortsetzt.

Erfahrungen mit deutschen Professoren, französischen Maquisards und engagierten Intellektuellen

Als es K. im Herbst 1949 endlich gelang, sich an der Universität Münster einzuschreiben, verfügte er schon über eigene Erkenntnisinteressen, die nun an der Universität verfolgt werden sollten; nicht umsonst hatte er sich während der drei vorhergehenden Jahre autodidaktisch der philosophischen und literarischen Bildung genähert, in der er Vorgaben und Möglichkeiten für die Formulierung der eigenen Lebenserfahrungen gesehen hatte. Nun ging es zunächst darum, sich selbst die Welt des akademischen Lernens und Forschens anzueignen. In traditioneller Studentenmanier betrieb K. in den ersten zwei Monaten ein »Studium generale«, hörte medizinische, juristische Vorlesungen, bevor er sich endgültig auf die Hauptfächer Anglistik und Germanistik festlegte; Romanistik sollte zunächst Nebenfach bleiben.

Dieser Einstimmungsversuch in das Milieu des universitären Arbeitens zeigt die Erwartungen, die K. an die deutsche Universität nach dem Kriege stellte: sie sollte seine bisher autodidaktischen Versuche organisieren und systematisieren; sie hätte die Frage zu untersuchen, die ihn auf das intensivste beschäftigte: Wie war es zu den Katastrophen des 20. Jahrhunderts gekommen?

Seine Erwartungen aber wurden enttäuscht. In streng disziplinierten Veranstaltungen, als die sich Vorlesungen und Seminare erwiesen, wurde vor den lernbegierigen Studenten ein Stoff ausgebreitet, der in überzeitlichen Dimensionen, im Hinblick auf allgemeine Strukturen und bleibende Werte betrachtet werden sollte; man konzentrierte sich auf die Bereiche der Wissenschaft, die von der Politik scheinbar unberührt geblieben waren. Große Entwicklungsströme des abendländischen Denkens und seiner Literatur wurden vorgeführt, die, je mehr sie sich der Moderne näherten, zu immer dünneren Rinnsalen wurden und schließlich in Überschriften wie Naturalismus, Symbolismus, Impressionismus, Expressionismus versickerten. Unsicher wurde die Zeit vor 1933 gestreift, dann war der Stoff der europäischen Geistesgeschichte erschöpft. K. merkte rasch, daß vom universitären Betrieb in bezug auf die Fragen, an denen er brennend interessiert war, nicht viel mehr zu erwarten sei, als er selbst zustande bringen konnte; er war also wieder zurückverwiesen auf autodidaktische Bemühungen.

Die Moratoriumssituation der ersten Nachkriegsjahre setzte sich fort. Mit wenigen Freunden und Bekannten traf sich K. nun in engen, ärmlichen Studentenzimmern zu Gesprächsrunden, die die fehlenden Artikulationsmöglichkeiten an der Universität ersetzten; man steckte vorher Themen ab, die prinzipiell denen der Vorlesungen nicht unähnlich waren, etwa »Die Romantik in der europäischen Geistesgeschichte«, bereitete sich aber für diesen kleinen Kreis sehr intensiv vor und kam dann im Gespräch sehr schnell zu den Punkten, die interessierten. Hier wurde K. schnell zum Spezialisten für aktuelle französische Autoren, und als Sartres *Huis clos* in Bielefeld aufgeführt wurde, fuhr man dorthin, um sich zu weiteren intensiven Diskussionen anregen zu lassen. Gemeinsam verfolgte man auch die literarischen Neuerscheinungen, soweit man ihrer habhaft werden konnte, las die neu erscheinenden Zeitschriften, hörte die bis dahin kaum bekannte Jazz-Musik im alliierten Rundfunk und versuchte auf diese Weise wenigstens auf privater Ebene einen kulturellen Neuanfang.

Gleichzeitig mußte K. natürlich die Pflichtvorlesungen und -übungen seines Studiengangs absolvieren. Eine Zweiteilung seines Lebens in eine produktive, von eigenen Interessen getragene und in eine offizielle, nur formale Korrektheit fordernde Dimension stellte sich ein. Zuweilen versuchte K., diese Trennung zu durchbrechen; als er etwa in einem Seminar über den »modernen französischen Roman«, in dem in bunter Reihe Autoren wie Proust, Gide, Claudel, Mauriac, Romains, Montherlant behandelt wurden, den gerade erschienenen Roman von Céline *D'un château l'autre* einzuführen versuchte, erntete er Lacher und peinliches Schweigen; zu abstrus und »kaputt« erschien Célines Sprache, um in den Formenkanon der hohen Literatur hineinzupassen, und seine politische Vergangenheit mit dem offenen Bekenntnis zum Nazi-Deutschland ließ ihn auch als Franzosen zur literarischen Unperson, zum schillernden Störenfried in den Kategorien der Literaturwissenschaft werden.

Die produktive Dimension von K.s Leben befand sich also weiterhin im Abseits, und das nicht nur in akademischer Hinsicht. Während sich die Wissenschaft in den Strömungen der Jahrhunderte und den überzeitlichen Werten zu verlieren drohte und aktuelle Problematiken möglichst ausklammerte, wurden in der Politik in rasanter Weise Tatsachen geschaffen: Nach dem Beginn der Rekonstruktion von wirtschaftlichen und politischen Strukturen in den drei Westzonen und der sowjetischen Besatzungszone folgten Berlin-Krise, Währungsreform, Grundgesetz und Gründung der BRD als sichtbare Zeichen einer zielstrebigen politischen Entwicklung. Die lebensgeschichtliche Neuorientierung und die Wiedergewinnung eines handlungsfähigen Selbstbewußtseins wurden von der gesellschaftlichen Rekonstruktion überholt; durch die Ungleichzeitigkeit dieser beiden Entwicklungen geriet K. in politischer Hinsicht völlig ins Hintertreffen.

In der Universität Münster ließ sich kein Orientierungsrahmen finden, der die getrennten Lebensdimensionen verbinden, die Ungleichzeitigkeit hätte aufheben können; K. erschien als Außenseiter, und der Ordinarius des Romanischen Seminars, in das sich der Schwerpunkt von K.s offiziellem Studium nach wenigen Semestern verlagert hatte, nahm in seinem Oberseminar eher befremdet ein ausführliches Referat des Studenten K. über Marcel Proust zur Kenntnis. Allzu merkwürdig nahm sich für ihn, der sich mehr in Sprachforschung und Rhetorik zu Hause fühlte, der Enthusiasmus eines Studenten für die verschlungenen Pfade moderner Literatur aus. Immerhin war aber auch für einen Antiliteraten wie diesen Ordinarius das Interesse K.s für die französische Literatur bemerkenswert, es hatte sich in einem Referat ausgedrückt, das sich von anderen Seminararbeiten deutlich abhob. Wenn auch die gängige Reaktion auf ein solches Interesse im allgemeinen Irritation blieb, so gab es doch vereinzelt Zeichen der Sympathie für K.: Einem französischen Assistenten hatte das Proust-Referat gefallen, man kam ins Gespräch, und bald stellte sich heraus, daß K. nun einen Adressaten für seine Themen in der Universität gefunden hatte, der ihm auch Neues berichten konnte über aktuelle literarische Entwicklungen in Frankreich.

1952 waren die Beziehungen zwischen der vierten französischen Republik und der Adenauer-Regierung soweit vorangekommen, daß man sich Gedanken über die gemeinsame politische Zukunft Westeuropas zu machen begann. Als Zeichen des Willens zur Aussöhnung wurden auch der Universität Münster zwei Stipendien für ein Jahresstudium in Frankreich zur Verfügung gestellt. Am Romanischen Seminar setzte sich der französische Assistent dafür ein, daß K. und ein Studienfreund für diese Stipendien vorgeschlagen würden. Es waren seit der Kriegszeit nur wenige Stipendien für Frankreich vergeben worden, und man war noch sehr unsicher, was mit dieser Vergünstigung anzufangen sei; schließlich gab der Ordinarius sein Einwilligung, indem er ein eigenes Interesse damit verknüpfte: In dem Sprachatlas, an dem er arbeitete, fehlte noch ein provenzalischer Unterdialekt, und es war nur noch eine einzige lebende aktive Sprecherin bekannt, die in einem Dorf der Haute Provence lebte. K. bekam die Genehmigung für seinen Studienaufenthalt in Aix-en-Provence unter der Bedingung, daß er vorher mit vorbereiteten Fragebögen die alte Frau in ihrem Dorf aufsuche und interviewe. Wäre diese sprachwissenschaftliche Forschungsarbeit erledigt, sollte sich K. in Gottes Namen seinen Interessen an der modernen französischen Literatur widmen.

K. war von dem Gedanken einer deutsch-französischen Aussöhnung begeistert. Während er französische Texte gelesen hatte, war in den vergangenen Jahren eine entscheidende Entwicklung in ihm vorgegangen: Hatte er sich noch vor kurzer Zeit mit dem Gedanken getragen, offensiv die als Feinde betrachteten Résistance-Kämpfer zur Rechenschaft zu ziehen, so hatte ihm die Lektüre von Texten wie Camus' *Pest* die Sinnlosigkeit eines solchen Vorhabens vor Augen geführt. Die intellektuellen Auseinandersetzungen in Frankreich waren für ihn zu der Instanz geworden, von der die theoretischen Grundlagen seiner neuen Lebensrichtung entwickelt und diskutiert wurden; keine Frage also, daß die Katastrophen und Konflikte der Vergangenheit einer symbolischen Beendigung bedurften. Die alten Vorstellungen von Nationalstaatlichkeit schienen K. überholt und anachronistisch, nur ein neues, vereinigtes Europa war der zweiten Hälfte des 20. Jahrhunderts noch angemessen.

Als K. nach acht Jahren wieder französischen Boden betrat, wurde seine Freude dennoch durch die bitteren Erinnerungen gedämpft. Und eine peinliche Konfrontation blieb ihm nicht erspart; als K. sich beim Bürgermeister des Dorfes meldete, in dem jener provenzalische Unterdialekt noch lebendig war, stellte es sich heraus, daß er es mit dem ehemaligen Kommandanten der örtlichen Résistance-Gruppe zu tun hatte; das ganze Gebiet war im Krieg eine Hochburg des Maquis gewesen. K.s Völkerverständigungsversuche wollten den Dorfbewohnern auch zunächst nicht recht einleuchten; man verhielt sich aber nicht abweisend, die alte Dame stand K. geduldig jeden Tag vier Stunden zur Verfügung, und nachdem man sich einige Wochen lang kennengelernt hatte, löste sich nach mühsamen Gesprächen das Feindbild auch bei den Südfranzosen auf: ein ehemaliger Nazi-Soldat führte ihnen etwas unbeholfen vor, daß man auch vernünftig mit ihm reden konnte.

In neugewonnener Freundschaft verabschiedete sich K. nach sechs Wochen von den Bewohnern des Dorfes. K. erfuhr nun immer deutlicher, daß er die richtige Richtung eingeschlagen hatte. Das Studium der provenzalischen Literatur, das er an der Universität in Aix-en-Provence aufnahm, war von einem ganz anderen Stil geprägt, als er ihn aus Deutschland kannte: Die Seminare fanden in ungezwungener Gesprächsatmosphäre statt, man traf sich danach mit dem Professor auf den Caféterrassen des Cours Mirabeau und diskutierte bei einem Glas Wein die neuesten Entwicklungen in Politik, Literatur, Theorie und Kunst; auch wenn K. nicht immer alles verstand – es war das erste Mal, daß er aktiv

Französisch sprechen und verstehen mußte –, so teilte sich doch ein Stil intellektueller Auseinandersetzung mit, in dem man sich alle wichtigen Erkenntnisse und Phänomene anzueignen vermochte, ohne sich jederzeit für sein Verhalten zu rechtfertigen. Gerade die Tatsache, daß in diesen Gesprächen wenig ausgeklammert oder an Fachkompetenzen verwiesen wurde, daß sich die politischen und kulturellen Ereignisse im Gespräch treffen konnten, einander gegenübergestellt und wechselseitig interpretiert wurden, vermittelte K. den Einblick in eine politische Kultur, die er bis dahin nicht gekannt hatte. Speziell über Sartre und Camus erfuhr er hier in Gesprächen fast beiläufig Dinge, die er sich als Autodidakt in Münster mühsam hätte erarbeiten müssen und die ohne Gesprächsanregung vielleicht nie für ihn sichtbar geworden wären. Z. B. hatte ihm fast der Atem gestockt, als er in einer Zeitung die Schlagzeile »Sartre et Camus – ennemis!« gelesen hatte; nun konnte er en detail die theoretischen Diskussionen verfolgen, in denen sich die ehemaligen »Waffenbrüder« der Résistance zerstritten. Sartre entdeckte den Begriff der Geschichte, der von seiner Theorie der Freiheit her gar nicht möglich war, um sich dann ähnlich wie Merleau-Ponty mit Marx und der KP auseinanderzusetzen, während Camus auf der strikten Moralität seiner Begriffe beharrte. Während K. diese Debatten verfolgte, begann er zu begreifen, welche Auseinandersetzungen in Deutschland bevorstehen könnten, sollte es den Intellektuellen dort gelingen, in Staat und Gesellschaft solche Diskussionen in Gang zu setzen.

Mit gefestigtem Selbstbewußtsein kehrte K. 1953 nach Münster zurück. Es war offensichtlich, daß ihm die Universität dort keine Möglichkeiten mehr bot, gemäß seinen Erfahrungen zu arbeiten; deshalb beschloß er gleich nach der Rückkehr, sich zum Examen zu melden. Lange bürokratische Kämpfe waren durchzustehen, damit die in Frankreich erworbenen Leistungsnachweise anerkannt wurden, aber schließlich wurde K. zugelassen. Mit einer Arbeit über Mallarmé – ein Autor, an den sich zu jener Zeit kaum jemand heranwagte – bestand er 1954 die Abschlußprüfung und beendete so sein Studentendasein.

Epilog

Zehn Jahre dauerte K.s Neuorientierung nach dem Krieg: von der Rückkehr aus der Gefangenschaft 1946 bis 1956, als er eine Lehrerstelle in Bochum antrat. Zehn Jahre, in denen sich die gesellschaftliche, politische und ökonomische Situation in Westdeutschland in rasantem Tempo fortentwickelte; konnte das Jahr 1946 inmitten aller Zerstörungen als Stunde Null, als Möglichkeit zum Neuanfang gesehen werden, so war im Jahr 1956 mit der deutschen Teilung, dem Aufstellen der Bundeswehr und dem KPD-Verbot das Zeichen der Verfestigung einer Politik gegeben, die nicht die Auseinandersetzung, sondern die Verdrängung der Vergangenheit institutionalisierte. K.s geistige Neuorientierung hatte in einem Bereich stattgefunden, der von der Tagespolitik weitgehend abgekoppelt war, sich zögernder und langwieriger entwickelte und deshalb, gemessen an den politischen und gesellschaftlichen Realitäten, im Abseits lag. Als K. nach dem Examen mit neuem Selbstbewußtsein dieser Realität gegenübertrat, mußte er feststellen, daß er vor vollendeten Tatsachen stand. Die Politik war schneller und skrupelloser gewesen als die Individuen, die biographisch neu Tritt fassen mußten.

Zwei Perspektiven öffneten sich vor K.: eine Karriere als Literaturwissenschaftler an der Universität (man hatte ihm eine Stelle als Assistent angeboten) oder die Laufbahn eines Studienrats am Gymnasium. Beide Richtungen schienen ihn zunächst nicht aus dem kulturellen Abseits, in dem er bisher gelebt hatte, hinauszuführen. Immerhin schien die Schule mehr Möglichkeiten zu bieten, Lebenserfahrung und Auseinandersetzung mit den Problemen der Gegenwart zu vermitteln; die administrative Reglementierung des Unterrichtsverlaufs war in den fünfziger Jahren noch nicht so weit fortgeschritten, weshalb, verglichen mit den akademischen Rollenzuweisungen, hier noch Arbeitsmöglichkeiten zu vermuten waren.

K. hatte Formen der intellektuellen Auseinandersetzung kennengelernt, die es ihm erlaubten, auch als Gymnasiallehrer im Adenauer-Staat Probleme im Blick zu behalten, die in der Gesellschaft verdrängt und ignoriert wurden. Dieses sachlich begründete Selbstbewußtsein befähigte K. dazu, das Abseits in Kauf zu nehmen und sich von Formen der kollektiven Verdrängung zu distanzieren. Als Lehrer bot er ungewöhnliche Stoffe und Stile im

Unterricht; als Angehöriger des Lehrerkollegiums war er gegen Ende der Adenauer-Ära, als die Legitimationskrisen der staatlichen Autorität zunahmen, im Gegensatz zu den Konservativen argumentationsfähig geblieben. In den sechziger Jahren zeigte sich, daß es auch in der Bundesrepublik nicht überflüssig war, das Leitbild des kritischen, engagierten Intellektuellen gegen fatale deutsche Kulturtraditionen aufzurichten; weil es in der Auseinandersetzung mit der eigenen Biographie aufgebaut worden war, konnte es für Schüler glaubwürdiger sein als ein abstraktes Rollenverhalten.

Vergesellschaftung und Individuation

Bodo Kirchhoff
Zeichen und Wunder
Ein Reisebericht

Ich selbst, konservativ; aufgewachsen unter anderen Menschen, für die alles »Andere«, sich außerhalb ihrer Kreise Ereignende, nur als »mehr oder weniger« großer Teil von »Ein und Demselben«, jener Wirklichkeit nämlich, die ihnen vorschwebte, annehmbar war; alles darüber Hinausreichende, alles tatsächlich Verschiedene, das sich dem Wunsch nach Harmonie und infolgedessen auch gewaltsamen Wiedergutmachungsformen entzog, das »ganz und gar Andere« also, das sich dem Begehren nach »Ein und Demselben« souverän widersetzte, der durchdringende Blick des Fremden, des unvergeßlichen »schwarzen Mannes« der Kindheit, existierte nur als Drohung am Rande der vertrauten Welt, jenseits einer Grenze, deren Überschreitung mir nicht vorstellbar war ohne die gleichzeitige Angst, daß ich dabei Schaden nähme an meiner unbefleckten Person – und so ist es noch heute: Grenzen halten mich in Gang, die Möglichkeit der Übertretung, Angst und Lust; ein Ringen mit dem »unheimlich Anderen«.

Aber etwas hat sich geändert; etwas ist »anders« geworden. Je deutlicher ich früher diesen Ringkampf verlor, desto stolzer wurde ich. In der Volksschule wurde die Abscheu gegenüber dem »unheimlich Anderen«, dessen Verwandtschaft zu mir für mich undenkbar war, so offensichtlich, daß mich die Proletenkinder, mit denen ich nicht sprechen konnte, dafür schlugen. Während meiner Internatszeit verschob sich dann ein Teil dieser Verachtung und Angst gegenüber verschiedenartigen Menschen hin zu einer Ablehnung bestimmter Geistesgegenstände; Unterrichtsstoff, der in irgendeiner Weise liebgewonnenes Unwissen berührte, fiel mir besonders schwer. Und auch nach dem Abitur, neunzehnhundertachtundsechzig, mußte sich alles, was ich mir nachträglich – zum Beispiel mit diesem Aufsatz – als Erkenntnis an die Fersen hefte, gegen besseres Unwissen behaupten. Ich selbst spielte und spiele in dem Kampf zwischen Anhalt Gewährendem und Bewegung Erzwingendem gar keine besondere Rolle, sondern war und bin nur Austragungsort von Konflikten, die damit in Verbindung stehen, die freilich auch von mir verwendet werden als »meine Konflikte« und dadurch Anklang finden als »gewisses Etwas«.

Ich habe mich nie um irgendwelche Einstellungsänderungen bemüht, um Revisionen in mir; ich war zwar neugierig und wollte mich immer bereichern mit Wissen, scheute mich jedoch vor Neu-erungen. Daß Wissen Macht sei, hat mich stimuliert; daß sich damit auch Ohnmacht verbindet, weiß ich nun auch. Ich wollte immer sein und bleiben, wie ich geworden bin, und dabei ungerührt schreiben – und habe es nicht geschafft.

In den vergangenen Jahren wurde ich mehrfach, auf eine mitunter peinliche Weise, von Nicht-Selbstverständlichem (dessen Zustandekommen HINTER MEINEM RÜCKEN mich zu diesem Beitrag bewog) aus dem Gleichgewicht gebracht; zuletzt bei einem Aufenthalt in einem für mich schrecklich fremden Land der Dritten Welt.

Ich hatte eine Auftragsarbeit übernommen – von den Aktivitäten der DDR in Äthiopien zu berichten –, obgleich alles in mir selbst dagegen sprach, mich in Elend, Schmutz und Unsicherheit zu begeben. Daß ich trotzdem fuhr, lag an der Neugier und also auch daran, daß ich mir reichlichen Schreibstoff versprach – einem Kaufmann ähnlich, der auf Rohstoffsuche in ein Land fährt, dessen Bewohner und Kultur ihm einerlei sind. Ich hatte dort gar nichts verloren, und vielleicht war auch das ein Stück der Verlokkung.

Vor Ort war dieser Widerspruch dann handfest. Ich kam mir völlig fehl am Platz vor, als ich zum ersten Mal durch Addis Abeba mehr fortlief als lief – andauernd abgestoßen durch die Armut, und von diesem Abgestoßenwerden auf einem Zickzackkurs weitergetrieben –, bis mich ein junger Äthiopier ansprach. Er stellte sich vor – Bekele, zweiundzwanzig, Student –, fragte mich, woher ich sei und erzählte dann aus seinem Alltag. Er redete in einem fort, und wir entfernten uns immer weiter von meinem Hotel. Schließlich bekam ich Angst, wollte zurück, sagte ihm, ich würde erwartet, winkte einem Taxi, und Bekele sah mich an: blutunterlaufene Augen, die vielzuviel Bedeutung für mich hatten, der ich ausgeliefert war. Ob wir uns wiedersehen könnten, fragte er.

Zwei Tage später, ich war schon etwas vorangekommen mit meinen Recherchen, rief er mich dann im Hotel an, und mir rutschte ein »Okay« heraus. Bekele holte mich ab, und wir gingen über den Markt von Addis Abeba. Er erzählte mir von den Verhältnissen auf dem Land, wo er aufgewachsen war und immer wieder hinfährt; er sprach von religiösen Bindungen der Landbevölkerung, den Traditionen der Bauern, ihrem komplizierten Erbrecht und den Ungereimtheiten, die dadurch im Sozialismus entstünden.

Eine Zeitlang war ich aufmerksam – er sprach auch recht gut Englisch – und stellte sogar Fragen; angeregt war ich nicht. Fremde Länder, das heißt für mich noch immer: kulturell interessante oder kulturell uninteressante Regionen, und kulturell interessant ist alles, was meine abendländische Kinderstube nicht allzusehr in den Schatten stellt. Sizilien ist zum Beispiel sehr interessant; und auch in Tunesien gibt es noch ein paar griechische Reste, über die sich reden läßt. Aber weiter südlich wird es finster – und doch nicht völlig schwarz.

Einiges fällt mir inzwischen schon zu Afrika ein, obwohl ich mich nie darum gekümmert habe; einiges geht mir doch durch den Kopf und macht mir das »unheimlich Andere« zwar nicht selbstverständlich, aber eben »andersverständlich« – durch eine Art von intellektueller Orthopädie. Ich stütze mich auf Bücher. Etwa auf die Bücher von Michel Leiris, die wieder aufgelegt worden sind; die wollte ich unbedingt haben – wegen Leiris, nicht wegen Afrika – und habe dann auch manches gelesen; oder die Schriften von Marcel Mauss, dem Ethnologen, der nur eine einzige größere Reise unternahm – auch in einer schönen Aufmachung neu verlegt. Gestützt durch reizvolle Bücher, begünstigt durch die Lust, sie zu besitzen, und, als Nebenergebnis, gewappnet durch ein paar Informationen, die ich im einzelnen längst vergessen habe, die nur noch übrig sind als feiner Filter, durch den sich aber das Unwissen hindurchzwängen muß, ehe es zur Sprache kommen kann.

Ein etwas verlangsamter Fluß der vorgeschriebenen Rede, ein Stocken hin und wieder, kleine Sprünge und Lücken in meinem selbstverständlich »schwarzen Kontinent«, und also ein paar weiße Stellen, die dem Afrikaner Bekele, auf unserem Gang über den Markt von Addis Abeba, die Möglichkeit gaben, sich nicht nur Gehör zu verschaffen, sondern ansatzweise sogar bei mir einzuschreiben – sich mir als »unheimlich Anderer«, als »schwarzer Mann«, punktuell jedenfalls, selbst- und das bedeutet eben: »andersverständlich« zu machen. So sehe ich es heute, einige Monate danach, während ich in den Notizen lese, die ich im Anschluß an diese zweite Begegnung im Hotel gemacht habe.

»Mit Bekele, dem jungen Äthiopier, der gar nicht so übel aussieht – immer etwas traurig, aber ohne Dümmlichkeit –, über den großen Markt gelaufen. Ärmlichste Verhältnisse; Verkaufen oft nur noch als Zitat. Bekele über die Gegebenheiten auf dem Lande, seiner Heimat; über Traditionen, Religiosität, Bodenrecht usw.; vor allem aber über die Kooperativen und den Kaffee-Anbau (Kaffee: wichtigster Exportartikel!). Dazwischen immer wieder seine finanziellen Probleme, die wohl nicht nur Geldsorgen sind. Um zu relativieren dann auch etwas über meine Schwierigkeiten; ich sprach von Übersättigung . . . Wichtig: In puncto Kaffee sollte ich nachhaken. Bei der Kaffee-Produktion entscheidet sich, ob der Sozialismus hier ein Fundament bekommt – finanziell und sozial.«

Es folgen dann noch ein paar Eintragungen über den Markt und die vielen Krüppel; über mich, meine Gefühle, meine Gedanken, steht nichts da, was mir erst jetzt, bei wiederholtem Nachlesen, auffällt; nichts über mich selbst, aber warum? Warum diese Zurückstellung des Persönlichen, die ich keineswegs beabsichtigt habe; und wie kam ich dazu, Überlegungen zu etwas anzustellen, das mir mehr oder weniger gleichgültig ist – einen, wenn auch bescheidenen Gedanken zu fassen im Hinblick auf äthiopischen Sozialismus? In meinem Tagebuch! Ein Vorgang, der für mich im nachhinein etwas von Nachahmung hat, von Mimikry: Übernahme einer bestimmten Geisteshaltung, um dadurch wehrhafter zu erscheinen, wiederum gewappneter zu sein gegen die durchdringenden Blicke des Fremden, die alte Magie des »schwarzen Mannes«.

Also gab es einen Spielraum, der das Vortäuschen von Interesse möglich gemacht hat und damit auch das spielerische, probeweise Ausblenden von Abneigung und Ekel – und das wäre dann wohl schon »Errungenschaft«: sich ein Interesse am »unheimlich Anderen« ausdenken zu können; Neuerung, aus der dann vielleicht der berühmte Funken hervorgeht.

Aber noch einmal zurück, Stichwort »Sozialismus«: von kleinauf ein entsetzliches Wort für mich, wie »Typhus«, »Prolet« oder »Keuchhusten«; später dann allenfalls ein Stück Bildung im Rahmen des Geschichtsunterrichts und noch etwas später, für einige

Jahre, eine Drohung, die ich einfach umkehrte, verwendete, mit der ich mich einfach identifizierte – ältester Abwehrmechanismus –, um mich ihrer nach Belieben bedienen zu können. In bezug auf seine Wirklichkeit blieb »Sozialismus« immer etwas Ungeheures, blieb im Machtbereich des »schwarzen Mannes«, irgendwo im dunklen Keller, dem privaten Gulag, den man in seinem Kopf behält – und doch wieder nicht völlig, nicht restlos.

Ich denke an Theaterstücke von Heiner Müller; die *Ästhetik des Widerstands* von Peter Weiss; die Auseinandersetzung Sartre/Merleau-Ponty; Gedichte von Pablo Neruda; Orwells *Mein Katalonien*; Ernst Toller; Ulrike Meinhof; an eine Literatur und an Menschen, durch die »Sozialismus« als schwierige Seelenverfassung vorgeführt wird, als Sehnsucht mehr denn als Realismus, wodurch manches verstehbarer wurde und also auch erträglicher.

Zum Beispiel überzeugte Jugendliche, die mich duzen und mich erschrecken mit ihrem frenetischen Beifall, sobald irgendwo, irgendwer ihnen nach dem Munde redet: Ich nehme ihre Geschlossenheit wahr, ihre Umgangsweisen, ihren Mangel an Stil, den sie wie einen Luxus genießen, schmecke ihren Geschmack, ahne ihr Glück in dem Gestank von Solidaritätsschweiß.

Auch das sind Vorstellungshilfen, orthopädische Ausstattungen, bedeutet intellektuelle Unterstützung, mit deren Hilfe es gelingen kann, über das Vorgefaßte, das starre Selbstverständliche hinwegzuschreiten wie auf Stelzen – wankend zwar und von lächerlicher Größe, aber in der Lage, vorübergehend ein Interesse anzunehmen; Fremd-Worte wie »Sozialismus« aufzugreifen in der Art, wie man sich einer neuen Sprache nähert: Die paar Brocken, die man aufgeschnappt hat, einfach verwenden, und schon ist man Teil der Sprachgemeinschaft und muß sich bemühen – engagiert sich nicht großartig, sondern wird es ganz einfach, merkt es vielleicht nicht einmal.

Bei meiner dritten Begegnung mit dem jungen Äthiopier Bekele stellte ich plötzlich sehr viele Fragen, nachdem ich in den Tagen davor ein Buch gelesen hatte über die jüngste Geschichte des Landes. Mich interessierte ganz besonders jene Zeit nach der Revolution, in der viele Intellektuelle, unter dem Vorwand, sie seien Konterrevolutionäre, umgebracht worden sind. Wir saßen auf einer menschenleeren Seitentribüne des »Revolution-Square« – außer uns nur Geier, die in einiger Entfernung hockten –, und ich gab Bekele immer wieder zu verstehen, daß er mir nichts verschweigen müsse. Er sei im Gefängnis gewesen, erzählte er schließlich, vierzehn Monate lang, und sei nur davongekommen, weil er sich dumm zu stellen verstanden habe. Trotzdem sei er kein unbedingter Gegner der Revolution; er wünsche sich einen Sozialismus, der Rücksicht nehme auf die Traditionen des Volkes, ohne gewaltsame Gleichheit; »we are different human beings«, sagte er, und darüber sprachen wir sehr lange.

Rechtzeitig vor der Sperrstunde kam er dann noch mit einer kleinen Geschichte. Ein holländischer Freund habe ihm ein Tonbandgerät geschickt, das er hier zu einem hohen Preis verkaufen könne, nur müsse er zuvor die Einfuhrsteuer bei der Post bezahlen, umgerechnet über dreihundert Mark – ob ich ihm nicht helfen wolle. Er blickte mich an, und es gab nichts zu überlegen. Nach allem, was er mir erzählt hatte, sprach auch nichts dagegen; ja, es erschien mir unvernünftig, ihm in dieser Lage nicht zu helfen, und wir gingen zum Hotel, und ich holte das Geld und fragte nicht weiter, was mich dazu bewogen hat, etwas zu tun, das ich zu Hause, bei vergleichbar wenig Sicherheiten, niemals tun würde.

»Das war ein ganz gutes Gefühl«, trug ich hinterher ins Tagebuch ein; »ich war auf einmal ein ganz anderer!« und fügte noch hinzu: »Gewollter Satz und dennoch: ein Gefühl von Stolz«. Und dementsprechend beschämte es mich und versetzte mich dann in entsetzliche Wut, als Bekele zu unserer nächsten Verabredung, dem Termin der Geldrückgabe, einfach nicht erschien und auch eine Zeitlang nichts mehr von sich hören ließ. Ich haßte ihn.

Kurz vor meiner Abreise rief er mich im Hotel an und versuchte zu erklären. Er sei sehr traurig, sagte er mehrfach, denn er habe ein großes Problem. Sein Freund, der etwas vorbereitet habe für mich, ein Dokument des Widerstandes, sei verhaftet worden, sitze im Gefängnis, und er müsse ihm nun irgendwie helfen, wenigstens für seine Nahrung sorgen. – Er könne mir vieles erzählen, erwiderte ich; ich bräuchte das Geld, das sei auch für mich kein kleiner Betrag. – Er würde es mir beim nächsten Mal geben. – Ein nächstes Mal gebe es nicht, da ich abreisen müsse, er habe das genau gewußt. – Es sei aber wichtig, das Geld, sagte Bekele; »I need the money, you know«, und ich sagte: »I need it too«, und er daraufhin: »But I need it more.«

Ich legte auf und machte mir ein paar Notizen, in einer kaum lesbaren Schrift; ungefähr: »Grauenvoller Haß auf Bekele, der mir mein Geld nicht wiedergeben will; grauenvoller Haß auf alles Schwarze, auf dieses ganze Land. Vielleicht kein Wunder, daß die uns jetzt ausnehmen, aber was heißt ›uns‹? Ich habe nichts damit zu tun! Ich will überhaupt nichts verstehen; wahrscheinlich hat B. alles erfunden: die Gefängnisgeschichte, seine Geldsorgen, alles. Vielleicht auch nicht. Sollte er nicht gelogen haben, versteh ich gar nichts mehr.«

So, in etwa, steht es da, markiert das Ende der Beziehung und auch wieder nicht; ich wundere mich, daß gleich zweimal das Wort »verstehen« vorkommt; wie kam ich dazu? Warum nicht einfach in der Wut: »Er war ein Betrüger, fertig.« Denn das war er doch tatsächlich: ein Betrüger und nichts weiter. Aber eben nicht für mich; für mich war er mehr.

Ich selbst, konservativ; das heißt, ich bin es nicht ein für allemal, sondern trachte danach, sehne mich nach Erhalt, nach einer Wiederkehr des »Ewigselben«, derselben Lust genauso wie derselben Angst. Ganz unmöglich also, in Bekele einen Betrüger zu sehen, mich abzuspeisen mit diesem vergleichsweise faden Begriff aus dem Wörterbuch juristischer Vernunft und Sachlichkeit; das stände am anderen Ende dessen, was mir »konservative Selbstverständlichkeit« vorschreibt: nämlich leidenschaftliches Festhalten an den alten, verlockenden Bildern, den Symbolen, die mich immer wieder schauern lassen.

Mindestens zwanzig Jahre lang lebten für mich in Afrika nur die »Schwarzen«, die »Wilden«, und alle Nachrichten aus Radio und Fernsehen ergänzten die Erzählungen aus Kindertagen. Ich erinnere mich an den Ausdruck »Mau-Mau«: er wuchs zu einem Ungeheuer, das durch meine Alpträume glitt und Bilder des Zerrissen- und Verschlungenwerdens annahm. Und später, tagsüber, im Erdkundeunterricht, sangen wir hinter dem Rücken des Lehrers: »Kasavubu und Lumumba, die tanzen einen Rumba«, und ich stellte mir das wirklich vor – diese beiden schwarzen Teufel beim Tanz auf einem Berg von Leichen – das war meine Dritte Welt.

Woher also diese Bereitschaft, einen Phantasieraum aufzugeben, auf so grandiose Bilder zu verzichten, die Zusatz-Idee des »Verstehens« anzunehmen, etwas Fades einzutauschen gegen etwas Aufregendes? Oder: Woher diese indirekte Selbstbezichtigung, die in der Tagebuchnotiz enthalten ist: Wir haben Afrika ausgebeutet, und nun rächt sich das eben; woher diese Trübung im Blick auf die eigene Kultur- und Zivilisationsform? Schuldgefühle? Fähigkeit, zu trauern? So etwas hat man mir nie beigebracht (und das bekannte Buch dazu hab ich auch nicht gelesen); Gut und Böse wurden eingeimpft und sollten immer ein und dasselbe bedeuten, sich in den immer selben Bildern zeigen – eine Garantie auf lebenslange Gänsehaut: hier der Haß, dort die Liebe und ja keine Vermischung, bloß keine wirklichen, unlösbaren Konflikte; lieber »Endsieg« oder »letztes Gefecht«.

Mehr als überraschend daher dieses Weitergleiten – von der Feststellung »Haß«, die auch Endpunkt hätte sein können, schaurige Gewißheit, zu »vielleicht kein Wunder«. Keine Selbstverständlichkeit für mich, sondern Schritt in eine »unheimlich andere« Gegend, von der heimatlichen Landschaft der Symbole in die nüchterne Region der Zeichen; der Äthiopier Bekele war mit seinem Verhalten auf einmal nicht mehr verführerisches Sinnbild für die phantastische Bosheit der Schwarzen, sondern das bloße Zeichen für irgend etwas anderes: geschichtliche Ereignisse, politische Entwicklungen, allgemeine Umstände usw.; furchtbar verständliche Zusammenhänge, die keinen Grund abgeben für Haß, die meinen »grauenvollen Haß« bodenlos machten; ich mußte mich schon wundern über mich selbst.

Was war geschehen? Zeichen und Wunder, und ich schwamm, und schwimme noch, in einem Mehr von Möglichkeiten; gelöst von Selbstverständlichkeitsstarre stehe ich nicht länger vor der Situation »schwarzer Mann und ich«, sondern befinde mich nunmehr in einer Szene, bestehend aus: »Schwarzer«; »Betrüger«; »Rächer«; »Gauner«; »Afrikaner«; »Äthiopier«; Bekele«; »Dritteweltbewohner«, sowie »Europäer«; »Westdeutscher«; »Schriftsteller B. K.«; »Tourist B. K.« und noch vielem mehr.

Alles andere als ein klares Gegenüber. Nirgends ein Feind. Keine Schlacht in Sicht, kein Sieg; eine schier endlose Szenerie in unaufhörlicher Bewegung. Keine Sinnbilder; keine Ziele. Statt dessen ein ständiges Weitergleiten von Wort zu Wort, wie im Traum, der alle Symbole verachtet, der keine Rücksicht nimmt, wo alles zulässig ist, alles sagbar, alles denkbar – ohne daß ich etwas dafür kann; »mir träumt«, nennt man das dann, und wenn's nach dem Erwachen weitergeht mit Überraschungen: »Mir scheint . . .«

Mir scheint es kein Wunder zu sein, daß mir ein Äthiopier Geld abgeknöpft hat; da geht mir einfach etwas durch den Kopf, das sich vorbeischlängelt an den Symbolen, ihren Verführungen entkommt. Also muß da etwas eingedrungen sein, etwas sehr Geschmeidiges, kein übliches Wissen, sondern etwas, das auf »unheimliche« Weise sich Bahn gebrochen hat, in alle noch so kleinen Ritzen der Selbstverständlichkeitsschutzhaut Eingang fand.

Ich habe mich auf jeden Fall nicht selbst geöffnet. Und trotzdem gibt es dieses Weitergleiten, dem ich unterworfen bin; in der Spanne von »grauenvoller Haß« zu »vielleicht kein Wunder« wirkt sich eine »unheimliche« Aufklärung aus, die hinter meinem Rücken stattgefunden haben muß, die ich nur annehmen kann oder nicht.

Ich wehre mich dagegen. Mir paßt das nicht. Ich will so sein und bleiben, wie ich geworden bin, und mich dabei selbst genießen können. Und nicht nur ich; ich wehre mich ja nicht allein. Ich sehe viele, die sich wehren und erfolgreicher als ich. Alle, die an ihrer Gut- und Böse-Trennung hängen, in deren Lebensalltag das eine mit dem anderen nichts zu tun haben darf, die wieder die »heimliche« Selbstaufklärung ihrer Väter und Mütter betreiben, die furchtbare Dialektik verbannen, das »unheimlich Andere« schlicht vereinnahmen wollen.

Ich kann das nicht mehr so; ich selbst, konservativ, und ich weiß das; ich denke mir: Die »heimliche«, abschließende, selbstgestrickte Form der Aufklärung ist eine Möglichkeit im Umgang mit dem »unheimlich Anderen«; und die zweite Möglichkeit, von der ich nicht mehr absehen kann: nicht endende, impertinente, »unheimliche« Aufklärung, die freilich auch dazu dient, mit Verletzungen fertig zu werden. In meinem Beispiel war es der Verlust von Geld, verbunden mit der Beschämung, der Begrenzung meiner selbst. Ich war der Dumme, Bekele der Klügere – nur daß ich darüber schreiben kann, also nachträglich auch der Klügere bin; ihm hilft mein Geld, mir hilft das Erzählen der Geschichte, das Nachdenken nämlich, und das heißt: Mir hilft das Überschreiten der mir zugefügten Grenze.

Allerdings begebe ich mich damit in einen wiederum »unheimlichen«, weil mir nicht selbstverständlichen Gedankenspielraum, setze mich der »Dialektik der Aufklärung« aus, gerate in die strudelnde Bewegung von der bodenlosen Angst hin zur bestimmten Furcht und wieder zur Angst und wieder zur Furcht; bleibe in einer unentwegten Auffächerung von Gut und Böse, muß Erkenntnisarbeit ohne Ende leisten und weiß auch nicht, was ich erkennen werde. Ein Ringen um Wahrheit, das in dieser Form erst dreiundzwanzig Jahre nach Kriegsende wieder möglich geworden ist, aber mittlerweile schon nicht mehr lohnend erscheint; Horkheimer/Adorno sind bereits wieder passé, Erich Fromm wird verschlungen.

Für mich, Jahrgang achtundvierzig, ist es Errungenschaft, wenn Zeichen und Wunder geschehen, wenn Symbole in den Hintergrund treten und nur noch mit Einschränkungen leidenschaftlich begehrt werden können. Wenn das eine Vertraute stehenbleiben kann, obwohl sich das »andere Unheimliche« an einem anderen Schauplatz behauptet – nicht dagegen, sondern ergänzend; nicht im Sinne eines Pluralismus, eines möglichst folgenlosen Nebeneinanders, sondern entschiedener Differenz: Der alte schwarze Mann aus Kindernächten in Auseinandersetzung mit dem hinzugekommenen Afrikaner Bekele; der hinzugekommenen Kernkraft; dem hinzugekommenen Franz-Josef Strauß; der hinzugekommenen Frauenbewegung; den hinzugekommenen Hausbesetzern usw.

Deutlicher will ich nicht werden. Die hier vertretene Errungenschaft: Intellektualität; Möglichkeitensuche; Symbolverachtung; grundsätzliche Treulosigkeit; Gedanken- und Gefühlsarbeit, die ich nicht nur leisten, sondern der ich mich auch aussetzen kann; Brechenwollen, Brechenkönnen mit dem Selbstverständlichen; Ringenwollen, Ringenkönnen um das »unheimlich Andere« – etwas, das der nächstälteren Generation vermutlich so fremd war, wie es gegenwärtig der nächstjüngeren zu sein scheint.

Lang nach achtundsechzig kurz gesagt: Ich bin nicht alternativ, aber habe Alternativen.

Jochen Schimmang
Beruf, Job, Arbeit

Der Beruf, so heißt es im zweiten Band des dtv-Lexikons, ist die »Tätigkeit im Rahmen der Gesellschaft, gewöhnlich zugleich die Quelle des Lebenserwerbs«. Und: »Die Berufsarbeit beansprucht die Kräfte des Menschen zum wesentlichen Teil, und ihr Ertrag kommt der Gemeinschaft zugute; daraus ergibt sich die Forderung, daß nach Möglichkeit jeder in den Beruf gelangt, für den er geeignet ist und in welchem er seine Anlagen und Neigungen entfalten kann. Die Forderung seelischer Verbundenheit mit dem B. ist dem abendländ. Kulturbewußtsein eigentümlich . . .«

Der Band, aus dem ich zitiere, ist im März 1972 publiziert worden. Fünf Jahre später veröffentlicht Klaus Stiller einen Band mit *Traumberufen*, die schon auf den ersten Blick dem abendländischen Kulturbewußtsein eher entfremdet zu sein scheinen: alphabetisch geht es da vom Arbeitslosen über den Bankräuber, den Devisenschieber, Flugzeugentführer, Spaziergänger, Steuerhinterzieher, Verfassungsfeind, Wahrenhausdieb bis hin zum Zuschauer, 25 Berufe insgesamt, die sich allesamt im »Schlüsselverzeichnis für die Angaben zur Tätigkeit in den Versicherungsnachweisen« wohl nicht finden lassen und dennoch ausgeübt werden.

Etwas scheint sich geändert zu haben. Karrieren sind unübersichtlicher geworden. Die Karriere wird vom Band 10 desselben Lexikons lakonisch als »Laufbahn« definiert, eine Definition, die immer irreführender zu werden scheint, insofern sie das Bild eines klaren, übersichtlichen Kurses suggeriert. Immer häufiger scheinen Karrieren aber vor allem aus einer Folge von Kurskorrekturen zu bestehen, ohne daß diejenigen, die sie vornehmen, sich als »gescheiterte Existenzen« betrachten mögen.

Zum Beispiel R. In seiner Ahnenreihe väterlicherseits lassen sich die akademischen Berufe zurückverfolgen bis fast ins 13. Jahrhundert, unter anderem eine lange Kette protestantischer Pfarrer, in den letzten beiden Generationen dann Juristen. Mütterlicherseits vor allem Handwerkertradition. Was für einen Beruf er ergreifen werde, mag nicht für jeden in dieser Ahnenreihe von vornherein klar gewesen sein – daß er einen ergreifen werde, war dagegen völlig unzweifelhaft.

Zunächst auch für R. So sehr sogar, daß er, entgegen mancher anderen Karriere in den frühen siebziger Jahren, das »praxisferne« Studium von Politologie um Geschichte erweitert und so »auf Lehrer umsattelt«. Seine Vorstellungen sind noch genauer: R. will Berufsschullehrer werden.

Diese Entscheidung ist nicht zufällig. R. studiert in Marburg und wird dort bald, im Zuge des Zerfallsprozesses der antiautoritären Bewegung, Mitglied der DKP, macht noch während des Studiums gewerkschaftliche Bildungsarbeit mit Arbeiterjugendlichen. Sein Berufswunsch entspringt einem Konzept gesellschaftsverändernder Praxis und verbleibt gleichzeitig ganz und gar im Rahmen der Lexikondefinition: ein Beruf, in dem er seine Anlagen und Neigungen entfalten, mit dem er seelische Verbundenheit entwickeln kann. Es ist in diesem Falle gerade die spezifische Form eines kritischen Blicks auf die Gesellschaft, der ihn, den Vorstellungen der Gesellschaft gemäß, eine »Laufbahn anstreben« läßt.

Dieser Blick auf die Gesellschaft ändert sich, als bei R. eine Liebesbeziehung zu Ende geht und das Unglück ihn zwingt, seinen Blick auf sich selbst zu richten. Innerhalb der Partei ist sein Unglück offenkundig schwer kommunizierbar; man nimmt es zur Kenntnis, aber für den gesellschaftskritischen Blick der DKP hat es weiter keine Relevanz, soll heißen: R. wird von seinen Genossen allein gelassen. Verständnis findet er allein bei Personen, die nicht in der Partei sind oder aber kurz davor, auszutreten: was R. dann im Frühjahr 1976 auch selber tut.

In diesem Augenblick verliert auch sein bisheriger Berufswunsch seinen Stellenwert, den er nur im Kontext »Partei – gesellschaftsverändernde Praxis mit Arbeiterjugendlichen« gehabt hat. Das ist auch R. sehr schnell klar; rund zwei Jahre nach Abschluß seines Studiums sagt er definitiv: Ich werde nicht Lehrer werden. Das hindert ihn nicht, sein Studium – also: seine Ausbildung zum Lehrer – abzuschließen, das erste Staatsexamen zu machen für einen Beruf, den er nicht »ergreifen« will. Er möchte, was er angefangen hat, zu Ende machen, auch wenn diese Konsequenz praktisch ohne Folgen bleiben wird außer der, daß er sich ein unbestimmtes Gefühl des Scheiterns erspart hat. Solche gleichsam praxislose, auf keinen eng umgrenzten Zweck mehr gerichtete Konsequenz scheint mir durchaus zu den Errungenschaften dieser Zeit zu gehören.

R.s Vorstellungen, was nach dem Studium kommen werde, haben aber immer noch etwas mit einem bestimmten Blick auf die Gesellschaft zu tun, einem Blick, der in jenen Jahren an Bedeutung gewinnt: dem »alternativen«. Zusammen mit seiner damaligen Freundin entwickelt R. ein zunächst ganz allgemeines Interesse für »Alternativen«, das sich dann konkretisiert in Richtung eines Projekts »Leben und Arbeiten mit Kindern und Jugendlichen auf dem Lande«: eine Eingrenzung, unbestimmt genug, um verschiedenen Bildern Raum zu lassen.

Diese Vorstellungen, wohlgemerkt, entwickelt R. noch während der letzten Phase seines Studiums: er ist also zugleich noch eingebunden ins Dasein als Student, in Examensvorbereitungen und so weiter. Mit dem realen Abschluß des Studiums ändert sich erneut R.s Blick.

Zunächst der Blick auf den Alltag. Die Tatsache, daß er plötzlich kein Student mehr ist, beraubt ihn seines bisherigen, verläßlichen Alltags. Es ist kein Programm mehr da, es sind keine Klausuren mehr zu schreiben, keine Sprechstunden müssen mehr aufgesucht werden. Die Frage, was er tun soll, stellt sich für R. nicht mehr in bezug auf eine zwar absehbare, aber noch ferne Zukunft, sondern immer neu für den jeweiligen Tag. Die Ausbildung, wenn auch für einen Beruf, den er gar nicht ausüben will, bedeutete noch ein Eingebundensein, einen Zusammenhang: mit dem bestandenen ersten Staatsexamen ist dieser Zusammenhang zerschlagen.

Noch halten R. und seine Freunde an ihrem Alternativprojekt fest. Was sie dafür brauchen, ist vor allem Geld. Der Gedanke ist, daß jeder von ihnen ein halbes bis ganzes Jahr arbeitet, jobbt, um möglichst viel Geld zu verdienen. Und da man in einer Großstadt hierfür bessere Bedingungen sieht als im kleinen Marburg, wechselt man nach Köln.

Nach den ersten Wochen ist R. klar, daß er nicht ein halbes oder ganzes Jahr in Köln bleiben wird, sondern länger. Zum ersten Mal lebt er in einer Großstadt, und die Vorstellungen, die er mit den anderen zusammen in Marburg entwickelt hatte, haben in Köln sehr schnell keinen Sinn mehr. Die Stadt wird ihm, von dem »Übergang«, den sie ursprünglich nur darstellen sollte, zur sinnlich erlebten und genossenen Gegenwart, die den Marburger Mikrokosmos ablöst, eine Ablösung, die durch die – wie R. betont: längst überfällige – Ablösung von seiner Freundin erleichtert und beschleunigt wird.

Das alles ändert natürlich nichts daran, daß R. Geld braucht, nicht mehr für's alternative Projekt, sondern für sich selber. Der monatliche Wechsel von zu Hause ist seit dem Ende des Studiums ausgeblieben, und R. beginnt seine Karriere als Jobber.

»Die Forderung seelischer Verbundenheit mit dem B. ist dem abendländ. Kulturbewußtsein eigentümlich«, hatte es im zweiten Band des dtv-Lexikons geheißen, und weiter: »Sie hat sich hier auf der Grundlage der ständ. Berufsordnung unter Mitwirkung religiöser Motive entwickelt. In jüngeren Ländern, z. B. den USA, wird der B. oft nüchtern als Gelegenheit zum Lebenserwerb, als ›job‹ aufgefaßt, daher auch Berufswechsel ohne Bedenken in Kauf genommen.«

Auch von R. wurde der B. nun nüchtern als Gelegenheit zum Lebenserwerb aufgefaßt, in seinen eigenen Worten: »Das mit dem Geld lief so nebenher. Wenn ich welches brauchte, ging ich jobben.«

Natürlich war das so unproblematisch nicht, wie es sich in diesen zwei Sätzen ausdrückt. Die Probleme lagen weniger darin, Jobs zu bekommen, wenn R. welche brauchte. Die gab es immer, und im einzelnen über sie zu erzählen ist hier nicht wichtig, wenn es auch amüsant wäre. Begnügen wir uns damit, uns R. auszumalen als bürotechnische Hilfskraft im »Institut für kommunale Verwaltungsvereinfachung«; als Vertikutierer (d. i. jemand, der mit einer speziellen Maschine »Unkraut« aus Rasen entfernt, wobei das Gras ungeschoren bleibt) in den besseren Vierteln Kölns mit gelegentlichen Trinkgeldern; als LKW-Fahrer für Zement (»der mieseste Job überhaupt«); als ein ebensolcher für Autoreifen (»Goodyear«) mit täglichen Fahrten in die schöne Eifel; als Bürokraft bei der Kölner Volkshochschule; als wissenschaftliche Hilfskraft des Landes Rheinland-Pfalz mit eigenem Büro; als Kellner im Karneval; als Fahrer für Heringsfilets in Sahnesoße und andere Delikatessen – mag also jeder sich seine Bilder dazu ausmalen.

Problematisch ist etwas anderes.

Zweimal vorher hatte R. eine Berufswahl getroffen, die nicht nur Geld einbringen, sondern zugleich auch Sinn stiften: den Inhalt, die Legitimation seines Lebens ausmachen sollte. Entsprechend den jeweiligen Zusammenhängen, in denen er lebte, schien seine zukünftige Tätigkeit nicht allein geldspendend, sondern eben auch – für R. – sinnvoll.

Dieser Zusammenhang ist mit R.s Karriere als Jobber verschwunden. Autoreifen in die Eifel oder Heringsfilets in die Kölner Supermärkte zu fahren, mag ohne weiteres eine nützliche, eine notwendige Arbeit sogar sein – eine *sinnvolle* ist sie für R. nicht.

Das ist aber nicht nur ein Problem, sondern zugleich eine Chance: die Chance – und damit zugleich das Problem –, sich aus der seelischen Verbundenheit mit dem Beruf, aus diesen religiösen Motiven, von denen das dtv-Lexikon spricht, zu lösen, den Zwangszusammenhang, daß der Broterwerb zugleich den Sinn einer Existenz konstituieren muß, zu durchbrechen.

R. tut sich unterschiedlich leicht und schwer damit. Ganz auf »Sinn« zu verzichten, mag ihm, wie uns allen wohl, nicht gelingen. Es ist also zu fragen, was R. in der Zeit getan hat, in der er nicht gejobbt hat, und das war, aufs Jahr gerechnet, der größte Teil.

Denn was sich umgekehrt mit dem Beginn des Jobbens, ist ja nichts weniger als das Verhältnis von Arbeit und Freizeit. Dominiert im Regelfall die Arbeit die Freizeit – so sehr, daß der letztere Begriff ohne sein Komplement Arbeitszeit gar nicht denkbar wäre –, so wird nun die Arbeit nur noch zu einer dem Gelderwerb dienenden Unterbrechung »freier«, d. h. frei zur Verfügung stehender Zeit. »Freizeit«, verrät uns Band 7 des dtv-Lexikons, »ist die arbeitsfreie Zeit der Berufstätigen. Jeder Beruf hat ein F.-Minimum, das ohne Schaden nicht unterschritten werden kann. Die F. hat ihre Bedeutung für Erholung, Familie, allgemeine und berufl. Fortbildung, Teilnahme am gesellschaftl. und staatsbürgerl. Leben, Ausüben von Liebhabereien (Hobby) und Gewinnung neuer Spannkraft.«

Für R. besteht das Problem nun vor allem darin, daß sein F.-Minimum, die nicht von Gelderwerb bzw. Studium dominierte Zeit, sich ausdehnt. »Vereine, Jugendverbände, Kirchen, Betriebs- und Werksgemeinschaften suchen Anregungen für sinnvolle Erholung zu geben (Freizeitgestaltung)«, heißt es weiter im dtv-Lexikon, »und die Möglichkeiten dafür zu schaffen (Sportanlagen, Büchereien, Ferienheime u. a.).«

Auf Sportanlagen oder in Ferienheimen ist R. nicht gesehen worden, die Kölner Zentralbibliothek dagegen hat er freilich dann und wann aufgesucht. Was hat er also getan mit dem gewachsenen F.-Minimum?

Er hat verschiedene Zusammenhänge, verschiedene Sinnmöglichkeiten, aufgesucht und ausprobiert. Er hat sich in Männergruppen herumgetrieben und an der Erstellung eines Männerkalenders wesentlich mitgearbeitet, hat angefangen zu schreiben, war zeitweise in zwei »alternativen« Kölner Stadtzeitungen tätig und hat übrigens auch dort manches Honorar verdient, hat sich mit anderen Schreibenden zu einer Literaturgruppe zusammengefunden, ist acht Wochen allein in Italien gewesen, hat ein bißchen Theater gespielt und war manchmal einfach nur glücklich oder unglücklich verliebt und mit beidem ausgefüllt. Wenn ihn einer dieser Zusammenhänge – oder mehrere – bewegten, in Anspruch nahmen, wenn also »Aufgaben«, »Sinn« da waren, ist es R. nicht schwergefallen, jobben zu gehen und nichts anderes davon haben zu wollen als Geld. Zu anderen Zeiten ist dann doch der Zweifel zurückgekommen: ob es nicht besser sei, etwas Vernünftiges zu werden, sein Leben einer bestimmten Aufgabe, einem Sinn zu widmen, mit dem zugleich das Brot verdient wird.

R. hat niemals, auch in seinen Zweifeln nicht, daran geglaubt, daß es besser sei, nicht mehr, seit er seine Karriere als Jobber begonnen hat. Er neidet den Berufsschullehrern und Erziehern ihre Existenz nicht, die ja auch nicht beneidenswert ist. Es fällt ihm nicht schwer zu akzeptieren, daß er nicht Lehrer geworden ist.

Es fällt ihm nur manchmal schwer zu akzeptieren, was er tut – als »sinnvoll« zu akzeptieren oder einfach nur zu akzeptieren.

Und so hat er sich seit einem guten halben Jahr wieder einem Beruf angenähert. Man muß es so sagen: er hat sich angenähert. Er übt den Beruf aus wie einen Job, zwei- bis dreimal in der Woche, und doch ist es kein Job wie jeder andere. Es ist die Krönung der Jobs.

R. fährt keine Zementsäcke, Autoreifen oder Delikatessen mehr, sondern Personen. Er ist einer von rund 2500 Taxifahrern in Köln. Er fährt zwei- bis dreimal in der Woche, immer nachts, nicht seinen eigenen Wegen, sondern denen seiner Fahrgäste folgend, Wege, die auch schon mal bis nach Düsseldorf führen. Er übt einen Beruf aus, der in den letzten fünf, sechs Jahren für viele an Faszination gewonnen zu haben scheint. Scorsese hat einen sehr erfolgreichen Film darüber gedreht, Victoria Thérames Bericht *Die Taxifahrerin* ist viel gelesen worden, ein Film mit dem gleichen Titel – der allerdings nichts mit dem Buch zu tun hat – ist gerade in die Kinos gekommen, nach allem, was ich darüber gelesen habe, auch er hauptsächlich in der Nacht angesiedelt. Taxifahren scheint nicht mehr nur ein Job zu sein, sondern ein Bild: der teilnehmende Beobachter, der ein Stück aus dem Leben der anderen sieht, der sich auskennt im Bauch der Stadt, der den Überblick hat – und doch nichts anderes tut als Auto fahren, den Wünschen seiner Kunden folgend. Mir scheint, daß R., seitdem er Taxi fährt, weniger ins Kino geht, als habe er das nicht mehr in diesem Ausmaß nötig.

Wenn R. nachts durch Köln fährt, stelle ich mir vor, ist er einerseits anwesend: Fahrgäste aufnehmen, den kürzesten Weg zum Ziel erinnern, kuppeln, schalten, vielleicht ein Gespräch führen, auf den Funk achten – das sind, in diesen Stunden, seine Lebensäußerungen. Zugleich, denke ich mir, ist er oft sehr weit weg, auf seine eigene Tätigkeit allerhöchstens wie auf eine Kinoleinwand starrend, während in ihm gleichzeitig Träume, Gedanken, Erkenntnisse arbeiten. Nur wenige Situationen wie diese im Auto kann ich mir vorstellen, die so sehr Gottfrieds Benns berühmten Satz aus *Doppelleben* illustrieren: »Das, was lebt, ist etwas anderes als das, was denkt, dies ist eine fundamentale Tatsache unserer Existenz, und wir müssen uns mit ihr abfinden.« Und später: ». . . Rousseau, der Zöllner, klebt am Schlagbaum statutengemäß die Zettel auf die Koffer – und sonntags die schönen Wahnsinnsbilder!« Manche Fahrgäste halten R. für einen »richtigen« Taxifahrer, der fünfmal wöchentlich fährt und fahren wird bis ins Rentenalter: R. tut nichts, um diese Vorstellung zu korrigieren. Der Irrtum macht ihm Spaß, tut ihm gut. Andere sehen sofort, was los ist. Manche tippen darauf, daß er »irgendwas mit Kunst« zu tun hat.

Er schreibt, versucht zu schreiben – das sind *seine* schönen Wahnsinnsbilder. Womit wir wieder beim dtv-Lexikon sind: die dortige Definition des Berufs hat R. schließlich doch eingeholt. Aus der Tätigkeit, mit der er Geld erwirbt, hat er das Bedürfnis nach Sinn zwar vertrieben, aber am Schreibtisch, im Wunsch, etwas zu schaffen, holt es ihn wieder ein. »Das Kunstschaffen«, heißt es in Band 11 des dtv-Lexikons, »entspringt einem Urtrieb.«

In den letzten Wochen allerdings betont R. öfter, daß er kaum noch am Schreibtisch sitze und daß er sich deswegen keineswegs unwohl fühle.

Bob, R.s Kollege aus Frankfurt, schreibt nicht und hat nichts »mit Kunst zu tun.« In Frankfurt kann man Bob übrigens nur zweimal im Jahr für je einen Monat antreffen und zu ihm ins Taxi steigen. In den restlichen zehn Monaten muß man ihn in den Pyrenäen suchen, in einer entlegenen Ecke, fernab auch von der dort entstehenden Freakkultur, allein in seiner Hütte.

Bob »tut« dort »nichts«. Er baut ein bißchen Kohl an, allein für den Eigenbedarf, und geht spazieren. Er schreibt nicht, malt nicht, entwirft keine Theorie. So, wie er, ohne eigenes Ziel, nur denen der Fahrgäste folgend, zweimal im Jahr durch Frankfurt streift, so streift er durch die Pyrenäen. Er will darüber nichts aufschreiben, nichts mitteilen. Um Sinn geht es ihm nicht. Er tut nicht das eine, um das andere tun zu können. Er fährt nicht Taxi, um in den Pyrenäen leben zu können, und er lebt nicht in den Pyrenäen, um sich fürs Taxifahren zu stärken. Wenn er Taxi fährt, fährt er Taxi, und in den Pyrenäen ist er Spaziergänger, ein Beruf, von dem Klaus Stiller sagt: »In diesem Beruf wird bis ins hohe Alter geschafft, ja erst jetzt die eigentliche Meisterschaft erreicht.«

Daß Bob in diesem Text auftaucht, als Beispiel für etwas, wäre ihm vermutlich nicht recht. Auch das, ein Beispiel, will er nicht sein. Deshalb höre ich hier auf.

Hanns-Josef Ortheil

»Königsweg der Individuation«

Philosophie – Literatur – Bildung

> *das exemplar*
> eine mischung von worten, die sich gerade noch darüber sagen lassen.
> man bedenkt welcher teil der situation sprache ist. alles geschieht und bestimmt die bedeutung der worte. ich verstehe mehr als du sagst, wortgeburt des dialekts spontan.
> Oswald Wiener: *Die Verbesserung von Mitteleuropa*

Eine Rede im Jahr 1914

Im Mai 1914 hielt der gerade zum Präsidenten der Berliner »Freien Studentenschaften« gewählte Walter Benjamin eine Rede über *Das Leben der Studenten.* Der Student Benjamin hatte seine Schulzeit zum Teil in einem thüringischen Landerziehungsheim verbracht. Dort hatte er die pädagogischen Ideen der Jugendbewegung, besonders aber die seines Lehrers Gustav Wyneken, kennengelernt. Der Student Benjamin hatte sich im Mai 1914 von diesen Ideen noch nicht befreit, im Gegenteil, er wollte seine Kommilitonen für sie gewinnen. Dabei ging er von der Diagnose aus, daß dem deutschen Studententum zu dieser Zeit eine Existenz im eigentlichen, tieferen Sinn abgehe.

Mit diesem tieferen Sinn verband der Student Benjamin damals den Begriff der Wissenschaft. Er wollte ihre Ausübung nicht als Vorbereitung auf einen Beruf verstanden wissen, er hatte von ihr einen höheren Begriff. Benjamin erkannte in ihr einen Wert an sich, und das Studium war für ihn eine Art Verpflichtung zu strenger Erkenntnis, die durch den Blick auf einen Beruf oder auf gesellschaftliche Erfolge nicht abgelenkt werden sollte.

Natürlich war sich der Student Benjamin darüber klar, daß der von ihm kritisierten Verbürgerlichung des Studiums, der er bei den Korps-Studenten wie bei den Mitgliedern der »Freien Studentenschaften« zu begegnen glaubte, nur durch Ideale entgegenzuarbeiten war, die höhere Ziele als die der sozialen Sicherheit bezeichneten. Um diese Ziele durchzusetzen, verlangte er von seinen Kommilitonen Aktivität, Produktivität und Kritikfähigkeit. Nur so könne sich der Student vom »Schlepptau der öffentlichen Meinung« befreien und zur Erneuerung und geistigen Gestaltung der Nation beitragen.

Der Student Benjamin glaubte also, daß die Studenten die ihnen gewährte Freiheit der Studienjahre zu einer Zeit rastloser, gegenüber Literatur und Kunst empfindsamer Erkenntnis, die nicht im Phlegma bürgerlicher Sicherheitsvorstellungen ersticke, nutzen sollten. Freilich wußte Benjamin, daß solche Tugenden nicht im universitären Unterricht zu erwerben waren. In Vorlesungen und Seminaren hatte er jedenfalls Studenten beobachtet, die an diesen Veranstaltungen nur noch mechanisch teilnahmen. Sie sammelten Wissensstoff, um ihn bei passender Gelegenheit zu wiederholen und dadurch die nun einmal notwendigen Examina zu bestehen.

Dem Studenten Benjamin waren diese Studenten ein Graus. Er erwartete ja mehr von ihnen als passive Unterwerfung unter das Ritual eines Unterrichts, in dem ein Vortragender den nächsten ablöste. Benjamins Vorstellungen galten vielmehr einer »Kultur des Gesprächs«, die er an der Hochschule nicht verwirklicht fand. Die sokratische Belehrung, die ein solches Gespräch hätte vermitteln können, konnte sich der Student Benjamin damals, im Mai 1914, nur außerhalb der Hochschule vorstellen. In diesem Raum dachte sich Benjamin eine aktive, studentische Gemeinschaft, die um das philosophische Gespräch zentriert war. Dessen Inhalt seien die »metaphysischen Fragen«, die Fragen Platons, Spinozas, Nietzsches und der Romantiker, jene Fragen also, die nach der Ansicht des Studenten Benjamin an der Hochschule überhaupt nicht gestellt wurden.

Vielleicht hat der Student Benjamin, der später mit einer Arbeit über den *Begriff der Kunstkritik in der deutschen Romantik* promovierte, schon an dieser Stelle seiner Rede an die Gesprächskultur des Jenaer Literatenkreises um die Brüder Schlegel gedacht. Ein Hinweis auf diese produktive Zeit um 1800 ist jedenfalls in seinem Vortrag versteckt. Einmal nämlich spricht Benjamin vom Adel geistig-produktiver Bildung; er bezeichnet ihn als den, »der bis vor hundert Jahren deutsches Studententum sichtbar machte und es an sichtbare Stellen als Verteidiger des besten Lebens treten ließ«. Bis vor hundert Jahren – das meinte ja: bis vor die Zeiten der Befreiungskriege, der Burschenschaften, der patriotisch-politischen Erneuerung.

Es ist deutlich: der Student Benjamin vertrat um 1914 eher Bildungsideen, die denen des deutschen Idealismus nahe waren, als solche, die von den Studenten politische oder soziale Aktivität verlangten. Im Mittelpunkt dieser idealistischen Bildungsideen stand der Gedanke von geistiger Totalität, »ganzem« Menschentum, der wohl einmal als ausdrucksreicher Protest gegen die bürgerliche Berufsausbildung gegolten hatte. Benjamin nannte diese Bildungsideen deutlich beim Namen:

Jeder Leistende strebt nach Totalität, und der Wert einer Leistung liegt eben in ihr, also darin, daß das ganze und ungeteilte Wesen eines Menschen zum Ausdruck komme. Die sozial begründete Leistung aber enthält, wie wir sie heute vorfinden, nicht die Totalität, sie ist etwas völlig Bruchstückhaftes und Abgeleitetes.

Ähnlich hätte es um 1800, zu einer Zeit also, die Benjamin im Auge hatte, wohl auch der Student Henrik Steffens gesagt, der in Jena dem romantischen Kreis um die Brüder Schlegel angehörte. Mit seiner Beschreibung dieser Zeit als der »kraftvollen, jugendlichen«, in der eine Begeisterung herrschte, »durch welche die ganze deutsche Literatur einen neuen Aufschwung erhielt«, hätte er jedenfalls sofort das Interesse und die Sympathie des Studenten Benjamin gefunden. Ja, Steffens scheint bei seiner Schilderung der damaligen Situation geradezu das vor Augen gehabt zu haben, wonach auch Benjamin sich sehnte: »Ich war in beständiger Produktivität, ja fortdauernd in einer Art wissenschaftlicher Begeisterung.«

Eben diesen Enthusiasmus wollte auch der Redner Benjamin seinen Kommilitonen um 1914 vermitteln. Freilich mußte er, um ihn zu begründen, weit, über mehr als hundert Jahre, zurückgehen. Hier, zwischen 1795 und 1806, hatte sich in Deutschland eine geistig-literarische Gemeinschaft behauptet, deren Bild Benjamin noch nachhing. Um es zu entfalten, bedurfte er einer Denkfigur, die bei seinen Vorstellungen von Totalität eine große Rolle spielte. Diese Denkfigur war die von der autonomen, zweckfreien, in sich ruhenden Produktivität des Geistes. Benjamin sagte es ja genau *so:* Totalität sei ein Wert an sich, oder »der Wert einer Leistung liegt eben in ihr«. Die Vorstellung von einer Autonomie des Denkens war eine der wichtigsten des deutschen Idealismus. Zweifellos hatte sie einer bürgerlich-philosophischen Elite einmal geholfen, sich von philiströsen Lebensauffassungen ihres Standes abzugrenzen.

Henrik Steffens hat sie wohl durch Schellings Vorträge und Überlegungen kennengelernt. Jedenfalls war er ein begeisterter Zuhörer dieser seit 1798 in Jena abgehaltenen Vorlesungen und fand sich in den späten Stunden des Nachmittags im Hörsaal ein; wer zuvor über den Marktplatz der Stadt gegangen war, mochte über den großen Zulauf von Studierenden aus allen Fakultäten, die diese Vorlesungen als herausragendes Ereignis empfanden, sehr erstaunt gewesen sein.

Eine Vorlesung im Jahre 1802

Der Philosoph Schelling, der damals auf die Studenten der Universität Jena einen so großen Eindruck machte, war im Jahr seiner Berufung erst 23 Jahre alt gewesen. Trotz dieses noch jugendlichen Alters hatte er sich bereits durch aufsehenerregende Schriften zur Naturphilosophie hervorgetan. Gerade durch diese Schriften hatte er sich die Sympathie des Ministers Goethe erworben, der ihn für eine Professur in Jena vorgeschlagen hatte.

Schon der Student Schelling war seinen Altersgenossen immer voraus gewesen. Als er 1790 an das Tübinger Stift ging, erhielt er dafür als 15jähriger eine besondere Erlaubnis, da in der Regel erst 17jährige immatrikuliert wurden. In den folgenden Jahren blieb Schelling diesem Ruf treu; aus den Prüfungen ging er immer wieder als der Erste seines Jahrgangs hervor.

Als der Philosoph Schelling also im Sommersemester 1802 eine *Vorlesung über die Methode des akademischen Studiums* ankündigte, erhielten seine Zuhörer nicht nur einen Begriff von der »Wissenschaft« und von den Voraussetzungen des akademischen Studiums – in Schelling stand ihnen vielmehr auch ein Exemplar des produktiven, Produktivität gewordenen Wissenschaftlers vor Augen. In den Berichten über Schellings Vorlesungen, die diese Studenten später notierten, kam gerade diese Identität von Person und Lehre zum Ausdruck. Die Berichte waren jedenfalls voll von Bewunderung und Lob.

Der Philosoph Schelling mag gewußt haben, was seine Zuhörer an ihm bewunderten und schätzten. Er selbst stellte ja das Produkt einer auf Universalität zielenden Ausbildung dar, die die

Grenzen der Einzelwissenschaften kühn überschritt. Gerade auf diese Universalität konnte er also seine aus allen Fakultäten herbeiströmenden Zuhörer aufmerksam machen; er selbst hatte sie in seinen schon damals zahlreichen Schriften zur Bibelkritik, Religions- und Naturphilosophie längst bewiesen.

Es ist daher nicht verwunderlich, wenn der Philosoph Schelling schon nach wenigen Worten seiner ersten Vorlesung auf den besonderen Sinn seines Vortrags zu sprechen kam:

Es geschieht aber, wie die meisten Beispiele zeigen, nur zu häufig, daß über der bestimmten Beschäftigung die allgemeine der universellen Ausbildung, über dem Bestreben, ein vorzüglicher Rechtsgelehrter oder Arzt zu werden, die weit höhere Bestimmung des Gelehrten überhaupt, des durch Wissenschaft veredelten Geistes vergessen wird.

Schon mit diesen Sätzen war der Philosoph Schelling bei seinem Thema. Es ging ihm ja nicht nur darum, die Vorzüge der Allgemeinbildung darzustellen; er wollte vielmehr auf einen Begriff des »Höheren« hinaus, der so etwas wie eine Grundlage für seinen Begriff *der* Wissenschaft bilden sollte. Gerade in diesem Griff nach dem »Höheren« verbarg sich seine idealistische Absicht.

So kam der Philosoph Schelling denn auch schnell zur Sache. Sein Thema war die »Philosophie, welche den ganzen Menschen ergreift und alle Seiten seiner Natur berührt«.

Das war es ohne Zweifel, was seine Zuhörer von ihm erwarteten: eine verlebendigte Darstellung des »Ganzen«, der Berührung »von allen Seiten«. Um es denn doch auf einen philosophischen Begriff zu bringen, benutzte der Philosoph Schelling den Komplementärbegriff des »Absoluten«. Dieser Begriff war damals wohl so etwas wie ein Reiz- und Modewort. Sicherlich hatte die Faszination, die der Philosoph Schelling ausübte, mit ihm zu tun. Es war jedenfalls nicht jedem Zuhörer mit Bestimmtheit klar, was mit diesem Begriff gemeint war. Der Philosoph Hegel, ein Studienfreund Schellings im Tübinger Stift, argwöhnte wenige Jahre später, daß mit dem »Absoluten« so etwas wie eine Nacht, in der alle Kühe schwarz seien, gemeint sei.

Diesen Spott mußte der Philosoph Schelling jedoch 1802 noch nicht ertragen. Der Begriff des »Absoluten« galt noch etwas, ja, er war gleichsam der erste Begriff des Denkens überhaupt. Ohne ihn konnte das Denken gar nicht erst beginnen. In diesem Sinn ließ er sich eigentlich auch nicht beweisen oder herleiten; klar war aber jedenfalls, daß man ohne diesen Begriff nicht auskommen konnte.

Das »Absolute« hatte nichts mit dem Fachwissen zu tun. Es war ein unbedingtes Wissen, das erste Wissen, das Urwissen. In ihm fand keine Unterscheidung von der Art mehr statt, wie sie ein flacher Kopf wohl betreiben konnte, indem er zwischen einem Wissen und einem Gegenstand des Wissens unterschied. Nein, der Philosoph Schelling meinte, daß das absolute Wissen eine wesentliche Einheit sei, ein »Höheres« eben, oder, jetzt ganz in seinem philosophischen Vokabular, eine »wesentliche Einheit des unbedingt Idealen und des unbedingt Realen«.

Auf die genaue Erläuterung dieser Begriffe verwandte der Philosoph Schelling bereits in seiner ersten Vorlesung eine beträchtliche Menge Zeit. Erst in den folgenden Vorlesungen nahm er den Abstieg zu den Einzelwissenschaften, freilich niemals, ohne ihren Zusammenhang mit der wesentlicheren Form des »höheren« Wissens bewiesen zu haben.

Es ist heute nicht recht klar, ob die Zuhörer der Jenaer Vorlesung den Philosophen Schelling in allen Einzelheiten verstanden. Ihre Berichte deuten eher darauf hin, daß sie seiner Faszination, dem Talent, das sich in seiner Rede und in seinem Auftritt kundgab, erlagen. Vielleicht haben sie aber auch die strengen philosophischen Begriffe, die der Philosoph Schelling gebrauchte, direkt auf seine Person bezogen. Schließlich stellte dieser Philosoph ja so etwas wie eine Einheit von Denken und Sein dar, schließlich war er in all seinen Auftritten und Wirkungen gleichsam vom Himmel herabgestiegene Produktivität. Jedenfalls hatte keiner bei der Entstehung dieser Produktivität zugeschaut; sie war dem »Wunderkind« des Tübinger Stiftes ebenso selbstverständlich wie sie seinen Zuhörern in Jena unbegreiflich war.

Daß also der Mensch, als das Vernunftwesen überhaupt, hingestellt sei, eine »Ergänzung der Welterscheinung zu sein«, und daß sich aus seiner Tätigkeit entwickeln solle, was »zur Totalität der Offenbarung Gottes« fehle, das konnten Schellings Zuhörer nicht an sich selbst und ihrem eigenen, beschränkten Wissen ablesen. Sie konnten diesen hohen Sätzen des Philosophen Schelling aber dennoch Glauben schenken, sie brauchten ja diese Sätze nur auf ihn, den Vortragenden, zu beziehen. 1802 war dieser Philosoph wohl nichts anderes als eine »Ergänzung der Welterscheinung«, und indem seine Zuhörer sich in den späten Stunden des Nachmittags in seinen Hörsaal drängten, mochten sie insgeheim empfinden, daß sie an dieser Ergänzung teilhätten.

Im Jahr 1914 wäre der Student Benjamin froh gewesen, einem Philosophen mit dem Anspruch des Philosophen Schelling auf »unbedingte« Wissenschaft zu begegnen. Sicher, der Begriff des »Absoluten« wäre damals, mehr als hundert Jahre später, nicht mehr so zu gebrauchen gewesen, wie ihn Schelling gebraucht hatte. Trotzdem, man konnte auch nicht ohne weiteres behaupten, daß er aus dem Vokabular verschwunden sei. Wenn der Student Benjamin von der Totalität und Zweckfreiheit des Wissens sprach, dann mochte er sich darunter etwas Ähnliches vorstellen wie der Philosoph Schelling, wenn er vom »ganzen« Menschen als dem Gelehrten sprach. Dabei kam beiden Rednern die Überlegung, mit Hilfe dieses auf Totalität zielenden Wissens das Wissen der Einzelwissenschaften zu übersteigen, zwar gelegen. Im eigentlichen Sinn wollten sie aber wohl sich selbst verteidigen, ihre Zuwendung zur Wissenschaft und den hohen Sinn, den diese Zuwendung ihrem Leben gab. Dabei glaubten sie vielleicht, die Lebensform, in der Denken und Sein sich, wie der Philosoph Schelling gesagt hätte, als »Ganzes« berührten, auch ihren Zuhörern vermitteln zu können. Die Studenten Schellings bestätigten diese Vermittlung jedenfalls, wie es z. B. die Lebenserinnerungen des Naturwissenschaftlers Steffens beweisen. Doch das lag, als der Student Benjamin in Berlin sprach, eben schon über hundert Jahre zurück. Daher zweifelt ein Biograph Benjamins mit guten Gründen daran, daß der Redner Benjamin im Jahre 1914 verstanden worden sei. Dieser Biograph berichtet vielmehr, daß Benjamin nur »im engeren Kreis« Zustimmung gefunden und von einer mit ihm befreundeten Dame, Dora Pollak, im Auftrag seiner Verlobten Rosen erhalten habe.

Möglich ist jedoch, daß der Student Benjamin damals nicht mehr erwartete. Er hatte die Zeit des »hohen Adels« der geistigen Bildung ja selbst weit in die Vergangenheit verlegt und die Möglichkeit einer Erneuerung nicht von der Universität, sondern von außerhalb, in der Form einer philosophischen Gemeinschaft, erwartet. Deren Reaktion mochten ihm die Rosen bestätigen. Die Initiativen, die Benjamin jedenfalls in diesem Sommersemester 1914 einleitete, galten einem solchen Kreis. So hatte er es ja schon in seinem Vortrag mit Worten angekündigt, die man auf den ersten Blick für Worte des Philosophen Schelling halten könnte: »Die

Gemeinschaft schöpferischer Menschen erhebt jedes Studium zur Universalität: unter der Form der Philosophie.«

Daß eine Gemeinschaft von Menschen dem Studenten Benjamin gleichsam den Vortrag eines Lehrers vom Katheder ersetzen mußte, daß er in ihr die Universalität finden wollte, die die Zuhörer Schellings noch direkt vor Augen hatten, das weist zunächst einmal darauf hin, daß die Universität um 1914 für Ansprüche wie die, die der Student Benjamin an sie stellte, keinen Platz hatte. Damit soll aber keineswegs gesagt sein, daß der Philosoph Schelling sie 1802 allein, auf sich gestellt, verwirklicht hätte. Schließlich lebte auch er lange Zeit in einer »Gemeinschaft schöpferischer Menschen«, die zur Universalität seiner Bildung nicht wenig beigetragen hatte. An der Konzeption einer erst sehr viel später wiederentdeckten philosophischen Skizze aus dem Jahr 1796, die dann als das »Älteste Systemprogramm« des deutschen Idealismus bekannt wurde, waren neben ihm wahrscheinlich auch die Studienfreunde Hegel und Hölderlin beteiligt, die auf dem Tübinger Stift seine Stubengenossen gewesen waren.

Auch in Jena hatte Schelling Anschluß an einen literarisch-philosophischen Kreis gefunden, der seiner Produktivität einigen Auftrieb gegeben hatte. In ihm hatte er seine spätere Frau Caroline, damals noch die Frau August Wilhelm Schlegels, kennengelernt. 1802 soll freilich der Zusammenhalt dieses Kreises nicht mehr besonders eng gewesen sein. Doch drei Jahre zuvor, im November 1799, waren noch die Brüder Schlegel, Novalis, Tieck, Dorothea Veit und der junge Physiker Ritter in Jena beisammen gewesen. Dorothea Veit leitete damals ihre Eindrücke über den Philosophen Schelling sogar in einem Brief an den Berliner Theologen Schleiermacher weiter, dessen Schrift *Über die Religion* (im Herbst desselben Jahres erschienen) die Freunde interessiert und den jungen, unruhigen Novalis zu Aufsätzen und Gedichten angeregt hatte. In diesem Brief befand sie des Philosophen Schelling Aussehen so, »wie man es erwartet; durch und durch kräftig, trotzig, roh und edel«. Sie traute ihm sogar zu, den Posten eines französischen Generals einzunehmen.

Aus der Ferne wird der Theologe Schleiermacher an diesen imponierenden Schilderungen, die wieder einmal beweisen, wie sehr der Philosoph Schelling Denken und Sein zu vereinigen verstand, sein Vergnügen gehabt haben. Jedenfalls machte er sich über die romantische Geselligkeit des Freundeskreises, dem Schelling angehörte, seine Gedanken. Seine Schrift, *Versuch einer Theorie des geselligen Betragens*, untersuchte die produktiv-lebendige Atmosphäre des Jenaer Kreises. Im Jahr 1914 hätte sie dem Studenten Benjamin zweifellos einige Zustimmung abverlangt; auch der Philosoph Schelling hätte bestimmten Passagen dieser Theorie, die seinen Erwägungen über das »Absolute« recht nahe kamen, nicht widersprochen. In gewissem Sinn bildet die Theorie Schleiermachers also so etwas wie eine Brücke zwischen den beiden Rednern.

Hatte der Student Benjamin von der Gemeinschaft schöpferischer Menschen eine Universalität unter der Form der Philosophie erwartet, so hob der Theologe Schleiermacher als wahren Charakter einer Gesellschaft in Absicht ihrer Form hervor, »daß sie eine durch alle Theilnehmer sich hindurchschlingende, aber auch durch sie völlig bestimmte und vollendete Wechselwirkung sein soll«. Schleiermacher dachte sich also die Geselligkeit eines produktiven Kreises, eines Kreises schöpferischer Menschen, als eine Art von Prozeß, der seinen Ziel und Zweck schon in sich selbst habe. Jedenfalls brauchte er ihn nicht außerhalb dieser Sphäre, etwa im sozialen oder politischen Bereich, zu suchen. In auffälliger Weise entspricht seine Vorstellung dem, was der Philosoph Schelling als »Idee«, als Bestimmung und Ausdruck des »Gelehrten« bezeichnet hätte: autonomer Ganzheit. Schleiermacher nannte diese angestrebte Selbständigkeit seines geselligen Kreises sogar deutlich beim Namen:

> Die Wechselwirkung ist sonach in sich selbst zurückgehend und vollendet; in dem Begriff derselben ist sowohl die Form als der Zweck der geselligen Tätigkeit erhalten, und sie macht das ganze Wesen der Gesellschaft aus.

Besonders dieser Passage hätte der Student Benjamin, für den Produktivität gänzliche Unabhängigkeit bedeutete, zugestimmt. In seiner Berliner Rede lehnte er die soziale Arbeit der »Freien Studentenschaften«, insoweit sie bloß »pflichteifrig und interessiert« sei, ausdrücklich ab. Ja, er hielt dieser Arbeit sogar vor, »nie eine wahrhaft ernst gesinnte Gemeinschaft« gegründet zu haben.

Der Student Benjamin sah für eine so ernst gesinnte Gemeinschaft andere Ziele als die der sozialen Arbeit. Es wurde schon erwähnt: er suchte die Gemeinschaft schöpferischer Menschen unter der Form der Philosophie. Zweifellos hätten der Philosoph Schelling und der Theologe Schleiermacher ihn darin bestärkt, ja, sie hätten dem Studenten Benjamin durch ihre Berichte über den romantischen Freundeskreis in Jena sogar die lebendigsten Beispiele vor Augen führen können.

Ein Tagebuch aus dem Jahr 1919

Der Student Benjamin hat sich während seines Studiums dann noch intensiv mit dem romantischen Freundeskreis beschäftigt. Aus der Jugendbewegung hat er sich allerdings zurückgezogen. Er verließ Berlin und studierte zunächst in München, später in der Schweiz. Offensichtlich erwartete er nicht mehr viel von einer studentischen Gemeinschaft, die etwas zur Erneuerung der Universität hätte beitragen können. Er konzentrierte sich statt dessen auf seine eigenen Arbeiten und diskutierte diese mit Freunden und Bekannten. Auf seltsame Weise entspricht dieser Konzentration und der Abwendung von der Jugendbewegung, daß er 1917 Dora Pollak, jene Frau also, die ihm nach seiner Berliner Rede Rosen überreicht hatte, heiratete. Vor dieser Heirat hatte sich Benjamin von seiner Verlobten getrennt. Anscheinend hatte er nicht vergessen, wer ihm nach seiner Rede so sichtbar mit Zustimmung gegenübergetreten war. Darüber könnte man ausführlicher nachdenken; wichtiger ist in diesem Zusammenhang wohl aber, daß der Student Benjamin dann im April 1919 seine Dissertation über den *Begriff der Kunstkritik in der deutschen Romantik* abschloß und im Juli sein Rigorosum ablegte. Man kann nicht behaupten, daß er sich in all den Jahren von seiner Idee, eine Totalität des Wissens im Stande des »Gelehrten« zu erwerben, entfernt hätte. Im Gegenteil, er kam dieser Idee durch seine konzentrierten Studien sehr nahe. Allerdings erwartete er wohl nicht mehr, diese Idee einer größeren Zuhörerschaft vermitteln zu können. Er beschränkte sich darauf, sie in einem kleinen Freundeskreis, in dem Gedanken entwickelt wurden, die in der Universität nicht zur Sprache kamen, erwidert zu sehen. Wie der Doktor Benjamin diesen Weg weiterging und wie er sich später dann doch für jene politischen und sozialen Themen zu interessieren begann, die ihn während seiner Studienjahre kaum beschäftigt hatten, darüber nachzudenken wäre schon etwas wert.

Statt dessen soll jedoch von einem anderen Studenten die Rede sein, der sich 1919 mit diesen Themen beinahe täglich abmühte und darüber ein Tagebuch führte. Denn offensichtlich hatte der Student der Nationalökonomie und Jurisprudenz Gustav Heinemann, der damals in Marburg studierte, eine ganz andere Vorstellung vom Leben der Studenten als der Student Benjamin.

Dabei hatte der Student Heinemann bei seinen Überlegungen ebensowenig wie Benjamin darauf verzichten wollen, seine Ideale und Ideen aus der deutschen Geschichte zu beziehen. Er ging 1919 allerdings nicht um mehr als hundert, sondern nur um etwas mehr als siebzig Jahre zurück. Den Studenten Heinemann interessierte das, was er die 48er Revolution nannte. Er beschäftigte sich mit dieser Revolution, wie er notierte, besonders gerne; er las Zeitungen und Flugblätter aus dieser Zeit, und er studierte auch den Brief eines Urgroßonkels, der für die »Freiheit« gefochten hatte und nach Amerika geflohen war, weil er sich in seinem Vaterland nicht mehr sicher fühlte. Der Student Heinemann erlebte in diesen Zeugnissen die deutsche Geschichte als Familiengeschichte; auch sein Vater stand in den Jahren 1918/19 auf seiten der Republikaner. Der Student Heinemann empfand diese Tradition, die ihm in den Reaktionen und Briefen seiner Verwandten so lebhaft vor Augen trat, als eine Verpflichtung. Im Dezember 1919 notierte er: »Für Einheit und Freiheit, für Republik und Demokratie! Ich werde an Euch denken!«

Es ist gewiß kein Zufall, daß der Student Heinemann in dieser Notiz die Erinnerung an seine Vorfahren mit jenen hohen politischen Begriffen verband, für die er sich selbst einsetzte. An seinen eigenen Studien konnte er schließlich wahrnehmen, daß es nicht genügte, die Geschichte nur mit der Absicht, historische Kenntnisse zu erwerben, zu studieren. Vielmehr wird ihm deutlich gewesen sein, daß er sich für die 48er Revolution besonders interessierte, weil er sie gleichsam durch die Zeugnisse der Vorfahren direkt erreichen und weil er an dieser direkten Verbindung die Geschichte als lebendige Fortsetzung von Idealen erfahren konnte. So wußte der Student Heinemann genau, daß es nicht darauf ankommen konnte, Demokratie und Republik gedanklich und programmatisch zu vermitteln. Er legte vielmehr Wert darauf, beides ins »Fühlen und Denken« aufzunehmen.

Die Begeisterung für die Demokratie, von der der Student Heinemann in diesen Jahren getragen war, ließ ihn dann und wann auch zum Redner werden. So an einem Sonntag im November 1919, als er mit Studienfreunden in einer Versammlung der Deutschen Volkspartei auftrat. Heinemann bekämpfte diese Partei. Seine Freunde und er arbeiteten in einer demokratischen Studentengruppe, die der Deutschen Demokratischen Partei angeschlossen war. An dem Sonntag des Jahres 1919 fand der Redner der DVP in der Wirtsstube von Hachborn, in der etwa 80 Zuhörer versammelt waren, keinen Anklang. Nur zwei oder drei Zuhörer spendeten ihm nach seiner Rede Beifall. Der Student Heinemann faßte das als eine Gelegenheit auf, seine eigenen politischen Gedanken vorzutragen. Er meldete sich jedoch nicht nur zu Wort, sondern er führte die Versammlung, in der der Redner der DVP so wenig Zustimmung gefunden hatte, in eigener Regie mit einem Freund weiter. Die *Hessische Landeszeitung* meldete später, daß die »spontanen Äußerungen demokratischer Gesinnung« reichen Beifall gefunden hätten.

In den späten sechziger Jahren hätte man gesagt, daß der Student Heinemann damals eine Versammlung »umfunktioniert« habe. Auf diesen Sprachgebrauch will ich jedoch hier nicht eingehen. Wichtiger ist, daß der Student Heinemann den Zeitungsausschnitt der *Hessischen Landeszeitung* in sein Tagebuch klebte. Dieser Ausschnitt nimmt sich neben seinen handschriftlichen Notizen wie eine Bestätigung dafür aus, daß sein Denken öffentlich und wirksam geworden war. Jedenfalls notierte er in seinem Tagebuch den Erfolg des Abends.

Überhaupt beziehen sich die Notizen des Studenten Heinemann meist auf die politischen Ereignisse des Tages. Es kommt einem bei der Lektüre seines Tagebuchs fast so vor, als habe er Mühe gehabt, mit den Ereignissen Schritt zu halten. Er findet kaum Zeit, den Blick über die Aktualitäten hinauszuwerfen; andererseits bedurfte er auch nicht häufig dieses Weitblicks, da er sich seiner geschichtlichen Perspektive ja sicher war. Auch die privaten Ereignisse spielten in dem Tagebuch des Studenten Heinemann nur dann eine Rolle, wenn sie die politischen in irgendeiner Form berührten. Traf er sich mit Freunden, so wurde vielleicht über ein Referat diskutiert, das er am Abend vor der demokratischen Studentengruppe halten wollte; möglich wäre aber auch, daß die Freunde an einem gemeinsamen Artikel arbeiteten, den sie in der *Hessischen Landeszeitung* veröffentlichen wollten. Die Geselligkeit dieses Kreises um den Studenten Heinemann ist jedenfalls ganz und gar nicht die, über die der Theologe Schleiermacher nachdachte und von der der Student Benjamin sprach. Ganz im Gegenteil, anstatt daß die Wirkungen dieses Kreises »in sich« zurückgegangen wären, drängten sie mit jeder Bewegung nach draußen. So kann man auch, genau genommen, gar nicht von den »privaten« Treffen der Freunde reden, bei jedem Zusammensein bereiteten sie ja beinahe eine öffentliche Aktion, ein Auftreten auf der politischen Bühne, vor.

Es ist verständlich, daß diese Lebensweise den Studenten Heinemann in Atem hielt und ihn neben seinem Studium nicht gering belastete. Andererseits hatte er wohl erst so ein Fundament für dieses Studium gefunden; ohne Wachsamkeit gegenüber der Tagespolitik wäre dem Studenten Heinemann wahrscheinlich sein Studium recht bedeutungslos vorgekommen und gleichsam »abstrakt« geblieben.

Es ist nicht zuviel gesagt: Die Politik war dem Studenten Heinemann nicht nur zum Thema, sondern zum Lebensinhalt überhaupt geworden. An den Weihnachtstagen des Jahres 1919 blieb er im Elternhaus: »Vergnüglich und gemütlich.« Doch schon am Abend des 28. Dezember fand er sich im Kasino ein: »Natürlich gleich politische Unterhaltung.« In diesen Unterhaltungen stieß sein politisches Temperament nicht selten auf den Widerstand der Gesprächspartner. Der Student Heinemann verzweifelte jedoch nicht an diesen Meinungsverschiedenheiten; er arbeitete nämlich gleichsam mit dem Bewußtsein, die Geschichte des republikanischen Deutschland, die er bis zu seinem Urgroßonkel zurückverfolgt hatte, fortzusetzen. Damals, 1919, dachte er noch daran, daß dies einmal die Geschichte des Neuen Deutschland werden könnte. Es reizte ihn schon, darüber etwas zu schreiben. Doch die drei Satzzeichen, die am Ende seiner Tagebuchnotiz vom 28. Dezember auftauchen, lassen zumindest ahnen, daß er sich nicht so sicher war, ob er, anstatt zu schreiben, nicht eher an den politischen Aktionen teilnehmen sollte, die ihn soviel Zeit kosteten.

Ich hätte nicht übel Lust, eine Geschichte des Neuen Deutschland zu schreiben, um meinerseits zur Überbrückung dieser Gegensätze beizutragen. Aber dazu bedarf es gründlicher Vorarbeit und Zeit! Vielleicht doch einmal!?!

In diesem Zusammenhang wollte ich eigentlich erst später noch einmal auf den Philosophen Schelling und auf seine Idee des »Absoluten« zu sprechen kommen. Dabei wollte ich zeigen, daß einige Vorstellungen dieses Philosophen auch später noch lebendig waren. Aber ich setze lieber schon etwas früher ein, denn dadurch läßt sich noch manches erklären. Dazu muß ich zum Jahr 1954 zurück.

Damals feierte man in Deutschland den hundertsten Todestag des Philosophen Schelling, übrigens ein »internes Fest, geräuschlos«, wie dann der Philosoph Habermas wenig später schrieb.

Der Philosoph Habermas hatte sich während seiner Studienzeit intensiv mit den Schriften Schellings beschäftigt. Zu Beginn der fünfziger Jahre hatte er über diese Schriften sogar promoviert. Seine Dissertation, *Das Absolute und die Geschichte*, führte eben jene Idee im Titel, auf die es dem Philosophen Schelling so sehr angekommen war und die der Philosoph Hegel einmal leicht bespöttelt hatte, ohne auf sie allerdings in seinen eigenen Schriften ganz zu verzichten.

Natürlich hatte Habermas zu den Schriften Schellings nicht ganz ohne Anleitung gegriffen. Er selbst hatte wesentliche Anregungen durch die Überlegungen Martin Heideggers bezogen und in seiner Dissertation zu einem nicht unerheblichen Maß auch auf diesen Anregungen aufgebaut. Im Januar 1956 allerdings hatte er sich von ihnen weit entfernt. Vielleicht arbeitete er damals schon an seiner Habilitationsschrift über den *Strukturwandel der Öffentlichkeit*, die er im Herbst 1961 abschloß. Der Philosoph Habermas hatte jedenfalls schon damals sein Interesse an der Politik und den Sozialwissenschaften entdeckt. 1956 rezensierte er in der *Frankfurter Allgemeinen Zeitung* ein Buch über den Philosophen Schelling, das er für das wichtigste zu dessen hundertstem Todestag hielt. Dieses Buch mit dem Titel *Schelling, Größe und Verhängnis* hatte Karl Jaspers 1955 veröffentlicht.

Jaspers hatte sich damals vorgenommen, dem Philosophen Schelling gleichsam mit dem Blick des Arztes zu begegnen. Er wollte eine markante Linie zwischen den Sätzen Schellings und seiner leiblichen Präsentation ziehen, eine Linie also, die die Zuhörer Schellings in der Jenaer Vorlesung des Jahres 1802 gewiß nicht wahrzunehmen imstande gewesen waren. Sie hatten die Sätze des Philosophen Schelling auf seine mündliche Rede und den faszinierenden Eindruck bezogen, den der Vortragende hinterließ. Auch der Philosoph Jaspers rechnete Schelling zu den Zauberern und Magiern. Aber er hielt ihm das vor. Er glaubte nicht an die Redlichkeit des Philosophen Schelling, und er nahm sich, um seine Thesen zu beweisen, gerade die Lebensgeschichte dieses Philosophen vor. Bei seinen Untersuchungen stieß er dann in der Tat auf einige erstaunliche Widersprüche. Der Rezensent Habermas faßte die Vorwürfe damals zusammen: »Uneigentlichkeit, Sendungsbewußtsein und große Geste, verbunden mit einem Versäumen und Überspringen der nächsten Forderungen des Tages.«

Ich glaube nicht, daß diese Vorwürfe den Philosophen Schelling getroffen hätten, wenn er sie hätte zur Kenntnis nehmen können. Mit den Forderungen des Tages wollte er 1802 gewiß nichts gemein haben; er hätte geglaubt, sie mit der Entwicklung seiner Idee des »Absoluten« am ehesten zu erfüllen. Denn er war ja gewiß nicht der Meinung, etwas zu »versäumen«; seine großen Gesten vom Katheder herab unterstrichen vielmehr seine Meinung, daß er sich inmitten der Weltgeschichte befinde.

Wie auch immer: Der Rezensent Habermas kam 1956 nicht umhin, gegen die Methode des Jasperssschen Buches leichten Tadel auszusprechen. Darauf will ich hier nicht näher eingehen. Zur Sache kam er auch eher in den letzten Absätzen seiner Rezension. Dort nämlich hob er hervor, daß die Größe Schellings »in der Tat ein Verhängnis für uns (werde), sobald wir den Typus seines Denkens unter den Umständen des 20. Jahrhunderts zu verwirklichen suchen«. Darauf also wollte Habermas in seiner Rezension hinaus: er wollte zeigen, daß sich Schellings Idee des »Absoluten« damals, 1956, nicht mehr halten ließ. Zu diesem Einwand hatte er denn auch besonderen Anlaß. Habermas hatte die Nachwirkungen von Schellings Philosophie schließlich am eigenen Leibe erfahren und sie auch schriftlich in seiner Dissertation formuliert. Während seiner Studienzeit war er, wie schon angedeutet, von den Überlegungen Martin Heideggers inspiriert gewesen. Wenn Habermas also an die Schelling-Nachfolge dachte, gegen die er einiges einwenden wollte, brauchte er nicht lange zu suchen. So heißt es denn auch in seiner Rezension: »Ganze Abschnitte, ganze Seiten lesen sich wie polemische Kommentare zu Heidegger; womit ich nicht behaupte, daß Jaspers sie auch tatsächlich in diesem Sinne gemeint hat.«

Der Rezensent Habermas wollte also sagen, daß er diese Polemik aus der Schellingkritik des Philosophen Jaspers herausgelesen habe, daß er sie verstehe und billige. *Diese* Kritik konnte er nachvollziehen, mochte er auch ihre Methode tadeln. Habermas hatte sich jedenfalls 1956 von seinen eigenen philosophischen Anfängen befreit. Von nun an las er die Schriften Heideggers anders, er las sie vielleicht unter einem Aspekt, den man den ideologiekritischen nennen könnte. Zweifellos interessierte er sich auch weiterhin für die Schriften, die Heidegger damals veröffentlichte. Doch er mißtraute ihnen jetzt. Es ist vielleicht charakteristisch, daß er von nun an intensiv über die Nachwirkungen des Philosophen Heidegger nachdachte. Die Kritik an diesem Philosophen nahm er jedenfalls in sein sozialwissenschaftliches und politisches Denken auf. Als Kritik an der Idee des »Absoluten« brachte sie wenig später der Philosoph und Soziologe Adorno auf zwei dichte, packende Sätze:

Philosophie, wie sie nach allem allein zu verantworten wäre, dürfte nicht länger des Absoluten sich mächtig dünken, ja, müßte den Gedanken daran sich verbieten, um ihn nicht zu verraten, und doch vom emphatischen Begriff der Wahrheit nichts sich abmarkten lassen. Dieser Widerspruch ist ihr Element.

In diesen beiden Sätzen war die Haltung verborgen, die der Rezensent Habermas gegenüber der Philosophie Schellings und Heideggers ebenfalls beziehen wollte. Nach »allem« – das meinte ja: nach dem Faschismus. Der Philosoph Adorno wollte also sagen, daß der Begriff des »Absoluten« gleichsam verdächtig geworden war, daß niemand mehr so herrschaftlich wie der Philosoph Schelling mit ihm umgehen dürfe. Trotzdem hat es den Anschein, als habe auch der Philosoph Adorno auf diesen Begriff nicht ganz verzichten wollen. Er wollte, wie er schrieb, nicht an ihn denken, er wollte ihn sich verbieten, und dennoch wollte er auf eine gewisse Emphase nicht verzichten.

Der schmale Pfad, den der Philosoph Adorno sich mit diesen beiden Sätzen vorzeichnete und den er selbst als Element des Widerspruchs empfand, beschäftigte dann sein Denken in den sechziger Jahren unaufhörlich. Das ausführlichste Ergebnis dieser Anstrengungen ist sein Buch *Negative Dialektik*, dessen Programm mit den beiden zitierten Sätzen gar nicht so schlecht umrissen ist.

Dieses Buch, in dem gleichsam aus dem Versteck gegen den Begriff des »Absoluten« in einem emphatischen Sinn von Wahrheit gedacht wurde, konnte der Rezensent Habermas 1956 noch nicht gelesen haben; es erschien erst zehn Jahre später. Dennoch deuten sich Adornos Thesen auch schon in den Sätzen der Rezension an. Jedenfalls hatte der Rezensent Habermas damals gelernt, Schelling und Heidegger zu kritisieren. Er lehnte den Nachdruck seiner Dissertation später ab, und auch aus dem Verzeichnis seiner Veröffentlichungen verschwand sie.

Eine Schulzeit in den späten sechziger Jahren

An dieser Stelle hören die Vorgeschichten auf, ohne deren Kenntnis man freilich nichts von dem folgenden verstehen könnte. Für mich sind nämlich diese Vorgeschichten keine Episoden der deutschen Geistesgeschichte; einen nicht unwesentlichen Teil meiner eigenen Lebensgeschichte habe ich erst verstanden, als ich den Zusammenhang dieser Geschichten begriff. Ich muß also nun auch von mir sprechen, um zu zeigen, wie diese Vorgeschichten sich fortsetzten und neue Erfahrungen prägten.

In den späten sechziger Jahren, den Jahren von 1968 bis 1970, besuchte ich die Oberstufe eines Gymnasiums. Lange Zeit hatte dieses Gymnasium als das einzige humanistische der Stadt gegolten; der Humanismus, der an diesem Gymnasium gelehrt wurde, hatte eine beachtliche Tradition, die sich über mehrere hundert Jahre zurückverfolgen ließ. An diese Tradition wurde damals, in den späten sechziger Jahren, zwar nicht selten erinnert; die Schüler, die zu dieser Zeit die Oberstufe besuchten, nahmen sie aber kaum noch wahr. Sie gehörten der ersten Klasse an, die nicht mehr – wie bisher üblich – im 8. Schuljahr zum Erlernen der altgriechischen Sprache verpflichtet worden war. Viele sprachen damals statt des Altgriechischen Französisch. Diese Veränderung paßte in das Bild, das sich diese Schüler von ihrer Schule machten. Die humanistische Tradition empfanden sie inzwischen als lästig; sie hätten kaum jemanden gewußt, der ihnen diese Tradition sichtbar repräsentierte. Die Lektüre der lateinischen und griechischen Klassiker war zu einer lustlos betriebenen Anstrengung verkommen.

Ich glaube, daß die Schüler diese Lustlosigkeit nicht nur an sich selbst erfuhren; sie erhielten sie darüber hinaus durch einen Unterricht bestätigt, der die Geschichten Homers und die Reden Catilinas nur noch mit einem ironischen Unterton entwickeln konnte. Es herrschte ein unausgesprochenes Einverständnis darüber, daß diese Texte, wörtlich genommen, kaum noch zu ertragen und daß die in ihnen zu Wort kommenden Menschen lediglich noch Karikaturen einer Bildungsabsicht waren. Die Lektüre der sogenannten Klassiker hatte sich daher zu einem Spiel im Dickicht von Grammatiken und Vokabeln entwickelt, das selbst die Schüler, die es noch einigermaßen zu beherrschen wußten, mit tonloser Stimme betrieben. Jedenfalls zeigten diese Lektürestunden Lehrern wie Schülern an, daß die humanistische Tradition an ein vorläufiges Ende gekommen war und daß man sich über einige notwendige Reformen schleunigst Gedanken machten mußte (der Sozialwissenschaftler Habermas hatte derartige Gedanken bereits 1957 »in enger Kooperation« mit dem Philosophen Adorno als Einleitung zu einem Bericht des Instituts für Sozialforschung in Frankfurt am Main veröffentlicht).

Zu dem damaligen Stillstand, der schon in Reformhunger umgeschlagen war, bildete der Unterricht des Lehrers H. einen gewissen Kontrast. Der Lehrer H. unterrichtete im Fache Deutsch, einem Fach also, auf das die meisten Schüler noch neugierig waren. Er hatte die Klasse mit Beginn der Oberstufe übernommen, und er gestaltete in den letzten drei Jahren der gymnasialen Ausbildung einen Unterricht, der die Geschichte der deutschen Literatur vom Ende des Dreißigjährigen Krieges bis zu den Nachkriegstagen als eine ununterbrochene Anstrengung von Schriftstellern erscheinen ließ, die in einer »wahren« Sprache nach dem richtigen Leben suchten. Ohne Zweifel hatte der Lehrer H. im Literaturunterricht jene metaphysischen Fragen im Sinn, die auch der Student Benjamin für die notwendigsten erachtet hatte. Der Lehrer H. hätte diese Fragen die »einfachen« und »wesentlichen« genannt, mit einem gewissen Zögern hätte er sie auch als die Fragen nach dem »Absoluten« bezeichnet.

Die Oberschüler des humanistischen Gymnasiums hörten damals zum ersten Mal von diesen Fragen und der Idee, die den Philosophen Schelling beschäftigt hatte. Sie hätten aber wohl kaum auf all diese neuen Begriffe reagiert, wenn sie ihre Bedeutung und Wirksamkeit nicht auch an der Person ihres Lehrers abgelesen hätten. Der Lehrer H. hatte das, was der Privatgelehrte Walter

Benjamin wohl eine »Aura« genannt hätte. Diese Aura verband sich auf kaum zu unterscheidende Weise mit dem zentralen Begriff des »Absoluten«, mit dem die Oberstufenschüler allmählich einen bedächtigen Umgang pflegten. Jedenfalls tauchte er bald auch in ihren Aufsätzen auf und markierte dort die wichtigen, die zusammenfassenden Stellen.

Ich habe nicht von der Faszinationskraft, sondern von der Aura des Lehrers H. gesprochen, weil ich die Wirkung auf seine Schüler von der des Philosophen Schelling auf seine Studenten unterscheiden wollte. Der Lehrer H. kannte keine großen Gesten, er sprach auch von seinem Pult aus nicht besonders eindringlich, wie man sich ihn überhaupt schlecht als Redner vorstellen konnte. Mit solchen Gesten und Gebärden hätte er sich damals, in den späten sechziger Jahren, auch nur lächerlich gemacht. Die Aura des Lehrers H. beruhte vielmehr – neben seinem großen pädagogischen Geschick, das die Schulstunden oft zu einer an den Rand der Erschöpfung führenden Denkarbeit werden ließ – auf kurzen, gleichsam nebenher ausgeplauderten Hinweisen, die uns seine Nähe zu dem, was auch er zögernd das »Absolute« nannte, bestätigten.

Diese Hinweise bezogen sich auf die Interpretation von Textstellen, bei denen er für einen Augenblick aus der Erläuterung des sprachlichen Kunstwerks ausscherte und mit ungespielter Souveränität zu erkennen gab, daß ihn in diesem Moment mehr beschäftigte als das, was er uns mitteilen konnte.

Ich könnte dafür viele aufschlußreiche Beispiele nennen, und meine Schilderungen wären gewiß ein guter Beleg dafür, wie nachhaltig die Wirkung dieser Momente war. Ich will aber eines wählen, das den Lebenszusammenhang, der damals auf unsichtbare Weise zwischen dem Lehrer H. und einigen seiner Schüler bestand, ein wenig kennzeichnet. In einer Unterrichtsstunde war ein Gedicht Rainer Maria Rilkes aus dem Ersten Buch seines *Stundenbuch*-Zyklus Thema des Gesprächs. Der Lehrer H. las damals derartige Gedichte nicht selbst vor, er trat diese Aufgabe, die sich in seiner Gegenwart nicht eben leicht lösen ließ, an einen Schüler ab. Diesmal jedoch wiederholte er, nachdem das ganze Gedicht vorgelesen worden war, die erste Strophe:

Werkleute sind wir: Knappen, Jünger, Meister,
und bauen dich, du hohes Mittelschiff.
Und manchmal kommt ein ernster Hergereister,

geht wie ein Glanz durch unsre hundert Geister
und zeigt uns zitternd einen neuen Griff.

Der Lehrer H. legte damals Wert auf den Hinweis, daß mit dem »ernsten Hergereisten« vielleicht der Schriftsteller Stefan George gemeint sei, von dem der Schriftsteller Rilke einiges gelernt zu haben glaubte – ein Hinweis übrigens, den er sich sonst, streng an die immanente Kunst der Interpretation gehalten, kaum erlaubt hätte. Die Oberschüler des humanistischen Gymnasiums wußten damals mit diesem Hinweis wohl nicht sehr viel anzufangen; sie durften ihn auch gleich wieder vergessen und wurden nicht gedrängt, weiter über ihn nachzudenken. Doch waren sich zumindest einige von ihnen sicher, daß in dieser Strophe mehr bezeichnet wurde als die nur im geheimen angedeutete Bewunderung des Schriftstellers Rilke für den Schriftsteller George. Offenbar wurde hier noch ein anderes Geheimnis bezeichnet, das mit dem Geheimnis des Unterrichts zu tun hatte. Denn in dieser ersten Strophe des Rilkegedichts vermochten die Oberschüler bei ihrer interpretatorischen Arbeit, einer Art von »Versenkung«, wie der Privatgelehrte Benjamin gesagt hätte, etwas von ihrer Lage wiederzuerkennen. Die »Werkleute«, ja, das waren sie, die Oberschüler, und das hohe Mittelschiff konnten sie, nur einmal von der ersten Strophe her betrachtet, als das Gebäude ihrer geistigen Arbeit verstehen, als das Gebäude einer Kultur, die die Mitarbeit des Denkenden schon mit »hohen« Leseerlebnissen belohnte. Schließlich blieb auch die Bedeutung des Verses, der vom »ernsten Hergereisten« sprach, nicht weiter verschlossen; damit konnte niemand anders gemeint sein als der Lehrer H., dessen »neue Griffe« und Interpretationskünste die Oberschüler bewunderten und schätzten.

An dem Beispiel des Rilkegedichts wollte ich zeigen, daß der Lehrer H. für die Oberschüler des humanistischen Gymnasiums selbst zu einer Gestalt der kulturellen Tradition geworden war. Er stand den Stoffen, die er den Schülern vorlegte, nicht wie ein Fremder, ein Historiker oder gar ein Archivar gegenüber. Vielmehr war er selbst ein leibhaftig erfahrener Teil dieses Stoffes.

Der Lehrer H. hatte in den ersten Nachkriegsjahren bei dem Philosophen Gadamer studiert. Ich glaube heute, daß er diese Studienzeit als eine Zeit wichtiger, »wesentlicher« Anregungen empfunden hat. Als ich viele Jahre später selbst das Hauptwerk des Philosophen Gadamer, das den Titel *Wahrheit und Methode* trägt, gelesen hatte, ahnte ich, daß der Lehrer H. von diesem Philosophen einiges gelernt haben mußte. In diesem Buch geht es um das Verstehen, genauer gesagt um den Sinn und die Geschichtlichkeit des geisteswissenschaftlichen Verstehens. In gewisser Weise interpretierte es den Unterricht, den der Lehrer H. damals zu jener »Kultur des Gesprächs« entwickelt hatte, die auch der Student Benjamin für die Erörterung der »metaphysischen Fragen« als notwendig erachtet hatte. In den ersten Kapiteln dieses Buches werden die sogenannten »humanistischen Leitbegriffe« noch einmal in ihrer Wirksamkeit überprüft. »Bildung«, »sensus communis«, »Urteilskraft« und »Geschmack« – der Philosoph Gadamer fragte sich, was diese Begriffe noch bedeuten konnten und wie sie zu verstehen seien.

Damals, in den späten sechziger Jahren, hatte ich dieses Buch noch nicht gelesen, es hätte mich auch wohl nicht weiter interessiert. Statt dessen ging ich der Frage nach dem »Absoluten« nach, einer Frage also, die der Lehrer des Philosophen Gadamer, Martin Heidegger, immer wieder gestellt hatte. Ich verstand diese Frage als »tiefe« Frage, und ich verband mit ihr eine Art von angestrengter Denkakrobatik, die mich zusammen mit einem Schulfreund zu mancher geistigen Euphorie hinriß. Ich bin sicher, daß uns diese Euphorie bald abhanden gekommen wäre, wenn es den Unterricht des Lehrers H. nicht gegeben hätte. Jedenfalls waren wir damals, Ende der sechziger Jahre, noch nicht von der Kritik an der Frage nach dem Absoluten, die der Sozialwissenschaftler Habermas 1956 formuliert hatte, irritiert. Diese Kritik konnte uns nicht vollständig erreichen; der dauernde Kontakt mit dem Lehrer H. immunisierte uns gegen derlei Einwände, die wir wohl als »historische« abgetan hätten.

Erst später ging uns dann auf, daß auch der Lehrer H. eine Geschichte hatte. Aber man brauchte diese Geschichte ja keineswegs zu kennen, um ihn zu verstehen.

Ein Studium in den frühen siebziger Jahren

1970 baten die Oberschüler des humanistischen Gymnasiums dann den Lehrer H., die Abiturrede zu halten. Inzwischen hatten sie nämlich erfahren, daß der Lehrer H. vor einigen Jahren schon einmal eine viel beachtete Abiturrede gehalten hatte, allerdings nicht an ihrer Schule, sondern an einer deutschen Schule in Griechenland. Die Oberschüler des humanistischen Gymnasiums erwarteten damals viel von dieser Rede, aber sie waren auch nicht besonders erstaunt, als der Lehrer H. es ablehnte, diese Rede zu halten. Er hielt die Zeit für Abiturreden nicht geeignet, und was er vor einigen Jahren in Griechenland gesagt haben mochte, konnte er damals, 1970, gewiß nicht wiederholen. Bei der Ablehnung des Lehrers H. konnte dagegen die zu dieser Zeit weit verbreitete Furcht, bei einer öffentlichen Rede gestört zu werden, keine Rolle gespielt haben. Derartig verbreitete Demonstrationstechniken hatte der Sozialwissenschaftler Habermas erst zwei Jahre zuvor auf einem Schüler- und Studentenkongreß in der Frankfurter Mensa kritisiert. Er hatte die »neuen Techniken der begrenzten Regelverletzung«, die »aus dem Repertoire des gewaltlosen Widerstandes« stammten, psychologisch als »ritualisierte Formen der Erpressung und des Trotzes von Heranwachsenden gegenüber unaufmerksamen, aber relativ nachsichtigen Eltern« interpretiert.

Vielleicht hätte der Lehrer H. ihm darin zugestimmt; wichtiger ist, daß er mit diesen im Jahre 1970 bereits modisch und daher unwiederholbar gewordenen »Techniken der begrenzten Regelverletzung« nicht zu rechnen gehabt hätte. In der Ablehnung des Lehrers H., die Abiturrede zu halten, spielten derartige Erwägungen überhaupt nicht mit, er hatte sich auch nie als »unaufmerksam« oder »relativ nachsichtig« empfinden müssen. Vielmehr wurde den Oberschülern mit seiner Ablehnung ein gewisses Maß an Resignation erkennbar. Vielleicht empfand der Lehrer H., daß die Sätze, die er seinen Schülern noch zu sagen hatte, ihre Wirkung immer mehr verfehlten, daß sie diese Schüler jedenfalls nicht mehr so erreichten, wie er es sich vorgestellt hatte. Aber auch darüber ließ der Lehrer H., wie es seinem Unterrichtsstil entsprach, nichts Lautes oder Spektakuläres hören.

1970 wurden also überhaupt keine Abiturreden mehr gehalten; darauf hatten sich die Oberschüler des humanistischen Gymnasiums, nachdem der Lehrer H. nun schon abgelehnt hatte, geeinigt. Ersatzfiguren für den Lehrer H. wollten sie nicht zu Wort kommen lassen; sie glaubten, daß der Verzicht auf eine Feier besser und zeitgemäßer sei.

Mit der Frage nach dem »Absoluten« waren sie indessen nach dem Abitur allein. Einige kümmerten sich nicht weiter darum, andere – darunter auch ich – versuchten, diese Frage am Leben zu erhalten und sie an geeigneten Orten zu vitalisieren. Damals, 1970, ging ich für einige Monate nach Rom; wie ich es heute verstehe, waren diese Monate keiner anderen Frage gewidmet. Ich wollte sozusagen an Ort und Stelle herausbekommen, was es mit der Frage nach dem »Absoluten« auf sich hatte. Über diese Sucharbeit, die mir ein intensiv geführtes Tagebuch dokumentierte, möchte ich hier nicht berichten. Sie hängt sowieso eher mit dem Schreiben und seinen Geheimnissen zusammen, über die ich in diesem Zusammenhang hinweggehen will.

Wichtiger ist hier, daß ich, angeleitet durch den Unterricht des Lehrers H., von meinem Studium genau die Vorstellung hatte, die der Student Benjamin 1914 in seiner Rede vor den Kommilitonen entworfen hatte. Überhaupt rückten mir die Schriften Benjamins während dieses Studiums immer näher. In gewisser Weise setzten sie ja die auratische Sprache des Lehrers H. fort, die ich, nun allein gelassen, an der Universität nicht wiederfand. Andererseits erwartete ich wohl auch nicht mehr, die »metaphysischen Fragen« dort beantwortet zu sehen. Ich hatte begriffen, daß zu ihrer Erörterung geradezu die Entfernung von der Universität gehörte, und ich sprach daher über diese Fragen viel lieber mit jenem Schulfreund, der von den Sätzen des Lehrers H. ebensoviele im Kopf behalten hatte wie ich.

Jedenfalls hatte ich schnell bemerkt, daß die Zeit der Lehrer, die sich auch der Student Benjamin am Katheder oder im Seminar in lebendiger Aktion gewünscht hatte, vorbei war. Damals, 1971, hatte der Sozialwissenschaftler Habermas ein Buch mit dem Titel *Philosophisch-politische Profile* veröffentlicht. Dieses Buch enthielt so etwas wie die letzte Gruppenaufnahme wirkungsvoller Lehrer; es porträtierte unter anderem die Philosophen Heidegger, Jaspers, Bloch, Marcuse und Adorno.

Es wunderte mich damals gar nicht mehr, daß der Sozialwissenschaftler Habermas schon in den ersten Sätzen dieses Buches zu dem Ergebnis kam, »daß der Typus dieses in einzelnen Philosophen verkörperten Denkens seine Kraft verliert«. Habermas skizzierte eine »Depersonalisierung der Philosophie«, und er argwöhnte, daß jener »Gestus, mit dem eben Heidegger und Jaspers, Gehlen, Bloch und Adorno als akademische Lehrer vor ihren Studenten, in der literarischen Öffentlichkeit, in der politischen Publizistik, sogar in den Massenmedien ihre Gedanken vertreten, geradezu exerziert und verbreitet haben«, endgültig der Vergangenheit angehöre.

An dieser Beobachtung fand ich nichts auszusetzen. Sie bestätigte schlagartig meine eigenen Beobachtungen, und sie gab mir nachdrücklich zu verstehen, daß ich mein Studium, wie es auch der Student Benjamin getan hatte, gleichsam in eigener Regie und auf eigenen Füßen durchzuführen hatte. Je größer aber damals der deutlich empfundene Abstand zu den Fragen nach dem »Absoluten« wurde, die der Lehrer H. noch in so packender Manier gestellt hatte, um so mehr leitete dieser zur Skepsis erziehende Abstand zu anderen Fragen über. Heute glaube ich, daß ich damals vielleicht einen Weg einschlug, der mit dem des Philosophen Habermas nach seiner Dissertation über Schelling vergleichbar war. Sicher, ich kann diesen Weg nicht genau nachvollziehen, aber ich kann ihn doch zumindest an der Bedeutung, die die Schriften Adornos allmählich für mich gewannen, ungefähr ablesen. Der Erinnerung an diesen inzwischen gestorbenen Philosophen hatte Habermas übrigens sein Gruppenporträt deutscher »Lehrer« gewidmet, deren Profile er 1971 eben im philosophischen wie politischen Sinn skizzieren wollte.

Heute kann ich meinen Studienweg wohl dahingehend interpretieren, daß ich versuchte, die Fragen nach dem »Absoluten« als historische Fragen zu stellen. Ich hatte ja mit dem literaturgeschichtlichen Studium noch einmal von vorne zu beginnen; im Unterricht des Lehrers H. hatte die Geschichte als Austragungsort der literarischen Anstrengungen kaum eine Rolle gespielt. Für mein eigenes Nachdenken, das sich nun vor die Schwierigkeit gestellt sah, den Begriff des »Absoluten« historisch zu entwickeln, spielte die Habilitationsschrift des Sozialwissenschaftlers Habermas dann eine große Rolle. Schon in ihrem Titel, *Strukturwandel der Öffentlichkeit*, war für mich so etwas wie ein Signal gesetzt. Daß sich die Strukturen der Öffentlichkeit verändert hatten, das hatte ich schließlich selbst erfahren müssen. Diese Veränderungen hatte ich in den letzten Jahren in dem Maße bemerkt, in dem sich das Band, das mich mit der Frage nach dem »Absoluten« verknüpfte, gelockert hatte. Habermas hatte Prozesse des Strukturwandels im Deutschland des 18. Jahrhunderts beschrieben. Dieser historische Rückgriff kam mir gelegen. Auch ich wollte ja am liebsten bis zu jenen Jahren um 1800 zurück, in denen der Begriff des »Absoluten« noch eine so herrschaftliche, weltgeschichtliche

Rolle gespielt hatte. In diesen zentralen Jahren der deutschen Geistesgeschichte mußten die Wurzeln für meine eigenen Lehrjahre gelegt worden sein, und mir war jetzt nur noch die Aufgabe gestellt, die historischen Felder zu beschreiben und zu deuten, aus denen sich die universale Bedeutung der Idee des »Absoluten« ergeben hatte. Aus dieser Fragestellung entwickelte ich, verkürzt gesagt, die Themenstellung meiner Dissertation. Dabei richtete ich mein Augenmerk besonders auf die Verbindung, die die Literaten um 1800 zwischen dem »Absoluten« und der Gattung des Romans gesehen hatten. Viele von ihnen hatten den Roman als *die* exemplarische Gattung begriffen, und sie hatten ihm die Aufgabe gestellt, das »Absolute« poetisch zu verwirklichen. Ich befand mich gleichsam in der historischen Küche, in der die Nahrung, mit der man auch mich zu einem großen Teil gefüttert hatte, angerichtet und zubereitet worden war.

Ich will auf diese Arbeit hier nicht näher eingehen. Ich verstand sie jedenfalls nicht nur als eine wissenschaftliche Anstrengung; im Gegenteil: sie war ein Teil einer Entdeckungsgeschichte, als deren handelndes Produkt ich mich selbst empfand. So zitierte ich in dieser Arbeit, als müßte ich lauter Kronzeugen beim Namen nennen. Bei ihrer Fertigstellung hatte ich das begründete Gefühl, die Schulzeit, die Unterrichtsstunden des Lehrers H., erst in vollem Umfang begriffen zu haben. Ich hatte die Ergebnisse dieser Stunden ja nicht verworfen, nein, ich hatte sie erst ganz für mich erfahrbar gemacht.

Eine Arbeitsgruppe in den siebziger Jahren

Inzwischen war dem Sozialwissenschaftler Habermas auf Beschluß des Gemeinderats der Stadt Stuttgart der Hegel-Preis des Jahres 1973 verliehen worden. In der Laudatio auf den Preisträger hatte Dieter Henrich festgestellt, was inzwischen auch mir klar geworden sein mußte: die Wirkung des Sozialwissenschaftlers Habermas auf die Situation der Theorie in Deutschland stand nur hinter der zurück, die Martin Heidegger ausgeübt hatte. Henrich betonte jedoch, daß sie, »rein als Wirkung genommen, ungleich weniger zweideutig« gewesen sei. Im Gegensatz zu der Fragestellung Heideggers sei die des Sozialwissenschaftlers Habermas »unverschlüsselt«, sie habe die deutsche Theorie in die Wirklichkeit zurückgebracht.

Auch diesen Sätzen Henrichs konnte ich unumwunden zustimmen; letztlich faßten sie ja nur zusammen, was ich in den vergangenen Jahren erlebt hatte. Aus den »Zweideutigkeiten« der Frage nach dem »Absoluten« hatten mir die Überlegungen des Sozialwissenschaftlers Habermas einen Ausweg gebahnt. Dieser Weg hatte mich zum Wirklichen gebracht, zur Geschichte, eine Lösung des Problems, die auch ich nicht als Preisgabe von Horizonten empfand.

Ich möchte auf diese Laudatio nicht weiter eingehen, obwohl sie gerade in diesem Zusammenhang untersuchenswert wäre. Auch Henrich war nämlich nicht ohne den Philosophen Schelling ausgekommen, dessen »Systemversprechungen mit imperialer Geste« er von den Theorien des Sozialwissenschaftlers Habermas unterschieden hatte. Diese seien »ebensosehr Kritik eines Theoriebestandes wie Einladungen zu rechtzeitigem Widerspruch auf dem Wege zur Theorie«.

Die Rede, mit der sich Habermas für die Verleihung des Preises bedankte und der er die Frage »Können komplexe Gesellschaften eine vernünftige Identität ausbilden?« vorangestellt hatte, bestätigte dann Henrichs Unterscheidung. Wäre ich am 19. Januar 1974, als diese Rede gehalten wurde, unter den Zuhörern gewesen, hätten mich wohl besonders die Passagen interessiert, die mit historischem Weitblick auf die Veränderungen von Identitätsbildungen eingingen.

Damals, im Januar 1974, war ich jedoch nicht unter den Zuhörern, ich hatte wohl gerade mit den Notizen für meine Dissertation begonnen. Die merkwürdige Frage, die der Sozialwissenschaftler Habermas bei der Preisverleihung gestellt hatte und deren skeptischer Unterton es dahingestellt sein ließ, ob heutzutage überhaupt noch etwas Vernünftiges (weit entfernt, aber doch verwandt der Art, die sich Hegel vorgestellt hatte) entstehen könne, diese merkwürdige Frage beschäftigte mich dann einige Zeit später, als ich das Rigorosum abgelegt hatte, in ihrem ganzen skeptischen Umfang.

Damals hatte ich Gelegenheit erhalten, die Ergebnisse meiner Forschungen jüngeren Studenten zu vermitteln. Ich war als wissenschaftlicher Mitarbeiter am Deutschen Institut einer Universität für die Dauer von vier Jahren angestellt worden. Zu meinen Aufgaben gehörte unter anderem, Studenten der Literaturwissenschaft in die Arbeitsweisen und Arbeitsgebiete des Faches einzuführen. Mit diesen Sätzen, die ich einem Gesetzestext hätte entnehmen können, war aber die Aufgabe, die ich selbst mir stellte, nicht deutlich genug bezeichnet. Ich wußte, wo ich anzuknüpfen hatte, und ich dachte damals daran, die von mir erarbeiteten Gedanken auch anderen vorzulegen, um sie an den für mich überraschenden Einsichten über die geschichtliche Dimension des »Absoluten« teilhaben zu lassen. Außerdem hatte ich mich durch meine Arbeit in einen Kenntnisstand versetzt, von dem aus die Reflexion über derartige Dimensionen Vergnügen machen mußte. Ich glaubte unbeirrt, daß sich dieses Vergnügen erfahrbar machen ließe, indem ich den Studenten die Teilnahme an einem Denkprozeß ermöglichte, der auch ihnen Momente des eigenen Handelns erschlösse.

Doch erkannte ich damals schon bald, daß diese Vorstellungen mit der Realität nicht vereinbar waren. In den Seminaren traf ich auf mehr als fünfzig oder sechzig Studenten, deren unterschiedliches Bildungsniveau ich längst nicht mehr übersah. Ich konnte kaum noch sichergehen, ob das, was für den einen längst bekannt war, nicht für den anderen eine unerhörte Neuigkeit bedeutete. Auch konnte ich mich nicht mehr darauf verlassen, daß die Texte, über die im Seminar gesprochen werden sollte, von allen Teilnehmern gelesen worden waren.

Ich weiß heute, daß ich auf diese Tatsachen damals mit unterdrücktem Zorn, manchmal auch mit offener Empörung reagierte. Schließlich hatte ich damit gerechnet, die Geschichte des Geistes einem erwartungsvollen Publikum darstellen zu können und es an seiner Entwicklung teilnehmen zu lassen. Offensichtlich hatte ich wohl mit jenen Zuhörern gerechnet, die dem Philosophen Schelling 1802 in Jena begeistert gefolgt waren. Sicher ist jedenfalls, daß ich bei den Studenten genau die Eigenschaften voraussetzte, die der Student Benjamin 1914 in seiner Rede beschwor: Aktivität, Produktivität und Kritikfähigkeit. Ich konnte diese Eigenschaften den Studenten, die mir gegenübersaßen, nicht einfach absprechen, dazu fehlte mir der Überblick. Andererseits sah ich sie aber auch, einmal abgesehen von den um so stärker hervorstechenden Einzelfällen, nirgends in der Anwendung.

Allmählich vertiefte sich mein Empfinden, an den Erwartungen und Vorstellungen dieser Studenten vorbeizusprechen. Wahrscheinlich, dachte ich damals, hatte ich nichts von dem begriffen, was sie beschäftigte; jedenfalls erreichte ich sie im Unterricht nicht so, wie ich es mir vorgestellt hatte. In voller Deutlichkeit aber nahm ich wahr, daß die Frage nach dem »Absoluten« keinem dieser Studenten noch irgend etwas zu bedeuten schien. Natürlich hatte ich diese Frage auch nicht erwähnt, sie war für mich selbst ja längst Teil der Geschichte geworden. Doch hatte sie mich als leitende Frage, als geheimer Motor meines Interesses, vorwärtsgetrieben. Bei den Studenten, die ich unterrichtete, vermißte ich derartige Leitfragen. Es war jedoch auch möglich, daß ich diese Fragen erst gar nicht herausbekam und daß ich die Studenten gleichsam auf einem falschen Terrain aufsuchte. Mir kam es jedenfalls so vor, als sei die Bildungsidee des um 1800 avancierten Bürgertums, an der der Student Benjamin noch 1914 festgehalten hatte und der ja auch ich auf mir freilich damals noch kaum erklärbare Weise gefolgt war, als sei diese Idee vom »ganzen« Menschentum an einem Begriff von Totalität orientiert, den die Studenten in meinen Seminaren als nichtssagend empfanden.

Es ist klar: ich breitete diese Idee an keiner Stelle meines Unterrichts aus, davor hatte mich die wachsende Vermutung, auf völliges Unverständnis zu stoßen, bewahrt. Andererseits aber machte mir selbst die doch nicht zu leugnende Gegenwart dieser Idee in meinen Vorstellungen zu schaffen. Ich empfand diese Idee keineswegs als nichtssagend, und ich bezog sie nicht, wie wohl die meisten Studenten, auf einen Bildungskanon, der mühsam zu erwerben war und dessen Bruchstücke sich doch nie zu einem Ganzen schließen würden.

Hatte jedoch nicht der Philosoph Adorno, der über diesen Bildungskanon freilich in souveräner Weise verfügt hatte, gerade vor diesem »Ganzen« und der es begründenden Idee des »Absoluten« gewarnt? Sicher, darauf hätte ich mich beziehen können. Um aber den Widerspruch zu bestimmen, in dem ich mich befand, erschien auch sein Konzept untauglich. Er hatte sich die Rede vom »Absoluten« verbieten wollen, aber er hatte dies in dem vollen Bewußtsein getan, sich diese Idee zu versagen. Sein Konzept hatte die Verbindung zu dieser Idee jedoch nicht verloren; es war nur darauf angewiesen, sie zu korrigieren. Der Philosoph Adorno hatte die Idee des »Absoluten« nicht einfach negiert, er hatte sie »mit Bestimmtheit« negiert.

Mit diesem Konzept einer Korrektur konnte ich jedoch nicht arbeiten, es versagte vor den Studenten völlig, die sich von der Vorstellung eines »ganzen«, gebildeten Menschentums ja nicht absetzen wollten, sondern sich vielmehr vollständig von ihm entfernt zu haben schienen.

Der Widerspruch, der meine Vorstellungen von ihren trennte, gründete tiefer. Er war auch, wie ich zu Beginn meiner Lehrtätigkeit noch erwartet hatte, nicht auf ein politisches Konzept von der Art zu beziehen, wie es der Student Heinemann 1919 verwirklicht hatte. Der Student Heinemann hatte sich ja von den idealistischen Vorstellungen, die den Philosophen Schelling um 1800 beschäftigt hatten, in gewisser Weise abgesetzt. Er hatte auf die Idealität derartiger Vorstellungen hingewiesen und sich gleichsam an das Reale gehalten. Doch war auch ihm diese Entgegensetzung nur möglich gewesen, weil er sich in seinen Gedanken und Aktionen auf ein Geschichtsbild bezogen hatte, das Vergangenheit und Gegenwart noch sinnvoll miteinander vermittelte.

Die Studenten, mit denen ich zu tun hatte, konnten Vergangenheit und Gegenwart gar nicht mehr ineins bringen. Offenbar trennte sie eine nicht mehr zu überbrückende Kluft von der Vergangenheit. Der Gegensatz zu den vermittelten Bildungsvorstellungen war also durch einen noch so bemühten Rekurs auf diese Vorstellungen nicht mehr zu überwinden. Den Kontrast, den diese Studenten ja nicht nur aus Laune, Faulheit oder Eigensinn *verkörperten*, mußte ich allmählich immer deutlicher empfinden. Zu diesem Kontrast paßten nun freilich die Kommentare in den Tageszeitungen, die die inzwischen mit Eifer reformierte Ausbildung in den Oberstufenklassen der Gymnasien als miserabel und den Leseeifer der Studenten als dürftig bezeichneten. Diesen Kommentaren konnte ich recht geben und sie zur Unterstützung meiner Empörung benutzen; an der Komplexität des Phänomens gingen sie indessen nach meinem Gefühl vorbei. Ihre Argumentation war ja ebenso simpel wie einleuchtend: Die Studenten machten eben von dem Bildungsangebot, das ihnen reichhaltig wie nie zuvor zur Verfügung stand, keinen Gebrauch. Die Frage, die die Komplexität des Phänomens erst aufschloß, konnte auch nicht auf das »Warum?« zielen; ich war jedenfalls sicher, daß diesem »Warum?« mit einigen kurzschlüssigen Antworten Genüge getan worden wäre. Eher hatte sie sich darauf zu richten, ob den Studenten das unbestreitbar große Bildungsangebot wirklich *zur Verfügung stehe*. Dabei wußte ich natürlich, worauf die Kommentatoren der Tageszeitungen hinauswollten. Um einen vorschnellen Leser zu überzeugen, brauchten sie unterschwellig nur jene Bildungsvorstellungen zu beschwören, die in der deutschen Geistesgeschichte eine wohl von allen Seiten zugegebene dominante Rolle gespielt hatten. Schon durch die kommentarlose Bekanntgabe von scheinbar für sich selbst sprechenden Zahlen mußten diese Vorstellungen angesprochen werden.

Ich ging damals auf die Plausibilität dieser Kommentare nicht ein. Sie kamen mir vor, als seien sie in einer anderen Zeit, vielleicht der des Philosophen Schelling, entworfen worden. Statt dessen mußte mich jedoch jetzt die Frage des Sozialwissenschaftlers Habermas, die er bei der Verleihung des Hegel-Preises gestellt hatte, beschäftigen: »Können komplexe Gesellschaften eine vernünftige Identität ausbilden?«

Zweifellos ging die nun auch von mir als begründet empfundene Skepsis dieser Frage weiter als die Schwarzweißmalerei der Kommentare. Sie hielt denen, die sich in ihrem Bildungsprozeß auf die gängigen Muster von Vernunft nicht einstimmen wollten, diese Verweigerung nicht vor. Vielmehr fragte sie danach, ob es heutzutage überhaupt noch möglich sei, im Sinne Hegels zur Vernunft zu kommen.

Ich will die Thesen des Sozialwissenschaftlers Habermas hier nicht referieren. Sie ließen jedenfalls die Voraussetzung mancher Kommentatoren, es gebe in unserer Gesellschaft eine kollektive Identität, derer sich alle Menschen, wenn sie nur eben wollten, bedienen könnten, als sehr zweifelhaft erscheinen. Habermas zeigte vielmehr, daß es in der jetzigen Situation nur noch möglich sei, eine solche Identität unabhängig von bestimmten Organisationen und Institutionen zu entwickeln:

> Ich will nur soviel behaupten: wenn in komplexen Gesellschaften eine kollektive Identität sich bilden würde, hätte sie die Gestalt einer inhaltlich kaum präjudizierten, von bestimmten Organisationen unabhängigen Identität einer Gemeinschaft derer, die ihr identitätsbezogenes Wissen über konkurrierende Identitätsprojektionen, also: in kritischer Aneignung der Tradition oder angeregt durch Wissenschaft, Philosophie und Kunst diskursiv und experimentell ausbilden.

Diese abschließenden Sätze des Sozialwissenschaftlers Habermas ließen etwas von jenem Widerspruch erkennen, in dem auch ich mich befand. Schließlich hatte ich meinen Unterricht ja in dem Vertrauen auf die Autorität einer Institution begonnen, der ich selbst nicht mehr ganz trauen konnte. Die Universität war auch von mir nicht immer als *der* Ort verstanden worden, an dem die wesentlichen Fragen gestellt wurden. Nun konnte ich von den Studenten, die an meinem Unterricht teilnahmen, nicht erwarten, daß sie die Universität schon von vornherein als Bildungsstätte akzeptierten. Zudem hatte mir der Unterricht gezeigt, daß die Studenten ganz verschiedene Vorstellungen von Bildung hatten, daß es, wie Habermas formuliert hatte, »konkurrierende Identitätsprojektionen« gab. Vor allem konnte ich jedoch den Gedanken, daß die in der Gesellschaft noch immer festgehaltene Vorstellung von einer kollektiven Identität, einem gemeinsamen Dach also, unter dem die verschiedensten Wünsche noch irgendwie aufgehoben seien, längst brüchig geworden war. Das aber formulierte den durchdachtesten Protest gegen die Kommentare, gegen deren grob geschnittenes Weltbild ich anzukämpfen hatte.

So konnte ich die abschließenden Sätze des Sozialwissenschaftlers Habermas als Diagnose meiner Lage empfinden. Inhaltlich konnte ich kaum noch Gemeinsamkeiten präjudizieren. Ich war vor die Schwierigkeit gestellt, eine zersplitterte Gemeinschaft von Studenten durch gemeinsame Lektüre und Deutung so zu interessieren, daß jeder Student in dieser Anstrengung einen Teil seiner Bildungsvorstellungen wiedererkennen konnte. Dabei konnte ich mich aber weder auf die Autorität einer Institution noch auf die eines Bildungsverständnisses berufen, dem Goethes *Wahlverwandtschaften* oder Schlegels *Lucinde* unbesehen wichtig waren.

Auch der Sozialwissenschaftler Habermas hatte kaum noch Lösungsvorschläge für derartige Schwierigkeiten angegeben; er hatte diese Schwierigkeiten »nur« formuliert und in seiner begrifflichen Sprache erkennbar gemacht. Im letzten Teil seiner zitierten abschließenden Gedanken kam jedenfalls zum Ausdruck, daß auch er sich einen Verzicht auf die Aneignung von Tradition nicht vorstellen konnte. Andererseits hatte er zugegeben, daß diese Tradition keinen Bestand mehr hatte, weder als Bildungstradition (die sich z. B. auf den Philosophen Schelling zurückführen ließ) noch als politische Tradition (an deren Erbe etwa der Student Heinemann gearbeitet hatte). Die Bedeutungen dieser Traditionen waren nicht mehr gesichert. Sie mußten also, wie ich mir dachte, neu begründet und formuliert werden, »diskursiv und experimentell«.

In gewissem Sinn war ich also ein drittes Mal auf die Geschichte der deutschen Literatur seit dem Dreißigjährigen Krieg zurückgeworfen worden. Sicher, ich glaubte diese Geschichte jetzt einigermaßen zu kennen, doch diese Kenntnis nutzte mir nichts, ich mußte Stück für Stück darangehen, die Bedeutung dieser Geschichte neu zu begründen. Man hätte diesen Prozeß auf den ersten Blick als den selbstverständlichen des Lehrens begreifen können. Doch damit hatte es nicht sein Bewenden. Ich befand mich gegenüber den Studenten nicht nur auf einem anderen Wissensstand; das Dach der Autoritäten von Institution und Bildungsvorstellung war vielmehr abgehoben.

Damals versuchte ich, eine Gruppe interessierter Studenten für eine Arbeitsgruppe zu gewinnen. Ich gebe zu, daß ich die Treffen dieser Gruppe, bei denen ich nicht wenig an die Theorie des Theologen Schleiermacher erinnert wurde, gerne außerhalb der Universität abgehalten hätte. Trotzdem zog ich einen Kompromiß vor. Wir trafen uns in meinem Arbeitszimmer. Als gemeinsame Lektüre hatte ich *Strukturwandel der Öffentlichkeit* vorgeschlagen. Ich dachte nicht daran, über Kapitel dieses Buches referieren zu lassen, vielmehr bestand ich darauf, den Text gemeinsam mit den Studenten Satz für Satz zu studieren. Dabei legte ich Wert darauf, daß jeder Student bei einem ihn interessierenden Thema abweichen und sich laut darüber Gedanken machen konnte. Freilich konnte ich damals bei den Sitzungen der Arbeitsgruppe nichts von der »sich durch alle Theilnehmer hindurchschlingenden Wechselwirkung« beobachten, von der der Theologe Schleiermacher in seiner »Theorie des geselligen Betragens« noch gesprochen hatte. Schleiermachers Gemeinschaft war als Freundschaftskreis konzipiert, in dieser Arbeitsgruppe hatte ich es jedoch vorläufig nur mit einer Menge von Individuen zu tun, einer Menge mit »identitätsbezogenem Wissen«.

Für die letzte Sitzung dieser Gruppe hatte ich mir damals Papier von der Art, wie sie sonst als meterlange Wandzeitung für Parolen oder Hinweise auf Vollversammlungen verwendet wurde, besorgt. Auf ihm skizzierten wir dann in groben Zügen die geschichtliche Entwicklung so, wie sie sich uns nach der Lektüre dargestellt hatte. Ich befestigte diese Wandzeitung dann an der Längsseite meines Arbeitszimmers. Heute glaube ich, daß ich damals so ähnlich vorging wie 1919 der Student Heinemann, als er einen Zeitungsabschnitt in sein Tagebuch klebte.

Ein Lesezirkel in den späten siebziger Jahren

Bei den regelmäßigen Treffen lernten sich die Mitglieder der Arbeitsgruppe, die sich mit dem Buch des Sozialwissenschaftlers Habermas beschäftigt hatten, allmählich besser kennen. Doch schien die gemeinsame Lektüre eine gewisse Distanz zum Gegenstand vorauszusetzen, die sich auch in der Distanz der Mitglieder zueinander fortsetzte. Habermas' Untersuchung entfaltete jedoch gerade da, wo ein Leser ihre Ergebnisse mit der Gegenwart vermitteln konnte, eine besondere Wirksamkeit. Diese Vermittlung war freilich nirgends direkt herzustellen; sie bedurfte einer gewissen Vorsicht, die sich des modellartigen Charakters der Habermasschen Überlegungen annehmen und diese auf ein Gegenwartsmodell projizieren mußte. Die theoriegesättigte Darstellungsweise des Buches ließ die literarische Vergangenheit zwar nicht zu toter Geschichte verkommen; dem vergleichenden Blick auf die Gegenwart nötigte sie indessen ebenfalls theoretische Impulse ab, die die Mitglieder der Arbeitsgruppe in dem Maß, in dem sie sich besser kennenlernten, als hinderlich empfanden.

Nach Abschluß der gemeinsamen Lektüre einigten sie sich darauf, die Zusammenarbeit, nun außerhalb der Universität, an privaten Orten, fortzusetzen. Gleichzeitig wollten sie jedoch näher an die Gegenwart heran, um den Kontakt mit dem, was sie beschäftigte, unmittelbarer artikulieren zu können. Deshalb verständigten sie sich, vorläufig nur noch Neuerscheinungen belletristischer Literatur in Betracht zu ziehen. Jedes Mitglied sollte mit Lektürevorschlägen aufwarten können. Das gerade erschienene Buch ließ die Möglichkeit einer Einordnung in die Bildungstradition kaum zu. Derartige Einordnungsversuche, an denen es bei den nun folgenden Treffen nicht fehlte, stießen sofort auf einigen Widerstand. Viele Mitglieder des Lesezirkels witterten in solchen Vorhaben eine Schematisierung. Sie wollten die Aktualität eines Gedichts, einer Erzählung oder eines Romans einer solchen Schematisierung nicht opfern. Statt dessen beharrten sie auf der Aktualität der *Neu*erscheinungen, die sich einer theoriegefütterten Interpretation zunächst einmal zu widersetzen schienen. Am liebsten hätten manche Mitglieder des Lesezirkels ganz darauf verzichtet, den Eindruck interpretativer Neugierde zu erwecken. Ein derartiger Eindruck, der sich sofort an der distanzierten Sprechweise eines Lesers, der über der Lektüre zum Interpreten geworden war, erkennen ließ, wurde von denen korrigiert, die ihre Nähe zum besprochenen Text nicht preisgeben wollten. Andererseits hinterließ diese festgehaltene Nähe zum Text, die die Unmittelbarkeit des Eindrucks keiner Distanz opfern wollte, bei denen, die sich zumindest Ansätze von Interpretation nicht versagen wollten, die Vorstellung unbegründeten Starrsinns. Wer gleichsam mit den Impulsen seiner Lebensgeschichte, mit den Konstruktionen seiner »Identität«, wie Habermas gesagt hätte, an einem Text hing, mußte einem anderen Leser, der denselben Text nicht zu vitalisieren vermochte, völlig unverständlich werden. Er schien in den Text ein Geheimnis hineinzaubern zu wollen, das der andere nicht wahrnehmen konnte, es sei denn, er hätte sich intensiv auf die Lebensgeschichte seines Nachbarn eingelassen. Statt dessen aber gab es zahlreiche Beispiele für zweifellos unbeabsichtigte gegenseitige »Verletzungen«, die aber letztlich nur die Verschiedenartigkeit der vielfältigen »Identitätsprojektionen« bewiesen.

Ich könnte hier Beispiele solcher Verletzungen geben, die gewiß in aufschlußreicher Weise von dem intensiven Gebrauch, den die Mitglieder des Lesezirkels von den besprochenen Büchern machten, berichten würden. Ich will darauf verzichten. Statt dessen möchte ich an einigen Beispielen das Zusammenspiel von Lektüren und Lebensgeschichten genauer erläutern. Ich muß dabei vergröbern und auf manches Bedeutsame verzichten. In *diesem* Zusammenhang ist das jedoch nicht anders möglich.

Angela und Christoph gehören zu *den* jüngeren Mitgliedern des Lesezirkels, die in den späten siebziger Jahren mit dem Studium begannen. An der Lektüre des Habermasbuches hatten sie also noch nicht teilnehmen können, sie waren erst später dazugestoßen, Angela aus Neugierde, Christoph, weil er mit Christine, die bei der Lektüre des Habermasbandes einigen intellektuellen Reiz empfunden hatte, befreundet war.

Angela und Christoph studieren Germanistik und protestantische Theologie; die Kombination beider Fächer ist ihnen selbst wohl eher verdächtig, jedenfalls wären sie nicht ohne weiteres bereit, diese Kombination mit einigen schicken Argumenten zu begründen. Statt dessen wollen sie zunächst einmal abwarten, was bei alldem herauskommt. Angela und Christoph wollen keine Inhalte »präjudizieren«; ihr abwartendes Verhältnis zur Wissenschaft verstehen sie trotzdem nicht als Stillstand. Vielmehr kommt es beiden darauf an, einmal jenen Punkt zu erwischen, wo sich ihre Lebensgeschichte mit Motiven der Wissenschaft kreuzt. Man kann nicht sagen, daß Angela und Christoph auf diesen Punkt hindrängen, man kann ihnen keine Ungeduld vorwerfen, die alles, was sich nicht auf die eigene Lebensgeschichte beziehen ließe, beiseite drängt. Beide würden eine derartige Hektik wohl als Willkür empfinden; ein kurzer Blick auf ihre Lebensgeschichte hätte ihnen bereits bedeutet, daß sich die Wandlungen der Identität nicht herbeibefehlen lassen.

Ich vermute, daß Angela diesen Blick mit der Lektüre ihrer Tagebücher erklären würde. Sie hat jedenfalls, wie sie manchmal nebenbei erwähnt, seit Jahren intensiv ein Tagebuch geführt, dessen Lektüre sie immer wieder erstaunt. Beim Zurückblättern konnte sie oft nicht begreifen, daß sie einmal *dieser* Mensch gewesen sei, mit *derartigen* Gedanken und *solchen* Gefühlen. Angela hat daraus die Konsequenz gezogen, der Gegenwart zu mißtrauen. Die Gegenwart kann, so würde sie vielleicht sagen, nicht das Endgültige sein, die Gegenwart ist nur ein Übergang.

Ich glaube, daß Angela nicht bereit wäre, dieses Endgültige zu bestimmen. Vielleicht würde sie es sehr vorsichtig als Einheit von Denken und Sein bezeichnen und so auf die Differenz zwischen beiden hinweisen, die sie täglich erlebt. Mit Sicherheit aber würde sie diese Einheit, von der ja schließlich auch der Philosoph Schelling gesprochen hatte, nicht mit dessen herrschaftlicher Geste herbeizwingen wollen. Das »Absolute«, das ihr als Begriff schon viel zu mächtig erschiene, wäre für sie gewiß kein erstes Wissen, kein Urwissen; im Gegenteil: es stünde gleichsam wie ein ferner, ungewisser Streifen am Horizont, über den sie nicht viel Worte verlieren würde.

Wie auch immer – Angela würde sich weigern, ihre Lebensgeschichte mit eindeutigen, festgelegten Begriffen zu bestimmen. Ein Blick in ihr Tagebuch hätte bereits gegen ein solches Vorhaben gesprochen. Vielleicht hätte Angela höchstens gesagt: »Das Leben ist subtil«, und sie hätte mit diesem Satz jenen Reichtum an Veränderungen andeuten wollen, den sie selbst erlebte.

Sicher ist jedoch, daß Angela einen gewissen Teil dieser Veränderungen auf die Wirkungen der Literatur zurückführen würde. Sie hat seit den Schuljahren immer intensiv gelesen, nur immer »anders« und »etwas anderes«. Beim Übertritt von der Realschule zum Gymnasium, der ihr eine jener Veränderungen bedeutet, die von großem Gewicht waren, veränderte sich die Lektüre am deutlichsten. Damals war Angela noch katholisch, erst mit den Jahren bemerkte sie, daß sie den Glauben dieser Kirche nicht mehr mit ihrem Leben in Beziehung bringen konnte. Denken und Sein klafften auseinander. Angela ist dann nach einer Zeit der allmählichen Klärung aus der Kirche ausgetreten. Jetzt studiert sie, wie gesagt, auch protestantische Theologie, eine zweite Veränderung, die sie als wesentlich kennzeichnen würde. Ich glaube, daß Angela noch eine Fülle solcher Veränderungen beschreiben könnte. In gewissem Sinn kann man sagen, daß sie damit Strecken zurücklegte, die früher von ganzen Gesellschaften in Zeitaltern zurückgelegt wurden. Der Sozialwissenschaftler Habermas hätte in diesem Zusammenhang von einer »gelungenen Ich-Identität« gesprochen. In der Rede zur Verleihung des Hegel-Preises hatte er das bereits ausgeführt:

> Die gelungene Ich-Identität bedeutet jene eigentümliche Fähigkeit sprach- und handlungsfähiger Subjekte, auch noch in tiefgreifenden Veränderungen der Persönlichkeitsstruktur, mit denen sie auf widersprüchliche Situationen antwortet, mit sich identisch zu bleiben.

Dieser These würde Angela vielleicht zustimmen, aber sie würde gleichzeitig wohl die abstrakte Begrifflichkeit, mit der der Sozialwissenschaftler Habermas operiert, mit einigem Mißtrauen betrachten. »Das Leben ist subtil« – das konnte für sie ja bedeuten, den Blick auf Fixierungen und Rollenklischees zu vermeiden. Eines von Angelas Lieblingsthemen ist daher auch nicht die Erörterung wissenschaftlicher Rede, der sie gleichwohl mit einigem Stutzen folgt, sondern das, was sie in immer neuen Wendungen »das Gespräch«, das ernste, gute, schöne Gespräch nennt.

Ich will diese Wendungen hier nicht deuten, ich will nur skizzieren, was sie bei mir evozieren. »Das Leben ist subtil« – Angela hat in ihrer eigenen Lebensgeschichte diesen Satz zur Erfahrung gebracht. Ihre Aufmerksamkeit für diesen Gedanken hat sie angehalten, auch anderen mit ähnlicher Aufmerksamkeit zu begegnen. Häufig genug hat sich Angela gegen »Festlegungen« gewehrt, sie wittert in jeder allzu souveränen Beschreibung sofort die Methodik, die den Lebensfluß zum Stillstand bringen könnte. Dabei macht diese Kritik vor Texten nicht halt. Angela würde einiger Zweifel befallen, wenn man die Haltung des Wilhelm Meister, des Helden eines Goetheschen »Bildungsromans«, als »offen« und

»spontan« charakterisieren würde. Überhaupt hätte sie gegen die steifen Attitüden dieses Helden einiges einzuwenden. Hinter so mancher Regung dieser Figur würde sie die strenge Absicht des Autors vermuten, aus seiner regsamen Figur eben doch einen gebildeten, auf ein Konzept gebrachten Kerl zu machen. Angelas Verhältnis zur Literatur wäre durch solche Bildungskonzepte jedenfalls nicht zu beschreiben; zustimmen würde sie wohl eher, wenn man dieses Verhältnis vorläufig nur einmal eine »Lust am Text« nennen würde.

Diese Wendung, »le plaisir du texte«, hatte der französische Literaturtheoretiker Roland Barthes in einem Buch gebraucht, das 1974 auch in deutscher Übersetzung erschienen war: »Die Lust am Text: wie der Simulant von Bacon kann sie sagen: *sich niemals entschuldigen, sich niemals erklären.*«

Diese Formulierungen würden wohl Angelas Leseverhalten bestätigen. Die Wirkung eines Textes, würde sie sagen, ist zunächst etwas »Ungewisses«, »Fremdes«; man soll daraus nicht leichtfertig etwas Bestimmtes machen, man soll vielmehr Geduld haben, viel Geduld. Ein Text kann einen hinreißen oder verurteilen, er kann einem schmeicheln oder mit aller Strenge entgegentreten; immer ist die Wirkung, wenn ich sie als authentisch empfinde, eine Quelle der Provokationen. Mit diesen Provokationen muß ich nun leben; sicher, ich kann den ersten Schritt tun, um sie zu erledigen. Ich kann sie fixieren, deuten, handhaben, ausstellen – aber zu alldem berechtigen sie vielleicht gar nicht. Ich brauche andererseits nicht so zu tun, als müßte ich mein Leben ändern. Ich kann warten, aber ich darf nichts verkommen lassen; ich muß neugierig und vorsichtig zugleich sein. Ich bin eine Detektivin auf den Spuren meiner Lektüre, und deshalb lege ich dieses Buch nicht aus der Hand, nein, ich stecke es in eine Tasche, die ich umhängen und aus der ich es jederzeit herausholen kann, im Wartezimmer des Arztes, bei der Wohnungssuche, in der Straßenbahn.

Ich weiß nicht, ob Angela diese Begründung ihres Verhaltens, sooft es geht, ein Buch in der Umhängetasche mit sich zu führen, gefallen würde. Vielleicht würde sie diese Begründung auch mit großen Augen beiseiteschieben und sie als Einmischung in »innere« Angelegenheiten betrachten, die sie durch das, was man in der Literaturwissenschaft den »inneren Monolog« nennt, illustrieren könnte. Wie auch immer – Angelas »Lust am Text« kommt für mich in ihrem Verhalten zum Ausdruck. Einigermaßen sicher bin ich mir auch, daß sie Überlegungen Roland Barthes' in seiner Antrittsvorlesung im Collège de France am 7. Januar 1977 mit teilweiser Zustimmung gefolgt wäre. Damals hatte Barthes nämlich gleichsam von dem »Gespräch« gehandelt, das im Umgang mit der Literatur möglich sei:

> Die Wissenschaft ist grobschlächtig, das Leben ist subtil: um diesen Unterschied auszugleichen, bedürfen wir der Literatur. Andererseits ist das von ihr mobilisierte Wissen weder vollständig noch letztgültig; die Literatur sagt niemals, daß sie etwas weiß, sondern, daß sie *von* etwas weiß, oder besser: daß sie viel davon weiß – daß sie über die Menschen Bescheid weiß.

Diese sich an eine Vorstellung von Literatur herantastenden Bemerkungen hätten Angela gefallen, obwohl ich nicht sicher bin, ob sie nicht gerade den letzten Passus dieser Sätze, den mutigsten, den nach dem auffälligen Gedankenstrich, als vorlaut oder übermütig empfunden hätte. Daß jedenfalls das Wissen der Literatur weder vollständig noch letztgültig sei, das hätte schon etwas von ihrer Einstellung zu den Büchern beschrieben. Daß aber die Literatur über die Menschen Bescheid wisse, das hätte Angela wohl in manchen Fällen bestritten. Schließlich hatte sie selbst erfahren, daß die Vorstellung, man könne über sich oder andere Bescheid wissen, ein ideologisches Moment verbarg. Vielleicht hätte man Roland Barthes durch dieses Verständnis seiner Sätze auch allzu stark festgelegt, er hatte selbst doch genügend Umwege und Abweichungen von geraden Wegen vorgezeichnet. Hatte er nicht auch an anderer Stelle dieser Vorlesung gesagt, daß die Rede der Literatur »einen ungeheuren Hof an Implikationen, Wirkungen, Nachklängen, Wendungen, Rückwendungen, Zackenwerk« darstelle? Ja, würde Angela sagen, dieser Hof lasse sich nachempfinden und an seiner Vermessung lasse sich arbeiten.

Ich will an dieser Stelle meine Vermutungen über Angelas Antworten auf die Überlegungungen Roland Barthes' nicht fortsetzen; sie könnte sie, wie gesagt, als Einmischungen empfinden. Statt dessen will ich lieber noch zu Christoph übergehen. Auch hier bin ich, vielleicht noch mehr als im Falle Angelas, auf Vermutungen angewiesen.

Christoph wäre wohl nie auf den Gedanken gekommen, regelmäßig ein Tagebuch zu führen. Vieleicht hätte er sich mit jedem niedergeschriebenen Satz betrogen gefühlt. Um was betrogen? Die Frage hätte ihn in Verlegenheit versetzt. Jedenfalls hätte er bei einer Antwort nicht an das »Absolute« gedacht, auch nicht an eine Einheit von Denken und Sein.

Im Herbst 1980 hielt Christoph in einem Konferenzsaal des Hotels »Goldener Ochs« in Graz ein Referat über eine Rede, die der Sozialwissenschaftler Habermas bei einer weiteren Preisverleihung, der des Adorno-Preises der Stadt Frankfurt, als Dankrede gehalten hatte. Diese Rede hatte den Titel: »Die Moderne – ein unvollendetes Projekt«. Wahrscheinlich hielt Christoph dieses Referat für überflüssig, ich vermute auch, daß er in Gedanken bei lebendigeren Erscheinungen als den Sätzen des Sozialwissenschaftlers Habermas war. Christoph empfand diese Sätze nicht als aktuell. Mochten zur Verhinderung dieser Aktualität auch persönliche Motive beitragen, diese allein hätten nicht ausgereicht, um Christophs Interesse erlahmen zu lassen. Er betrachtete die Sätze Habermas' mit Widerwillen; zum einen wohl, weil er die Rede dieses Wissenschaftlers in gewissem Sinn als »geschmacklos« empfand. Die Sätze, hätte Christoph vielleicht gesagt, besitzen keinen Reiz, sie funkeln nicht, sie vermitteln keine Schreibweise. Um das genauer zu begründen, wäre Christoph ohne Zögern Roland Barthes gefolgt. Barthes hatte von der Literatur, der wissenschaftlichen wie der belletristischen, eine Schreibweise verlangt:

> die Wörter werden nicht mehr illusorischerweise als einfache Instrumente aufgefaßt, sie werden hinausgeschleudert wie Projektionen, Explosionen, Vibrationen, Maschinerien, Reize: die Schreibweise macht aus dem Wissen ein Fest.

Die Schreibweise des Wissenschaftlers Habermas bedeutete für Christoph kein Fest. Sie bediente sich der Begriffe als Instrumente, die darauf aus waren, die beschriebenen Phänomene einzufangen. Das machte sie steril, und Christoph schob sie vor sich her, als sei das von Habermas artikulierte Wissen erst gar nicht bei ihm angekommen. Die Wörter hatten kein Leben, oder, wie Roland Barthes gesagt hätte:

> Im Zusammenhang des Wissens bedarf es, damit die Dinge werden, was sie sind, was sie gewesen sind, der Ingredienz, des Salzes der Wörter. Der Geschmack der Wörter macht das Wissen tief und fruchtbar.

Nun hätte Christoph auf dem Vorwurf, die Sätze des Wissenschaftlers Habermas seien im weiteren Sinne »geschmacklos«, nicht allzu lange bestanden. Er hätte es wohl bei einem kurzen

Einwand bewenden lassen, um nicht als unverbesserlicher Stilist dazustehen. Länger aber hätte er ohne Zweifel auf dem Vorwurf bestanden, die von Habermas referierte These, die Moderne, die Avantgarde also, sei gescheitert, entbehre nicht einer gewissen Voreiligkeit.

Christoph war damals, im Herbst 1980, zusammen mit anderen Mitgliedern des Lesezirkels und Teilnehmern eines Seminars, das ich über die Grazer Autorengruppe gehalten hatte, Schriftstellern begegnet, die ihm diesen Vorwurf zu bestätigen schienen. Jedenfalls erlebte er in diesen Begegnungen wohl so etwas wie eine konsequente Fortsetzung dessen, was der Wissenschaftler Habermas als die »Gesinnung der ästhetischen Moderne« beschrieben hatte:

Das neue Zeitbewußtsein, das mit Bergson auch in die Philosophie eindringt, bringt nicht nur die Erfahrung einer mobilisierten Gesellschaft, einer akzelerierten Geschichte, eines diskontinuierten Alltages zum Ausdruck. In der Aufwertung des Transitorischen, des Flüchtigen, des Ephemeren, in der Feier des Dynamismus spricht sich eben die Sehnsucht nach einer unbefleckten, innehaltenden Gegenwart aus.

Dieses Zeitbewußtsein vermochte Christoph nicht der Vergangenheit zuzurechnen. Die Beschreibung erinnerte ihn wohl eher an das, was er in Graz von Minute zu Minute erlebte. »Das Leben ist chaotisch« – so hätte es Christoph vielleicht zusammengefaßt; aber man soll über diesem Chaos doch nichts bauen. Man soll vielmehr dem Augenblick vertrauen, nein, nicht nur dem Augenblick, aber eben doch dem, was für einen Moment aufleuchtet, da ist und weggeschmissen wird. Man muß sich sputen, und wer dabei viel redet, verliert rascher den Atem.

So hätte es Christoph vielleicht ausgedrückt und dadurch zumindest eine vage Antwort auf die Frage, warum er kein Tagebuch führe, gegeben. Nach seiner Rückkehr aus Graz jedenfalls erlebte er wohl so etwas wie eine Explosion seiner Leseneugierde. Er war sich sicher, nicht mehr bei den vertrauten Büchern stehenbleiben zu dürfen. Einigen *Schriftstellern* jedoch konnte man ruhig vertrauen, und nun ging es darum, ihren Lesehinweisen zu folgen. Christoph entwickelte daraus, wie es vielleicht den Anschein haben könnte, keine Technik oder Methode. Er blieb bei dem, was den Reiz der Wörter enthielt, und er folgte ihm, ohne nach dem Ziel zu fragen. »Das Leben ist chaotisch« – aber aus diesem Chaos läßt sich Dynamik gewinnen. Ein Text will erprobt sein, experimentell, an diesem Ort und an jenem. Man muß seinen Geschmack mit sich herumführen, man muß ihn testen, man muß schauen, was aus ihm wird. Ein Text ist ein Aggregat, energienreich.

Christoph hätte Dynamik nicht nur in sich selbst und in den Büchern gesucht. Eher hätte er seine Fahrten nach Frankfurt damit verbunden, die Streifzüge auf dem Flohmarkt, das Eintauchen in eine Atmosphäre, deren häßliche Züge gewiß mehr Vitalität aufweisen als die ländlichen Scheinidyllen, die er wohl ebensogut kennt. Christoph hätte sich als Suchender verstanden, ohne damit irgendeinen Tiefsinn zu verbinden. Der Suchende hat keine Antenne nach irgendwelchen Seiten, »der Suchende geht«. Er ist weder, wie es scheinen könnte, der Melancholiker der Tradition, noch, wie es längst nicht mehr zu hoffen ist, der Bote der Zukunft. »Der Suchende geht«, so würde Christoph wohl sagen, und bei der Vorstellung dieser Bewegung würde er an einen denken, der eine Nacht durch die Stadt fährt, einen vollen Tank lang, mit langsamen Bewegungen, ein Späher der Frühe.

Bildende Kunst, Literatur, Musik

Dieter Hacker, Andreas Seltzer
Die Wunder des Werktags
Beispiele einer neuen Volkskunst

Schnitzeljagd

Das war ein merkwürdiger Tag, damals. Frierend und mißgelaunt stapften wir durch den verschneiten Wald und überlegten, ob wir den beschwerlichen Weg weitergehen oder doch wieder nach H. zurückkehren sollten. Aber eine Umkehr erschien uns an jenem zweiten Ferientag unmöglich, und so setzten wir unseren Weg nach E. fort. Kurz nachdem wir eine Weggabelung passiert hatten, entdeckten wir einen Baum, an den in Augenhöhe ein Briefkuvert geheftet war. Erschrocken blieben wir stehen. Ein Kuvert, das noch frisch aussah und an einem nebligen, kalten Februartag im Wald gefunden wurde, das konnte nur Unheil bedeuten. Wir musterten die kahlen Sträucher und Bäume, die in der Nähe waren; aber nirgends waren Spuren eines Unglücks zu entdecken. Eilig gingen wir zum Baum. Doch als wir dort anlangten, zögerten wir, das Kuvert abzunehmen und aufzumachen. Wenn wir wirklich einen Verletzten oder Toten gefunden hätten, wäre es mit den erhofften Ruhetagen vorbei gewesen; der Anblick, die Fragen der Polizei . . . all das hätte uns so durcheinander gebracht, daß wir keinen Tag länger in H. hätten bleiben können. Aber unsere Neugier war zu stark. Und so öffneten wir es und entfalteten ein kleines Blatt Papier, auf das mit einer runden, klaren Kinderschrift drei Worte geschrieben waren: RECHTS, LINKS, RECHTS. Verblüfft schauten wir auf den Zettel; kein Abschiedsbrief, kein Verletzter, der irgendwo im Unterholz lag, kein Leichnam, der an einem Baum hing; nur das Überbleibsel eines Spiels, einer Schnitzeljagd vielleicht.

In jenem Moment erschien der Zettel uns wie etwas Einmaliges und Kostbares. Ja, er änderte unsere Stimmung so, daß wir uns vornahmen, nicht nur nach E., sondern noch weiter in das Tal von N. zu gehen, wo eine Gaststätte sein sollte, die man uns sehr empfohlen hatte.

Pein

In Westberlin, wo viel auf den Wänden geschrieben steht, wie »Freiheit für alle« oder »Schluß mit der Isolationsfolter«, hängt an einem Baum, mit einer Stecknadel befestigt, ein kleiner Zettel. Auf dem Zettel steht PEIN.

Wer hat den Zettel aufgehängt? Meint der Zettel die Pein des Autors oder die der Leser? Aber die Unklarheit der näheren Umstände behindert die Botschaft nicht. Gerade daß alle Auslegungen möglich sind, weckt unsere Vorstellungskraft. Das Unzeitgemäße des Wortes berührt ein Gefühl, das von Geschäftigkeit schon verdeckt schien.

Der Satz »Schluß mit der Isolationsfolter« redet auch von der Pein. Aber ihm gelingt nicht mehr, uns das klar zu machen. Er tritt in dem Kontext auf, in dem er auch erwartet wird. Weil das Umfeld, in dem er erscheint, nicht bedacht ist, beteiligt er sich an der Inflationierung der Wandbeschriftungen, die auf diese Weise zum Photomotiv für Touristen verkümmern.

Vor wenigen Monaten stand an vielen Stellen der Stadt ein neues Wort: RISIKO. Vierzehn Tage später war es ergänzt durch eine Adresse und wieder etwas später stand überall die Öffnungszeit daneben. Vielleicht ist PEIN auch nur der Name einer neuen Kneipe oder die Ankündigung einer Musikgruppe. Nichts weist darauf hin – möglich ist es. Einmal mehr wären dann Artikulationsversuche, die gegen die funktionierende Allmacht des Kulturbetriebes gerichtet sind, von diesem eingeholt, in ihrer Bedeutung verändert, ja sogar ins Gegenteil gewendet worden. Eine Parole an die Wand zu schreiben, bedeutet heute etwas anderes als vor zehn Jahren. Wer sich heute, im Glauben an dessen Demonstrationskraft, den Habitus einen Punk zulegt, droht schnell in einer Massenbewegung aufzugehen.

Die einzige Möglichkeit, sich gegen die Vereinnahmung zu schützen, liegt wohl in der ständigen Korrektur der Strategie. Was sich nicht ändert, verliert.

Liebe

Herr D. erzählt, daß ihn zuweilen, wenn er mit der U-Bahn fährt, der Blick einer Frau streift, vielleicht mit einem abwesenden Lächeln. »Aber sie meint nicht mich, sie erinnert sich an jemand anderen. Dann denke ich oft nur noch: Hallo Mörder!« An manchen Wochenenden steigt er in den Zug, fährt nach Westdeutschland, kreuz und quer, Tag und Nacht, ohne zu unterbrechen, ohne mit jemandem zu sprechen und ist am Montagmorgen zurück, um seine Arbeit zu machen als Lagerarbeiter in einem Industriebetrieb.

Wir lernten Herrn D. 1978 kennen durch merkwürdige Zettel, kleine Plakate, die er in den Westberliner Stadtbezirken Neukölln, Moabit und Steglitz an die Bäume heftete, dort, wo üblicherweise private Verkaufs- und Suchanzeigen hängen:

Kein Kontakt!
Bin mit 37, ungelernt, nur ein 1100-DM-netto-Verdiener. Wegen Herzschwäche o. Schulsport aufgewachsen kaum imstande, überdurchschnittlich zu rackern, um zu verdienen.

Wünsche mir zwei Kinder. Überall wird, ein wenig zuviel, auf bessergestellte Männer gewartet.

Folge: Alles ist längst sinnlos, zu leben ein wahrer Hohn.

Mir blieb zu Tode essen, nicht zu Tode hassen. Etwas groß, 197 cm,

151 Kilo wiegend, aus Geldgründen weder Auto noch nennenswerte Extras im Besitz, Nichttänzer, Nichtschwimmer, außerdem selbst als Untermieter wohnend.

Euch sollte es gar nicht geben, darum Dich vielleicht echt auch nicht. Alles ist für mich so ein wertloses Herumstümpern, das mit dem Leben, der Liebe, dem Glück und der Gemeinsamkeit von Menschen überhaupt nicht zu vergleichen ist.

Zu Tode essen! Zu Tode hassen?

Dem Plakat angeklebt ist ein Gutschein für Kaffee und Kuchen:

Hiermit lade ich jederzeit ein Mädchen ein, das wie ich sich zwei Kinder wünscht, alles ihnen gibt und andere Leute nicht mehr sehen will. Sehen auch Dich andere nicht, bist Du dadurch kinderlos und teilst mit mir die Abscheu vor dem großen Betrug am Menschen, komm!

Ich esse im Selbstbedienungs-Restaurant bei Quelle/Neukölln freitags nach 14 Uhr (an meinem kurzarbeiterfreien Tag) für eine Weile und sonnabends gegen 11 Uhr. Bei Essen und Trinken an einem Tisch sitzend, werde ich immer diese Blätter vor mir liegen haben. Name und Adresse nenne ich nicht, um aufregende Scherze gar nicht erst möglich werden zu lassen.

An seinen Tisch im Selbstbedienungsrestaurant hätte sich nie eine Frau gesetzt, sagt Herr D.; ebensowenig seien alle anderen Anstrengungen jemals belohnt worden, die er seit seiner Jugend unternommen habe, um Kontakt zu anderen Menschen zu bekommen. In Ostberlin noch hatte er es bei den Jungen Pionieren versucht, später, im Westteil der Stadt, wurde er Mitglied in sozialistischen, sozialdemokratischen und karitativen Organisationen. Aber immer hätte er für jene Gruppe da sein sollen und nie hätte sie sich um ihn gekümmert und seine Probleme beachtet.

Über die AOK suchte er den Zugang zu einem Psychoanalytiker. Zum ersten Vorgespräch steckte er ein großes Messer ein, um die Dringlichkeit seines Falles zu demonstrieren. Beim Gespräch wies er auf dieses Messer hin. Der Arzt fragte ihn, ob er eine Neigung hätte, auf Bordsteinen zu balancieren oder nicht auf die Kanten der Trottoirplatten zu treten, und lehnte eine Behandlung wegen des nicht gravierenden Krankheitsbildes ab.

Diese Geschichte erzählte Herr D. während der Dreharbeiten zu einem Film über Volkskunst. In einer für ihn fremden Umgebung – Aufnahmen in seiner Wohnung hatte er abgelehnt – saß er, umgeben von Scheinwerfern, Aufnahmestab und Fragestellern, unter Umständen also, unter denen den meisten Menschen ihre Worte im Halse stecken bleiben, unter diesen Umständen saß er unberührt, erzählte und dachte nach. Jahrelang habe er jeden Montag den *Spiegel* gelesen, weil er beobachtet hatte, daß die Männer, die all die Erfolge hatten, nach denen er sich sehnte, es auch so machten. Mit dem jeweils neu erworbenen Wissen um den Gang der Welt hätte er dann die Frauen beeindrucken können. Er unterbrach, dachte nach und sagte: »Wahrscheinlich war das aber alles falsch, und ich hätte lieber lernen sollen, in Kneipen zu gehen, ›Prost‹ zu sagen und den Leuten auf die Schulter zu klopfen.«

Für einen Mann von dieser Reflexionsfähigkeit und Darstellungskraft – müßten für den seine Probleme nicht lösbar sein? Warum aber klebt er seine Plakate kilometerweit von seiner Wohnung und meistens ebensoweit vom annoncierten Treffpunkt? Warum schildert er sich selbst auf diesen Plakaten mit einer Radikalität, die jede potentielle Interessentin abschrecken muß? Gleichzeitig experimentiert er mit dem Aussehen seiner Plakate, gibt ihnen verschiedene Formen, umrandet sie mit unterschiedlichen Farben. So scheinen seine Anzeigen Versuche, den Kontakt noch einmal anzubieten, den er im selben Moment aber wieder erschwert. Sind sie erste Alternativen zu dem Weg, den er in seinen Annoncen beschreibt, oder sind sie Markierungen auf diesem Weg:

»Zu Tode essen! Zu Tode hassen?«

Ich hasse Euch

Bei unseren Streifzügen durch die Gebrauchtwarenhandlungen, Trödelläden und Flohmärkte der Stadt entdeckten wir vor einiger Zeit ein interessantes Photoalbum. Auf den ersten Blick sah es aus wie eines jener bibelähnlichen Alben, die immer griffbereit auf den Kommoden oder in den Bücherschränken stehen und ständig Betrachtung zu fordern scheinen.

Es war mit rotem Kunstleder bezogen und auf der Vorderseite stand in großen, goldenen Lettern das Wort »Album«. Die Seiten bestanden aus leichtem, gelblichen Karton, der von zart gemustertem Transparentpapier geschützt wurde. Ein solides Familienalbum. Blätterte man in ihm, dann änderte sich dieser Eindruck von Biederkeit jedoch rasch: Beinahe jedes Photo, das dort säuberlich befestigt war, hatte jemand mit Kugelschreiber und Bleistift bemalt, kommentiert und oft so stark bekritzelt, daß Teile der Bilder zerstört waren.

Urlaubsphotos waren mit aggressiven Strichen bedeckt und mit Zusätzen, wie NIE WIEDER, SAUFRASS, LOHNT NICHT, versehen; Personen hatten dicke tropfende Nasen, von Beilen gespaltene Schädel und klaffende Wunden bekommen oder waren ganz unkenntlich geworden. Unter einem Photo, das einige Leute zeigte, die mit lächelnden und zufrieden wirkenden Gesichtern an einem großen Tisch saßen, stand mit großer Schrift LÜGNER und ICH HASSE EUCH geschrieben. In die Aufnahme einer mit Blumen und Kränzen bedeckten Grabstätte war ein höhnisches HAHAHA geschrieben, und neben dem Porträtphoto eines schnurrbärtigen älteren Mannes stand der Satz: G. N., DER ALTE BETRÜGER.

Da hatte jemand eine große Wut an Photos ausgelassen. Jemand, der hilflos versuchte, die falsche Harmonie dieser typischen Knipserphotos zu demonstrieren; jemand, dessen Schrift schon erwachsen wirkte. Das interessierte uns; wir wollten mehr über den Hintergrund, die Geschichte dieser Attacken wissen und nahmen uns vor, jedes einzelne Photo auf Hinweise, die Aufschluß über den ehemaligen Eigentümer des Albums geben konnten, zu untersuchen.

Die Machart des Albums, die Abzüge der Photos und die Kleider der Abgebildeten deuteten auf die fünfziger Jahre, und die Mietshäuser, die zuweilen im Bild waren, sahen so aus, als seien sie in Berlin aufgenommen worden. Mit der Lupe entdeckten wir auf mehreren Photos Straßenschilder. Einige Tage später fuhren wir zu jener Straße im Südosten Berlins und begannen zu suchen. Wir gingen in die Häuser und erkundigten uns nach Mietern, die schon lange dort wohnten, und zeigten ihnen, wenn wir sie antrafen, jene Photos, auf denen noch Personen zu erkennen waren. Aber niemand konnte sich erinnern.

Entmutigt wollten wir schon aufgeben, da trafen wir in einer Drogerie einen älteren Mann, der eine der abgebildeten Personen, eine Frau mittleren Alters, erkannte. Es sei Dora T., die vor mehreren Jahren in einen anderen Bezirk gezogen sei und von der er nie mehr etwas gehört habe. Dora T. sei immer hilfsbereit und freundlich gewesen und habe, daran könne er sich noch erinnern, oft über ihre Familie geklagt. Genaueres könne er uns aber nach so langer Zeit nicht mehr sagen. Wir wurden wieder etwas zuver-

sichtlicher, und als wir Dora T. nicht im Telephonbuch verzeichnet fanden, suchten wir in der Einwohnerkartei nach ihrer Adresse. Wir hatten Glück. Ihr Name und ihre Anschrift waren in einem nördlichen Bezirk der Stadt registriert; wir schrieben ihr, und einige Zeit später bekamen wir folgenden Brief:

Sehr geehrte Herren!
Es ist richtig, das Album, das Sie gefunden haben, hat mir einmal gehört. Ich hatte es vor mehr als zehn Jahren auf den Sperrmüll geworfen. In Ihrem Brief fragen Sie danach, warum die Photos kaputt gemacht wurden. Dazu kann ich Ihnen nicht viel sagen. Ich war damals im Urlaub und hatte meinem jüngeren Bruder die Wohnung überlassen. Er war damals arbeitslos und oft betrunken. In dieser Zeit war es besonders schlimm mit ihm. Er hat wie ein Wilder in der Wohnung gehaust und vieles kaputt gemacht. Aber so, daß die Nachbarn es nicht merkten, sondern nur ich. Das Album ist aus dieser Zeit. Mein Bruder ist dann nach Westdeutschland gegangen und ich weiß nicht, wo er wohnt. Es soll ihm etwas besser gehen, aber seit damals hat er sich nicht mehr bei mir gemeldet. Ich weiß nicht, was Sie mit dem Album tun wollen, aber bitte nennen Sie keine Namen. Ich bin froh, daß die Zeit von damals vorbei ist.
Hochachtungsvoll,
Dora T.

Nähen und Stopfen

In den Kaufhäusern der Westberliner Innenstadt wirbt zur Zeit eine Nähmaschinen-Firma für ihre Produkte.

Die Damen und Herren, die dort die Qualitäten jener Maschinen demonstrieren, sind sehr beschäftigt. Ständig rattern sie das erstaunlich vielfältige Programm der mechanischen Hausgehilfen herunter: Kreuz- und Querstich, dicke und dünne Linien, Kreise, breite und schmale Wellen, Zick-Zack-Reihen, Spiralen, Trapeze . . . die ganze elementare Geometrie wird in Windeseile auf Läppchen und Stoffreste genäht. Je nach Garn und Stoffstärke werden dabei die einzelnen Nadeln automatisch ausgewechselt. Aber trotz aller Automatik sehen die Arbeitsproben immer noch so aus, als hätte ein altes Mütterchen sie mit viel Liebe für das Enkelkind gestichelt.

Einer der Verkäufer, ein Mann mittleren Alters, hat sich mit dem einfallslosen Herunterschnurren des Näh-Programms nicht zufrieden gegeben; er stichelt und stopft kleine Bildchen auf seine Textilunterlagen und gibt Worten und Namen wie LIEBE, MORGEN, ABEND, PETER, HEIDI mit Zwirn Plastizität und näht auf breite Stoffbänder aktuelle Hinweise für die vorübergehenden Hausfrauen: HALLO! NICHT VERGESSEN! MORGEN IST MUTTERTAG. HABEN SIE AUCH WIRKLICH AN ALLES GEDACHT?

Hilfskonstruktion zur Veranschaulichung
eines Strickmusters

Kurz vor Geschäftsschluß ist der Tisch des Verkäufers immer voll von Bildern, Sätzen und Worten, die eigentlich kaum mehr auf den einfachen, praktischen Zweck einer Nähmaschine hinweisen, sondern darauf, was man auch und außerdem mit ihr alles machen kann. Dieser Näh- und Stopf-Virtuose tut das so überzeugend, daß eigentlich jede Hausfrau Papier und Kugelschreiber beiseitelegen müßte, um in Zukunft ihre Briefe nur noch mit einer Nähmaschine zu schreiben.

Es ist aber auch vorstellbar, daß dieser Verkäufer sein Kündigungsschreiben bald in dieser Form an seine Firma richten könnte.

Frau Redlich

Die Perser hatten die amerikanischen Geiseln gefangen, und keiner der Beteiligten wußte so recht, wie es jetzt weitergehen sollte. Da setzte sich Frau Maria Redlich aus Mudau bei Mannheim hin und schrieb am 21. November 1979 drei Briefe: einen an die Herren des Revolutionsrates in Teheran, einen an den Präsidenten von Nordamerika, Herrn Jimmy Carter, und einen an Herrn Ayatolla Khomeini, Heilige Stadt Ghom, Persien.

Sehr geehrter Herr Ayatolla Khomeini!

Mir fällt kein Spruch aus dem Koran ein, obwohl ich mal einige wußte, die die Güte verherrlichten. Ich glaube nicht, daß Allah oder Mohamed Grausamkeiten selbst gegen Feinde gutheißen. Und welchen Wert hat die

Rache? Der Gütige vergibt seinen Feinden. Bitte, bitte, vergeben Sie und bringen Sie nicht die ganze Welt in Aufruhr gegen Ihre Grausamkeit. Durch Vertrauen erwirbt man Vertrauen. Und alle Menschen werden es zu achten wissen, wenn Sie die Geiseln freilassen und den kranken Schah in Ruhe sterben lassen, damit Ihr Verhältnis zu Amerika sich wieder normalisieren kann. Es ist nicht ein Gutheißen der Taten des Schah, wenn der Präsident Jimmy Carter ihn nicht zu Ihnen zurückschickt, sondern ein Akt der Menschlichkeit, des Mitleids.

Geben Sie der Welt ein Beispiel von Menschlichkeit und Versöhnlichkeit und gütigem Verzeihen! Ich bitte Sie für Millionen Menschen, die um das Leben der Geiseln sowie vieler Perser bangen, falls Amerika durch Ihre Härte zwar meines Erachtens nicht unbedingt gut und richtig, aber nach den bisherigen Regeln der Politik leider verständlich, mit militärischen Interventionen reagiert. Verhüten Sie dies, wenn nicht durch sofortige Freilassung der Geiseln und Verzicht auf die Auslieferung des Schahs, dann mit der Bereitschaft zu ehrlichen Verhandlungen.

In Erwartung baldiger guter Nachrichten aus Teheran
Maria Redlich

Der Dringlichkeit des Falles wegen telegraphierte sie einen Tag später dem amerikanischen Präsidenten den Satz »Krieg verwandelt ein kleines Recht in ein großes Unrecht«, der ihren Brief – ihn über dem Atlantik überholend – vorbereitete.

Am 26. und 27. November schrieb Frau Redlich erneut an den amerikanischen Präsidenten einen fünfseitigen Brief, in dem sie die politischen Überlegungen und historischen Verweise formulierte, die in ihrem ersten Brief fehlten, der mehr grundsätzlicher Natur war.

Erst als Frau Redlich bis Ende Dezember auch von Ayatolla Khomeini weder eine Antwort erhalten hatte, noch den täglichen Fernsehnachrichten entnehmen konnte, daß ihre Vermittlungsversuche und Anregungen auf fruchtbaren Boden gefallen waren, schrieb sie einen weiteren Brief in die heilige Stadt Ghom, diesmal in einem etwas strengeren Ton:

Könnten Sie z. B. nicht mit Amerika und evtl. Panama, mit wem immer es notwendig ist, über die Vereinten Nationen und den Weltsicherheitsrat vereinbaren, daß der Schah wie einst Napoleon auf eine Insel verbannt wird, wo er durch neutrale Soldaten der Vereinten Nationen evtl. unter Mitwirkung iranischer Soldaten bewacht würde – natürlich alles auf eigene Kosten. (. . .) Bitte sprechen Sie mit dem Generalsekretär der Vereinten Nationen, Herrn Waldheim, und bemühen Sie sich, mit ihm einig zu werden, um die menschlich optimalste Lösung der so dringend anstehenden Probleme für Geiseln und Schah zu finden.

Wir haben gelernt, den Weltstrategen Henry Kissinger zu bewundern, über Maria Redlich lächeln wir. Aber Henry Kissinger ging 1947 noch zur Schule, da schickte Maria Redlich schon ein 14-seitiges Memorandum an die UNO in Lake Success, in dem sie zur Wahrung des Friedens die Einrichtung eines internationalen Welt-Staatenbundes vorschlug, mit beigeordneten Institutionen wie einer Justiz-Instanz für alle Völker und, zur Durchsetzung von deren Urteilen, einem Welt-Heer.

Frau Redlich schreibt aber nicht nur an die UNO, Nixon, Bürgermeister Ratzel, Mao Tse-tung, Breschnew, Volker Hauff und Papst Paul VI., sondern auch an die Hakle-Werke. Von den Hakle-Werken fordert sie Aufklärung über die chemische Zusammensetzung von Hakle-Feucht-Toilettenpapier, das sie nicht verträgt.

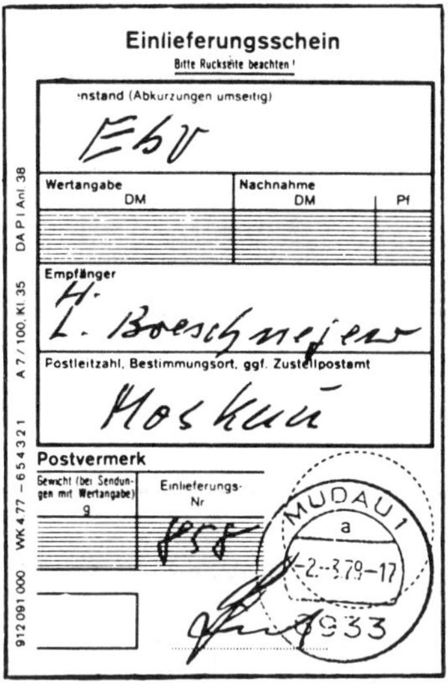
Einlieferungsschein
Bitte Rückseite beachten!

…nstand (Abkürzungen umseitig)

Wertangabe DM

Nachnahme DM Pf

Empfänger

Postleitzahl, Bestimmungsort, ggf. Zustellpostamt

Moskau

Postvermerk

Gewicht (bei Sendungen mit Wertangabe) g

Einlieferungs-Nr

858

MUDAU 1 a 2.-3.79-17 6933

912 091 000 WK 477 – 654321 A 7 / 100, Kl. 35 DAP I Anl. 38

Mit dem abwiegelnden Antwortschreiben der Hakle-Marketing-Abteilung gibt sie sich so wenig zufrieden wie mit pauschalen Empfangsbestätigungen der Ministerial-Presseabteilungen.

Frau Redlich ist Hausfrau. Aber sie rührt nicht nur in ihren Suppentöpfen, sondern auch in den politischen Kreisen rum, die ihre persönliche Existenz entscheidend beeinträchtigen. Sie fühlt sich nicht als ohnmächtige Endverbraucherin fremder Entscheidungen – sie greift ein. Zäh und beharrlich bringt sie ihre Gedanken, ihre Verbesserungsvorschläge, ihre Kritik zu Papier und schickt sie in die Zentralen der Mächtigen. Bislang einige hundert Briefe dokumentieren Maria Redlichs Idee von Demokratie, Vernunft und Menschlichkeit.

Der Unterschied zwischen ihr und Henry Kissinger liegt darin, daß niemand sie autorisiert hat. Auf radikale Weise nimmt sie sich die Rechte, die zwar die Ideale unserer Gesellschaftsform sind, die aber in Institutionen wie Wahlen, Leserbriefspalten und Meinungsforen beschnitten und verharmlost werden. Als selbstbewußte Frau verkehrt sie von gleich zu gleich auch mit den Staatsoberhäuptern – und kann dabei nur scheitern. Aber trotz aller Niederlagen hält sie die Fahne ihrer eigenen Meinung hoch und damit die Erinnerung an die Utopie des souveränen Individuums.

Danksagung

Allen, die zum 1. Todestaq am 15. November 1977 unserer lieben Mutter und Oma

Elly Leipold-Kuller

geb. Greiner

gedachten, sagen wir hiermit unseren Dank; insbesondere den zuständigen Dienststellen des Landes Berlin, die den Antrag unserer lieben Mutter auf Ausstellung eines Schwerbeschädigtenausweises vom 26. März 1974 entgegennahmen, am 12. Februar 1975 positiven Bescheid erließen und am 2. November 1977 zustellten.

Dieter Leipold-Kuller und Familie
Mansfelder Straße 32
1000 Berlin 31

Danksagung

Die Todesanzeigen, Danksagungen, Heirats- und Geburtsannoncen der Zeitungen werden von vielen Leuten studiert. Ob aber nun der Anfang oder das Ende eines Lebensweges angekündigt wird, die Formulierungen jener Anzeigen sind alle gleich oder ähnlich, und sie sagen wenig über die Umstände und die genannten Personen. Durch die Konventionalität ihrer Anzeige, sowohl, was die Anlässe, als auch, was die Formulierungen betrifft, verschenken die Zeitungsleser auch noch ihre kleine Möglichkeit, die Zeitung mitzuschreiben.

Um so drastischer wirkt deshalb Kritik, die in diesem stilisierten Rahmen formuliert wird. Die bissige »Danksagung« der Familie Leipold-Kuller an die Behörden ist wirksamer, als es jeder Schriftwechsel sein könnte. Kritik, die sich auf diese Weise öffentlich äußert, ist nicht mehr zu vertuschen. Daß sie wirksamer war, geht aus dem Umstand hervor, daß sie im behördeninternen Informationsblatt der Berliner Senatsbehörden veröffentlicht wurde – bestimmt nicht zur Freude der aktenwetzenden Bürokraten.

Privatmuseum

Jetzt nicht mehr. Aber wenn Sie in den letzten Jahren die Kunsthalle in Mannheim besucht hätten, dann wäre ein Mann auf Sie zugekommen, der dort Wächter ist. Er hätte versucht, ein Gespräch mit Ihnen in Gang zu bringen über die Bilder des Mu-

seums. Nach kurzer Zeit wäre er auf sich selbst zu sprechen gekommen, und Ihre Irritation über den Leibesumfang des Mannes hätte eine Auflösung gefunden: Der städtische Museumswächter hatte Teile seines eigenen Museums in den Brusttaschen seiner Jacke stecken. Er hätte einige kleine, geschnitzte Bilder herausgeholt, sie Ihnen gezeigt, erklärt, wie sie entstanden sind, und erzählt, was er sonst noch gemacht hat.

An seinem Arbeitsplatz, dem Museum, hat der Wächter nur die

Aufgabe, Dinge zu bewachen, die ihm gleichgültig sind. Im Grunde meint er sogar, daß dies, was hier bewacht werden muß, weil es einen Wert repräsentiert, auch nicht mehr ist, als was er selbst zu schaffen vermag. Ob der Wächter sein eigenes künstlerisches Vermögen dabei richtig einschätzt, ist gar nicht so wichtig. Denn er ist über die tradierten Formen künstlerischer Arbeit hinaus schöpferisch. Er erkennt nicht an, was ist: daß im Museum die Inkunabeln der Zeit aufbewahrt werden und seine Aufgabe nur ist, sie zu bewachen. Er benutzt das Museum als idealen Rahmen, um durch seine eigenen Bilder Beziehungen zu anderen Menschen herzustellen, die ihm wichtig sind.

Alles ganz große Scheiße

Frau B., unsere Hauswartsfrau, öffnete ihre Wohnungstür gerade so weit, daß sie den Kopf durch den Spalt stecken konnte, und sagte: »Falls Sie mal eine ältere Zeitung suchen, fragen Sie mich ruhig.«

Monate später brauchten wir einen Artikel aus einer zwei Jahre alten *Berliner Morgenpost*. Frau B. suchte, fand und gab mir die Zeitung mit einem bedauernden Hinweis auf ihre handschriftlichen Vermerke. Fettgedruckt stand in der Zeitung: »Mit Rücksicht auf die SED: Bonn will den Begriff ›Land Berlin‹ streichen.« Frau B. hatte oben drüber geschrieben: »Alles ganz große Scheiße!! Ihr 100 000 mal verfluchten verräterischen Schufte!!«

Neben ihrer Arbeit als Hauswart trägt Frau B. die Zeitungen des Springer-Verlages aus. Sie trägt die Zeitungen aber nicht nur aus, sondern sie liest sie auch. Sie liest sie nicht nur, sondern sie macht sich ihre Gedanken und schreibt, was sie denkt, den Zeitungen an den Rand.

Was sie in der Zeitung liest, bestätigt, was sie ihr Leben lang erfahren hat: »daß alles ganz große Scheiße ist.« Allein vor ihrer Zeitung sitzend mit den täglichen Katastrophenberichten vor Augen brennen die Sicherungen durch, die sie noch davor schützen, in der Öffentlichkeit allzusehr aufzufallen. In Petersburg in einem großbürgerlichen Haus geboren, dann aber mehrmals vertrieben und geflüchtet, ist sie heute mit über 70 Jahren auf dem sozialen Status einer Sozialhilfeempfängerin angekommen, die aus gutem Grund ihre Wohnungstür nur einen Spalt weit öffnet. Wann immer sie Nachgiebigkeit gegenüber den Kommunisten vermutet, lodert zügellose Aggressivität in ihr auf. Aber nicht nur dann. Immer wütend, kommentiert sie ihre tägliche Lektüre von den Weltthemen bis zur Witzseite mit Kenntnisreichtum und oft scharfer Ironie. Über die Nachricht von der geplanten wirtschaftlichen Zusammenarbeit zwischen der Bundesrepublik und der Sowjetunion schreibt sie: »Die dümmsten Kälber suchen sich ihre Metzger selber!« und über das Photo von Walter Ulbricht: »Bestätigung Darwinscher Theorie! Oller Schimpanse!«

Ihrem großen Laster, der Wut, aber gibt Frau B. nur nach, wenn sie allein ist. Sobald sie vor die Tür ihrer Wohnung tritt, gibt sie sich als Dame mit gepflegten Manieren. Mit Mühe versucht sie, in Erscheinung und Verhalten die Fassade in Ordnung zu halten, die doch überall schon unter dem Druck der Ereignisse zu bröckeln beginnt. Eine entscheidende Rolle in diesem Kampf spielen ihre Notizen zur Zeit. Sie bestätigen ihr, daß sie wahrnehmen kann, was sich in der Welt ereignet, und daß sie dazu Stellung beziehen kann. Sie stärken ihr Selbstbewußtsein, daß sie den Nachbarn, die sie mißtrauisch beäugen, wenigstens intellektuell überlegen ist. Sie gestatten ihrer ohnmächtigen Wut wengstens den Ausbruch in die radikale Formulierung.

Aus den Zeitungen des Springer-Verlages macht Frau B. ihre eigenen. Aus den Zeitungen macht sie ihr Tagebuch. Aber obwohl alles auf Öffentlichkeit hin angelegt ist – vom Kommentieren über das Niederschreiben bis zu den Seitenangaben auf manchen Titelseiten –, diesen entscheidenden Schritt in die Öffentlichkeit vollzieht Frau B. nicht. Würde sie ihn tun, würde ihr nach außen gerichtetes Erscheinungsbild ja zusammenbrechen.

Frau B. stapelt die von ihr bearbeiteten Zeitungen in ihrer Wohnung, liest sie von Zeit zu Zeit wieder durch, plant aber immerhin, in Zukunft das eine oder andere Exemplar Verwandten im Ausland zu schicken.

Frau B. exemplifiziert in extremer Weise die Widersprüchlichkeit des unbefriedeten Lebens: einerseits die Sehnsucht nach Anerkennung und Anpassung, andererseits das Aufbegehren gegen Normen, denen man nicht oder nicht mehr gewachsen ist. Frau B.s Notizen zur Zeit exemplifizieren aber auch, daß Kreativität nie das Produkt der Idylle ist.

Der Rebell

Der Rebell verkauft Currywurst und Hamburger. Am Rande eines Parks im Westberliner Bezirk Wilmersdorf steht der Imbißstand, der ihm gehört. Mit seinen Kunden redet der Rebell nicht nur über das Wetter, sondern auch über ein Thema, das ihn beschäftigt: seinen Kampf gegen die Behörden. Seit Jahren führte Rainer S. diesen Kampf mit Briefen, unzähligen Telephongesprächen, schriftlichen Eingaben und Prozessen, bis zu jenem Tag, an dem er den reinen Instanzenweg verließ und auf die Idee kam, sein Problem öffentlich zu machen; bis er auf die Idee kam, seine lang angestaute Wut, die ihn, wie er sagt, »zum Rebellen gegen den Staat« hat werden lassen, nicht nur in Schimpfkanonaden loszuwerden und in vom Staat legitimierte Protestformen zu investieren, sondern seiner Rebellion auch eine konkrete und selbsterfundene Form zu geben.

Rainer S. formulierte 1976 einen Text, den seine Frau aufschrieb, weil er selbst – bedingt durch seine Vergangenheit – nicht schreiben kann. Er fotokopierte ihn mehrere hundert Male, schmückte die einzelnen Blätter individuell aus und heftete diesen Aufruf oder, besser, Hilferuf an Häuserwände, Laternenpfähle, Bretterzäune des Stadtzentrums.

Achtung!

Ich bin als neunjähriges Kind ins KZ gekommen und habe bis 45 meine Kindheit im KZ verbracht. Meine Tätigkeit ist gewesen, Altersheime, wo die Nazis die Alten Leute umgebracht haben und wir Kinder mußten die Alten Leute beerdigen, teils haben die Alten Leute noch gelebt und wir ein Kissen auf das Gesicht gelegt und die Alten damit ersticken. Ich bin 1969 vom Kammergericht als O. d. F. anerkannt. Folgedessen habe ich als O. d. F. sämtliche Rechte, die mir zustehen, aber das Entschädigungsamt, wo die Nazis sitzen, setzt sich über das hohe Kammergericht einfach darüber hinweg und betrügt mich in meinem Gesundheitsschaden. Zu was brauchen wir noch Gerichte, wenn der Senat dieser gar nicht alles Anerkennt, deshalb wende ich mich an die Bevölkerung, weil immer gesagt wird, für die O. d. F. wird viel getan. Wenn man die ganzen Nazis bei den Behörden zusammentrommelt, so passen sie nicht in die Lüneburger Heide, die heute noch bei den Behörden sitzen. Es ist traurig für das Deutsche Volk, was mit meiner Person getrieben wurde. Der Staat müßte sich schämen. Heute machen es die Nazis anders und moderner, man kommt nicht ins KZ, man wird als Schwachsinnig erklärt und in eine Heilanstalt verbannt, wenn man seine Rechte gegen den Staat fordert.

Am Anfang hätten die Bürokraten zu ihm gesagt, das hätte es nie gegeben, daß Kinder ins KZ kamen. Aber seine Familie war da, weil sie ein paarmal auf die Sammelbüchsen des Winterhilfswerks gespuckt hätten. Rainer S. fiel durch die Denkraster der zuständigen Behörde, denn er war kein politisch Verfolgter und kein Jude. Immerhin, nach jahrzehntelangem Streit setzte er seinen Status als O. d. F. (Opfer des Faschismus) durch und erhielt schließlich eine Abfindung von 60 000,– Mark. Von diesem Geld fuhr Rainer S. mit seiner Frau nach Acapulco. Aber was sind 60 000 Mark, sagt er. Neulich habe er in einer Illustrierten gelesen, daß schon eine komplette Schulausbildung mit Studium den Staat an die 100 000 Mark kostet. Und in der Zeit, in der andere Kinder zur Schule gingen, habe er alte Leute umbringen müssen. Außerdem wisse man schließlich, was höhergestellte O. d. F. an Entschädigung erhielten. Die zweite Runde im Kampf gegen die Behörden wollte er nun mit diesem Aufruf an die Bevölkerung einläuten.

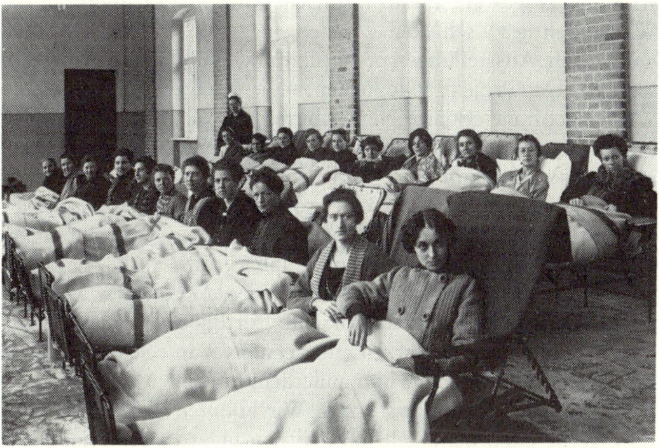

Attacke und geordneter Rückzug

Im Frühling 1980 rief der *art director* der Werbeagentur GGK aus Düsseldorf an. Er habe, sagte Herr Schirner, in einigen Monaten ein Projekt vor, auf das er unter anderem durch die Lektüre unserer Zeitschrift *Volksfoto* gekommen sei. Er möchte alle deutschen

Photoamateure auffordern, an einer bestimmten Minute eines bestimmten Tages ein Photo zu machen und dieses Photo an die Werbeagentur zu schicken. Mit den eingeschickten Photos sollten dann große Ausstellungen organisiert und ein Bildband hergestellt werden. Das Projekt solle heißen: »Die Minute des Jahres«.

Auf Nachfrage erklärte Herr Schirner mit leichtem Zögern, daß es nicht nur um die Kunst ginge und nicht nur um das Volksvermögen, sondern um eine Werbekampagne für Photo Porst. In Kürze wolle er in Hamburg eine große Pressekonferenz veranstalten, um die Aktion bekannt zu machen, die er gerne mit einem Vortrag von uns über Volksphotographie eröffnet sähe. Er könne sich schon vorstellen, sagte Herr Schirner, daß uns das vielleicht ein wenig in Schwierigkeiten brächte, für Photo Porst eine Werbekampagne zu unterstützen, aber erstens würde selbstverständlich gut bezahlt werden, und außerdem bräuchten wir die Kampagne gar nicht zu unterstützen. Wir könnten die Pressekonferenz gerne dazu benutzen, uns kritisch über die Photoindustrie zu äußern, auch speziell über die Firma Porst. Ja, das wäre gar nicht einmal schlecht; das wäre auch ein Grund, weshalb er den Professor Bazon Brock für einen Vortrag nicht bemühen wolle, denn da würde sich niemand mehr wundern.

Selbstverständlich lief die Kampagne wie geplant ab, auch ohne unseren Vortrag. Jede Woche durften wir uns über eine neue doppelseitige Anzeige in den großen Magazinen freuen, in denen uns jeweils ein als Photoamateur verkleidetes Mädel mit Witz einen guten Grund zeigte, auf den Auslöser zu drücken.

Die Werbekampagne war gut für Photo Porst: Aber sie hat unsere Arbeit verändert, auch ohne daß wir damit etwas zu tun gehabt hätten. In unserer Zeitschrift *Volksfoto* und in einer Reihe von Ausstellungen, die wir zur Amateurphotographie gemacht hatten, ging es darum, zu zeigen, wie die Photographie ein populäres visuelles Artikulationsmittel sein könnte. Solche Photographie wäre auch politische Photographie.

Der Firma Porst geht es nur darum, zu zeigen, daß man statt lachender Kinder auch weinende photographieren kann, statt des sonnigen Urlaubstages auch den verregneten. Denn das nützt ihr. Die Erweiterung der photographierenswerten Motive allein aber bedeutet nichts. Sie bleibt dem harmlosen Hobby- und Freizeitbereich verhaftet und macht auch die neuen Motive schnell zum Klischee.

Den Kampf gegen Photo Porst, Kodak oder Canon, *Stern* und *Camera* können wir nur verlieren. Vor dem Gefressenwerden schützt uns nur die Taktik des Schwächeren – das Ausweichen. Deshalb treten wir gemeinsam mit dem Baron, dem glänzenden Degenfechter, den Rückzug durchs Burgfenster an mit dem Satz: Ein kluger Mann flieht, bevor er verliert. Nur so bleibt ihm die Chance zu einem neuen Kampf.

Lothar Baier
Vom Schreiben leben

Kann man vom Schreiben leben? Ich zum Beispiel kann vom Schreiben leben. Von dem, was ich Monat für Monat zu Papier bringe, kann ich soviel verkaufen, daß es zum Leben reicht. Ich will jetzt nicht von der Zeit reden, die ich dazu aufwenden muß, und nicht über die Unsicherheit jammern, der sich die freiberuflichen Schreiber ausgesetzt sehen. Ich komme jedenfalls irgendwie über die Runden, und irgendwie schon seit über zehn Jahren. Und wie schaffen Sie das? fragen mich manchmal Studenten in Seminaren, und ich antworte meistens so, wie wahrscheinlich viele freie Schreiber antworten. Man muß sich ranhalten, darf nicht faul sein, muß Streß verkraften können. Und weshalb halte ich mich ran, bin ich nicht faul und verkrafte Streß? Damit ich vom Schreiben leben kann.

Offenbar ein Zirkel. Schreibe ich, um zu leben, oder schreibe ich, um vom Schreiben zu leben? Ist Schreiben ein Job oder eine Lebensform, Schreibleben? Andere brauchen sich solche Fragen nicht zu stellen: Ein Freund arbeitet als kaufmännischer Angestellter, er arbeitet, um zu leben, aber nicht, um das Leben eines kaufmännischen Angestellten zu führen. Er hält es sogar nur deshalb aus in seinem Büro, weil er gegen das Leben eines kaufmännischen Angestellten lebt. Seit ich ihn kenne, fällt mir die Antwort nicht mehr so leicht, daß Schreiben für mich nichts als ein Job ist. Wenn ich ein Blatt in die Schreibmaschine einspanne, dann lockt mich die Aussicht auf eine Befriedigung, die nicht nur von dem zu erwartenden Honorar ausgeht. Doch wovon geht sie aus? Ist Schreiben ein Beitrag zur »Selbstverwirklichung«? Dient es der »Wahrheitsfindung«? Ist es »Sublimation«? Vielleicht von allem ein bißchen. Oder doch etwas ganz anderes. Ich weiß jetzt nur mit Sicherheit, daß ich mit Unlustempfindungen über das Schreiben nachzudenken versuche.

Die Unlust kommt vermutlich daher, daß ich damit rechne, unangenehme Entdeckungen zu machen, sobald ich den verläßlich schwankenden Boden des Redens in der dritten Person verlasse. Ich weiß nicht, ob ich aus dieser Selbstbefragung unbeschädigt herauskomme, andererseits hat es keinen Sinn, eine Selbstbefragung anzufangen, die nicht das Risiko von Verletzungen einschließt. Sonst würde es ausreichen, mit Hilfe von Roland Barthes, den russischen Formalisten und vielleicht etwas Foucault ein theoretisches Maschinchen zusammenzumontieren, das dann als »Mikropolitik des Schreibens« oder etwas Ähnliches funktioniert. Wie man so etwas in Gang setzt, hat unsereins schließlich gelernt. Nur reizt es mich im Augenblick nicht besonders, mir die Mühe einer solchen Montage zu machen, und ich glaube auch nicht, daß die Leser, die das Thema Schreiben interessiert, beim Anblick des Maschinchens auf ihre Kosten kämen.

Vom Schreiben habe ich gelebt, lange bevor ich vom Schreiben leben konnte. Wahrscheinlich habe ich viel intensiver vom Schreiben gelebt, weil Schreiben noch nicht mit dem Alltagsleben vermengt war. Ich bin ganz sicher, daß Schreiben mir geholfen hat, in der Dressuranstalt des humanistischen Gymnasiums zu überleben. Wie viele andere habe ich nach der Pubertät angefangen, Gedichte, Prosastücke und dramatische Szenen zu schreiben, und einiges davon ist ziemlich schnell gedruckt worden. Von diesem Augenblick an war ich von der wirklichen Welt wie durch eine Nebelwand getrennt, die alle Verbote und Drohungen dämpfte. Seit ich zum erstenmal meinen Namen gedruckt unter einem kurzen Prosastück gelesen hatte, ließ mich das Gefühl nicht mehr los, ich hätte eine Prüfung erfolgreich bestanden, die alle anderen denkbaren Prüfungen in den Schatten stellte. Von nun an, glaubte ich, konnte nichts mehr wirklich an mich herankommen. Ich war damals siebzehn, und ich dachte mir, daß ich mit meinen Gedichten und Geschichten das Wichtigste geschafft hätte, was man zu Lebzeiten erreichen kann.

Am Anfang waren es Benn, Celan, Borchert, der junge Brecht, die mich am stärksten beeindruckten, und zwar als Produzenten einer Sprache, die mich zum Mitproduzieren einlud. Die Gestalten, die mit ihrer Biographie dahintersteckten, interessierten mich kaum, da ich an ihnen wenig fand, womit ich mich hätte identifizieren wollen. Das änderte sich erst, als ich einige Autoren der Beat Generation las, die ja auch ein Leben lebten, das poetisch war. Jetzt kam es nicht mehr nur auf die Wörter und die Sätze an, sondern auch auf die Lebensform. Je überzeugender und verrückter einer das, was er schrieb, in seinem Leben verkörperte, desto mehr faszinierte er mich. Die Dadaisten und Surrealisten liefen Brecht und Benn den Rang ab. Aber der Größte von allen war Alfred Jarry. Seine phantastischen und blasphemischen Geschichten wetteiferten mit den Geschichten, die man von seinem Leben erzählte. Jarry verstand es sogar, so zu sterben, als wäre auch der Tod nichts weiter als ein pataphysischer Witz.

Vielleicht war es überhaupt mehr das Versprechen eines anderen Lebens, was wie ein Sog von der Literatur ausging, als die Attraktion der Wörter. Da gab es seit langem schon den unbestimmten Wunsch, nicht mitzumachen, alles, was nach bürgerlicher Konformität aussah, abzulehnen. Was uns in unseren Zirkeln zusammenhielt, war sicher mehr dieser Wunsch als das Schreiben selbst, über das wir uns in Worten miteinander verständigten. Er war für uns das wirkliche Geheimnis der Literatur, das all diesen künftigen Lehrern um uns herum, die in den Seminaren büffelten, und den Germanistikprofessoren in ihren Privatbibliotheken allein durch ihre Lebensform verschlossen blieb.

Schreiben war, auch wenn ich nicht schrieb, der Gravitationspunkt meines Lebens. Es war wie eine heimlich abgeschlossene Versicherung, die es mir erlaubte, mich auf nichts festzulegen. Das Studium, die Jobs, das alltägliche Gewusel, all das geschah nur auf Abruf. Ich wurde damals Redakteur einer Literaturzeitschrift, schrieb Buchbesprechungen und Aufsätze über Lyrik, aber ich schrieb diese Texte in dem Bewußtsein, daß es dabei nur um Vorläufiges ging. Daran änderte sich auch nichts, als ich bald Zeitungsartikel und Radiosendungen schrieb. Die Honorare, die ins Haus kamen, waren einfach eine Art Stipendium, das die Gesellschaft ausgesetzt hatte, und nicht die Bezahlung für eine geleistete Arbeit. Auch als ich mich längst ausschließlich mit Veröffentlichungen über Wasser hielt, betrachtete ich die Auftragsschreiberei als Provisorium, das es mir gestattete, bis zum Tag X über die Runden zu kommen.

Rückblicke haben mit Zukunftsvisionen gemeinsam, daß sie von einer Eindeutigkeit leben, die ihre Optik erst recht verzerrt. Wenn ich zum Beispiel an die Protestbewegung zurückdachte, stellte ich sie mir als einen tiefen Einschnitt vor, der eine unpolitische Phase scharf von einer politischen trennte. Ich stellte mir vor, die Schüsse auf Rudi Dutschke hätten mich aus einem langen lyrischen Traum gerissen und brutal mit einer gewaltförmigen

Realität konfrontiert. Ich erinnerte mich dabei an ein Autorentreffen in der Lüneburger Heide, das von der Attentatsnachricht gesprengt wurde: Während sich einige weiter ihre Texte vorlesen wollten, brachen wir anderen nach Hamburg auf, um uns an der Blockade des Springerhauses zu beteiligen. Ich hatte eine Wahl getroffen, nicht gegen die Literatur, aber dafür, daß die Literatur in solchen Augenblicken der Empörung zu schweigen hat. So stellte es sich in meiner Erinnerung dar.

Nicht daß das Gedächtnis sich täuscht, ist an ihm aufschlußreich, sondern wie es dabei vorgeht. Die Entscheidung von Ostern '68 kam in Wirklichkeit überhaupt nicht unvorbereitet. Da schossen nur Entwicklungen, die sich, fast unbemerkt, getrennt voneinander abgespielt hatten, in einem einzigen Augenblick zusammen. Ein paar Aufzeichnungen haben mich daran erinnert, daß ich schon Jahre früher aus Empörung mit auf die Straße gegangen war. Eine Zeitlang gehörte ich zu einer Gruppe von Kriegsgegnern, wir zogen vor amerikanische Kasernen und forderten die GIs mit Flugblättern zum Desertieren auf. Der Krieg in Vietnam hatte mich dazu gebracht, nachträglich den Kriegsdienst zu verweigern, aber ich wäre nie auf die Idee gekommen, meine Empörung über diesen Krieg in einem Gedicht zu artikulieren. Schreiben stand auf einem ganz anderen Blatt als ein politischer Protest, der in Aktionen seinen Ausdruck fand. Allerdings fing ich damals an, die faschistischen Reden, die Ezra Pound im Zweiten Weltkrieg gehalten hatte, für das Zeichen eines Versagens zu halten, von dem mein Bild des Dichters Pound nicht unberührt blieb.

Ich will jetzt nicht den zahllosen Bilanzen der Protestbewegung, die kursieren, noch eine persönliche Legende hinzufügen. Wenn ich manche dieser Formeln lese, auf die der Protest gebracht wird, frage ich mich nur, ob ich nicht eine ganz andere Revolte miterlebt habe. Jüngere müssen oft den Eindruck gewinnen, es habe sich um den Aufstand politischer Kommissare gehandelt, die Kunst und Literatur durch marxistische Schulung ersetzen wollten. Ich weiß zwar nicht, wie es wirklich war, ich weiß nur, daß ich mich vor allem anderen an das Erlebnis dessen erinnere, was Peter Brückner »öffentliches Glück« genannt hat. Es war keine sanfte *happiness*, Glück und Erschütterung lagen dicht beieinander. Mit Tränen der Wut und Trauer in den Augen hörte ich am 21. August 1968 die Nachricht vom Einmarsch der Armeen des

Warschauer Paktes in die ČSSR, aber Stunden später, als Hunderte die sowjetische Mission belagerten, verwandelten sich die vielen einzelnen Erschütterungen in das Erlebnis kollektiven Glücks. Daß es die Möglichkeit gab, Trauer und Wut, statt sie selbstzerstörerisch nach innen zu kehren, kollektiv und öffentlich darzustellen, das zählt für mich heute zu den Erfahrungen, ohne die ich vielleicht keine Vorstellung davon hätte, daß es sich unter allen Umständen lohnt, sich zu wehren.

Vielleicht blendet meine Erinnerung mit Gründen die Ängste und Bedrohungen aus, ohne die Glückserfahrungen nicht zu haben waren. Wenn SDS-Studenten Literaturveranstaltungen sprengten, fühlte ich mich, als Schreiber, immer auch ein wenig bedroht und war gleichzeitig doch für die Aktion. Die Revolte negierte nicht nur, sondern setzte auch fort, was mich zur Literatur hinzog; sie enthielt das Versprechen eines anderen Lebens, das aber schon in greifbare Nähe zu rücken schien. Der Wunsch, nicht mehr mitzumachen, äußerte sich dort nicht durch die Abweichung von der Grammatik, sondern direkt, mit Hilfe der Sprache, aber nicht in der Sprache, und manchmal durch die Verweigerung der Sprache, in der Aktion.

In der Revolte sah ich nicht das Ende der Literatur, wohl aber das Ende ihrer Einzigartigkeit. Die Literatur konnte den Anspruch auf Abweichung von der Norm nicht mehr exklusiv vertreten; in der Konfrontation mit den konkreten Verweigerungsformen der Revolte erwies sich die literarische Verweigerung oft als purer Schein. Statt die Herausforderung durch die Revolte anzunehmen, reagierten viele Schriftsteller mit panischer Abwehr, gaben Durchhalteparolen aus wie »ruhig weiterdichten«, als sei ein Kriegszustand ausgerufen worden. Andere stürzten sich kopfüber in einen merkwürdigen antiliterarischen Masochismus, um den Anschluß an die gegenwärtige Avantgarde nicht zu verlieren, und sei es auch um den Preis der Selbstverleugnung. Vielleicht hatte ich damals im Gegensatz zu anderen das Glück, daß ich die Revolte nicht nur von ihrer bilderstürmerischen Seite erlebte, wie sie in dem einen oder anderen verbalradikal auftrumpfenden Artikel hervorgekehrt wurde. Ich lernte damals SDS-Leute kennen, die selber ein Interesse daran hatten, die Literatur nicht aus der Revolte auszuschließen. Wir begannen allmählich zu entdecken, daß der Linksradikalismus, mit dem wir politisch sympathisierten, auch seine literarische Tradition besaß. Es stellte sich heraus, daß Künstler, die wir nur als Kunstrevolutionäre kannten, Anarchisten oder Linkskommunisten gewesen waren. Der Eintritt einiger Surrealisten in die Kommunistische Partei erschien da nicht mehr als Absage an die Kunst, sondern als Versuch, die Revolution auch in der wirklichen Welt beim Wort zu nehmen. Während man uns immer erzählt hatte, revolutionäre Epochen schadeten der Kunst, entdeckten wir die Explosion der künstlerischen Produktivität, die die russische Revolution ausgelöst hatte.

Die Trennungslinie, an der ich mich orientierte, verlief nicht mehr zwischen Kunst und Politik, sondern spaltete die Kunst in zwei Lager. Auf der einen Seite gab es eine Literatur, die nur schlechtgetarnte Propaganda für den bürgerlichen Status quo enthielt. Von der Literatur der anderen Seite verlangten wir nicht, daß sie Propaganda für das Proletariat dagegensetzte, sondern daß sie die Beziehung zur Wirklichkeit offenhielt. 1969 schrieb ich einen Aufsatz, in dem ich nachweisen wollte, daß die phantastische Literatur, an der mir sehr viel lag, von keiner anderen Voraussetzung ausging als die Theorie der Revolution.

Verteidigenswert schien mir die Literatur nicht schon deshalb, weil sie Literatur war. Es ging vielmehr darum, herauszubekommen, was an der Literatur verteidigenswert war. Wenn ich Rezensionen schrieb, sah ich meine Aufgabe darin, Bücher danach zu befragen, ob sie Argumente enthielten, die sich zu ihrer Verteidigung heranziehen ließen. Das Schreiben wurde für mich zur Fortsetzung unserer Diskussionen mit anderen Mitteln; ich glaubte zu wissen, weshalb ich schrieb und für wen.

Dabei griffen wir auch begierig auf, was damals an Theorien in Umlauf kam und Antworten auf Fragen versprach, die mit den bisherigen Mitteln nicht lösbar waren. Psychoanalyse und Strukturalismus, Informationstheorie und Semiologie wurden für mich ebenso wichtig wie neue literarische Techniken. So wie die Grenze zwischen Politik und Literatur durchlässig geworden war, wurde auch die Grenze zwischen Literatur und Theorie durchlässig. Es entstand eine Art Kontinuum, von vielen unterhalten und bewegt, in dem die Gegensätze zwischen den Positionen nicht als Abgrenzung, sondern als bewegende Momente auftraten. Alles Schreiben hatte für mich einen Sinn, wenn es die Bewegung des Aufbrechens in Methoden übersetzte und damit selbst wieder bewegend und aufbrechend wirkte. Euphorie des Entdeckens und

Erfahrung des öffentlichen Glücks verbinden sich in meiner Erinnerung an die Revolte zu einem flimmernden Bild, das alle Blindheiten, Täuschungen und Illusionen überstrahlt, ohne sie damit aus der Welt zu schaffen.

In anderen Köpfen sind andere Bilder. Andere hatten sich anders entschieden. Sie wollten nicht warten, bis die Revolution den Widerspruch zwischen Kunst und Leben aufhob, sie machten gleich mit allem Schluß. Eine Bekannte, die experimentelle Texte geschrieben hatte, verschenkte ihre Bücher und stürzte sich für Jahre in politische Basisarbeit. Andere gingen in die Fabrik oder arbeiteten mit Randgruppen. Wenn sie aggressiv alles abwehrten, was mit Kunst und Literatur zusammenhing, und sich ganz in ihrer Praxis verpanzerten, so war das auch als eine Technik des Überlebens zu verstehen. Hätten sie andere Lösungen als ebenbürtig anerkannt, wäre ihnen vielleicht die Kraft ausgegangen, die Selbstunterdrückung zu ertragen, für die sie sich entschieden hatten. Wenn ich ihren Weg auch mit allerhand Argumenten ablehnte, so ging von ihrer radikalen Konsequenz doch eine Verlockung aus, der ich manchmal nur mühsam widerstehen konnte. Ich mußte mir dann vorsagen, daß Schreiben und Lesen in jedem Fall von Bedeutung waren, selbst wenn der Verdacht, daß es auch ohne Schreiben und Lesen ging, immer noch in Reichweite lag.

Vor kurzem las ich in einer Zeitschrift den Satz: »Nach dem Durchgang durch die politische Epoche wird der Blick wieder frei auf all das, was von der Emanzipationswelle ausgeschlossen wurde, man lernt wieder sehen, und es sind Geheimnisse, die zu entdecken sind.« Wäre der Satz von jemandem geschrieben, der sich jahrelang in einer der marxistisch-leninistischen Parteien den Blick hat disziplinieren lassen, würde ich ihn fast akzeptieren: als Ausdruck der Befreiung von einem wirklich erfahrenen Druck, dem allerdings der scheinobjektive Name »politische Epoche« gegeben wird, damit nicht auch der eigene Anteil an der Disziplinierung des Blicks zur Sprache kommen muß.

Grauenhaft falsch finde ich den Satz, weil er von einem Intellektuellen stammt: Wenn er sich von einer »politischen Epoche« den Blick hat trüben lassen, dann hat er es ohne Not getan, und wenn er von dem neuen »freien Blick« spricht, dann frage ich mich, welche neue Anpassung jetzt wohl dahintersteckt. Wie gesagt, ich weiß nicht, wie es wirklich war, ich habe nur das Gefühl, daß die

Revolte dem Popanz, den man aus ihr macht, bestimmt nicht ähnlich sah.

Als ich vor einigen Jahren den Roman *Die Verschwörung* von Paul Nizan übersetzte, glaubte ich ein Buch zu lesen, das speziell für mich geschrieben war. Der Roman endet damit, daß eine der Figuren, ein junger Intellektueller, sich fragt, wie man aus der Jugend herausfindet und welche Initiationsriten dabei helfen. Die Antwort wird ihm prompt erteilt: er wird lebensgefährlich krank. Ich las diese Stelle als Metapher für meinen eigenen Zustand, denn ich spürte damals, daß irgend etwas unwiderruflich zu Ende gegangen war, und ich fühlte mich krank. Ich fühlte mich um so mehr krank, als ich weder die Krankheit lokalisieren noch mir erklären konnte, woher sie kam. Wäre ich zu einem Arzt gegangen, hätte er wahrscheinlich etwas wie »Depression« diagnostiziert und mir Medikamente verschrieben. Ich wollte zwar aus meinem Zustand heraus, aber ich wollte ihn auch nicht einfach zugedeckt sehen, denn es kam mir vor, als hätte ich dort unten im Keller gesehen, wie es wirklich ist, und als sähe man im Normalzustand die Dinge nur rosig verzerrt.

Vielen, glaube ich, ist ein solcher Zustand vertraut, ob sie ihn Krise oder Depression nennen, diese Tage, die nicht enden wollen, die Telephonanrufe, die einen zusammenzucken lassen, das Gefühl, von allen Leuten auf der Straße angestarrt zu werden, als trüge man ein Stigma als Zeichen der Krankheit. Und wenn die Arbeit, die einen daran zu hindern scheint, ganz aus der Welt herauszufallen, immer schwerer wird, wenn diese letzte Verbindung zu zerreißen droht. Wenn es nur unter Anspannung aller Kräfte gelingt, kleinste Schritte zu machen, die aber keine Befriedigung bringen, sondern nur das Gefühl verstärken, daß man größere Schritte nie mehr schaffen kann. Was für eine lächerliche Vorstellung, dachte ich mir, daß intellektuelle Arbeit, die sich diesem gigantischen Ausmaß an zwanghafter Selbstunterdrückung verdankt, als Muster selbstbestimmter, befreiter Arbeit angesehen wird.

Es lag natürlich nahe, meinen Zustand von dem allgemeinen Zustand der Erstarrung abzuleiten, den alle um mich herum registrierten. Teile der Revolte, die sich in die Institutionen hatten locken lassen, wurden dort isoliert und kaputtgemacht. Andere igelten sich in akademischen und sektiererischen Bunkerstellungen ein. Wo die gesellschaftliche Realität eben noch voller Zeichen war, die ihre bevorstehende Implosion ankündigten, kehrte sie uns jetzt ihre deprimierend unveränderliche Seite zu. Und wenn es in ihr noch Nischen gab, in denen es sich überwintern ließ, so sahen sich die Überwinterer bald von den Horchposten der innerstaatlichen Feindaufklärung umzingelt.

Ohne das Gefühl, in einer allgemeinen Bewegung der Entgrenzung aufgehoben zu sein, konnte ich in mir selber nichts mehr finden, was Anlaß zu Entdeckerlust gewesen wäre. Aber ich hatte auch den Verdacht, daß meine Lähmung mehr war als nur der Reflex der äußeren Paralysierung. In Nizans *Die Verschwörung* las ich: »Wir werden keine großen Sprünge machen, dachte er. Er sah eine Prüfung auf sich zukommen, weil Prüfungen alle Jugend abschließen und weil es überhaupt undenkbar ist, daß man ohne Bruch von der Jugend ins Mannesalter überwechselt.«

Eine Prüfung also. Die Prüfung, die ich vor langer Zeit glaubte abgelegt zu haben, wirkte offenbar nicht mehr. Die Versicherungsfrist war abgelaufen. Der Sicherheitsabstand zur Realität, den mir das Schreiben verschafft hatte, existierte nicht mehr. Die Probezeit war verstrichen, ohne daß der erhoffte Abruf gekommen wäre. Das Provisorium, in dem ich die ganze Zeit gelebt hatte, war im Begriff, zum Dauerzustand zu erstarren, und daran, glaube ich, habe ich mir damals den Schädel eingerannt.

Was von allem übrigblieb, war ein Trümmerhaufen: Ordner voller Rezensionen, Aufsätze, Verlagsgutachten, Übersetzungen, angefangene, aber nie zu Ende geschriebene Bücher. Kein »Werk«, hinter dem ich mich notfalls verstecken konnte. Ich war nur das, was ich war, und was ich war, wollte ich nicht sein. Rumschreiber, Literat, Rezensent, entlassener Hilfsarbeiter der Revolution.

Es gibt wahrscheinlich nichts, wozu Intellektuelle ein so schlechtes Verhältnis haben wie zu ihrem Körper. Er scheint zu dem Bereich innerhalb der Mindestdistanz zu gehören, der ihrer Wahrnehmung nicht zugänglich ist. Sie schleppen ihn achtlos mit, da sie den Kopf für den Souverän ihres Ichs halten. Der Körper darf sie beim Geschäft der Kopfherrschaft nicht stören. Alle Befriedigung geht vom Kopf aus, nur bei der Sexualität wird dem Körper zeitweise ein Mitspracherecht eingeräumt. Danach hat er zu schweigen, und es ist wieder der Kopf, der sich den Mehrwert der Befriedigung aneignet.

Wahrscheinlich leiden Intellektuelle viel mehr unter der Trennung von Kopf und Körper, als sie es sich eingestehen. Was ihnen fehlt, vermuten sie dort, wo sie sich am schlechtesten auskennen. Vom Proletariat fühlten sie sich nicht nur deshalb angezogen, weil es die theoretisch zum Sieger bestimmte Klasse war. Sie ahnten auch, daß es dort eine Welt der Unmittelbarkeit, der aufgehobenen Trennungen gab, von der sie sich ausgeschlossen sahen. Nachdem das Proletariat als Subjekt der Geschichte abgesetzt war, blickten die Intellektuellen fasziniert auf die Inseln der Wilden, wo geheimnisvolle Riten von der Verschmelzung der Körper und der Geister kündigten. Die Sinnlichkeit wurde wiederentdeckt, aber nachdem sie in die Köpfe eingedrungen war, verwandelte sie sich gleich wieder in eine »Produktivkraft«. Das, was an den Wilden faszinierte, wurde gleich wieder mit Theorien zugedeckt, die Wildheit als Denkstil lesbar machten. Der Körper fand Eingang in den intellektuellen Diskurs, aber bezeichnenderweise ist es die Rede vom »organlosen Körper«, die als besonders fortschrittlich gilt.

Es fällt nicht schwer, die Formen zu verspotten, in denen sich die Sehnsucht nach dem Einswerden von Kopf und Körper ausdrückt, nur macht mich auch mein eigener Spott nicht froh, weil er vielleicht die Sehnsucht selber trifft. Wer die Trennung von Kopf und Bauch zum unausweichlichen historischen Schicksal erklärt, will vielleicht weniger die Geschichte erhellen, als seine eigene Sehnsucht zum Schweigen bringen. Denn sie macht unzufrieden, weil sie an einen fundamentalen Mangel erinnert, der die Verfügungsgewalt des Kopfes in Frage stellt. Und sie ist riskant, weil sie auf ein Terrain lockt, in dem man sich verlieren kann und die Desintegration des kopfgesteuerten Ich droht.

Vielleicht hängt es allein von lebensgeschichtlichen Zufällen ab, daß diese Sehnsucht von ihrer Angstbesetzung verliert und sich die Möglichkeit andeutet, produktiv mit ihr umzugehen. Krankheiten können zum Beginn einer neuen Körpererfahrung werden oder auch ein ganz banaler Wechsel des Lebensgeländes. Es gibt dafür keine Rezepte, und ich denke nicht daran, meinen eigenen Fall in irgendeiner Weise für beispielhaft zu halten.

Wie bei vielen anderen, hatte sich bei mir vor Jahren der Wunsch geregt, einen Zufluchtsort zu besitzen, an den man sich jederzeit zurückziehen kann, ohne von jemandem abhängig zu sein. Wir fanden ziemlich schnell in Frankreich ein Haus, das den Vorstellungen entsprach, die wir uns von einer Zuflucht gemacht hatten. Es lag wirklich einsam, es war auch ein wenig Land dabei, und bei klarem Wetter hatte man einen phantastischen Ausblick auf den Kamm der Cevennen.

Beim näheren Hinsehen hat sich dann herausgestellt, daß noch allerhand zu tun war, bis sich das Haus als Refugium benutzen ließ. Das Dach war reparaturbedürftig, an den Nebengebäuden drohten die Mauern einzustürzen, die elektrische Anlage war in erbärmlichem Zustand, die Hälfte der Räume konnte nicht bewohnt werden. Da kein Geld da war, um Handwerker zu bezahlen, blieb nur die Möglichkeit, die Arbeit selber zu machen.

Ich bin damals für einige Monate nach Frankreich gegangen und hatte so etwas wie einen ausgedehnten Urlaub im Kopf. Ich wollte einmal ausprobieren, ob ich es aushalten würde, monatelang allein und ohne den gewohnten Kommunikationszusammenhang zu leben. Meine Vorstellung war, halbe Tage am Haus zu arbeiten und die übrige Zeit zu lesen und zu schreiben.

Nur hatte ich nicht mit einem Unbekannten gerechnet, der die schöne Kalkulation durcheinanderbrachte. In den ganzen Monaten brachte ich nicht mehr als eine Buchbesprechung und ein paar Aufzeichnungen zu Paqier. Kaum war die Arbeit am Haus in Gang gekommen, schien sie keine Unterbrechung mehr zu dulden. Es gab dazu keinerlei äußere Gründe, der Zwang zum Weitermachen ging von etwas anderem aus. So wie ich beim Schreiben manchmal erst spät in der Nacht aufhören kann, wenn eine bestimmte kritische Klippe überwunden ist, konnte ich oft das Werkzeug nicht zur Seite legen, bevor die Arbeit eine bestimmte Gestalt angenommen hatte. Und am nächsten Morgen bei Sonnenaufgang drängte es mich wieder an die Arbeit, so, als nehme sie es übel, wenn sie nicht gleich wieder fortgesetzt würde.

Ich lernte damals etwas kennen, was man als körperliche Subjektivität bezeichnen könnte, einen Eigenwillen, der sich sowohl über physische Erschöpfung wie zweckrationale Erwägungen hinwegsetzt. Mein Körper, so versuchte ich mir die merkwürdige Erfahrung zu erklären, hatte eine neue Möglichkeit der Befriedigung entdeckt, die ziemlich direkt, ohne große Umwege, zu haben war. Beim Schreiben kam er kaum auf seine Kosten, da wurde ihm ein Befriedigungsaufschub abverlangt, für den er nur schlecht belohnt wurde. Bei der Handarbeit aber lagen Triebaufschub und Lustgewinn so nah beieinander, daß es den Körper drängte, so oft wie möglich Befriedigung zu suchen und dabei alle Anstrengung in Kauf zu nehmen.

Es ist natürlich komisch, von »dem Körper« zu sprechen, als sei er eine Sache für sich. Wenn der »Körper« mit dem Körper arbeiten will und der »Kopf« mit dem Kopf, was will dann das »Ich«?

In seinem Briefwechsel mit Gunnar Myrdal erzählt Lars Gustafsson von einem Nachbarn, der in den Ferien eine Veranda an sein Sommerhäuschen anbaut und dabei den Eindruck erweckt, vollkommen in seiner Arbeit aufzugehen und ganz und gar mit sich im reinen zu sein. Gustafsson fand es schön, dem Mann zuzusehen, und zog aus seiner Beobachtung den Schluß.:

> Und bei solchen Gelegenheiten sieht man ja, wie ideologisch, wie zufällig diese ganze Vorstellung ist, daß einem die intellektuelle und künstlerische Arbeit eine größere Befriedigung verschaffen würde als die körperliche Arbeit, daß eine Art von Freiheit, ›seine Persönlichkeit auszudrücken‹, wie sie vorhanden ist, wenn man einen Marderhaarpinsel in der Hand hat, nicht vorhanden wäre, wenn man den Pinsel mit einer Säge oder einem Spaten vertauscht.

Die Vorstellung, daß es so etwas wie einen Rassenunterschied zwischen intellektueller und körperlicher Arbeit gibt, hängt zweifellos damit zusammen, daß die meisten körperliche Arbeit ausschließlich in ihrer entfremdeten Gestalt kennenlernen. Der Student, der in die Fabrik gegangen ist, vielleicht nicht nur, um zur Organisierung der Arbeiter beizutragen, sondern auch, um sich selbst in der Rolle des Handarbeiters zu erfahren, wird hinterher sicher nicht behaupten, er habe in der Arbeit am Fließband eine neue Möglichkeit der Selbstverwirklichung entdeckt.

Die Arbeit an einem schwedischen Sommerhäuschen oder an einem französischen Bauernhaus ist selbstverständlich ein Sonderfall. Nirgendwo sonst ist es möglich, so umfassend über die Projekte, den Ablauf der Arbeit und die Produktionsmittel selbst zu bestimmen. Es ist der Faktor Selbstbestimmung, der zusammenbringt, was sonst getrennt ist: Phantasie und Planung, intellektuelle und körperliche Arbeit.

Einige Zeit vor diesem Abenteuer hatte ich ein Statement geschrieben, in dem ich das Vorgehen des Literaturkritikers mit dem des Bastlers verglich. Im Kopf hatte ich dabei ein rein theoretisches Modell der Bastelei, angeregt durch die berühmte Passage aus *Das wilde Denken*, in der Lévi-Strauss die Mythenbildung bei den Primitiven als »intellektuelle Bastelei« definiert. Vom Wissenschaftler, heißt es dort, unterscheidet sich der Bastler dadurch, daß er mit den Werkzeugen und Materialien vorlieb nimmt, die ihm gerade zur Verfügung stehen, und daß er seine Projekte nicht davon abhängig macht, ob ihm alle dazu notwendigen Mittel auch erreichbar sind. Auch wenn der Bastler einen präzisen Plan besitzt, wird das Ergebnis seiner Arbeit gegenüber der ursprünglichen Absicht verschoben sein, weil er einen Kompromiß zwischen seinen Ambitionen und seinen eher zufällig zusammengestellten Mitteln finden muß. Indem er eine Auswahl zwischen begrenzten Möglichkeiten trifft, sagt seine Arbeit immer auch etwas über ihn selber aus. »Der Bastler legt, ohne sein Projekt jemals auszufüllen, immer etwas von sich hinein«, schreibt Lévi-Strauss.

Diese Beschreibung des Bastelns hatte mir gefallen, weil ich darin etwas von meinem eigenen Vorgehen beim Schreiben wiedererkannte. Auch dort weicht das Ergebnis immer von der Absicht ab, die am Beginn der Arbeit besteht. Systematisch vorzugehen, mit Zettelkästen, Konzepten und Materialsammlungen, hat mir nie gelegen, aber das geht nicht nur mir so. Der französische Essayschreiber Paul Virilio sagt in einem Gespräch: »Ich bin Bastles, ich bin nicht rational. Und ich bin stolz darauf. Ich lese alles mögliche Zeug, und genau dabei macht es ›klick‹.«

Später dann ist mir klargeworden, daß es genau dieselbe Vorgehensweise war, die mich an der praktischen Arbeit faszinierte. Auch hier ging es darum, Aufgaben mit Mitteln zu lösen, die nicht speziell dafür bestimmt waren. Mir stand nur ein begrenzter Vorrat an Werkzeugen und Materialien zur Verfügung, und das Spannende war immer, zu erleben, welche unvorhergesehenen Wendungen die Arbeit nahm, eben weil die Mittel begrenzt waren. Während ich allmählich lernte, mit den Werkzeugen und Materialien umzugehen, erlebte ich ihre begrenzte Auswahl nicht mehr als Mangel, sondern als Vorrat an Möglichkeiten. So wie ein Wort nicht in einer einzigen Bedeutung aufgeht, geht auch ein Werkzeug nicht in einem einzigen Verwendungszweck auf, sobald man es durch Gebrauch auf die Probe stellt. Ein Stück Holz oder ein Stein verlieren von ihrer stofflichen Trägheit, wenn sie aus ihrem ursprünglichen Zweckzusammenhang gelöst werden, und nehmen den Charakter mehrdeutiger Zeichen an, die sich mit anderen Elementen neu kombinieren lassen. Wie beim Erlernen einer Fremdsprache, wurden mir allmählich nicht nur neue Vokabeln, sondern auch Grundlagen der neuen Grammatik vertraut, die es erlaubten, auch mit ganz unerwarteten Aufgaben fertigzuwerden.

Die Trennung von Kopf- und Handarbeit ist nicht aufgehoben, und es wäre eine lächerliche Illusion, den zeitweiligen Ortswechsel zwischen Schreibtisch und Werkbank für einen Vorboten ihrer Aufhebung zu halten. Die Do-it-yourself-Welle hat die Produktion von Fertigwaren nicht zurückgedrängt, sondern eine neue Kategorie hinzugefügt: das Pseudowerkzeug, das Pseudomaterial, die Pseudoarbeit. Dennoch geht die Bastelei nicht restlos in ihrer ökonomischen Bestimmung auf; und dieser verbleibende Überschuß ist es, der mir das Gefühl gibt, der Welt der Dinge nicht nur hilflos ausgeliefert zu sein. Oder das Gefühl, wie zufällig die Wahl zwischen dem Umgang mit den Dingen und dem Umgang mit den Wörtern gewesen sein mag.

In den letzten Jahren ist bei uns ein Interesse an Formen von Protest und Widerstand gewachsen, die bis dahin unterhalb einer bestimmten Wahrnehmungsschwelle blieben, weil sie so vieldeutig waren. Man wußte ja nicht, ob hinter den regionalistischen Bewegungen nicht ganz reaktionäre Motive stecken, und es war unklar, ob revoltierende französische Bauern etwas anderes vertraten als die Standesinteressen von Kleinproduzenten. Dann entdeckte man plötzlich, daß diese Bewegungen und Revolten an Traditionen des Widerstands anknüpften, die man bei dem Eilmarsch durch die Geschichte der Revolutionen übersehen hatte. Doch was heißt, man entdeckte: über mich brach es herein, als ich zum ersten Mal einen Bauern auf dem Larzac-Plateau vom Aufstand der Camisards gegen Ludwig XIV. reden hörte. Ich weiß nicht mehr genau, was mich damals veranlaßt hat, auf das Larzac zu fahren, wo sich über hundert Bauern gegen die Umwandlung ihrer Schafweiden in einen Schießplatz zur Wehr setzten, ich weiß nur noch, daß ich mit der Überzeugung nach Hause kam, die Entstehung einer alle unsere Revolutionsvorstellungen sprengenden Revolte miterlebt zu haben.

Es war keine Frage, daß darüber berichtet werden mußte, es entstand ein Radiofeature, dem weitere Veröffentlichungen zum Thema Bauernkämpfe und Regionalismus folgten. Das Schreiben fiel mir leicht, denn es war nichts anderes als Vermittlung: In einem abgelegenen Winkel war etwas geschehen, was man einem abgelegenen Winkel niemals zugetraut hatte. Die Bauern hatten auch alles Interesse daran, daß über ihren Kampf berichtet wurde, denn sie waren auf eine mobilisierte Öffentlichkeit als Bundesgenossen angewiesen. Was gebraucht wurde, waren Vermittler, die den Sinn des Widerstands übersetzten, was nicht gebraucht wurde, waren Intellektuelle, die selbst den Sinngeber spielen wollten. Denen, und nicht allein den Herrschenden, schrieb man ins Stammbuch, daß die Bauern jetzt selber denken und selber sprechen können.

Da war also etwas verwirklicht worden, wovon wir immer geträumt hatten, nur war jetzt auch die Rolle nicht mehr gefragt, die wir als Interpreten der Geschichte zu spielen gewöhnt sind. Zwar hatte ich das befriedigende Gefühl, mich wirklich nützlich zu machen, wenn ich die Statements der Bauern übersetzte, aber gleichzeitig kam mir die Aufgabe, die mir gestellt war, fast lächerlich einfach vor. Erst nach und nach ging mir auf, daß es dabei einen nichtsprachlichen Problemanteil gab, der viel schwieriger zu lösen war. Es war nicht damit getan, ein paar von meiner Person gleichsam losgelöste Fertigkeiten zur Verfügung zu stellen. Es kam noch viel mehr darauf an, im praktischen Verhalten zu zeigen, daß man nicht nur etwas vom Kampf der Bauern begriffen hatte, sondern auch von ihrer Arbeit und ihrem alltäglichen Leben. Eine Solidarität, die nur die Kämpfer meinte, wurde nicht akzeptiert. Die Bauern wollten auch als Personen ernstgenommen werden, so wie sie umgekehrt wissen wollten, welche Person hinter dem Sympathisanten steckte. Den Zeichen der Solidarität trauten sie erst dann, wenn sie spürten, daß der andere selbst ein Interesse daran hatte, solidarisch zu sein. Doch keine Unterstützung war für sie so überzeugend wie der Kampf, den ihre Sympathisanten dort führten, wo sie selbst lebten und arbeiteten.

Genau dort aber begann das Dilemma all derer, die sich, wie ich, aus der Ferne mit dem Kampf der Bauern und Regionalisten solidarisch erklärten. Gerade weil bei uns zu Hause nichts lief, starrten wir fasziniert auf den Widerstand, der sich anderswo regte. Die Revolte der südfranzösischen Winzer und der Larzacbauern versöhnte uns zeitweise mit der Lethargie, an der wir litten. Wenn einer von dort unten zu uns kam, und wir auf Veranstaltungen seinen Bericht von militanten Aktionen übersetzten, hatten wir, glaube ich, ein wenig das Gefühl, selbst an der Aura der Militanz zu partizipieren. Begeistert klatschten wir, wenn die Regionalisten den Zwang zur Abwanderung in die Metropolen verurteilten und das Recht verlangten, im Land zu leben und zu arbeiten. Nur wo das Land liegt, in dem wir selber leben und arbeiten, das war uns nicht klar.

Lebten wir überhaupt? Wer uns zuhörte, der mußte den Eindruck gewinnen, daß wir vor allem litten. Wir litten unter Berufsverbot, Polizeiterror, Zensur und unter der Repression ganz allgemein. Wir glaubten zwar zu wissen, was wir am liebsten getan hätten, aber was wir taten, wußten wir nicht.

Wenn wir eine kommunistische Partei hätten wie die Italiener, hat der eine oder andere gesagt, dann wüßte ich, wo ich Mitglied würde. Aber wir hatten nur die DKP, und die war genauso mies wie die Zustände, an denen wir litten. Wir verdienten unser Geld zwar immer noch hier, aber unseren wahren Hauptwohnsitz hatten wir in Südfrankreich, Italien oder Portugal gefunden. Als dann in Portugal die Gegner der Revolution den Sieg davontrugen, empörten wir uns, vielleicht aber weniger wegen der portugiesischen Revolutionäre, denen es an den Kragen ging, als darüber, daß man uns die Wohnungen ausräumte, in denen sich unsere Köpfe so schön eingerichtet hatten. Zum Glück gab es immer wieder streikende Liparbeiter und barrikadenbauende Winzer, die uns ersparten, es mit uns selber aushalten zu müssen.

Als ich vor kurzem die frühen literarischen Aufsätze Sartres für einen Band zusammenstellte, fielen mir ein paar Bemerkungen zum Thema Schreiben auf, die mich interessierten. Es gibt keinen Grund, sich dafür zu schämen, daß man schreibt, heißt es da sinngemäß; doch fast im selben Atemzug ärgert sich Sartre über die Berufsbezeichnung Schriftsteller und findet, daß sie einem fast alle Lust am Schreiben nehmen kann.

Vielleicht gibt es triftigere Gründe, sich die Lust am Schreiben verderben zu lassen, und es mag sein, daß ich Sartre an dieser Stelle mißverstehe; aber ich kann jetzt irgendwie nachempfinden, wie es einem zumute ist, der sich nicht schämen will, daß er schreibt, der sich gleichzeitig aber schämt, wenn man ihn Schriftsteller nennt.

Ich schäme mich nicht, daß ich schreibe, und wenn mich die Erinnerung nicht wieder einmal narrt, schreibe ich heute mit größerer Lust als noch vor Jahren. Vielleicht hängt die Lust auch damit zusammen, daß ich Schreiben heute als eine Form von Lebensäußerung unter anderen Formen akzeptiere und daß ich es aufgegeben habe, mich nur dann mit dem Schreiben zu identifizieren, wenn mir eine wasserdichte Legitimation zur Verfügung steht.

Ich finde es komisch, wenn aus jemandem, der schreibt, gleich ein Schriftsteller wird, mit anderen Worten, jemand, der ganz in seiner Funktion aufgeht, oder der, um Sartre zu zitieren, einem Ariel, einer Vestalin oder einem armen Irren gleicht. Es mag sein, daß man die Bezeichnung Schriftsteller aus gewissen praktischen Gründen beibehalten muß, aber es ändert nichts daran, daß sie mich zum Lachen reizt: Gibt einer, der sich Schriftsteller nennt, nicht zu verstehen, daß man ihn schonen muß, daß er auf ein bestimmtes Schutzbedürfnis Anspruch hat und daß man ihm nicht zu nahe treten darf?

Zum Beispiel mit Politik. Hier könnte wieder eine Debatte beginnen, nur muß ich gestehen, daß ich immer weniger begreife, um was bei diesen Debatten gestritten wird. Früher hatte ich die Vorstellung, daß Älterwerden Dazulernen bedeutet, aber wenn ich mir die verschiedenen Diskussionen über Literatur und Politik anschaue, habe ich den Eindruck, daß ich beim Älterwerden einiges wieder verlernt habe, etwa Debatten über Literatur und Politik zu verstehen.

Als Peter Weiss den ersten Band von *Die Ästhetik des Widerstands* herausbrachte, wurde mit Bedauern vermerkt, daß hier wieder einmal ein talentierter Erzähler sein Erzähltalent auf dem Altar der Politik geopfert habe. Etwa zur selben Zeit wies Christian Enzensberger in seinem Buch *Literatur und Interesse* nach, daß einer, der schreibt, die Kraft zur Veränderung an den Genuß verrät, anders ausgedrückt, die Politik der Literatur zum Opfer bringt.

Die Vertreter beider Thesen werden sich niemals einigen können, gerade weil sie sich in einem Punkt einig sind: daß die Politik ein Supergott ist, der einmal bestraft, das andere Mal belohnt, in jedem Fall aber hoch über dem kleinen schreibenden Individuum thront. So wie es eine Gottesvergiftung gibt, gibt es offenbar auch eine Politikvergiftung, nur fehlt der Tilmann Moser, der sich stellvertretend für uns davon befreit.

Offenbar gibt es ein Interesse, den Politikgott nicht so schnell loszuwerden, denn er verbreitet Furcht und liefert damit das beste Alibi dafür, daß man nichts machen kann, weil man Schriftsteller, das heißt schutzbedürftig ist.

Christian Enzensberger will allen, die schreiben, ein schlechtes Gewissen einjagen, eben deshalb, weil sie nur schreiben. Ich begreife nur nicht, wie jemand, der sich als Materialist versteht, einmal auf das theologische Instrument des schlechten Gewissens und zum anderen auf einen Begriff von Politik zurückgreifen kann, der in der gesellschaftlichen Wirklichkeit kein Fundament mehr hat.

Es wird sicher niemand behaupten wollen, daß es zwischen Schreiben und Politikmachen keinen Unterschied gibt, aber ich glaube, daß man den Unterschied etwas überschätzt. Politik, sofern sie eine Lebensäußerung ist, ähnelt dem Schreiben gerade darin, daß niemand voraussagen kann, was sie bewirkt. Bestenfalls trägt sie dazu bei, daß der, der sie macht, sich verändert, was einer im übrigen auch mit dem Schreiben erreichen kann, vorausgesetzt, er sucht dabei Widerstände auf und läßt sich nicht nur treiben.

Ein solcher Schreiber, der das Schreiben zur eigenen Veränderung braucht, hat es allerdings gerade deshalb schwer, weil er kaum noch einen Widerstand findet, jedenfalls wenn er sich in der Literatur umsieht. Die Literatur versteht sich zur Zeit auf schwindelerregende Weise von selbst. Sie hat, wie schon lange nicht mehr, allen Wind im Rücken, aber wenn mich nicht alles täuscht, ist sie dadurch nicht besser geworden, daß sich ihr Luftwiderstand verringert hat. Und wenn ich mir die Euphorie, die dort ausgebrochen ist, aus der Nähe anschaue, habe ich den Verdacht, daß sich dahinter nichts anderes als ein aufgedonnerter Jammer verbirgt.

Manche Schriftsteller scheinen schon zu ahnen, daß ihre große Zeit zu Ende geht. Nicht deshalb, weil sie allmählich ihre Leser verlieren oder weil die Literatur als Institution ins Abseits gerät. Im Gegenteil, ein neuer, wenn auch ein wenig künstlicher Glanz umgibt diese Institution, und manche, die sich von ihm angezogen fühlen, wissen durchaus, daß es ein falsches Licht ist, von dem sie sich heimleuchten lassen. Aber sie brauchen offenbar das Gefühl, irgendwo zu Hause zu sein, und sei es auch in einem angestrahlten Kartenhaus. Lange haben die Schriftsteller davon gelebt, daß sie zu den Auserwählten gehören, die in der Welt der Arbeit und der ihr nachgeordneten Verhältnisse Ärgernis erregen. Jetzt aber beginnen sie zu erkennen, daß sie längst nicht mehr die einzigen sind, die da aus der Rolle fallen. Immer mehr sind dabei, den Vertrag mit der produzierenden Gesellschaft zu kündigen, aber nicht im Namen der Kunst, sondern ganz auf eigene Rechnung. Da kommen sich einige, die sich abstrampelten, um sich die Legitimation für ihren Nonkonformismus zu erschreiben, irgendwie betrogen vor, und das Schlimmste für sie ist, daß sie nicht wissen, wie der Betrüger heißt.

Man hört die Schriftsteller jetzt öfter klagen, daß eine große Friedhofsruhe herrscht im Land, aber wenn man der Ruhe nachgeht, findet man sie höchstens in ihrem Kopf. Sie leiden jedoch ziemlich laut unter der Ruhe, vielleicht, damit man nicht merken soll, wie sehr sie in Wirklichkeit auf sie angewiesen sind. Sie hätten es wahrscheinlich gern, wenn es wieder so still wäre wie vor zwanzig Jahren, weil sie dann wieder die einzigen wären, die sich bewegen. Einige sind jetzt dabei, aus lauter Langeweile wenigstens in der Ästhetik noch etwas Heldentum zu entdecken; komisch ist nur, daß nicht einmal diese Freunde der Katastrophe bemerken, wie lange schon es ganz in ihrer Nähe blitzt und kracht.

Ich weiß nicht genau, was da unter unseren Füßen ins Rutschen gekommen ist, mir fallen nur immer mehr Leute auf, die sich in der Unsicherheit in Sicherheit bringen. Ich weiß auch nicht, was bei dieser Absetzbewegung am Ende herauskommt, im Augenblick aber beruhigt es mich, daß immer mehr auf immer vielfältigere Weise nicht mehr mitmachen wollen. Ich fühle mich ganz einfach weniger allein, und das Schreiben gleicht nicht mehr der Anstrengung, gegen die Angst vor der Isolation anzupfeifen. Vielleicht auch deshalb habe ich jetzt Lust zum Schreiben, zum Schreiben von Essays und Reportagen, Geschichten und Notizen. Solange ich mit dem Schreiben *leben* kann, denke ich, kann ich auch vom Schreiben leben. Aber es muß nicht so sein.

Horst Königstein
Tanz mit mir mein Mädel
Ein deutsches Potpourri

Ach, Johnny, wenn du mal
Deinen Wolkenkratzer hast
Dann ist es höchste Eisenbahn
Daß du ihn fahren laßt!
Sei ein Mann
Kleb nicht dran
Mein Sohn!

Wenn San Francisco brennt
Was ihr dran Gutes nennt
Sehet, das geht am End
In einen Sack.

Bertolt Brecht, *Mahagonnygesang Nr. 4*
(1923)

geh in die knie. wackle mit den hüften.
klatsch in die hände. und tanz den mussolini.
tanz den adolf hitler. beweg deinen hintern.
und tanz den jesus christus.
klatsch in die hände. und tanz den kommunismus.
und jetzt nach links. und jetzt nach rechts. usw.

Gabi Delgado Lopez/Robert Görl, *Der Mussolini*
(Deutsch-Amerikanische Freundschaft 1981)

Natural Sound Stereo Receiver Cr. 600. Power on (1981)

Ich bin 1945 geboren. Ich habe meine Lust an Kino und Schlager so kultivieren können, daß ich eine der freien Redakteurstellen »im Fernsehen« besetzen durfte, 1970, und seitdem so eine Art Monopol auf die Exegese jugendlicher Subkulturen habe. Nach mir war Schluß mit freien Mitarbeitern und anderen zornigen jungen Leuten. Heute bin ich Mitte Dreißig und immer noch in der Rolle eines Stellvertreters für Leben, das nunmehr völlig außerhalb »der Anstalt« abläuft. Das kann ich ohne Wehleidigkeit feststellen. Genauso, wie sich über die Wahrnehmung von Häuserkampf, Züri brännt, Liverpool burns, Steine fliegen in Kreuzberg und die Realität einer angenehmen Wohnung, regelmäßiger Einkünfte und die Melancholien des Alltags analytische Vereinbarungen herstellen lassen. Über das eine reden und nachdenken, ohne auf das andere zu verzichten.

Musik spielt eine wichtige Rolle in meinem Leben. Dazu eine Geschichte:

Ich habe eine umfangreiche Schallplattensammlung – vor allem viele Musterexemplare aus einer Zeit, als die Konzerne noch dachten, ich könnte ihnen bei der Beeinflussung der »Zielgruppe« helfen. Es sind reichlich Platten aus den späten fünfziger, frühen sechziger Jahren dabei – sorgfältig gepflegt, immer noch »klangtreu«. Elvis Presley, Everly Brothers, Little Richard, Eddie Cochran, Buddy Holly, Chuck Berry, aber auch Caterina Valente und Ted Herold. Und dann ein großer Haufen von LPs aus den sechziger Jahren – die Besten des britischen Rock, von den Beatles, Animals und den Stones bis Traffic und Procul Harum. Diese Platten sind alle unglaublich lädiert (mein Gott, die Kinks), abgearbeitet an der Zeit. HiFi vertragen sie nicht mehr so gut. Schließlich kommen die endlosen, saturierten siebziger Jahre mit Musik aus den neuen Wohnzimmern; manchmal nur einmal aus der Plattenhülle geholt und dann uninteressiert katalogisiert – das meiste verschenkt. Und jetzt, Anfang der achtziger Jahre, neue Geräusche – diesmal aus Deutschland (West) und mit nie gekannter Heftigkeit. Die deutsche Sprache ist selbstverständlich bei diesen Platten – vertrieben von unabhängigen Firmen, die nicht bemustern. Man muß diesen Aufnahmen nachspüren in kleinen Läden, die *Vorwärts* heißen, *Kassettenkombinat* oder *Aus lauter Liebe.* Das klingt fremd und weckt dennoch viele Erinnerungen – ich sortier sie gerade.

Das Erlebnis, vor kurzem: Ich höre diese heftige Musik von Fehlfarben aus Düsseldorf oder Jam aus London oder Wirtschaftswunder aus Limburg an der Lahn – und ich sage zu A.: »Das klingt wie die Kinks . . . und *das* klingt wie ein Schlager aus den späten zwanziger Jahren, nur auf'm Synthi gespielt . . ., und das . . .« A. wird sauer, wird sehr laut: »Immer klingt das bei dir ›wie‹. Du gönnst uns keinen eigenen Einfall. Alles mußt du gleich mit deiner Nostalgie vollseiern.« Protest, natürlich. Der wird aber überhaupt nicht akzeptiert. »Ihr seid Späthippies und Sozialarbeiter. Die Stones, die Beatles, Udo Lindenberg – alles Geschichte, alles tot. Die haben ihre Sachen gesagt, und damit basta. Jetzt sind wir dran, und das bitteschön sofort.«

Ich höre im geräumigen Zimmer auf der teuren Anlage die Gruppe Deutsch-Amerikanische Freundschaft mit dem Titel »Kebabträume«. Sie singen im Refrain »Wir sind die Türken von morgen.« Man kann auch dazu tanzen.

Volksempfänger (1945-1953)

So genau sind die Erinnerungen an meine Kindheit in Bremen nicht. Vieles wird übereinander kopiert: vielleicht hat es manche Bilder *so* gar nicht gegeben, die Photos sind nur vage Anhaltspunkte. Ein Volksempfänger auf dem Küchenschrank, Flieder auf dem Tisch. Da ist eine Musik, ganz fern, der Swing aus dem AFN-Sender Bremerhaven. Und ab 1952 die Schellackplatten einer klobigen Musiktruhe in der »guten Stube«. Operettencocktails und eine Platte mit dem Etikett »Nur für Herrenabende«.

Musik war da – sie einte die erschöpften Aufbauer, die Frauen mit den vorn zusammengebundenen Kopftüchern überm unfrisierten Haar, und sie war da, wenn ich allein zu Hause zurückblieb. »Mäcki war ein Seemann, und kein Hafen war ihm fremd«, »Das alte Försterhaus, dort wo die Tannen stehn«, »Wenn bei Capri die rote Sonne im Meer versinkt«, »Als einst Casanova durch Venedig ging, und mit seinem Lächeln tausend Herzen fing« – ja, darunter konnte man sich was vorstellen. Keiner sagte mir, das ist schlecht – keiner urteilte, das ist Kitsch. Es war einfach da, freigegeben zum Gebrauch. Es gab Lieder, deren Texte wurden verändert (»Anita, du geile Schlange, du kannst es ja immer so lange«), und es gab Schlager, die wohl eine besondere Bedeutung haben mußten – eine Bedeutung, die weit vor meinem Begreifen lag (Schlager aus der Nazi-Zeit, mit denen man sich vor den Bomben geschützt hatte – Musik, die den Mut der Verzweiflung in sich verwahrt hatte; »Davon geht die Welt nicht unter«, durchhalten, »sie wird ja noch gebraucht«).

Tannhäuser – ein Radio für gehobene Ansprüche (1953-1958)

Beim Ordnen dieser alten Photos, beim Kramen in einem »Rama«-Karton nach Schellackplatten: ich habe mich gewundert, wie deutlich ich meine Wünsche an die Zukunft vorgezeigt habe. Brigitte Bardot wurde als *Bravo*-Starschnitt zusammengeklebt und an die Teppichstange gehängt; die Brücke am Kwai aus Streichhölzern zusammengebaut und der Agfa-Klack vorgeführt; mit Freunden in einem Zelt, hinten im Garten, Radio gehört. Das war ein Detektor, den K. gebaut hatte – das Gegenprogramm zur offiziellen Kultur in der Stube, dem nunmehr repräsentativen Rundfunkgerät. Jazzig, lateinamerikanisch und dazwischen Chris Howland mit Informationen über Rock'n'Roll, Skiffle oder Trad. Die »andere« Musik, die dort – in den wenigen Programmnischen der Rundfunksender und noch viel weniger in den d-c-fix-bespannten Plattenläden – propagiert wurde, interessierte mich allerdings mehr als Theaterereignis denn als »Signal der Revolte«. Das Kino hatte bereits gezeigt, wie so etwas aussah: als *Saat der Gewalt* (Blackboard Jungle) und Wochenschaudramatik. Dabei war das Herumhopsen lange nicht so spannend wie das erotische Reizklima, das die Hüftenwackler und Lippenschmoller produzierten. Kreischende Mädchen, irritierte Jungs, pathetische Gesten, endzeitliche Phantasien (»trifft uns die Bombe, ist alles vorbei«) – die Musik stand bei mir für ein Arsenal intensiver Eindrücke, die nur noch durch das eigene Leben komplettiert werden mußten.

Das war leichter gedacht als getan – und wenn schon, dann bitte heimlich. Die kleinen, außen geriffelten Photoformate zeigen es heute immer wieder, meist in der Totalen: das eingeübte Gruppenbild, in dem der Zehn- bis Zwölfjährige die Ellbogen anwinkelt. Die Eltern lächeln und stellen Salzstangen auf den Tisch – freundlich-duldend in Sonntagsposen, weitgehend abgetrennt von der antikulturellen Verschwörung. Dafür hatten sie keine Kategorien, was gute oder schlechte Musik, anspruchsvolle oder triviale Literatur sein sollte, Gott sei Dank. Hauptsache, der Junge macht seine Arbeit. Hauptsache, er schafft es.

45 geboren, das war Anfang bei Punkt 0. Daß es Geschichte und Geschichten gegeben hatte, brummelten ein paar alte Leute in der Nachbarschaft vor sich hin. Die Trümmergrundstücke waren ein Naturzustand, und die Amerikaner in ihren Jeeps auch. Die Eltern verschwiegen ihre Erlebnisse – die »Entnazifizierung« hatte sie stumm gemacht, der Ausverkauf an Mythen im Dritten Reich produzierte Berührungsängste. Der Realität »ins Auge schau'n«? Ich habe Mythen gesucht – geradezu verzweifelt. In der Bibel (nur die *action* interessierte mich), in den Sagen des Klassischen Altertums (wie Odysseus wollte ich sein), im Kino (das komplette Angebot aus Amerika), in der Musik (»rot« ist die Farbe). Amerikanische GIs hatten in unserem ausgebombten Haus in Bremen-Gröpelingen gewohnt. Meine Mutter wurde von den Nachbarn geächtet, weil sie sich um die »Amis« gekümmert hatte. Ein Photo aus der Zeit zeigt den amerikanischen Soldaten Eric mit Tirolerhut. Der zweijährige H. sitzt auf seinem Schoß – Cowboystiefel, Texashemd und breitkrempiger Hut in Liliputanermaßen. Der Soldat hat mir eine Spielzeugpistole in die Hand gedrückt. Amerika – in Bremen und Bremerhaven immer ganz nah. Bremerhaven – ein Vorort von Amerika, so stellte es sich dar. Oft war die Columbuskaje ein Ausflugsziel: Nachbarn und Freunde der Eltern wanderten aus. »Sie wollen drüben ihr Glück machen«, und man sah Wolkenkratzer und unendliche Landstriche mit Reitern vor sich. Es war immer eine Landschaft, die mit Musik zu tun hatte. Meistens Filmmusik.

Wenn ich in der Schule Aufsätze schrieb oder zu Hause Filmprogramme durchblätterte, oder die »Illustrierten Klassiker« verschlang, der *Faust* als Comic-strip – immer hab ich die Figuren wie in einem Film bewegt und Musik dazuphantasiert. Ich hab so getan, als könnte ich sie selber machen – mit zusammengepreßten Lippen ganze Bläsersätze imitiert. Zuerst, als wäre das ganze Leben ein Monumentalfilm – mindestens *Quo Vadis* einschließlich Christenverbrennungen, dann mehr und mehr »außer Rand und Band«. Hier, in der Musik, nistete sich endgültig die Hoffnung ein, daß da noch mehr, noch viel mehr jenseits von Gröpelingen sein mußte. Klar – nur der liebste Freund erfuhr davon – sonst keiner. Das Leben wurde geil – heimlich. In den Trümmerkellern, auf der Parzelle, hinterm Jugendheim. Alles drum rum war schrecklich: immer wieder von der Angst beherrscht, man könnte bei etwas Verbotenem ertappt werden.

Mambo – das erste Kofferradio (1958-1962)

Bye bye love . . . bye bye happiness
hello loneliness
I feel like I'm gonna die
Bye, bye my love, good bye . . .
(B. Bryant – für die Everly Brothers)

Süße kleine sechzehn und der Pubertätsblues. Das Leben bestand aus dem tagtäglichen Rumprobieren – mit möglichst wenig Mut viele Wünsche einlösen. Es gab ja genügend Barrieren, gegen die man verstoßen konnte. Nackte Brüste in Magazinen – sündhaft! Rock'n'Roll – Negermusik! Micky Maus und Akim – Schundliteratur! Mit hochgestelltem Kragen so tun, als wär man 18 – Leben als Jugendverbot! Remmidemmi in der Klasse – Ohrfeigen und Prügel mit dem Lineal! Was verboten war, machte uns gerade scharf. Aber: bei den ersten Anti-Atomkundgebungen noch nicht dabeigewesen (1958), für den Existentialismus zu jung, bei den Twist-Krawallen in Schwabing (1962) weit weg, nämlich in Bremen. »Halbstarke« tauchten bei uns nur auf der Kirmes auf, direkt neben der Raupenbahn – das war eine Theaterinszenierung, die sich der Kostüme und Frisuren bediente, die im Kino und in entrüsteten Illustriertenartikeln zu besichtigen waren. James Dean als Held hatte Hochkonjunktur – so traurig, so einsam und so tot.

In der Erinnerung heute erscheinen die vielen kleinen Versuche, den Verhältnissen ein Schnippchen zu schlagen, als *ein* großes Abenteuer. Hätte man mich damals gefragt, ich hätte nicht viel Abenteuerliches entdecken können. Alles eher klein-klein – langweilig, albern, schrecklich. Auch die große Konfrontation blieb aus. Es gab zwar noch Autoritäten, die wie immer wußten, wo's lang geht – der Staat und seine Repräsentanten, die Schule, die Kirche. Die wurden aber schon von der Subversion der Teenagermusik angenagt. Ich hatte Eddie Cochran mit dem Summertime Blues gehört, mir den Text von einem älteren Schüler übersetzen lassen – und ich wußte, der Typ hat recht. Noch jemand, der das

Gequatsche von den Lehrern nicht abkonnte! Die Eltern merkten das. Sie waren unsicher. Die meisten wußten nicht mehr, was für ihre Kinder gut oder falsch sein sollte. Zuviele Irrtümer in den letzten Jahrzehnten. Die Mütter hatten die Rolle der kriegs-abwesenden Väter übernommen. Deren Wiedereinsetzung in die alten Machtpositionen klappte dann oft nur zum Schein. Bei uns zu Hause wurden früh autoritäre Riten durch Augenzwinkern entkräftet; und wenn man dann sah, wie der Alkohol die Männer und Frauen veränderte (der »gute, empfindsame Mensch« darf sich Bahn brechen), dann wußte man, dieses Gefühl sollte im *eigenen* Leben nicht nur am Sonnabendabend erlaubt sein.

So sehen die Erfahrungen einer ganzen Generation aus. Das sind die ganz speziellen »Filme«, die die Nachkriegskinder für sich »belichtet« haben. Ihre Szenen werden abrufbar über die Schlager (»Mit 17« – Peter Kraus, oder »Jailhouse Rock« – Elvis Presley) – mit vergleichbarer Innenausstattung, identischen Konflikten und kaum wechselnden Kostümen. »Die Liebe ist ein seltsames Spiel«, sang Connie Francis 1960 und hat damit Sinn in viele als chaotisch empfundene Beziehungen gebracht. Schlagerklischees, sicherlich – aber sie stifteten massenhaft Sinn, trivial und deutsch; sie rutschten in das symbolische Repertoire einer neuen Subkultur, die sich in Amerikanismen fand und die engen Zirkel von Jazzkellern und Schulaulen verließ. Diese Schlagerklischees mußten sich in den absurdesten und traurigsten Situationen bewähren (auf der Stubencouch, im Auto, im Wald – heimlich). »Das war schon immer so«, sangen die Schnulzenkönige – und trotzdem wurde dann jeweils das *eigene* Leben verhandelt, mit aller Sehnsucht, die »das Klischee« kurz auf den Nenner brachte, und dann weiter, irgendwie über die Runden. Gymnasium oder Lehre, Hauptsache, es wird gearbeitet. (Nein, singt Eddie Cochran, ich hab keine Lust mehr – ich werd dieses Problem vor die Vereinten Nationen bringen.)

Die Schlagerklischees sind das Überlebensmittel in einem ansonsten ziemlich trostlosen Wiederaufbau-Klima, das die Fassaden von den Altbauten sprengt und grauen Spritzbeton über die Trümmerfelder setzt. Sie werden ein omnipräsenter Sozialisationsfaktor – raus aus den Wohnzimmern und Küchen mit Koffer- und Autoradios. Für die Nachwachsenden ist diese Mobilität eine Selbstverständlichkeit – für uns war das tragbare Gerät ein Medium, mit dem man sich in einen magischen Raum zurückzie-

hen und Kraft sammeln konnte. Jeder eine Subkultur. Schlager, Rock'n'Roll, Kino, Schundliteratur sind der Stoff für den Zauberkreis. Sie sind Drogen. Entsprechend sind die Reaktionen der Erzieher: *comics* werden verbrannt, »Kitsch« aus den Aufsätzen herauszensiert. Irgendwann wird jeder einmal zum Spinner erklärt, und er kann von Glück sagen, wenn ihm dabei nicht die Hoffnung beschädigt wird, daß seine Wünsche richtig sind. Wünsche nach mehr Gerechtigkeit, Gemeinsamkeit, Zärtlichkeit, Frieden, weniger Haß, Konkurrenz, Neid.

Nicht zuletzt die Musik hat diese Wünsche immer wieder aufgenommen und in ihren Rock'n'Roll-Elementen (unentwickelten Möglichkeiten schwarzer *und* weißer Volkskultur) den Anspruch auf Verwirklichung festgehalten. Immer war sie dabei zwar, wie Ideologiekritiker entrüstet schrieben, stigmatisiert vom Warencharakter – das löschte jedoch nicht die Vitalität der schwarzen und weißen Interpreten aus. »Irgendwas« ist beim Hörer immer angekommen, was im Schatten der Lebenserfahrungen »benutzbar« war. Bei mir jedenfalls: du bist wer, du hast recht mit deinen Wünschen; halt durch. Gewiß, ein stabilisierendes Moment – aber *eigener* Art.

Kofferplattenspieler (Philips), vielleicht ein Mignon (spuckt nur 45er aus) (1962-1966)

Die Beatles haben es allen gezeigt: Ihr könnt es auch. Mitte der sechziger Jahre gab es plötzlich Tausende von Musikgruppen in Europa und Amerika, die offensichtlich die gerade abgeschlossenen fünfziger Jahre produktiv genutzt hatten – aus dem Mut der Verzweiflung (Liverpool) oder gymnasialem Gelangweiltsein. Ihr Angebot war nicht mehr naiv – zum ersten Mal wurde in Leitartikeln über die neue Subkultur gesungen (The Who »My Generation«, The Rolling Stones »I can't get no satisfaction«, Bob Dylan »The times they are-a-changing«). Das war laut, elektrisierend, und ich weiß noch, egal ob es von Platten kam – wie in einer Bremer Discothek – oder live gespielt wurde im Star-Club, es war ein Triumph. Es war die Selbstvergewisserung »es gibt uns«, hier sind die »anderen Werte«, wie diffus sie auch immer nur zu definieren waren. Der pulsierende Beat, die Frechheit der Kostümierung, die Attacke der Lautstärke, vor allem: die langen Haare. Jeder,

der sie hatte, trug die gesamte Last einer Bewegung, die keine war: er war »Gammler« oder »Rocker«, Indiz für den Untergang des Abendlandes (selbstverständlich nur kulturell, denn materiell war alles fraglos: die Dritte Welt, das waren »Entwicklungsländer«, das Öl floß reichlich, und Streiks waren unrühmliche Ausnahmen; der Republik wurde mit Großer Koalition und Notstandsgesetzgebung über erste Schwächeanfälle hinweggeholfen; die Ostermarschierer und kritischen Liedermacher waren spinnerte Boheme oder von Moskau gesteuert; nur in der DDR hörte man noch eine Musik, die selbstbewußt das Erbe der späten zwanziger Jahre verteidigte – Kabarett, Chanson, Agitation – Grenzen setzten nur der Dogmatismus und die Orthodoxie).

Propaganda für die Bewegung, die keine war, in Schülerzeitungen, Jugendfunksendungen, im »Beat-Club« des Fernsehens. Überall wurde Propaganda für die neuen Leitartikler gemacht – für die Who, die Kinks, die Mothers, Jefferson Airplane. Und damit die Botschaft auch ankam, habe ich für den »Beat-Club« und Sendungen im Schulfunk Texte ins Deutsche übertragen, um inhaltliche Ideen und musikalische Umsetzung überprüfbar zu machen – um eine Identität zu stiften, die die deutschen Musik- und

Textangebote verweigerten. (In vielen Interviews mit den jungen Musikern wurde das »ideologisch« abgesichert.) Das war auch ein lustvoller Versuch, über das, was einen selbst faszinierte, die fremde und kalt empfundene Wissenschaftswelt zu unterlaufen – mit ihren Methoden den Gegenstand nicht zu vernichten, sondern in Perspektive zu rücken. (Adorno mochte Jazz und die Beatles nicht.)

Die englischen und amerikanischen Musiker, die die ersten Opfer meiner Analyse waren (bei Interviews und in Diskussionen), zeigten sich voll auf der Höhe der Zeit. Pazifisten, Weltumarmer, neue Mystiker, Spaß-Anarchos – charakteristisch war das Mißverständnis um den Stones-Titel »Street Figthin' Man«, der natürlich für eine Ermutigung zu Straßenschlachten gehalten wurde; ebenso charakteristisch wie die Mißverständnisse um Louis Malles Revolutionsoperette *Viva Maria*. Es gab tausend Verwechslungen von Politik der Straße mit Rock'n'Roll in Clubs und Hallen. Aber sie wußten schon, wovon sie sangen – Country Joe McDonald, the Fugs, The Velvet Underground, David Peel, Jimi Hendrix, Janis Joplin, The Doors. Da waren die Streetfighter, Blumenkinder, Revolutionsromantiker, schwarzen Panther, Wehrdienstverweigerer. Da war ihre Lust an der Gruppenidentität. Zum ersten Mal fühlte auch ich mich wirklich stark in Auseinandersetzungen an der Universität, in der Rundfunkanstalt oder im »wirklichen« Leben. Ich hatte den Eindruck, eine Bewegung stehe hinter mir. Rauschhaft habe ich Begriffe der kritischen Soziologie und Psychologie ausgespuckt. Die Begriffe dienten zur Ortung der »neuen Stämme« und zur Abwehr des »Alten«. Jeder Stamm (»new tribes«, San Francisco) hatte seine eigenen Musikgruppen, seine eigenen Hymnen. Man mußte sich das alles aneignen, damit es nicht fremd blieb. Von Amerika und England nach Europa, in unsere Republik.

Dieses Lernen hat deutschen Musikern von der Burg Waldeck/Franz-Josef Degenhardt bis Udo Lindenberg einen selbstbewußteren Umgang mit der »Sprache der Heimat« möglich gemacht – einer Sprache, deren Vernichtung in Propaganda, Kaltem Krieg, Verordnungssprache, *Bild*-Journalismus, Werbung usw. soweit bereits vollzogen war, daß man ihr zu Recht mißtraute. Die ersten Versuche waren ungelenk. Aber die »Jugendrevolte« – Schülerbewegung, infiziert von der Unruhe der Studenten 1968 – wollte ihre eigenen Lieder haben, zuerst mit der Klampfe, dann elektrisch verstärkt. *Transport von Botschaft* war die Aufgabe, Gegeninformation und Aufklärung. »Funktionen« mußten »wahrgenommen« werden, Sinnlichkeit war Beiwerk (das rächte sich bei der nachwachsenden Generation, die die Heavy-Metal-Attacken von Deep Purple oder Led Zeppelin suchte, sich süchtig umarmen ließ von Pink-Floyd-Elektronik oder im Strobo-Licht der Soul-Discos zuckte).

Die Nachkriegsgeneration rückte in die Medien ein – zerrissen zwischen Propaganda und geschickter Vermarktung der eigenen Präferenzen.

Exkurs

Eric Burdon, Lead-Sänger der Newcastle-Rhythm-and-Blues-Gruppe The Animals, war bis Anfang der siebziger Jahre ein Mitglied der sogenannten Rock-Aristokratie. Heute lebt er in Hamburg, versucht Fuß zu fassen als »erwachsener Mensch«, der sich nicht mehr verkaufen muß. Er hat 1979 einen Text geschrieben über Rock und Sexualität. Er schreibt über »Rock'n'Roll-Selbstmord«:

Jimi Hendrix beispielsweise hat verzweifelt daran gearbeitet, weiterzukommen, immer weiter – das Publikum so zu nehmen, daß es wiederum ihn mitnahm . . . ein bißchen weiter nach vorne, ein bißchen weiter nach draußen, ein bißchen weiter nach unten, wo immer auch hin. Unglücklicherweise wurde er als feste Rollenbesetzung gehandelt – als Nigger, Mädchenschänder, Terrorist, der neben jedem Poster von Che Guevara an den Zimmerwänden jedes weißen amerikanischen High-School-Mädchens hing. Ich glaube, das hat er gehaßt. Er hat es nicht geschafft, jemanden zu finden, der ihn liebt – denn er ist nur aus Geschäftsgründen in jene Rolle gesteckt worden; unglücklicherweise war er ein wahrhaftiger Romantiker. Das Gefühl habe ich jedenfalls aus der gemeinsam verbrachten Zeit, aus den Gesprächen und Auftritten mitgenommen. Wie schlimm jedenfalls muß es für diesen wirklichen Romantiker gewesen sein, als großer Künstler zu eben seiner Zeit hervorzutreten – jetzt, gegen Ende der siebziger Jahre, da sich die Dritte Welt erhebt, könnten wir einen wahrhaftigen Künstler der Dritten Welt haben. Wenn er heute noch lebte, würden die Völker der Dritten Welt verstehen, was Jimi Hendrix ihnen zu sagen hätte. Jimi Hendrix' Kraft lag in erster Linie in der Offenheit – ein sexuell ehrlicher Angriff auf sein Publikum; ein liebender Angriff auf das Publikum; ein gefährlicher Angriff auf das Publikum. Letztlich aber ein romantischer Angriff auf die Sinne. Das Gefühl ist alles. Und, unseligerweise, gegen Ende der siebziger Jahre – mit dem Zusammenbruch des amerikanischen Traums in Vietnam – wird es klar, daß ein echter Amerikaner wie Jimi Hendrix seine Zeit so sah, wie sie war, und es auch in seiner Musik ausdrücken konnte. Keiner kann Texte schreiben wie »Manchmal schaue ich aus meinem Fenster und fühle mich, als lebte ich auf dem Boden eines Grabes« und gleichzeitig voll wahrnehmen, was mit seinem Land, mit seinem Volk und der Welt geschieht.

Aber wir brauchten das zu jener Zeit als Publikum und als Plattenkäufer. Wir brauchten dieses Element in und von Jimi. Das war er nicht ganz und gar, aber wir haben ihn damit festgehalten und eingesperrt. Er fand sich selbst mit seinem Sado-Element eingesperrt. Wir haben ihn festgehalten, wenn er – real, körperlich – seine Fender-Gitarre zerstörte und aufschrie: »Foxy Lady – I'm going to get you.« Unglücklicherweise war das die ganze Zeit nur Ironie. Es war eigentlich nur Spaß für ihn. Er hat OTHELLO bis an die Grenzen getrieben. Leider hörte seine Show weder auf der Bühne noch hinter der Bühne auf. Konsequenterweise hat sich Othello dann das Leben genommen – und es gab keine Desdemona, die mit dem schönen schwarzen Prinzen des Rock'n'Roll gemeinsam gestorben wäre – oder für ihn gestorben wäre – oder sich ihm im Tod verschrieben hätte – oder als toter Leib wenigstens noch zu schänden gewesen wäre. Oder aber vielleicht – vielleicht war der geschändete Leichnam sein Auftritt in Woodstock, als er das erste Mal seine zerstörte Version des STAR SPANGLED BANNER spielte. Sein Publikum war nur noch ein riesiger Müllhaufen, den die sich zerstreuenden Massen zurückließen. Sie fuhren mit ihren Autos auf die Freeways, zurück in den Alptraum New York. Sie ließen hinter sich den verlorenen Traum eines neuen Amerikas, von dem wir soviel geträumt hatten und haben – den wir fast geglaubt hatten, zu leben –, in den sechziger und siebziger Jahren.

Der Rauch hat sich also verzogen. Die Kids haben die Straße verlassen. Sie sind aus den Straßen verschwunden, in die Diskotheken. Es gibt kein LSD mehr, kein gutes Marihuana. Nur junge Narren, die sich für Marlboro-Zigaretten, Coca-Cola, Kokain, Haschisch krummlegen – es ist kratziger Haschisch, der in der Kehle brennt. Sie leben in Wohnungen, die aussehen wie eines von den ABBA-Plattencovers. Das mögen die Eltern. Es ist cool.

Die jungen Rebellen heutzutage haben so wenig, dem sie sich zuwenden können. Wem können sie sich zuwenden? Wem können sie sich zuwenden? Politik? Politik hat sich in den Jazz eingemischt und ihn umgebracht. Politik hat sich jetzt in den Rock 'n' Roll eingemischt und wird ihn ebenfalls umbringen. Ted Nugent benutzt seine Gitarre wie ein Superpower-vollautomatisches-Maschinengewehr. Pervers, Mann. Aber man kann sich auch wohl leisten, eine nichtpolitisch denkende Person zu sein – jetzt. Da bleib' ich zurück mit Gedanken und dem Gefühl, daß meine Politik die Politik des Sex ist.

Ein kleiner verdrehter und verkrüppelter Held sang in England vor kurzem SEX AND DRUGS AND ROCK 'N' ROLL, und das sagt eine ganze Menge. Wir müssen neue Wege suchen, die uns von den falschen Drogen wegbringen. Bislang ist der Mensch nur ein Sklave der Technologie – leg' die menschliche Hand, die Hand des Mannes dorthin, wo sie hingehört: zurück auf die Brust der Frau statt auf das Magazin des Gewehrs. Ja, ich meine es todernst mit meiner Politik. Sie ist Sex und Musik. Anti-Heavy-Metal, Anti-Atom. Anti-Wissenschaftlichkeit. Wo haben sie uns hingeführt? Nirgendwohin! Obwohl alles für uns da ist. Es ist wirklich alles da. Die Sonne kann die ganze Erde mit Kraft versorgen. Das hat sie jahrhundertelang getan. Unsere Frauen schaffen es, daß wir uns wie Könige fühlen. Ein Mann, dem es im Bett gutgeht – ein Mann, der Liebe erfährt – ein Mann, der sexuelle Erfüllung kennt – der befriedigt ist, wird für niemanden, mit niemandem in den Krieg ziehen.

Ich will kein Star sein. Ich will nur in deinen Augen leuchten. Musik machen, die in deinen Ohren klingt. Du sollst tanzen, nicht mehr marschieren. Ich bin müde geworden, Menschen immer wieder marschieren zu sehen. Ich will sie tanzen sehen – über die ganze Erde weg. Alle Bewegungen sind ein Witz, die Leute lachen sich eins ins Fäustchen, wenn sich die Führer umdrehen. Das sollte ihnen mal jemand sagen. Ich will den Krieg nicht mehr lernen. Ich will diesem flammenden Inferno meinen Rücken zuwenden, will sehen, wie es vom Himmel zur Erde stürzt – und bald schon wird es von grünem Gras überwachsen sein, wo immer du hintrittst. Was ist dicker als Schlamm? Öl und Wasser mischen sich nicht.

Vergiß nicht die einfachen Grundelemente, den Herzschlag, den Back-Beat, Sex und Rock 'n' Roll.

Die erste Stereo-Anlage vom eigenen Geld (1968-1975)

Meine Generation, von der hier die Rede ist, die Nachkriegsgeneration, hat bis Ende der sechziger Jahre studiert, ist in den »Arbeitsprozeß« eingegliedert, gestreßt, manchmal frustriert, meist erfolgreich. Sie versperrt Berufe für nachwachsende, eventuell arbeitslose Generationen. Sie ist aus den Wohngemeinschaften ausgezogen und in mehr oder weniger stabile »Zweierbeziehungen« übergewechselt – die zwei Boxen mit Steuergerät wurden mitgenommen, dieselben Platten immer wieder gespielt. »Ihr habt noch kein Recht, nostalgisch zu sein«, sagt der 50jährige H. Nein, nicht das Recht auf Wehmut, aber die Pflicht zur Trauerarbeit, die nicht vor den datenkontrollierten siebziger Jahren resigniert. Wir müssen uns fragen: was erleben die heute 15jährigen anders (und was haben wir selbst bereits dazu beigetragen)? Welche Errungenschaften gibt es? Welche Verluste? Wer hat die Autoritäten von gestern ersetzt? Wo sind die Nischen für die Phantasie? Gibt es neue Überlebensmodelle, und wie werden sie vom Staat und von den Medien gehandelt?

Die siebziger Jahre, so sieht es aus, haben alles unter Kontrolle nehmen wollen: die Menschen, ihre Wünsche, ihre Phantasien, vor allem den Anspruch auf Autonomie (das hatte das Wort »Emanzipation« gemeint und sich dabei an der Alltagspraxis aufgerieben). Sperrige Mythen wurden zurechtgestutzt, auf den kleinsten gemeinsamen Nenner gebracht, damit sie international verkäuflich wurden. Krieg der Sterne, Disco, Effektivität – wer nicht mitkam oder mitkommen wollte, fiel hintenrüber.

Radiorecorder (1975-1980)

Das Erbe der siebziger Jahre hängt als Fahndungsplakat immer noch auf Bahnhöfen, Flughäfen und Polizeiwachen. Bei einer Reise durch die Republik mit Udo Lindenbergs Tournee-Zirkus habe ich notiert (1979):

Morgens kein Frühstück, nachmittags keine warme Küche (tut uns leid!), abends eine laue Hallenwurst und belegtes Brot, nachts das warme Fritteressen. Abschotten der Wahrnehmung, Verkleinerung der Weltsicht auf Hallengröße – Vorstädte, die sich immer weiter in das Umland fressen. Wertkauf, Wohnwelt, Warenland, Center, Basar, Boutique – breit und flach und steuerbegünstigt am Stadtrand. Auf den Parkpisten verlassene Einkaufswagen. Neue kulturelle Mehrzweckeinrichtungen – für jedes Bedürfnis ist gesorgt. In Hof heißt die Halle »Freiheitshalle«. Warum? »Weil die davor Adolf-Hitler-Halle geheißen hat.« In Lauda-Königshofen »Tauber-Franken-Halle« mit nationalem Fahnenschmuck und Transparenten der Winzergenossenschaft – wenn die Musik kommt, freut sich der Pfarrer auf die Beichte. In Essen die Gruga. »Rockin' the Gruga, das ist immer heavy«, sagen die Musiker und starren auf die Rocker-Security und den schwankenden Ruhrpott. Deutsche Hallen. Freizeitkonzentrationslager und Schnaps in Benzinkanistern aus Plastik. Flaschen sind verboten. In den siebziger Jahren finde sich einer zurecht . . .

Ein zweites Konzert für die Nürnberger Region. Diesmal ein »Sonntagskonzert«, wie Felix immer sagt. 18 Uhr – »für die Teenies, damit es nicht ganz so spät wird«. Den Musikern sitzt noch der Schock vom Vorabend in den Knochen. In Augsburg ist wenige Minuten vor dem Soundcheck die vordere Traverse samt Ständern zusammengebrochen und auf

die Drums, Percussion-Instrumente und Boxen gestürzt. Bertram Engel starrte mit offenem Mund auf die umgeknickten Becken, während die Fans gegen die Glastüren hämmerten. »Grüße von Gevatter Hein«, sagte Paul Vincent, der sowieso schon eine blasse Gesichtsfarbe hat. Das Konzert fiel aus, heute wollen alle spielen. Der Bus hält vor dem Messehotel in Nürnberg. Auf der anderen Straßenseite erstreckt sich das Messegelände – nicht weniger gigantomanisch als der nationalsozialistische Aufmarschbeton nur ein paar hundert Meter weiter. Neue Vorstadt Langwasser-Nord, dann orangefarbene Blechverkleidung mit Riesenbuchstaben – ein A zum Erdrücken, Schwenk weiter, Gesamtschule (bunt und Beton wie überall), Freifläche, Betonblöcke aus tausendjährigen Beständen mit 1. FC NÜRNBERG-Graffittis, neue Städtebaumodelle, Fußgängerüberweg in ein zugiges EKZ (Einkaufszentrum). Und Sonntag nachmittag. Udo steht auf der abgeräumten Fläche. Kein Fan weit und breit, drei oder vier Spaziergänger kraxeln über Halden. Vor uns ein Rollstuhlfahrer mit Brille und Hund. Der Motor surrt, ein Vorortzug spuckt Jugendliche aus. Sie winken mit Schals, als gingen sie zum Fußballspiel – in der Ferne, am neugeschaffenen Stadthorizont. Sie sind weg. Udo sagt zu Bernie Tebbe, dem Arzt: »Komm, laß uns mal unter die Leute gehn.« Und die beiden verschwinden auf der Freifläche. 1000 Jahre wegsaniert?

Schnitt.

Der Bus steuert drei, vier, fünf Security-Pfade – vorbei an grimassierender Quasi-Polizei. Ganz klein vor dem Riesen-A, alle steigen aus. 1000 Jugendliche drücken sich durch die hohen Gitter, singen »Alles klar auf der Andrea Doria« und brüllen die Wachmänner an: »Schweine.« *Bild am Sonntag* hat die Schlagzeile »Rockstar Lindenberg knapp am Tod vorbei«; ein Wachmann preßt diese Rückseite gegen das Fenster einer Wachmetallbox. Draußen Security-Industrie, drinnen die Atmosphäre eines Hangars für unheimliche Begegnungen der frostigen Art. In die Pappstellwände – Garderoben – muß der Veranstalter Heizlüfter stellen. Ein warmer Luftzug, shatternde Rundumakustik und, in einem Nebenhaus, Krautsalat gegen die Wand geschmettert. Die Rowdies lassen ihre Anstrengungen durch Wut raus, im Musiker- und Artistenbus gibt es mehr Möglichkeiten zum Kanalisieren. Soviele verschiedene Typen, soviele Überlebensphantasien – da kann man auch noch Nürnberg verkraften. Ingeburg Thomsen ist froh, schließlich auf das Gelände gekommen zu sein. »Überall standen Männer, die sagten: ›Mer dürfe se hier nicht reinlasse.‹«

Der Soundcheck verzögert sich wegen des neuen Bühnenaufbaus. Knapp zweitausend Jugendliche verlieren sich gegen den Abendhimmel. Sie erzeugen einen Druck, der nicht nötig wäre. Die Security produziert einen Gegendruck, der sich durch nichts erklärt. Kein Einlaß ohne Wunden . . .

Über Leverkusen erhebt sich ein Wasserturm, der wie der Kommandostand einer Science-Fiction-Stadt aussieht. Für jedes Bedürfnis einen Shop, eine Boutique, einen Basar – völlig verdichtete Stadt, alles entsetzlich gut gemeint. Es gibt keine Nischen mehr. Hier sitzt die Multibeton-Hauptverwaltung. Eine Brücke zwischen Zentralomnibusbahnhof und Zentraleinkaufscenter, darunter der Schnellweg, darüber zwei Kneipen. Ein betrunkener Jugendlicher rast aus der Tür, blickt sich wild um. Er ist allein. Ich geh' in den Sexshop. Da gibt es eine Zeitschrift, die heißt *Käfig – Magazin für Familiendisziplin.* Oberhalb der Freitreppe zum City-Hotel steht Øle, traurig und böse. »Gleich nachdem ihr weg wart, ist Eric zusammengebrochen. Er hat einen schweren Asthmaanfall gehabt, blau angelaufen ist er. Und dann sind diese Schweine vom Krankenhaus nicht gekommen. Sie haben irgendwie nicht durchs Einkaufszentrum gefunden in der Nacht, sagen sie.«

Eric, später auf dem Dach vom City-Hotel, gegen die Schornsteine von Bayer-Leverkusen. »Ich hab' alles bei vollem Bewußtsein mitgekriegt. Sie haben mir eine Sauerstoffmaske aufgesetzt, die nicht funktionierte. Und ich mußte sie doch runterreißen von meinem Gesicht. Das haben die Pfleger mißverstanden. Ich wollte nicht wie Hendrix sterben. Als ich auf der Bahre durch die Gänge vom Krankenhaus rollte, dachte ich mir, warum malen sie die weißen Decken nicht bunt. Deckenbilder.«

Der Schock sitzt tief. Soll er auftreten? Der Arzt rät ab. Eric tut es dennoch – Sporthalle Köln, 7000 Zuschauer. Er singt so sehr gegen sich an, daß uns der Schweiß auf die Stirn tritt. Øle: »Der macht das, weil er aus einer unheimlich harten Gegend kommt.« Die Musiker fühlen sich wohl an diesem Abend. Paul: »Es gibt einfach Momente, da fängt das Musikmachen an. Da spielst du Sachen, die du nie vorher gespielt hast.« Toomas reibt sich den Arm mit Muskelsalbe ein, Steffi haut Eric auf die Schultern.

Ich habe mich immer wieder gefragt, wie lange noch machen das die jungen Musikfans mit. Was muß die Musik, was müssen die Texte alles mittragen, damit der Mangel an Wärme kompensiert werden kann.

Soundtrack Walter Benjamin, *Kaiserpanorama* (1923-1926):

X. Aus den Dingen schwindet die Wärme. Die Gegenstände des täglicien Gebrauchs stoßen den Menschen sacht aber beharrlich von sich ab. In summa hat er tagtäglich mit der Überwindung der geheimen Widerstände – und nicht etwa nur der offenen –, die sie ihm entgegensetzen, eine ungeheure Arbeit zu leisten. Ihre Kälte muß er mit der eigenen Wärme ausgleichen, um nicht an ihnen zu erstarren und ihre Stacheln mit unendlicher Geschicklichkeit anfassen, um nicht an ihnen zu verbluten. Von seinen Nebenmenschen erwartet er keine Hilfe. Schaffner, Beamte, Handwerker und Verkäufer – sie alle fühlen sich als Vertreter einer aufsässigen Materie, deren Gefährlichkeit sie durch die eigene Roheit ins Licht zu setzen bestrebt sind. Und der Entartung der Dinge, mit welcher sie, dem menschlichen Verfalle folgend, ihn züchtigen, ist selbst das Land verschworen. Es zehrt am Menschen wie die Dinge, und der ewig ausbleibende deutsche Frühling ist nur eine unter zahllosen verwandten Erscheinungen der sich zersetzenden deutschen Natur. In ihr lebt man, als sei der Druck der Luftsäule, dessen Gewicht jeder trägt, wider alles Gesetz in diesen Landstrichen plötzlich fühlbar geworden.

Auf einer Mauer im Hamburger Karolinenviertel, dem Zentrum der »Punks« und »Skins«, lese ich ein Graffitti: »Hamburg, ich mag dich. Warum bist du so kalt zu mir?«

Ich hatte notiert:

Polizei tritt kaum noch in Erscheinung bei den Konzerten. Im Westen haben Rocker-Firmen alles unter Kontrolle, im Süden Sicherheitsdienste und Wachfirmen. Sauer, manchmal angetrunken, in München mit Revolvern: Spaß oder Arbeitslosigkeit, auf jeden Fall gründlich vortrainiert, »den anderen« in Schach zu halten. Hinter der Bühne in der Olympiahalle, München, den Blick in das 10 000 Menschen-Halbrund, sagt Eric Burdon: »Das hat den Rock 'n' Roll in Amerika umgebracht – diese Riesenarenen. Eine Bühne und davor ein Kordon Polizisten oder Security – Kontrolle der Menschen. Es ist wie eine Wand. Die Musiker spüren diese Wand, ganz sicher. Sie hauen immer mehr drauflos, die Ideologie von

›heavy metal‹, und sie schreien und übersteuern CAN YOU FEEL IT? CAN YOU DIG IT? CAN YOU HEAR THE NOISE? Bewegungen vor der Bühne, wie ein gepeitschtes Getreidefeld. Wenn ich ein Buch darüber schreibe, dann heißt es SECURITY!«

Gegen diese Hallen, gegen diese kalkulierten Millionen-Inszenierungen haben sich Musiker aus Schulen, Jugendheimen und Kellern durchgesetzt. Zuerst in England (»Punk«, »New Wave« – ab 1977), in Amerika kaum, seit zwei Jahren auf dem Kontinent.

Ich hatte meine Schwierigkeiten mit der Musik der Sex Pistols und Clash, als ich sie das erste Mal hörte. Die symbolischen Verletzungen, der Müllcharakter der Kleidung – in der Bundesrepublik kam erst einmal nur »Mode« davon an. Aber die Zeiten ändern sich. Das Ende der Toleranz gegenüber subkulturellen Ausdrucksformen, die Hysterie der »staatlichen Organe« gegenüber einem unrelativierten Gewalt-Ausdruck – die Musik ist in Zusammenhänge eingerückt. Das Verstehen wächst, die Neugier ist groß. Die vielen Stämme (Punks, Teds, Skins, Mods, Frauenbewegung, Schwule, Hausbesetzer usw.) erscheinen nicht mehr nur als Kopie medial vervielfältigter Vorbilder. Ich fühle mich angemacht; es ist mehr als nur das Registrieren eines neuen »Fads«.

Walkman I (1981)

1981. Das Schwierigste kommt jetzt. In der letzten Zeit hat sich zugespitzt, ist umgeschlagen, was die siebziger Jahre derart gestapelt haben. Die Musik, die Erfahrungen, die Stämme, die Konjunktur, die Beziehungen, die Rüstung. Der Beginn des neuen Jahrzehnts ist ein Phantasma, das die Zeit besser ordnen läßt – gewiß. Alles war vorher da, sicher. Und doch lassen sich Erfahrungsakkumulation und Sinnhunger *jetzt* am besten in der wild wuchernden neuen deutschen Tanzmusik überprüfen. Die Sängerin und Komponistin A. sagt:

Ich habe auch eine Geschichte. Im ersten Semester war ich tierisch einsam und habe überhaupt nicht durchgeblickt, und da war diese Gruppe, unheimlich clever, und die haben gesagt: Hier, schön, schöne Abende, Schulungsdinger, morgens Flugblätter verteilen vor den Ford-Werken, das hat ja auch einen Sinn. Ich habe mir gesagt, da liegt es vielleicht, Weltverändern und so, bis ich gemerkt habe, wo bleibe ich denn da! Ich war ja immer noch unglücklich! Ein Jahr. Dann hatte ich die Schnauze voll. Solidarität. Wunderbar. Was ich will, sind kleine intensive Sachen, ich will Nähe schaffen, und da brauch' ich immer ein direktes Gegenüber, da brauch' ich keine Masse, ich will auch keine Liebe im allgemeinen, sondern Liebe speziell.

A. schreibt ein Lied, das heißt: »Deine blauen Augen machen mich so sentimental.« Sie sagt, sie kennt deutsche Schlager und amerikanische Evergreens. Sie kennt »Marmor, Stein und Eisen bricht« genauso wie »Wenn die Sonne hinter den Dächern versinkt, bin ich mit meiner Sehnsucht allein« – und sie weiß das alles zu benutzen. Ironie, Spaß – nur keine Verachtung (wie in der Ideologiekritik). Wenn A. mit der Gruppe Ideal die »Blauen Augen« als Zugabe spielt, dann schwitzen die Säle. Es wird wieder singbar, wovor uns manchmal noch schauderte – das Beispiel eines Lieds, das nicht von einer Plattenfirma und den Rundfunksendern gepusht wurde –, das in der Szene erfunden, von ihr gehört und geliebt wurde. Die Mittdreißiger sehen und hören es staunend: ja, deine blauen Augen machen mich so sentimental. Kurz und trocken: »sentimental«.

Ich finde das toll. Mit dieser Direktheit kann man auch die Teenager-Sänger der frühen sechziger Jahre wie Ted Herold oder

Drafi Deutscher »neu einschätzen«. Ihre ersten Platten wurden von verständnislosen Altproduzenten in Minutenschnelle aufgenommen. Vielleicht zeigte sich aber auch gerade deshalb in einer Art Schnappschuß die Lust und das Pathos dieser jungen Männer, selber eine Art Subkultur zu sein. Eine deutsch angeeignete Subkultur. »Ich bin ein Mann«, imitierte Ted Herold Elvis Presley. Diese Schamlosigkeit hatte vorher kein anderer deutscher Schlagerinterpret besessen. Viele dieser Aufnahmen demonstrieren heute noch eine erstaunliche Einheit von musikalischer Auffassung (Ted Herolds und Drafi Deutschers manierierter Gesang – sie haben ihre Titel »zersungen«; aber auch Manuela, Connie Francis und Brenda Lee mit ihren Deutschübungen) und textlichem Ausdruck. Auf einigen zusammengeschusterten Star-Club-Records mit deutschen »Beat-Kapellen« findet man etwas davon wieder – und ebenfalls in den ersten nölig gesungenen Liedern von Udo Lindenberg. Doch letztlich wurde Anfang der siebziger Jahre nicht an diese Spiel*haltung* angeknüpft. Im Anschluß an das klampfenbegleitete Protestlied-Singen wurden die »bedeutungsvollen« Texte gefeiert – romantisches Liedgut als Transportunternehmen für fortschrittliches Gedankengut. Das war das »Erbe« der Studentenbewegung, der Analyse von »populärer Musik«. Volkskultur wurde inszeniert und auf den langen Marsch durch die Institutionen mitgenommen – einige Jungunternehmer haben gut dabei abgesahnt, die Plattenindustrie prosperierte. Naivität wurde ideologiekritisch hingemacht (ich habe dabei auch mitgeholfen). Udo Lindenbergs Produktionen nach 1975 sind ein Beispiel dafür, wie sich die Tendenz durchsetzte, Songs als Leitartikel zu fertigen – zur »Schwulenfrage«, zum Rauschgiftproblem, zum Leben in den Satellitenstädten, zum Disco-Fieber, zum Punk. Abgelegte Erfahrung, Expedition in die Wirklichkeit nur zum Zweck der Wiederentdeckung gängiger (»kritischer«) Kategorien. (Minimalisten und Elektroniker wie Can, Kraftwerk, Faust und Tangerine Dream haben zwar schon früh – zwischen 1968 und 1971 – mit Rock und avantgardistischer Musik experimentiert; sie haben sich aber erst mit Hilfe englischer Musiker wie Brian Eno popularisieren lassen. Für die neuen Eklektiker sind sie stilbildend.)

Udo Lindenberg hat sich nicht weiterentwickelt. An der Stagnation seiner Arbeit kann man gut ablesen, daß hier – und diese Kritik müssen sich die meisten »Deutsch-Rocker« gefallen lassen –

allzu lässig auf ein gut abgelagertes, fast totes Arsenal musikalischer Ausdrucksmittel zurückgegriffen wird. Da reizt nichts mehr zum Widerspruch, ist unfertig, grell und sperrig. Die Tageserfahrung geht nicht mehr durch Kopf *und* Bauch. Großstadt oder Provinz, Einsamkeit, Demo, Schmerz, Zärtlichkeit, Ersatzdienst, Graffittis, Streit, Trennung, Ficken, Angst – das alles hat seine eigenen Geräusche und Farben. Die hab ich am Ende der siebziger Jahre immer weniger gehört, kaum noch gesehen. Erst jetzt sind sie wieder da – nach einem Schub aus England, nach Begreifen des Credos »Anyone can do it«, jeder ist ein Künstler. Ja, JEDER KANN'S. Und: ALLES GEHT. Erst haben die Monopole die Subkulturen enteignet – jetzt sind die Subkulturen oft schon so sperrig, daß sie die Monopole das Fürchten lehren. Denn: »Deutsch« ist international nicht verkäuflich; renitente Texte werden im öffentlich-rechtlichen Rundfunk selten gespielt; die Texte operieren an den Grenzen kalkulierter »Verletzung«. Gefühle setzen sich durch. Eine Generation sagt, ihr da – in den Medien –, ihr habt euch nur den Arsch warmgehalten; ihr habt uns vollgestopft mit Ideen und Phantasien vom Aufbruch. Mit vielen beunruhigenden neuen Worten, geheimnisvoller Ideologieaufschlüsselung, mit Psychologie (ohne Folgen) – wir wollen das eingelöst haben. Sagt, wo ist denn eure Praxis?

Gefunden in einem der vielen Pamphlete aus der Züricher Jugendbewegung:

Wir wollen unsere Sprache zurück.
Wir wollen unsere Hände befreien.
Wir wollen unsere Liebe zurück.
Wir wollen wieder mit eigenen Augen sehen.

Die Rückgewinnung des Wunsches: wenn das keine Errungenschaft ist!

Walkman – das Band läuft: Ein Wunschprogramm (Collage)

züri brännt
die alte wichserschtadt
züri brännt
vor langwil ab
einstürzende neubauten
nachdenkliche wehrpflichtige

chaos und ordnung
gefühl und härte
monarchie und alltag
freiheit für alle pinguine in grönland
wir sind die ratten
wir sind die eindringlinge
im zentrum des bösen
stadtindianer
neue stämme
gähnende wüste unter industriedunst
gegen oben sich elegant verjüngende turmarchitektur
andächtige monotonie von beamtenschritten
in den öden gängen der registraturbehörden
riesige planierte flächen vor den einkaufscentern
so leer und wunschlos wie die köpfe der
familienväter am sonntag.
monotonie in der südsee
melancholie unter palmen
wir fliegen nach hawaii
der frust ist auch dabei
fliegen nach tel aviv
schon wieder depressiv
beim kernkraftwerk haben wir uns geliebt
neben uns hat der schnelle brüter gepiept

Walkman – das Band läuft weiter

»Do the Locomotion« – »Tanz den Mussolini«. War für die 1945 Geborenen »Amerika« noch das Versprechen, dem sie in ihren Lebensnischen nachträumten, so ist es für jene, die in den siebziger Jahren herangewachsen sind, omnipräsentes Repertoire. Die Städte veröden, die McDonalds und Einkaufszentren liefern das volle Programm. Zwei Möglichkeiten, damit umzugehen: Tanz im Beton (und die Musik spielt dazu) oder Protestbewegung (Parolen müssen her; Musik nur, damit man sich diese Parolen merkt). Englisch für's Sinnlose, Deutsch für's Sinnvolle. Beat und Text, getrennt. Was letztlich *übergreifend* Sinn stiftet – Zusammenhänge (wieder)herstellt zwischen Körper und Verstand, zwischen dem, was »die moderne Welt« an Annehmlichkeiten bereithält und wo sie einen zu verschlingen droht, das mußte noch gefunden werden. Nicht nur Bedeutung, sondern auch Affekt.

Nicht nur Klarheit, sondern auch Ambivalenz. Nicht nur Verbissenheit, sondern auch Komik (in der Absurdität). Tanz auf dem Vulkan.

Als ich vor einiger Zeit die ersten Platten der »anderen« deutschen Musik hörte, die – ideologiefeindlich, sprachspielerisch-dadaistisch – wie ein Bindeglied zwischen Tageserfahrung und positivem Wünschen, Apocalypse now und »alles jetzt!« wirkten, schossen mir plötzlich Fragmente aller Schlager durch den Kopf, die ich aus allen möglichen Radios gehört hatte. 35 Jahre waren im Moment da. (Und mehr.) Deutsch – sentimental, abgebraucht, ver-rückt – so aber möglich. Nicht mehr Pastoralinstruktion, sondern Zertrümmern und dabei alles ernst nehmen, was auf dem Müllberg zu finden ist. Das kann schmeicheln, das kann vor allem verletzen.

Wir wichsen mit Verstand
und spritzen die Kinder von morgen an die Wand.
Oberste Heeresleitung, Köln – 1981

Ja.

Maschinenland, Maschinenland
wann bist du endlich abgebrannt? *Abwärts*, Hamburg – 1980

Ja.

Keine Atempause, Geschichte wird gemacht.
Es geht voran. *Fehlfarben*, Düsseldorf – 1980

Ja.

geldschein-sonnenschein-parkschein-totenschein-
jagdschein-krankenschein-gutschein-heiligenschein-
heutzutage ist alles nur schein-am liebsten wär ich
scheintot *Wirtschaftswunder*, Limburg – 1981

Und:

Dein kleid ist so rot. dein Mund ist so rot. mein
schatz. deine Lippen sind so rot. mein schatz.
die ganze Welt ist rot für mich. ich sehe deinen
mund mein schatz.
Deutsch-Amerikanische Freunschaft, London – 1981

Liebe, Anti-Atom, Lachen, besetzte Häuser, Schminke, A im Kreis, Schreie im Dunkel, Selbermachen, kaltes Neon, Polizeiarmee, arbeitslos, was soll's, Sozialstaat – FLASH – Es geht nicht mehr um manifeste Bedeutungen und Botschaften allein, sondern um die Fähigkeiten des Publikums, mit diesen selbst erfahrenen Geräuschen, Musiken (!/der Plattenschrank der Eltern und Geschwister), Szenen und Eindrücken die Songs zu komplettieren. Die Syntheziser der neuen Plattenaufnahmen kommen aus der Maschinenwelt – dazwischen akustische Instrumente, wie eine Erinnerung aus der Walzer-, Tango-, Kurt Weill- und Gerhard Winkler-Zeit. Amerika hat wachgemacht, jetzt ist es ausgezählt (trifft sich gut oder ist gar Indikator der hochsymbolisch besetzten Machtfülle des »grauen B-Film-Helden« – »graue b-film-helden regieren bald die welt – es geht voran«, singt Peter hein von Fehlfarben).

»Alte«, ausgelutschte Worte werden nur deshalb benutzt, weil sie sich im Augenblick zum technokratischen und »emanzipatorischen« Jargon subversiv und scheinbar blutvoll/glutvoll verhalten. Sie werden zur bestimmenden Gemeinsamkeit des durch viele Scenes/Stämme und Binnengenerationskonflikte bereits auseinanderdividierten »Publikums«.

Die Wiedergewinnung der Sentimentalität und des Zaubers, trocken ausgestellt, voller Ironie und Distanz, aber mit Liebe für die Dinge und die Menschen:

Ich wollt, ich wär ein Huhn
ich hätt nicht viel zu tun
ich legte jeden Tag ein Ei
und sonntags auch mal zwei

Schlager – vor 1933

Ich bin ein Telefon
romantisches kleines Telefon
Ich bin ein Blumenhalter
romantischer kleiner
Blumenhalter

Palais Schaumburg, 1981

Mein Mädel ist nur
eine Verkäuferin
in einem Schuhgeschäft

Schlager von Ralph Benatzky, vor 1933

Komm, Mädel, tanz mit mir
tanz mit mir
hand auf herz ich will in dir
sekt und wein
heine rein rein

Wirtschaftswunder, 1981

Rote Rosen Rote Lippen
Roter Wein
laden dich ein
laden dich ein
Gerhard Winkler, nach 1950

Rote Liebe
Roter Rolls Royce *(Ideal, 1980)*

Rote Lichter
Palais Schaumburg, 1981

Dein Kleid ist so rot.
Dein Mund ist so rot. mein schatz.
Deine Lippen sind so rot.

Deutsch-Amerikanische Freundschaft, 1981

Deutsch-Amerikanische Freundschaft – ein Sänger, ein Drummer und ein schwarzgekleidetes Mädchen, die Soundtrack-Kassetten einlegt – singen »Alles ist gut«, eine düster-positive Herausforderung an alle Depris. Ihre Selbstvergewisserung

dreh dich nie um

(Erinnerung: Caterina Valente sang: ›dreh dich nicht um nach fremden schatten . . .‹)

schau nie zurück.
schau nur nach vorn.
du bist so jung.
bleib für immer jung.
du bist so stark.
du bist so schön.
dreh dich nie um.
verlier nicht den kopf.

Ah, stay forever young. Bob Dylan

Und die Gruppe Freiwillige Selbstkontrolle fordert ein uneingeschränktes »Ja zur modernen Welt« – so wie in einer Fernsehdiskussion des Schweizerischen Rundfunks mit Vertretern der Jugendbewegung »Herr und Frau Müller« statt mehr Toleranz (darin waren sich alle Repräsentanten der staatlichen Gewalt einig) »mehr Napalm für die Radaumacher« gefordert hatten. Die Gruppe FSK sagt:

Wir sind erklärte Gegner der Alternativszene. Wir sagen Ja zur modernen Welt. Die moderne Welt würde sich selbst nie so bejahen in ihrer Selbstzweifelei und dieser furchtbaren Liberalität. Ja zur modernen Welt zu sagen ist immer kontroverser und provokanter als »nein« zu sagen.

Gegen zuviel Wertung, gegen zuviel Ideologie: erst einmal die rabiate Bejahung der Welt – sogar in ihrer größten Düsternis. Sängerin und Komponistin A.:

Für mich sind die achtziger Jahre aber mehr: Liebt, was euch kaputt macht. Ich kann das nicht verändern, ich kann das Plastik nicht aus meiner Welt herausdenken, und dann versuche ich, das Ding zu drehen und zu sehen, was daran eigentlich gut ist, verstehst du, ich kann mir soviel

Leinen und Seide um den Hals hängen, wie ich will, ich kriege das nicht weg. Es ist eine Plastikgesellschaft, also versuche ich mal, ganz anders an Plastik ranzugehn und darauf abzufahren. Liebt, was euch kaputt macht.

Neuer, roboterhaft vorgetragener Song: »Acryl hat Stil/Diolen ist bequem/Benzol tut wohl/the best is nyltest . . .«
Die Musik:

Ne, kein Etikett, ich möchte einfach eine Musik machen, die zum Tanzen, zum Bewegen antörnt. Und ich möchte über Gefühle singen oder absurde Sachen. Das ist nämlich das, was mich die nächsten 30 Jahre hauptsächlich interessieren wird.

Tanzen ist subversiv, Gefühle sind subversiv. Bei der Arbeit mit Texten und Musik ist jede Lösung berechtigt, die uns erlaubt zu hoffen.

Walkman II (Das noch kleinere Modell) (Sommer 1981)

Für den halben Luxus leg ich mich nicht krumm, heißt es in einer Zeile des Schlagers »Blaue Augen«. »Luxus heißt, eben nicht Scheiße zu konsumieren, sondern meine Bedürfnisse zu erkennen und ein Recht darauf zu haben, sie erfüllt zu kriegen.« (A.)

Die Versprechungen der 68er werden eingeklagt, auch wenn die materiellen Ressourcen angeblich nicht reichen (von Umverteilung spricht keiner; nur die Sache mit der Aufrüstung und Absurdität von Megatonnen Zerstörung pro Kopf könnte nachhaltig irritieren und schlichte Forderungen nach »Überleben« stimulieren).

Die Ideologiefeindlichkeit der jetzt Heranwachsenden beunruhigt die Linken, ermutigt die Rechten. Politiker bemühen sich rechtschaffen bis hysterisch, *ihr* Gewaltmonopol (das des Staats) auszuagieren – nehmen Wörter bereits als Taten, weil sie, selbst in hochsymbolisch besetzten Machtapparaturen, die Realität verwechseln müssen mit zu Beton und Verordnung gewordenen Phantasien.

Vor solchen Sätzen müssen sie Angst haben (. . . und auch die 68er sind schon Väter): »Krüppel, Schwule, Säufer, Junkies, Spaghettifresser, Neger, Bombenleger, Brandstifter, Vagabunden, Knackis, Frauen und alle Traumtänzer werden zusammenströmen zur Verbrennung der Väter.« *(Züri brännt)*

Eine Sprache wie aus dem alten Testament – die Kraft der Predigt in ein Medium zurückgestöpselt, dem Worte Verschleiß aus den Mündern sprechender Fernsehköpfe sind.

Es ist der Kampf einer Generation im Exil: Jetzt verlangt die Innenwelt, wirklich zu werden – und man ist nicht mehr bereit, sich einer fremden Realität zu beugen und in Melancholie und Anpassung zu fliehen. Authentisches Leben bricht durch gegen verwaltetes, gegen die Sprach- und Bildschichten auch, die sich darüber gelegt haben. *(Züri brännt)*

Die Heranwachsenden sagen, sie haben an der Revolte gerochen, – sie wollen vor allem einlösen, was sich in der Musik immer noch aufbewahrt hatte, auch wenn es in den Plüschdiscos der siebziger Jahre kaum wahrnehmbar war. Jetzt ist es wieder da – als Punk, als Rock gegen rechts. In Zürich hieß es »Rock als Revolte« (1980). Der Rock ist wieder ein benutzbares Medium – aber radikaler als vor zehn Jahren und verletzender und direkter, weil in der eigenen Sprache. Er verarbeitet Anstöße aus den halbherzigen Schulreformen – greift die widersprüchlichen Tageserfahrungen auf. Hier wird gearbeitet, *angeeignet*, obwohl dieser neuen Generation gern vorgeworfen wird, sie wolle nicht arbeiten. Ja, gewiß in den vorhandenen Institutionen nicht; aber in ihren eigenen, selbst auszufüllenden Lebenszusammenhängen. Der schmerzhafte Prozeß, neue Institutionen zu finden, hat begonnen – nur möglich in einer Gesellschaft des Überflusses, aber immerhin noch möglich.

Sie *tun* es. A.:

Bei den Neonbabies wollte ich mal ein Stück machen: Alternativ macht mich aggressiv. Das Wort ist für mich unheimlich ausgelaugt, ausgekaut und ausgelutscht, ich mag das nicht mehr hören, für mich ist das irgendwie eine halbe Lüge. Das ist mein Gefühl. Es macht mich so, wie es gebraucht wird und wie ich die Alternativknechte mitkriege, aggressiv. Ich mache meine Alternative selber, meine Alternative zum Lehrerinnenwerden oder so, ist das, was ich mache, verstehst du, ich rede da überhaupt nicht drüber: »Alternativ!«, sondern ich arbeite, mache und tu! Man könnte da noch größer werden. Ich habe da auch noch so einen Begriff wie Späthippie in meinem Repertoire, und das sind die Leute, die es einfach nicht schnallen, daß es heute 1980 ist. Ich meine, ich habe keine Illusionen, das ist hier ein spätkapitalistisches Land, und das wird hier durchgezogen.

Die Fronten sind klar. Wir stehen auf der anderen Seite. Wir reden immer nur. Die junge Koalition gegen den pragmatischen Realismus kann alles benutzen: von Drafi Deutscher über die

Beatles, Frank Zappa, Peter Maffay bis zu Fehlfarben und Ideal. Sie hat Kassetten und Video, Flugblatt und Stadtzeitung. Christiane F. ist Trotzköpfchen und Udo Lindenberg wie Willy Brandt.

Flugblätter haben nichts von ihrer wichtigkeit verloren, wir haben jetzt aber auch unsere eigenen zeitungen, unser radio, unsern film; schon ein tonband wird brisant, wenn es gewisse dinge registriert. in den letzten jahren haben wir gelernt, mit unseren medien umzugehen, seit dem 30. mai ist ernstfall (demo vorm opernhaus; d. Verf.), jetzt können wir das gelernte brauchen. *(markus sieber, videoladen zürich)*

Sie haben gelernt, mit ihren Medien umzugehen. Jetzt ist Ernstfall. Alles ist benutzbar. Video, Texte und eigene Musik – hingehauen und artistisch in dem Videofilm *Züri brännt* des Videoladens Zürich.

Mein Problem mit »der Bewegung« ist: wir – die 45er – sind so sehr im Alles-Verstehen trainiert. Wir verstehen ihre Aggressionen, wir nehmen ihnen ihre Schärfe, wir vereinnahmen sie »psychomäßig«. Aber sie wollen Fronten – sie werden die Verletzungen so weit treiben, bis sie *da* sind. (Die CS-Kampfgas-Verwalter und Nürnberger Schnellrichter tun ihnen bereits den Gefallen; 3 Jahre für hunderttausend Tote in Majdanek, 1 Jahr für ein RAF-Spray an einer Autobahnbrücke).

Teil nehmen an/Teil sein von der Jugendbewegung, das heißt: WACHSEN, DEPRESSIV SEIN, LERNEN, SICH VERÄNDERN MIT DER BEWEGUNG – BEWEGUNG IN SICH TRAGEN, GANZ PERSÖNLICH. (markus sieber)

Der Begriff Autonomie wird behutsam und teilweise mit Mühe aus seiner Abstraktion geschält, wird erlebbar, sowohl fürs Auge als auch für tieferliegende Sinne . . . Hier sind wir in unserem Zentrum des Bösen, wir schmelzen zusammen, stülpen Althergebrachtes arglos um, wir staunen selbst, daß zweimal zwei nicht immer vier sein muß, und außerhalb der AJZ-Mauern liegt ein anderer Planet . . . *(Züri brännt)*

Walkman III (Das Modell von morgen)

Abschotten, only the lonely. Der Kopf muß dröhnen, the beat goes on – wie kriegt man das größere Geräusch hin? Jenes, das der Rock in den sechziger Jahren noch für sich reklamiert hat als Begleitmusik für den Zusammenbruch der Institutionen. Jetzt wird auf die wirklichen Geräusche gehört, werden sie verarbeitet,

Cage, Stockhausen und Kagel aus der Isolation der »Avantgarde« befreit. Hier kommt es selbstverständlich und »auf der Straße gefunden«, knallt einem ins Gesicht, unverständlich und neu – ich habe aufgehört zu vergleichen, laß mich schütteln, soweit es noch geht. »Es ist ein erhebendes Gefühl, für den Staat, diese verrostete, prähistorische Additionsmaschine, eine Gefahr zu sein.« *(Züri brännt)*

Woran können sie noch glauben – nach der Inflation der Versprechungen? Zunächst an das eigene Gefühl. Dies ist eine Momentaufnahme: phantastische Ereignisse (in dem bereits beschriebenen Sinne, daß sie die Phantasien der Staatsautoritäten einlösen) überschlagen sich – das Unvergleichliche in Birmingham, Liverpool und London im Sommer 1981, die symbolstarken Aufstände in der Schweiz und in der Bundesrepublik – die Jugend dort zwar abgesicherter, aber mit der Aussicht auf wachsende Verelendung. Die Seele buchstabiert schon »Welcome to Babylon!« Mit großer Faszination registriere ich die Versuche, die gesellschaftliche Institution »Sprache« zu verlassen – Sprache als Konvention, als Set von Regeln und Übereinkünften. Alles ist möglich – und die Praxis folgt auf dem Fuß. Statt einer offensiven Auseinandersetzung darüber in den Medien, die nötig wäre, geschieht Ausklammerung und Exilierung. Auch die Plattenfirmen sind unsicher.

»Keine Atempause, Geschichte wird gemacht, es geht voran.« Es wird nicht über Politik gesungen – die Show, die Musik, die Texte *sind* Politik.

»Wir sind die Doomesday-machine. Wir haben die Chance zur Autonomie nicht wahrgenommen. Wir sind die Kolonie Amerikas. Wir sind Kuba. Wir sind der nächste Kriegsschauplatz. Wir sind der Schießplatz der Supermächte. Wir denken, was für die Medien ›undenkbar‹ ist: der Staat ist nicht unfehlbar. Wir wollen das Gewaltmonopol zurück. Die Parteien sind nicht das Volk. Die Nato ist kein Schutzbündnis. Wir wollen uns nicht auf Konflikte unterhalb der Atomschwelle einstellen.«
Sätze – rigoros und mit wachsender Angst registriert. Die Musik spielt dazu.

ernstfall. es ist schon längst soweit. ernstfall normalzustand seit langer zeit. marder wiesel wiking phantom albatross milan tornado. aus den waffenschmieden der nation. tag und nacht in steter produktion. einkaufsbummel im erdnußland . . .

(*Fehlfarben*, 1980)

Der stärker artikulierte Wunsch nach Autonomie gerät in totalen Widerspruch zur Realpolitik, wo die »Raketenentscheidung« (Nachrüstung) an Washington abgegeben wird. Die Apokalypse als besondere Methode der deutschen Geschichtsschreibung rückt näher. Es sieht so aus, als sei für die meisten Verweigerung die einzige Möglichkeit – theorielos, *jetzt*, »denn wenn man in das System eindringt oder sich von ihm vereinnahmen läßt, dann ist das wie Sterben«.

Die Gruppe FSK sagt: »Ja, wir sind alle anti-amerikanisch und ich persönlich gehe einfach lieber in ein deutsches Kaufhaus als in ein amerikanisches . . . und wie gesagt: die Haltung kann auch jeden Moment umschlagen.«

Die Gruppe Fehlfarben singt:

wir tanzten bis zum ende zum herzschlag der besten musik. jeden abend, jeden tag. wir dachten fast es wär ein sieg. das war vor jahren. das war vor jahren. die coca cola sonne scheint aufs neue auf den glanz unserer republik. es gibt bei uns leute, die finden das chic.

Das Amerika der Medien – nicht das wirkliche – wird kleingemacht, auch wenn die vielen Stämme der Jugendkultur mit ihren importierten Kostümen, Musiken und Haltungen die schwarze und weiße Populärkultur der letzten Jahrzehnte assimiliert haben. Sie leisten jetzt Abgrenzung über die eigene Sprache, können singen wie amoklaufende Männergesangvereine, sich mit Metall vom Schrottplatz (als Schlagzeug benutzt) antreiben lassen, äußern sich »surrealistisch« als Reaktion auf Realisten, die ihnen in den siebziger Jahren ein gesundes Mittelmaß verordnet haben.

Fetzen aus Texten der Gruppe Fehlfarben:

Ich weiß doch noch nicht genau wer ich bin
in der zeitung steht's bestimmt nicht drin
die zweite hälfte des himmels könnt ihr haben
doch das hier und jetzt ist für mich.
benutze einzig was dir gefällt
bau dir ein bild wie es dir paßt
sonst ist an der spitze für dich kein platz
sprich fremde sprachen im eigenen land
zerstreu die zweifel an deinem verstand.

Es klingt vertraut, die Erinnerungen sind da.

Der einzige Realist ist der Visionär. Dafür wird Pathos ausgeliehen – keine Angst mehr vor dem kollektiven Wahnsinn, den der

Nationalsozialismus aus »nationaler Frage«, Volkstum, Deutschtum gezogen hat. Entweder gehört es noch zur Verletzung oder schon zur Vision, entweder ist es das Angespülte vom Alltag (das Verdrängte) oder die Kehrseite der Wünsche.

Am Beispiel eines Textes von Ernst Jünger folgert Klaus Theweweit in *Männerphantasien*:

> Hier ist vielleicht der Punkt, aus dem man wirklich verstehen könnte, warum der Faschismus in Deutschland gesiegt hat: er hat radikaler festgehalten am Wunsch (am Wunsch in der Form; Blut muß fließen . . . der Form des Wunsches in seiner tiefsten Entstellung) als die KPD am Wunsch, als Produzenten einer besseren Wirklichkeit. Da war wenig zu spüren von der Lust an der Befreiung, der Lust an neuen Konnexionen, der Lust an der Entfesselung neuer Ströme. Statt dessen die Umlenkung der Wünsche ins ausgeklügelte Bett der Taktiken und Strategien, während der Faschismus schrie: Deutschland erwache . . . Der Faschismus *organisierte* am besten die Wiedergeburt, die Auferstehung des gestorbenen Lebens in den Massen.

Einige Neonazis sind Punker geworden. Die Lederkluften und Symbole sind frei verfügbar und werden benutzt. Alles ist möglich – noch sperrt sich die »andere« deutsche Musik als Sammelbecken der vielfältigsten Geräusche, Ideen und Konzepte gegen jede Organisation. Wer ins System eintritt, ist bereits tot. Ist es ein Aufstand der geweckten Hoffnungen oder Aufstand gegen die Langeweile, »damit endlich wirklich etwas passiert«? Wirklich etwas passiert – weil alles andere weit weg und nicht zum Anfassen ist.

Was ich jetzt auf meinem »Natural Sound Receiver« höre, hat manchmal schon physische Qualität. Eine Beunruhigung, die mich an andere Beunruhigungen in meiner Zeit erinnert. Aber es ist auch was ganz anderes, ganz Neues da. Ich weiß immer noch nicht genau, was es ist.

Theorie des Soziotop

Michael Zeller

Das Erlanger System

Ein Forschungsbericht

Begriffsbestimmung. Das Erlanger System ist das schön geregelte Chaos.

Keiner kennt es, denn es ist elitär. In Konkurrenz zur kalten Perfektion des *Siemens-Schaltkreises* ist das Erlanger System (ES) eine Bruderschaft am Rande der Gesellschaft (verzeiht, Schwestern, aber es ist so).

Sollte man die Fortbewegungsform innerhalb des ES charakterisieren: sie ließe sich am ehesten als hektischer Stillstand bestimmen.

Das ES ist partikularistisch, mit den Schmauchspuren eines heiteren fränkischen Separatismus durchsetzt, der auch zugereisten Nihilisten endlich zu einem Lebenssinn verhilft. Die Detonationen seines Temperaments, das sich vorzüglich im Sommer als Biergarten-Quietismus zu tarnen weiß, dringen oft bis an das Ohr der Bewohner von Buckenhof, ja, Uttenreuth.

Doch täusche sich keiner! Bei glücklicher Konstellation – bei Junisonne etwa und auf einem Plastikstuhl in Adlitz – hat das ES das Gewicht der Welt und kann deren ephemere Gesetze nach einer Handvoll Seidel dunklen Bieres nachdrücklich und voll-gültig außer Kraft setzen. Dann ist das ES bei sich.

Mit welcher vertrackten Genialität das ES nationalen Auftrag und klassische Antike auszubalancieren weiß, verkörpern aufs glücklichste die Wirtschaften »Deutsches Haus« und »Fürst Bismarck«, die beide von hellenischen Schankleuten im Geiste Hyperions geführt werden.

In der mit Souflaki-Duft gebeizten Bannmeile zwischen »Fürst Bismarck« und »Deutschem Haus« ist der geistige Nervenstrang des ES zu orten. Nimmt man noch die dort tagenden avantgardistischen Ideen-Küchen des »Café Weiss« hinzu (Croissants!), der Schafkopf-Hochburg »Kaiser Wilhelm« und – ab ein Uhr abends – der »Stadt Freiburg« (in streng orthodox-osmanischer Hand), Sitz der aufs Neue (Bier) sinnenden Jung-Türken: so hat die heftige Ellipsenbahn des ES eigentlich schon die merkwürdigsten Ekken umlaufen.

Grammatik. Wissenschaftsethisch gesprochen, stellt das ES ein einziges Desiderat dar. Auch wir können hier nur die dringlichsten Lücken stopfen.

Unerforscht ist vor allem auch das Idiom, dessen sich das ES bedient. Ohne hier im Jägerlatein der Linguisten wildern zu wollen, darf doch der Literaturwissenschaftler vielleicht bemerken, daß es dabei fakultative sowie Zwangsformen zu unterscheiden gilt.

Zur Familie der Zwangsformen und zu den vornehmsten sprachlichen Charakteristika überhaupt, ohne die das ES nicht gedacht werden kann, zählen wir das dynamisch einschläfernde Satzwort NÄ'. Es ist die rhetorische Stammwürze des ES. Fast immer treffen wir es (bei semantischem Null-Wert) in der Stilfigur der hypertrophen Redundanz an, was jenem NÄ' einen so schönen Nachdruck verleiht, wie auch jeden Ansatz zu einer Widerrede alsbald beschämt. Im Idealfall hat das Schlinggewächs des NÄ' die ganze Rede erfaßt und trägt sie selbsttätig. Erst hier kommt es zu jener nahtlosen Deckung von Form und Inhalt, der wir Wissenschaftler außerhalb des ES so ungedankt erfolglos nachhetzen.

Von den syntagmatischen Wendungen, die das ES bestimmen und auszeichnen, nenne ich nur die Phrase: »Ich zitier jetzt mal 'ne Stelle aus dem Buch, um euch zu zeigen, *wie der beinander war*, NÄ'.« Verschlagenes Hinterwäldlertum und weltkluge Chuzpe reichen einander in unbeschreibbar genialer Plumpheit die Hand.

Sprachlich ist das ES auch sonst von der zähen Unentrinnbarkeit des Fußpilzes. Jeder Ansatz zu einem gedanklichen Höhenflug wird eiligst in einem Karpfenteich oder bei einer Partie Schweinskopfsülze geerdet.

In seiner Begeisterung für ästhetische und/oder intellektuelle Gipfelleistungen gewinnt der vom ES Besessene erst wieder Fassung mit der volkstümlich-schlichten Prosawendung: »Der iss fei echt gut drauf, NÄ'.«

Das Gleichmaß der Seele zu wahren, ist das erhabene Ziel des ES. Wer von sich sagen kann, er gehe sein Studium/Leben usw. »dodal logger« an, »NÄ'«, der darf sich den letzten Dan-Grad fränkischer Weisheit um seine Hüften winden.

Die letztgenannten syntagmatischen Wendungen sind sowohl als fakultative wie als Zwangsformen in Gebrauch. Erst die Begriffsscheidung des Wissenschaftlers erhebt mithin das scheinbar Problemlose zur Würde eines Problemfalles und gemahnt uns, wie hilflos wir ohne dieses Prinzip der Trennung im Strudel der Dinge unterzugehen drohten.

Kraftshof. Mit dem Fahrrad unterwegs, ziellos in den Vor-Sommer hinaus, der ohne jeden Übergang mit seiner Helle und Wärme in das neue Jahr hineingebrochen ist. *No particular place to go.* Die ziehende Unruhe, nicht nur metereologisch gesteuert, nicht nur saisonal: der schöne, schmerzliche Anfall. Über seinen Grund denkst du nicht mehr nach. Du nutzt ihn.

Die Wiesen noch stellenweise versumpft vom Winter, Brocken schwarzer Erde von Pferdehufen aufgerissen. Ich muß das Rad schieben. Die langen, schmalen Rabatten des Knoblauchlandes mit Plastikfolie abgedeckt: appetitlich wie Konservenkost. Geruch von altem Heu und frühreifen wilden Johannisbeer-Blüten. Ziellos, denke ich, fahrend, und bin dann doch dort, wo irgend etwas von mir hinwollte, im Wehrfriedhof von Kraftshof.

Um fünf Ecken zieht sich geduckt die Wehrmauer, die fünf bulligen Türme springen rund in die Äcker, mit ihren Spitzhelmen wie stämmige Zwerge draußen den wachsenden Sellerie, nach drinnen die Grabplatten des Landherren-Geschlechts bewachend. Auf dem Wehrgang muß ich den Kopf einziehen. In einer milchigen Sonne liegt drüben, von dem Schlüsselloch der Schießscharten eingezwängt und doch weit, jenseits der Plastikwülste: der Irrhain, wo der Pegnesische Blumenorden seine zierlichen Feste beging. (Ob der Harsdörffer auch das »l« an der Backe zerquetscht hat, bis es klang wie »a Schelln«?)

Der Irrhain ist mir heute unbegreifbar fern. Ich kehre ihm den Rücken, lehne mich an die rauhe Holzbrüstung des Wehrgangs, schaue auf die Georgskirche und die Grabplatten derer von Kress, füllig wie Barock-Leiber. So habe ich das schon oft gemacht in den letzten Jahren, mit Freunden und allein. Mein Blick bleibt konkret, und doch erfaßt er etwas anderes heute. Er bleibt an den Farben hängen, an einer Farbe, dem moosgrünen, braungrauen Überzug des Sandsteins, sein eingefangenes beherrschtes mattes Rot, vom Rost der Erde angefressen.

Keine Formen mehr, nur Farbe, die ineinanderläuft wie auf einem entstehenden Aquarell: Grabsteine und Kirchengemäuer und Bauernhäuser: der rot zusammengebackene Sand. So körperhaft der Blick auch bleibt: erst jetzt begreife ich, daß dies die Farbe Frankens ist, das unverwechselbare Siegel dieser Landschaft. Ob ich darin jetzt auch die historische Tiefe der wehrhaften Dorfkirche sehe – die Befestigungen, mal vor raffigen Nürnberger Pfeffersäcken, mal vor markgräflichen Hasardeuren aus Ansbach, sind um 1510 »erneuert« worden –, ich weiß es nicht. Jedenfalls: Sechs Jahre habe ich schauen müssen, um das zu sehen und zu begreifen. Das Auge mußte durch Fremdheiten gehen, durch Abstoßung und Gewöhnung. Und heute erst habe ich die Farbe erkannt.

Pingpong. 18. Juni '79. Ich bin aufgeregt. Immer noch, auch jetzt im fünften Jahr, seit ich in der Germanistik den Tresen gewechselt habe und zapfen muß, ausschenken und kassieren. Die Hektik am Hahn, dabei auch selbst einen Schluck abzubekommen, denn auch mit mir muß es ja weitergehn. (Der 31. August 81 ist fix in meinem Kopf, und nicht nur tags. Da läuft mein Vertrag aus.) Es ist später Nachmittag, kurz vor Beginn des Proseminars. Ich habe als Thema angesetzt: »Lyrik-Theorien nach 1965«, denn das fehlt mir noch als Kapitel meiner Habilitationsschrift, die ich ohne die Erlanger Studenten nicht fertig bekäme. (Deshalb werde ich sie ihnen widmen. Wir hatten manchen Spaß zusammen. Und Räusche stellten sich nicht nur als Metapher ein, und nicht ausschließlich über Texten.)

Noch zwanzig Minuten bis zum Beginn der Übung. Draußen riecht der Jasmin. Hier waltet der Beton. Auch Aufregung kann Routine werden. Was noch tun? Die CafetEria – fränkisch auf der dritten Silbe betont – schenkt nichts mehr aus.

Die CafetEria – Wandelhalle der hiesigen Peripatetiker, die auf Kaffee und Joghurt stehn und auf den gemächlichen Gang der Dinge. Oder auch der fahrenden Studenten – aus Bamberg, Forchheim, Gunzenhausen –, die hier ihre Zwischenstunden abdienen. Die zarteren Gemüter legen ein geöffnetes Buch als Alibi neben sich. Viele Blicke gehen in die Runde, ziellos, studienfremd. Wer mit wem? Diese Hose da, das ungewaschene Haar und dort die straffe Brust im weichen T-Shirt. Auch die Tische sind aus Beton. Der Boden mit Platten verlegt, pflegefreundlich. Fremd hängt ein Ginsterbusch am Rand seine Dolden an den weißen Putz. Ein Mitglied der Marxistischen Gruppe (MG) überklebt ein RCDS-Plakat: »ARZT ALS BERUF – Teach-In am Donnerstag, daundda.«

Der kalte Kaffee neben ihm, Gryphius' Dramentheorie in Reclam aufs Gesicht gekehrt, die Schwarzhaarige im Auge, den Zugtermin nach Forchheim im Kopf, die etwas abgenutzte Freundin dort noch aus der Schulzeit, den Sportverein morgen abend – vorher noch so ein Lyrik-Kurs. »Des bringt's ja eh net«, es steht aber nun mal auf dem Stundenplan, und am Feierabend hat auch der Student aus Forchheim Recht auf ein gutes Gewissen.

Später Nachmittag. Die CafetEria ist nur noch leerer Beton. Drei zerknüllte Plastikbecher markieren Irritationen. Wo also sollst du hin, um deine berufsmäßige, zum Beruf gehörende, vielleicht schon routinierte Aufregung abzufedern? Du schlenderst mit dem Aufzug mal eben hoch ins Seminar – mit wildem Duft weht Frau Nelke durch die Gänge –, denn du hast dort, seit du jenseits des Tresens stehst, ein POSTFACH und mithin eine gewisse Bedeutung, die dich immer noch kitzelt, wenn du ins Bakelit greifst, Ton in Ton mit dem Grau des Betons, und dann – jedesmal wie eine Beschämung – der schöne, freie Blick auf den Berg, auf dem die Erlanger ihre Mysterien jedes Jahr zu Pfingsten begehen, im Ölsardinen-Look. Die Skyline der Bäume am Waldesrand – immer wieder ein Impuls der Hoffnung, daß doch nicht alles so stimme und so ernst sei, wie du es als gutbezahlter Staatsdiener sehen willst, um deinen Monatsscheck vor dir selbst zu rechtfertigen.

Der Kustos Werner Prießmann hat heute seinen preisgekrönten Weimaraner nicht bei Fuß liegen, dieses diskrete Tier. Die Eisenkette muß nun allein für die Sicherung seines kardinalsroten Sessels vor frecher Studentenhand aufkommen. Die späte Nachmittagssonne färbt seinen prächtig geschnittenen, weiß gerahmten Römerschädel dunkel. Keiner im Seminar bewohnt mit so viel selbstverständlicher Eleganz seine Beinkleider wie Kustos Prießmann seine knietiefe Krachlederne. Wie lächerlich komme ich mir da vor mit meinen hautengen Jeans, die im Bund zwacken.

Eine kleine Genugtuung immerhin, daß Kustos Prießmann mich, wohl aus Achtung vor der schmalen Taille, für einen entschieden besseren Sportler hält, als ich es bin. So idealisieren wir uns gegenseitig – solide Grundlage für ein störungsfreies Verhältnis von verklemmter Sympathie. Während mir Kustos Prießmann in seinem verhangenen, hastigen, ur-erlanger Idiom aus dem TAGBLATT offenbart, der Beckenbauer habe in New York schon wieder eine neue Freundin (natürlich aus München und abgelegt vom Brunnenmeier), greife ich im POSTFACH nach den hektographierten Blättern. Ich überfliege das Protokoll der Vorstandssitzung vom 1. 6. 79.

Unter Punkt 2. 2 ward abgehandelt: »Bei den noch nicht personell (!) besetzten C-2/3-Stellen machten die Vorstände *Formulierungsvorschläge* (kursiviert, d. Verf.). Bezüglich dessen, was unter dem Passus ›unter besonderer Berücksichtigung‹ zu stehen kommen soll, ergab sich kein grundsätzlicher Konsens zwischen den einzelnen Fachrichtungen des Instituts.« Das ist schön und edel gesprochen! Möglich, daß ich darunter falle, eine »C-2/3-Stelle« irgendwie »personell« bekleide mit meinen mählich enger werdenden Jeans – schon möglich: Dank für die Fürsorge! Aber wo bin ich? »Lyrik-Theorien nach 1965«. Immerhin, die Lachnerven jucken; Kustos Prießmann kommentiert schwallend gerade die Vermischte Nachricht, Liz Taylor habe sich liften lassen.

»Wo?«

Blick auf den Berg. Fichtenstarre aus blauem Schwarz.

Auch *MSZ aktuell* im Fach. Die »Marxistische Studentenzeitung« berichtet über die Reise des Popen Wojtyla nach Polen. Nicht schön z. B. findet die MG, eine der festest gedrehten Schrauben im ganzen ES, daß der Papst ein »Showmaster von hohen Graden« sei, »der genau weiß, wann er das vatikanische Protokoll zu durchbrechen hat, um außerplanmäßig ungeheuer spontane Küßchen zu verteilen«. Sag mal, muß sich die Vorhut der Revolution jetzt schon mit dem Vatikan abgeben? Bahnen sich da etwa unheilige Allianzen an im Zeichen orthodoxer Katholizität: die MG liefert die Botschaft, und der Papst vertreibt sie showgerecht?

Ein dritter Zettel in der Hand: Einladung zu einer Festschrift des Deutschen Seminars. Erste Reaktion: »ungeheuer spontane« Moquerie. Ein Brauch von Anno Tobak! Selbstfeier einer Zunft für den Papier-Wolf! Unter den Talaren . . .

Da schwebt Ulrich Wyss in den Raum ein. Halb Jugendstil-Tragödin, halb gefallener Götterliebling, wischt er sich das Seidenschälchen vom Hals und blickt lächelnd über mich hinweg in Weiten. »Du, da ist eine Einladung zu 'ner Festschrift. Sollen wir da mitmachen und 'ne elegante Miszelle beisteuern?« begrüße ich den immer Eiligen, noch voll frivoler Ironie. »So etwa: ›Das Schwa indogermanicum im Lichte der Energiekrise‹ oder ›Die Enklise in Hartmanns Iwein der Schreckliche?‹ Lächeln obenhin beim Altgermanisten, der Blick verstrickt in andere Dimensionen.

»Schreib du eine Miszelle über Karin Struck!« kontert der Weitblickende kühl und hat mich damit bei meiner tiefsitzenden, aber durchaus unglücklichen Liebe zu substantieller Frauenliteratur erwischt. Die kleinen Pingpong-Spielchen unter Kollegen, die witzig formulierten Aggressionen zwischen Germanistik Alt und Neu.

Ulrich Wyss hat ebenfalls gleich sein Seminar abzuhalten. Die Hektik treibt ihn aus dem Zimmer. Weiter muß er ziehn. Da flattert er hin.

Auch für mich war es dann höchste Zeit, meines Amtes zu walten. Ich raffte die Papiere, nahm den Fahrstuhl, atmete tief durch in der Kuntstoff-Kabine, der Lift hielt, zwei, drei Schritte, Klinke drücken, dreißig Männer und die Frauen. »Lyrik-Theorien nach 1965«: was hilft da die Theorie? Die Lust baumelt in der Luft wie ein unsichtbarer Faden oder wie ein Haarfussel auf deiner Brille, der nicht zu orten ist, weil du dazu eine zweite, eine Meta-Brille bräuchtest. Die Lust und die Angst, wild gemengt, höhlen den Kopf aus, die Klinke als letzter kühler Halt, und dann bist du unter ihnen.

Nach der Sitzung: Eine Gruppe von uns baut den Stau dann ab beim Schnitzel im »Kaiser Wilhelm«, schaufelgroß, aus Butter herausgebacken. Und dann bin ich weitergezogen, allein, habe noch da und dort ein Bier getrunken, mir so mancherlei gedacht dabei und meinen Beitrag zur Festschrift entworfen. Ja, mehr noch: Ich schrieb schon, im Kopf, hatte Formulierungen auf der Zunge, wundervolle, wie ich sie nüchtern nie mehr einhole, die Züge im Gesicht wurden härter, der Kontakt zur Umwelt brach ab, nur noch fernes Gemurmel wie an einer Strandpromenade, ich wollte schreiben. Daheim an der Maschine, *dieser* Wunsch, und ein Fluch auch ein bißchen, sich auslassen, relativ ungehemmt, Mut zu sich selbst, erzählen, was das ist, Germanist in Erlangen, Germanist 1979. Kein Versteckspielen hinter dem Pfauenrad objektiver Wissenschaft, kein Dienst mehr: *Fest*schrift, Schreiben als Fest, Schreiben als Spaß, Schreiben als Notwendigkeit, ohne Titel, ohne Honorar, dasitzen, bei sich, mit Musik (jetzt: Black Sabbath), bei Frankenwein oder Weißenoher Klosterbier, und an nichts denken als an sich selbst, an die Jahre, die du da verbrauchst.

Dann bin ich aber doch noch in eine Wirtschaft gegangen, wo ich wußte: da triffst du sie. Der letzte Widerspruch für heute.

Oder war es schon morgen? Und dann haben wir uns getroffen, haben weitergetrunken, sind tanzen gegangen. Und deshalb ist das, was ich jetzt schreibe, von der Erinnerung diktiert. Mag ja auch eine Form von Leben sein.

Nur noch dies: Über der Gerhart-Hauptmann-Straße gingen für eine Nacht die Ampeln nicht aus. Fasziniert habe ich Farbfernsehen geschaut: Rot und Grün und wieder Rot, zum Festsaugen, unter einem hellen, leichten Himmel. Soviel immerhin wußte ich jetzt: kein Fehlstart-Training war mehr nötig um diese Zeit. Das anonyme Gevögel lieferte mit spitzen Schreien den Ton, irgendwo verloren erklang Maultrommel-Musik: Wilder Westen Erlangen. Der immer leuchtendere neue Tag machte mir ein schlechtes Gewissen, das ich genoß mit dem ganzen Körper.

An diesem Morgen um neun Uhr c. t. muß ich wieder in der Universität sein: zu meiner Sprechstunde.

Die Prüfung. Gelähmt saß sie auf dem schwarzen Stuhl aus Kunststoff und Leichtmetall. Die Angst war tief ins Innere der Kandidatin eingedrungen und hatte nicht mehr den Weg nach außen gefunden, in ein Zittern der Lippen, ein Zucken der Augenwinkel, als Schweiß in den Linien der Hände, in die Fahrigkeit einer Aufregung. Es war die völlige Lähmung, die sich über ihren Körper ausgebreitet hatte.

Die braunen Augen teilten in ihrem trockenen Glanz einen kuhhaften Gleichmut mit; weder verkrampft noch fiebrig-nervös saß sie auf dem Stuhl. Im Rücken die kalkweiße Wand des Dienstzimmers, nahm sie die Sitzfläche ein mit der endlos gewordenen Schwere ihres ganzen Körpers, ohne Regung, dumpf. Vielleicht hätte sie der Befehl »Steh auf und wandle« aus ihrer Starre erlösen können. So saß sie da, in ihrer wohlbedachten Prüfungsmontur: weiße Hemdbluse mit großmutterhaftem Rundkragen, bis zum Hals hochgeknöpft und als zweite Sicherung von einem Bernstein mit eingesargtem Insekt bewacht.

Breit und lustlos hingen ihre Brüste irgendwo hinter dem weitgeschnittenen Blusenstoff. Schon von der Aufmachung her konnte der Prüfer, bevor ein erstes Wort gefallen war, den Eindruck nicht mehr wegschieben, hier laufe es auf ein »Befriedigend« hinaus, undramatisches, langweiliges Mittelmaß, fleißig und uninspiriert. Beklommen sah er der zähen Ödnis einer Prüfung entgegen, die sich nun eine halbe Stunde hinziehen würde. Ein Impuls des Mitleids und ein krampfhaftes Gerechtigkeitsgebot hielten ihn an, besonders auf sich zu achten, die Kandidatin nicht seine Vorurteile spüren zu lassen.

Seine Erwartung trog ihn nicht. Auf seine Fragen spulte sie die Antworten ab, wie im Traum, als spräche nicht sie, sondern ihre Erinnerung: nicht ganz falsch, nicht ganz richtig, im unpräzisen Dazwischen. Oft endete sie mitten in einem Satz, ohne die Stimme zu senken, die braunen Augen geradeaus gestellt ins Leere, am Prüfer vorbei, die Hände auf den Knien, kein aufgeregtes Fingerspiel, geradeaus sitzend, Fuß bei Fuß. Redepausen, um ihr Zeit zu lassen, sich zu finden, langes, zähes Schweigen, Schweigen, peinvoll, der Prüfer nur gestachelt von der Suche nach der nächsten Frage, von der er schon wußte, wie sie ihm beantwortet werden würde: als geistlos totes Repetieren eines Allgemeinplatzes.

Nie wurde ihm klar, warum sie als Prüfungsthema ausgerechnet dieses Buch, Salingers *Fänger im Roggen*, und nicht einen altägyptischen Todes-Hymnus gewählt hatte. Schwer saß sie da, unter der Glocke ihrer Dumpfheit, ferngesteuert redend, als habe die Angst ihren Lebensnerv lahmgelegt. Kuhhaft ergeben nahm sie seine Fragen auf, kein Ringen um einen Gedanken, um ein Wort in ihrem Gesicht, nur das selbsttätige Reden aus einer eingeschliffenen Erinnerung heraus, von weither, in Alpträumen vorweggenommen, jetzt viel eher die verzerrte Traumsituation erfüllend als den Augenblick der Gegenwart, da der Schrecken Ereignis wurde.

Er rang um Fragen, versuchte sie mit persönlichen Stellungnahmen zum Text aufzulockern, herauszulocken aus ihrer Versteinerung. Zäh tropften die Minuten dahin, er merkte, wie sein Gesicht sich anspannte, sah in einem imaginären Spiegel die Kerben um seinen Mund gedeihen. Die Freude am Text, die Lust am Gespräch war ihm zerfallen in einen grauen Mißmut gegen den Autor, gegen die Literatur, gegen seine Arbeit. Überdruß, stockfleckig, zäh, nicht einmal die helle Stichflamme der Wut.

Plump fühlte er sich werden auf seinem Stuhl aus schwarzem Kunststoff und Leichtmetall, wie in einem bösen Traum, nicht wegschiebbar, verhangen: die ganze graue Dichte des Alltags erfüllte sich in diesen Sekunden, Berge von billigem, holzigem Taschenbuchpapier, übergossen mit Druckerschwärze, türmten sich stinkend vor ihm auf, drückten ihn beiseite, der Kandidatin entgegen.

Und dann, auf einmal, in einer Sekunde, als er sich selbst von fern hatte reden hören, seine stupiden, automatisierten Fragen, da blitzte die Erkenntnis auf, daß sie beide in den Nöten ihres Themas steckten, sie zwanghaft wiederholten am eigenen Leib, angsterfüllt, die Störungen des siebzehnjährigen Schul-Opfers aus New York: sie spielten dieses Stück, das sie zu kennen vorgaben, ohne jedes Bewußtsein ihrer selbst. Die festgelegten Rollen führten sie wie Marionetten, und sein hochmütig leichter Kopf, sein geschulter Mund entließen druckreifes Unverständnis.

Die Kandidatin hatte auf seine Lockfrage, warum sie gerade diesen Text gewählt habe, keine Antwort gewußt. Braun versteint ging ihr Blick auf die weiße Wand dicht neben dem Kopf des Prüfers. Es war eine so dumme Frage gewesen. Sie beantwortete sie die ganze Zeit, stumm sitzend, so körperhaft überzeugend, daß sie den ganzen Raum um sich herum, einschließlich ihres Gegenübers, der sich zu »prüfen« anmaßte, damit füllen konnte.

Die Prüfung war zu Ende, die halbe Stunde Pein erschöpft. Er honorierte ihre Leistung mit dem bestmöglichen Prädikat. Als er ihr mit grauen, scharfen Zügen die Hand zum Abschied gab, löste sich ihre Starre langsam auf wie ein ferner Nebel. Jetzt hätte er den Prüfer entlassen und mit ihr in ein Café gehen sollen. Aber er hatte Angst davor. Und er liebt die Literatur.

Siddhartha. Am Ende der Zwischenprüfung (Sommer 1979) – über Hesses *Siddhartha* – drückt mir Edith K., fünftes Semester, das Blatt mit ihrem Gedicht in die Hand. Edith ist in der Fachwerkgiebel-Idylle von Herzogenaurach aufgewachsen, lebte ein halbes Jahr in einer Wohngemeinschaft in Nürnberg, floh die Stadt und bewohnt jetzt mit anderen zusammen ein Bauernhaus in der Fränkischen Schweiz. Manchmal treffe ich sie noch in der CafetEria. Die Universität also hat sie noch nicht hinter sich gelassen, letzte fernwirkende Anhänglichkeit an Hermann Hesse vielleicht.

Für Hermann Hesse und Bob Dylan
mit vierzehn Jahren lernte ich euch kennen:
»Unterm Rad« und »A hard rain's a gonna fall«.
ich wußte nur, was ich nicht wollte:
unterm Rad den harten Regen spüren
dann wußte ich nach und nach, was ich wollte:
als Siddhartha den Wachturm entlang gehen.
die Zeiten waren schwer,
ich war ständig unterwegs,

Steppenwolf in der Seele.
es passierte vieles,
oft einfach zu vieles.
ich fühlte »Idiot Wind« durch mich hindurch wehen.
ich fror.
ich erlebte »Klingsors letzten Sommer«.
ich wußte: »It takes a lot to laugh, it takes a train to cry.«
Trauerte Dylans früheren songs nach, war sein alter Mister Jones,
verlor ihn, las »Siddhartha« wieder, sah Hesse auf dem Foto
»Der Regenmacher«, versetzte mich in Dylan, geschminkt bis zur
Unkenntlichkeit.
Vor kurzem erlebte ich wirklichen Frieden:
als ich Dylans neuen alten song hörte, in dem es heißt:
»she knows There's no success like failure
and failure's no success at all«
und dabei an Siddhartha dachte:
ich will keine Lehren mehr in mich aufnehmen,
bei mir selbst will ich lernen.

Only You. »(:übrigens, warum mögen Kinder und, ist man selber zu sich ehrlich, auch Erwachsene viel lieber Kitsch?: ich meine, daß in dem Kitschigen noch viel mehr unausgeträumtes Material steckt, unausgeträumte Träume, die man selber noch mit etwas anderem als mit Denken füllen und austräumen kann! Man sollte doch nicht so arrogant sein wie bei Intellektuellen oft geschehen und immer nur Vollkommenes, total Gestaltetes verlangen . . . Also ist ein Traumverlangen vorhanden, eine Traum- und Rauschbereitschaft. – Entzückt sie sich am »Formstillen«, am Ausgearbeiteten? Da bleibt real nur noch wenig.)« – Das notierte sich Rolf Dieter Brinkmann in Olevano, dem italienischen Bergort, zwei Tage vor Weihnachten des Jahres 1972, nachdem er »Only You«, die wundervolle Schnulze der »Platters«, in einem Laden gehört hatte.
Feste wie sie fallen. 15. Juli '79.

Sportl., naturlieb., angeh. Prof. bietet
Begleitung zum
Schloßgartenfest
Heirat nicht ausgeschl. Bildzuschr.
erbet. an EGX 118 841

Nürnberger Nachrichten, Juni '80

Gestern abend war das Schloßgarten-Fest. Da ich weder über die rechten feinen Joppen verfüge noch Akademiker (auch ohne Schmisse) im Rudel ertragen kann, muß ich der Feierlichkeit entsagen. Meinen Platz nahm für dieses Mal Herr Joseph Stingl von der Nürnberger »Bundesanstalt für Arbeit« ein. Er wollte wohl vor Ort das Zahlenmaterial seiner Arbeitslosen-Listen, den studentischen Nachwuchs, in figura sehen. Aber dann heute: am Sonntagvormittag nach dem Schloßgarten-Fest für die bessere Gesellschaft und die, die ihr hoffnungsfroh nachhetzen, gibt es am selben Ort den bürgernahen Frühschoppen. Statt Wein gibt's Bier in Maßen, statt Tanzvergnügen Blasmusik, die Bratwürste aber sind eine Mark billiger als am Abend vorher. Da ich hier auch in meinem Mic-Mac-Hemdchen aus der Brienner Straße willkommen bin, nehme ich am Frühschoppen teil, schon zum zweiten Mal. Meine Erlanger Tradition. An die Wurzeln, hinab zum Volk!

Germanistik-Studenten: Fehlanzeige. Beim Bürger-Frühschoppen habe ich nicht einen gezählt. Zu schweigen von den Uni-Chargen. Außer mir wurden als Vertreter des Schönen Geistes nur noch zwei Verkäuferinnen vom Bücher-Merkel gesichtet. Als ich (nach einem Heringsbrötchen, zwei Bratwürsten, drei Maßen und einer doppelten Portion Blasmusik) den Park verlasse, dumpf und heiter, treffe ich dann doch ein paar meiner »Schüler« respective »Schülerinnen«. Sie rühren Joghurts an und Quarke mit duftenden Kräutern und verteilen mildtätige Säfte aus naturgedüngten Früchten, denn Erlangens Frauen haben zu einem alternativen Fest auf dem Marktplatz gerüstet. Bei dem Versuch, in meinem halben Tran einem dieser tückischen Naturprodukte auszuweichen, reiße ich ein Kleinkind zu Boden. Als dieser junge Erdenbürger sich dafür mit spitzen, tränenlosen Schreien übel rächt, weit über den Anlaß hinaus, fliehe ich für dieses Mal das Erlanger Frauenfest, fahre nach Hause, nach Nürnberg, und bereite mich bei der Sportschau geistig auf die Seminarsitzung des Montags vor. – 19. Juli. Gestern war ich bei Gerd, einem der Macher des »Saftladen«-Kollektivs am Altstädter Kirchenplatz und neuerdings auch des »Wirtschaftswunders«. Wir haben in seiner Wohngemeinschaft in einem abbruchgefährdeten Haus in der Henkestraße zusammen Paëlla zubereitet, gekocht und gegessen. Mein Teil war es, Knoblauch und Zwiebel gewissenhaft und rhythmisch in kleinste Einheiten zu zerlegen, was ich als Referenz vor meiner Kennerschaft neuester Lyrik betrachten durfte.

»Studienmäßig« haben wir beide nichts mehr miteinander zu tun. Gott sei Dank: so spricht es sich besser. Mein Mißtrauen in dieser Richtung ist inzwischen eines Elefanten würdig. Daß mich jemand als Staats-Funktionär, als Vergabestelle für studienrelevante Scheine benutzt, empfinde ich immer schärfer als die gefährlichste Verformung meiner Person durch diesen Lehrberuf. Die Vorstellung allein macht mich über das Gegebene hinaus empfindlich und aggressiv bis zum Überschnappen. Das alles liegt hinter uns. Der Gerd hat die Scheine, die er von mir haben kann. Punkt. Jetzt fängt's an. »Weißt' noch, Michael, der Streik damals. Und jetzt?« Wir sehen uns in der letzten Zeit weniger, sind also vergangenheitsorientiert. Ja, der Sommer 1977! Streik der Erlanger Germanisten für eine Woche, um sich der Zwischenprüfungsordnung aus München zu verweigern. Gründung einer Fachschaft, neue Hoffnungen bei den Studenten, Spaß und Zoff und besprühter Beton. Die neue Prüfungsordnung sah vor, daß die Universitäts-Chargen, die für Literatur angestellt sind, ihr Fach so an den Mann bringen, als sei es Zahnmedizin. »Barock« und »Romantik« und »Klassik« und »Realismus« und »Moderne«: als sei es Karies, die mit netten Auspinselungen der Wirklichkeit in den Griff zu bekommen ist. Und nicht so, wie es sich gehört: zu zeigen, daß es weder Barock oder Romantik noch die Moderne jemals gegeben habe außer in den Köpfen von Denkfaulen, Feinden der Literatur, Polizeikommissaren.

Der Streik im Sommer '77, der von dem unsäglichen Deutschen Herbst abgelöst wurde: der Mord an Schleyer und seiner Body-Guard. Zusammenhänge?

Ja, die hat es gegeben. Und keiner von uns wußte damals, wie nah wir bei den Wurzeln allen unseres Tuns waren, als wir im Rahmen des Proseminars die Gedichte von Erich Fried besprachen, wie nah am Abgrund: die Studenten als zukünftige Deutschlehrer, ich als Beamter auf Widerruf.

Fried hatte »Auf den Tod des Generalbundesanwalts Siegfried Buback« ein Gedicht verfaßt, das wir analysierten. In diesem Zusammenhang wurde auch das Flugblatt des anonymen Göttinger »Mescalero« herangezogen, das als »Buback-Nachruf« zum Text des Jahres 1977 geworden ist: eine deutliche Ablehnung politisch motivierten Mordens, freilich in jenem verspielten und rotzigen Sponti-Deutsch abgefaßt, das sich noch nicht die emotionslose

Glätte landesüblicher Floskeln zu eigen gemacht hat. Wir wußten nicht, was wir damit taten. Denn nach dem Attentat auf Schleyer wurden eben jene beiden Texte zu Modellen für die geistige Verantwortung von Intellektuellen für den Terrorismus in Deutschland hochstilisiert. In einem Leitartikel der *Zeit* wurde Fried als »dichtender Verschwörungsneurotiker« apostrophiert (am 13. Mai bereits). Die *FAZ* spürte dem Buback-Gedicht nach, inwieweit in ihm der Straftatbestand eines »Aufforderungsdeliktes« erfüllt sei (2. August).

Wahrhaft spannend allerdings wurde es für uns alle erst, als in mehreren Bundesländern gegen Lehrer ermittelt wurde, die im Deutschunterricht Fried-Gedichte ihren Schülern angeboten hatten: es setzte Suspendierungen vom Dienst, ministerielle Untersuchungen, Nervenkrieg, Einschüchterung. In Bremen z. B. wurde einer Lehrerin attestiert, sie habe zwar »mit einem Gedicht des Lyrikers Erich Fried zum Thema Terrorismus Schüler im Alter von 14 bis 15 Jahren überfordert«, doch sei sie immerhin »verfassungspolitisch einwandfrei« vorgegangen. In der Bremer Bürgerschaft war es zu einer Debatte zwischen der regierenden SPD, die die Lehrerin deckte, und der CDU-Opposition gekommen. Als der SPD-Abgeordnete Kunick bezüglich eines Fried-Gedichtes rief: »Können Sie gleich verbrennen!«, erwiderte ihm der CDU-Politiker Neumann: »Ja, Herr Kunick, so etwas würde ich lieber verbrannt sehen!«

Und »so etwas« hatten wir in dem Seminar in den Mund genommen. Heute läßt sich darüber zwar angewidert, aber auch gefaßt sprechen. Damals, in jenem Deutschen Herbst, habe ich mich manche Nacht schlaflos im Bett gewälzt, aus schierer Angst um meine berufliche Zukunft. Vermutlich keiner, der für mich eingetreten wäre.

Jetzt, gerade, beim Schreiben, höre ich Lucio Battisti. Er singt von »una donna, d-o-n-n-a«, mit einer körperlichen Intensität, daß ich den vormittäglichen Joghurt vergesse und weiterträume für mich. Das ist schön, diese romanische Stimme zu hören. Und die Sehnsucht nach Süden: der kleine Staufer, den sie da in Neapel enthauptet haben, wo heute ein Parkplatz ist, der kleine Konradin aus Württemberg – blondgelockt, das Spielzeug aus Germanien mit dem großen Traum im Räderwerk kalter Zyniker der Macht (war immerhin auch ein Leben, muß ja nicht immer ein eiserner Wilhelm sein). Die Trauer, die uns überhängt, die wir nicht in den

Griff bekommen. Und darüber hinaus so eine vage Liebe, unanbringbar hier, wo zu stillen?

Dazwischen am Stammtisch in der Pizzeria »Dolomiti« treffe ich nach dem Seminar ein paar meiner Kollegen. Wir halten das schon seit Jahren so, unser Montagstreff hat inzwischen die reibungslose Glätte eines Rituals. Die Hahnenkämpfe der Rivalität sind ausgefochten, ohne Sieger.

Oft wird mir die Luft arg eng bei dem Gedanken, was wir alles ausklammern bei unseren Gesprächen; oft steige ich aus der Diskussion, versacke in mich und warte auf den bitteren Espresso zum Nachtisch. Dann tut mir die diskrete Herzlichkeit von Emilio, unserem Ober, besonders gut (zwei Kollegen von ihm haben wir schon überlebt). Lebendig aber doch die regellosen Wellen der Sympathie. Ein paar Wochen schaust du am liebsten in dieses Gesicht, dann entzieht es sich in die Gleichgültigkeit, wird leer, und ein anderes geht dir auf in seiner Geprägtheit und wird schön dabei, daß du es immerzu anlächeln mußt. Ebenso die Konvulsionen der Antipathie, der Ungeduld, des Genervtseins über leerlaufende Rede-Versiertheit, stockfleckige Belesenheit.

Sie kann spannend sein, diese Delikatesse eines Rituals. Laute Emotionen, dringende Gefühle liegen gut unter Verschluß in diesem Kreis. Es wäre geschmacklos und stilwidrig, hier bei Tisch die Ventile zu öffnen, Klartext zu reden. Angesichts eines neuen Films von Fassbinder prallen die Meinungen aufeinander wie bei diesen mittelalterlichen Prunk-Turnieren: nur die Pferde bekamen etwas ab. Aber wehe, einem von uns ist die Frau weggelaufen, der Freund – der muß dann warten, bis das Thema »Trennung« von Handke oder Wim Wenders aufgegriffen wird. Und dann ereifert sich plötzlich einer mit zuckenden Lippen über dieses Buch, diesen Film, als ginge es um sein Leben. Und alle drehen dann verstört in ihren Nudeln (aha, da ist es wieder), bis einer sich opfert und das sekundenkurze Schweigen wider besseres Wissen bricht: »Aber der Blumenberg in der *Zeit* schreibt . . .« Das Leben ist mit der Härte, die Lebensenttäuschungen verleihen – wir sind alle so Mitte Dreißig –, in den Untergrund gedrängt, und die darüber geflochtenen intellektuellen, fachmännischen Gespräche sind bloßer, aber notwendiger Stoff für den Haushalt der Gefühle und Alibi zugleich für seine bewußte Regelung.

Moos. Wintersemester 79/80. Ein Bilderbuch-November über Erlangen. Das ES zeigt Natur. Feucht ist's und kalt und ein schräger Wind und Zeit, an die Handschuhe zu denken. Die Sinnlichkeit ist der Fußgängerzone ausgetrieben. Du kannst mit den Augen nicht mehr die Körper abfahren, bleibst an klumpenden Parkas hängen.

Mein dritter Einführungskurs hier in Erlangen. Er paßt mir diesmal gut in meine Planungen, weil ich gerade mein Lyrik-Buch überarbeite und noch einmal – thematisch ungebunden – einzelne Texte gemeinsam mit den Studenten durchspielen kann.

Das heißt: zum ersten Mal als akademischer Lehrer fahre ich Repertoire, bringe Texte, die ich schon überdacht, ausgedeutet habe. Jetzt sind es nicht mehr die Texte selbst oder ein Autor, den ich für mich in den Griff bekommen möchte. Das ist der Unterschied zu früheren Übungen: Da habe ich um die Literatur gekämpft, um mein Verständnis, und habe dabei die Studenten angetrieben, mir zu helfen. Das war von schöner, unmittelbarer, konfliktträchtiger Härte, entlang an zarten Gedichten. Da mußten wir uns zusammenraufen, ein paar Mal bin ich vor Wut aus dem Seminarraum gelaufen und habe in der CafetEria erst mal einen Kaffee getrunken und Trost im Sportteil der Montagszeitung gesucht. Und jetzt? Jetzt kann ich mein Augenmerk auf die Reaktionen der Studenten richten, weiß schon im voraus, worauf es hinauswill. Doch meine »Überlegenheit« – bin ich erst jetzt ein Lehrer? – schlägt auf mich selbst zurück. Ich beobachte mich, wie ich dezent zu manipulieren beginne, wie ich die Puppen tanzen lasse und höre mich selbst reden, den allwissenden Schwätzer, der auf jeden Diskussionsbeitrag meint den Trumpf setzen zu können und zu müssen, weil er nicht mehr sorgfältig genug zuhören kann dem Vagen, Tastenden, beiseitegehend, querschießend, irrlichternd. Horror der Routine: Ja, jetzt bin ich wohl ein Lehrer, und der Unterricht beginnt mich zu fadisieren. Klugheit ist ja meistens langweilig, schier unerträglich aber die eigene. Nein, mein Magen stülpt sich nicht mehr um, wenn ich im Fahrstuhl zum Übungssaal heruntersacke, mit Skripten im Arm. Jetzt gehe ich da rein (früher Höhle des Löwen aus grauem Waschbeton) wie Attila Hörbiger ins Burgtheater, wenn er zum dreiundachtzigsten Mal en suite den Menschenfeind mimt.

Vor meiner Kunst graut mir. Zynismus klopft an, siegesgewiß. Noch grinse ich ihm zurück, aber die Zeit läuft mir davon. Fürchte ich. Bist du jetzt nicht auch einer dieser BAT-Männer, die nicht fliegen können, nur flattern? Wie heißt der geile Lehrer in Hesses

Glasperlenspiel? Knecht. Es wird gefährlich.

Dr. St. Nikolaus. Nikolaus-Abend in der grauen Universität Erlangens, dem geheimen Zentrum des ES. Keine roten Zipfelmützen aufgespießt am Brett der Infos vor dem Waschbeton: Bärte der Klugheit, keine aus Watte. Armselige Jung-Erwachsene, wundergläubig, auf eigene Kosten, eingeschüchtert von der Macht des Wissens und mit der zweiten Frage schon beim Schein-Problem.

Draußen wieder der zarte Schmelz des Neon in den Gängen, auf dem Klo Frei-Sprüche, die einen kaum in der bekömmlichen Hockhaltung belassen. Das Germanistische Seminar in Erlangen habe ich hauptsächlich wegen dieser Toiletten schätzen gelernt. Ich hänge arbeitsunfähig, unkonzentriert, zerbröselt auf der Schüssel zwischen Klinik-Weiß und heiterem Grau, sehe, wie mir das eigene Leben wegläuft, und genieße es. Finale Stimmungen schon? Das Pflänzchen Zynismus mit der Zähigkeit einer Dschungel-Mangrove?

Für Heiterkeit ist heute abend gesorgt in Erlangen. Der Seele Pythia wird angeboten a) ein »Pädagogen-Fest«, handgeschriebenes Plakat mit Strahlensonne, atomkraftgelb. Ich wähne Rohkost und Problembewußtsein und gehe stumm meines Weges an der Versuchung vorbei, ohne Wachs für meine Ohren zu brauchen. Das Pathos pädagogenfestlichfernen Einzelgängertums ist mir zur Natur geworden. In der einbetonierten Chicken-Farm Universität suche ich nicht länger Zuspruch, da feiere ich lieber das schäbige Fest meiner Einzelheit am anonymen Tresen.

Für solche kopfgesteuerten Roboter wirbt heute b) die Marxistische Gruppe mit der Frage, die ich mir schon lange ohne allen Erfolg stelle: »Ist Philosophie noch zeitgemäß?« Heiliger Nikolaus, mach Sachen! Das Zitaten-Exekutions-Kommando nimmt sich heute abend, 19 Uhr, im AudiMax, der Herren »ADORNO & HEIDEGGER« an. Da gehst du hin heute abend, leer, und läßt dich aufbauen. Siehe, ein Büchertisch! Ansonsten mit Pavlovscher (Ge)Läufigkeit auf alle Arten schriftlicher Produkte programmiert, sehe ich mich daran vorbeischlendern, mit dem diskreten, unbeteiligten Auge des Funktionärs obenhin, beinahe wie ein Kommissar in Zivil. Nein, das rührst du nicht an, du schaffst es ja nicht einmal, die Botschaften der verknotet-verbohrten Flugblätter zu entziffern. Da verfängt sich dein Denkvermögen in den hirnwichsenden Aporien, die der Welt altklug-altfränkisch das

Urteil sprechen. Aber in einem Teach-In – daß es dieses Wort noch gibt! – müssen sie ja reden, dürfen nicht ihren Stiefel schreiben: da könnte vielleicht noch einmal ein Flämmchen spontaner Empörung auflodern.

Du läßt dich auf dem Kunstmarmor vor dem AudiMax nieder, wartest die Zeit ab. Und da kommt dann ein Junge, vollbärtig, aus Oberfranken, gut bezahnt, den kennst du flüchtig, und der war auch diesen Sommer in den USA. Und dann erzählen wir uns gegenseitig von den Marihuana-Plastik-Säckchen, die sie beim Trampen hervorkramen und dir anbieten, und von der Erotik der Bierdosen, eiskalt, quatschen uns fest, ganz locker, ziellos, sympathieverknäult, der Zeiger wandert, die Massenbasis tröpfelt zuhauf, der war da, du hier, hamburger-euphorisch der eine, der andere eher an Sesam-Gebäck orientiert. Aber dem glaubst du, für den würdest du sogar einen Chicorée-Salat mit Majoran und Salbei hineindrücken, und über der brennenden Frage, ob man sich den BIG WHOPPER (Burger King) oder nicht doch eher den VIERTELPFÜNDER (McDonald) bevorzugt einverleiben solle im Sinne frühchristlicher Transsubstantions-Theorie: darüber geht uns die Zeit dahin, und »ADORNO & HEIDEGGER« bleiben ungeschoren von uns beiden, heute abend, und dann, als der Kunstmarmor zu hart wird und das Reden über Essen Magensäfte kostet, da gehen wir, wandeln dahin wie Frischverliebte, zu Sula, ins »Deutsche Haus«, der griechisch-fränkischen Tavernen-Wirtschaft, dem offiziellen Zentrum des ES. Und essen Überbackenes. Und dein Lieblingsschlager leuchtet auf der Skala der Musikbox: C 5! Schön perlt, retsinatreibend, der Sang dahin, und du bist's froh, nicht allein zu sein. Jetzt, hier, beim Bier, faßt dich schon bald wohlig eine Sehnsucht an, die tief in dir ist, bis ihr Kern von allen diesen fränkischen Regen herausgewaschen wird im Übermut des Suffs: Mit einer Hand biegst du die Laternen zur Seite, die dir frech im Wege stehn, erleichterst dich – ahhh! – im finsteren Eingang des Pathologischen Instituts und saugst dich an der braunen Militärpolizistin fest, die in US-Khaki am nächtig leergefegten Hugenottenplatz steht und auf ihren Präsidenten wartet, mit Dauerwelle und Gummiknüppel.

Dann schwankt der letzte Bus nach Nürnberg,

Ohne Worte. Der Duft
im Pelz
einer Frau
nach Regen

Wirklichkeit. – Juli 79. Ein Beispiel, bei dem die unterschiedliche Anteilnahme von Schüler und Lehrer am Unterricht, der unterschiedliche seelische Vorschuß, die unterschiedliche Lusterwartung bitter aufklaffen, als Fremdheit, unüberwindbar, verletzend, dieses Mal für mich.

Also: Heute habe ich mir für die Sitzung ein Benn-Gedicht vorgenommen, die wundervollen späten Verse *Wirklichkeit. Wirklichkeit* habe ich in die Matrize getippt, elegant abgezogen und verteilt.

Leider hat meine Begeisterung für die Bennsche Poesie der Matrize zwei Tippfehler mitgegeben. Immerhin, das hat auch sein Gutes. Ich habe einen Aufhänger, an dem ich die Sitzung eröffnen kann. Sachlich, anstrengungslos: »In Strophe 3, Zeile 2, muß es natürlich heißen . . .« Doch dann merke ich, daß damit der Auftakt zur Redeeröffnung mitnichten erschlichen ist. Das lastet auf mir, jedes Mal wieder, schwer und zäh und unabwerfbar: das erste Wort, der erste Laut gar nur zur Sache (mit Zeitungen rascheln wie mein Nachbar oder mit Stricknadeln klappern könnte ich auch). Aber reden: zur Sache, eröffnen, den Anfang setzen in die zähe Unausgeschlafenheit. Weigere mich aber auch, den ersten Zug daheim didaktisch-rattenfängerhaft (kurz-, mittel- und/oder langfristig) am eigenen Brett zu entwerfen. Will andererseits auch den Text nicht festlegen durch meine eigene Meinung. Es muß etwas Vorsichtiges sein, zum Herantasten. »Eine Wirklichkeit ist nicht vonnöten, ja es gibt sie gar nicht, wenn ein Mann . . .« usw. Musik! Musik! Nichts zerstören! Hören lassen, klingen lassen wie C 5! Aber nicht endlos, denn dann wandern sie geistig ab, ziehen den *Spiegel* hervor oder das Sozialkunde-Thema für den Nachmittag, oder tuscheln mit dem Nachbarn. Stricken geht ja noch. Und Benn bleibt Benn.

Also: Es muß etwas geschehen, das nehme ich auf mich, dafür sitze ich da vorne. Treiben. Also: Mein Kopf arbeitet, verwirft das zu Platte, das zu Aufdringliche, zu Festlegende. Da: eine Möglichkeit! So etwa könnte es gehen. Atemholen, Lippen gehen in Stellung . . . da fährt eine Wortmeldung dazwischen. Gott sei Dank! Da ist einem etwas eingefallen. Es geht also auch ohne dein Gestammel ab. Mit meinem schönsten Lächeln erteile ich das Wort, das dann also ertönt: »Sag mal, muß das in Strophe 3, Zeile 2, nicht heißen . . .?«

Nein! Nein! Wo da die Beherrschung hernehmen und nicht die

Brocken auf die rohverputzten Betonwände schleudern und dich retten mit deiner Liebe zu diesem Gedicht vor solchen Idioten!

Wie du reagierst? Die Fußsohlen krampfen sich zusammen, werden wohl auch naß in den Cloggs, du zitierst nicht den Götz, sondern gibst leicht stöhnend, aber verständlich, die Auskunft zum zweiten Mal über das Mißgeschick in Strophe 3, Zeile 2. Jetzt noch einmal der Anfang. Deine Skrupel bezüglich der ersten offenen Frage schwinden dahin. Du bist versucht, ihnen jetzt, mit drohendem Unterton in der Stimme, hinzuknallen, ob sie gefälligst das Gedicht nicht auch großartig und schön fänden, verdammt noch mal! Dann hörst du dich sprechen, ganz ruhig, nur ganz leicht bröselt deine Stimme: »In der ersten Strophe werden Wirklichkeit und Existenz entgegengesetzt. Wie könnt ihr das von eurem Sprachgebrauch her nachvollziehen?« Schweigen. Du schweigst auch, aber anders als die anderen. Denn du arbeitest schon an Frage zwei. Und so weiter.

Und irgendwann dann erbarmt sich einer deiner oder des Gedichts, und wenn heute ein guter Stern über dir waltet, dann sagt die Stimme nicht: »Herr Lehrer, darf ich mal austreten?«

. . . Wirklichkeit, ach ja. Wo stehen wir? Immer noch, immer wieder: beim ES.

Denn was das Erlanger System vorteilhaft abhebt von den Zwangsgebäuden eines Aristoteles oder Hegel, ist seine großartige Unabgeschlossenheit, das markant Endlose, der genialische Bruch. Was dem ES dabei an denkerischer Stringenz abgehen mag, wird reichlich ersetzt durch seine gesegnete Widerspruchsfülle, die jedes höhere Denken auszeichnet. Das System als blankes Chaos, das Denken als Ruine – wer je in der himmlischen Ruhe eines fränkischen Biergartens, umsäuselt von Blasmusik und Weißenoher Klosterbier, die blaue Luft mit Bratwurstfett imprägniert: wer dort je von der Welt genas, der wird dem Denken in Paradeschritten auf ewiglich verloren sein. Und wer noch kann, der sollte schleunigst fliehen. Aber wohin mit Sechsunddreißig? »Too old to rock'n' roll, too young to die.«

Mathias Greffrath
Wanderungen in Westberlin

Erster Blick

Ein Vorstadtplatz mit einem Baum am Rand. Ein Café, ein paar kleine Läden. Es ist Abend, eine Frau öffnet die Rolläden des Cafés, auch der Bäcker macht noch einmal auf. Irgendwo spielt jemand auf dem Akkordeon. Aus einem Haus kommen junge Leute, mit Stühlen, mit Weinflaschen. Sie setzen sich auf die Stühle und reden. Ein alter Mann sitzt unter ihnen, sieht den beiden Liebespaaren zu, die zu den Klängen des Akkordeons tanzen. »Das ist es, was diese Stadt gewollt hat«, sagt er nach einer Weile, »und wofür sie gebaut worden ist; was sie vergessen hat unter den Peitschenhieben und an was sie erinnert wurde durch uns.« Und er breitet die Arme aus und fragt: »Was fehlt?«

Was fehlte, war unterschiedlich, je nach Familie und Schule. Und nicht für jeden, der nach Berlin ging Mitte der Sechziger, war der erste Blick auf Berlin der auf die 6. Szene der *Tage der Commune* in Brechts Theater am Schiffbauerdamm, aber für viele, für mich zum Beispiel. Nach dem Bau der Mauer war es mancherorts wieder ein Risiko geworden, Brecht aufzuführen. Widerwillig las unser Lehrer mit uns die *Mutter Courage*. Die Stücke waren ein Fremdkörper in der Bundesrepublik, in der ein Außenminister, der Bruder eines früher kommunistisch gesonnenen Schriftstellers, Brecht mit Horst Wessel verglich. Vielen fehlte vielleicht einfach Großstadt, die wollten aus Lippstadt weg oder aus Bohmte oder Fallingbostel. Oder sie waren als Austauschschüler in Amerika gewesen und hatten in der Stadtbücherei von Cincinnati den *Aufstieg und Fall der Stadt Mahagonny* entdeckt. Daß man hier alles dürfen darf. Oder sie wollten nicht zur Bundeswehr.

Der »Big Apple« galt damals als die heißeste Discothek Deutschlands. Am Otto-Suhr-Institut gab es zwölf Lehrstühle für Politik, auch vor 1967 schon. Daß es sie gab, war ein Erbe der Weimarer Zeit, und mit diesem Erbe hatten einige sich in den letzten Schuljahren gewappnet – gegen Bergengruen und die ersten Fußgängerzonen, gegen Abibälle und Gemeinschaftskundelehrer, die fragend die Stirn runzelten, wenn man sagte, man wolle Soziologie studieren. Da war wenigstens was los. Vielleicht saß Berlin auch noch tiefer: Vor den ersten Märchenfilmen, die ich in einem Kino sah, das Universum hieß, liefen die Wochenschauen über die Blockade: »Schaut auf diese Stadt«. Später, als ich dort den *Roten Korsar* sah, waren es die brennenden Aktenbündel, die aus den Parteibüros flogen. Unten standen die russischen Panzer. In der zehnten Klasse die obligatorische Berlinfahrt: die hämischen Sprüche im Haus der deutschen Einheit über die Wirtschaftslage in der SBZ, der Blick über die gerade gebaute Mauer, die Stimme des Führers im Ohr: einst der verkehrsreichste Platz Europas, die erste Verkehrsampel. Und unten die Andenkenbude. Meinen Lehrer traf das damals, den Potsdamer Platz so zu sehen; ich gönnte es ihm, er war in der Legion Condor gewesen. Irgendwie mochte man sich nicht so richtig über die Mauer entrüsten. An die Wiedervereinigung glaubte keiner in unserer zehnten Klasse; daß die Marxisten so blöd seien, wie sie in den Heftchen der Landeszentrale für politische Bildung erschienen, kam mir unwahrscheinlich vor, und dann vor allem dies paranoide Gerede: wenn man mit den Kommunisten diskutiere, legten sie einen rein mit der Dialektik. Zwei Jahre darauf fuhren wir mit der ganzen Klasse in die DDR – ohne Lehrer, in den Ferien, das Ministerium hatte es genehmigen müssen. Die legten uns nicht rein mit der Dialektik, die erklärten uns, warum es mit ihrem Aufbau so langsam gehe. Und dann warfen sie uns schon nach zwei Tagen raus – weil wir nicht beim 15. Jahrestag ihrer Republik mitdemonstrieren wollten; aus Überzeugung nicht, aber vor allem wollten wir nicht ins West-Fernsehen.

Schärfer als die zugemauerten Fenster in der Bernauer Straße hat sich mir damals die andere Straßenseite eingeprägt: die Maschinengewehrgarben aus den letzten Tagen des Krieges. Die Fleischerhaken in Plötzensee. Und »Aschinger«, diese Bretterbude am Bahnhof Zoo, wo man durch den dicken grünen Filzvorhang durchmußte, um die dicken Kellnerinnen zu sehen und die Penner und die blondgefärbten Muttis mit ihren Bilkatüten. Ansteckungsgefahr. Vielleicht gab es das alles auch in Hannover, aber ich ging aufs Gymnasium, kannte es nicht; außer Neubauten und dem Amerikahaus im Zentrum der Stadt gab es in Hannover keine Vergangenheit.

Die Suche nach Vergangenheit und die Suchbewegungen von

Jünglingen überhaupt: wie Ernst und Sinnlichkeit, Politik und Glück zusammenzubringen seien. Das war es wohl, und für all das schien es keinen besseren Ort zu geben als Berlin. Irgendwo lagen dort zumindest steinerne Zeugen, Schauplätze dessen, wovon man nichts wußte, wovon man ahnte, daß es das geben müßte, wovon man wollte, daß es das auch in Deutschland geben sollte, wenn man von einer Trampfahrt durch Frankreich wiederkam: Ici fut fusillé par les Allemands . . .

Die Mauer stand. Aber jenseits der Mauer konnte man für zwei Mark achtzig die *Tage der Commune* sehen und sich anschließend für geschmuggeltes Geld im »Ganymed« von den Oberkellnern mit den langen weißen Schürzen bedienen lassen. Man lebte mitten in Deutschland und war doch schwer erreichbar. Berlin, da flog man hin. Der kleine Platz mit dem Baum am Rand: Politik und Glück und Gemeinschaft, und der Versuch, das alles miteinander zu verbinden. Weit weg von zu Hause.

Nacherziehung

»Manchmal kommt es mir vor, als sei in den siebziger Jahren gar nichts gewesen«, sagte ein Freund neulich. »Ich muß mich richtig anstrengen.«

Natürlich ist nicht Nichts gewesen in den siebziger Jahren, aber es war auch keine Gegenwart. Wer hierher kam und noch nichts Bestimmtes suchte oder doch nicht nur ein Examen, der wollte doch eins: elternlos werden, »ein solcher, der einmal ein anderer gewesen ist«. – Das GRIPS-Theater (das damals aus dem Reichskabarett entstand, das seinerseits entstanden war, als der sozialdemokratische Aufwind das Kabarett der Adenauerzeit überflüssig machte) spielt seit einiger Zeit *Eine linke Geschichte*, ein Stationenstück, das anfängt mit Skinny Minny und der sexuellen Befreiung und endet mit einer vorläufigen, vorsichtigen Verbrüderung von Kritischen Theoretikern, die inzwischen für die Medien arbeiten, Marxisten, die einen Lehrstuhl verwalten, und Angehörigen der Null-Bock-Generation. Die Arrivierten sind zu defensiven Verteidigern der Demokratie geworden. Und in den Szenen dazwischen kann man sehen, wie sie sich überfordert haben. Für die Jüngeren im Publikum war es fremd; sie lachten nicht, wo wir lachten, und wenn wir gerührt waren, merkte man ihnen nichts an. Vieles hatten wir wirklich vergessen: die Empörung über Vietnam, die man auf den kleinbürgerlichen Kaffeetisch der Eltern kippte; die Suche nach einem Arzt, der die Pille verschrieb; das Mao-Photo mit der Warze am Berliner Weihnachtsbaum; die moralisch überhöhten (»ich mache das nur, damit du nicht auf mich fixiert wirst«) Orgien der sexuellen Befreiung; Benno Ohnesorgs Tod und die Notstandsgesetze; die Tränen der Wut beim Einmarsch der Russen in Prag und die Beschlüsse in den Wohngemeinschaften (von denen damals in Monaten Hunderte gegründet worden sind), daß Geigespielen bürgerlich, Alpenveilchen faschistoid und Sauberkeit anal seien. Ein bißchen viel auf einmal. Wir hatten unsere Eltern nie nackt gesehen und konnten nicht verstehen, wie sie meinten, den Nationalsozialismus nicht verantworten zu müssen. Also schafften wir die Schlafanzüge ab und fühlten uns für alles verantwortlich.

Aber was hat das alles mit Berlin zu tun? Anderswo waren es nicht so viele, die eine neue Vergangenheit suchten; und hier taten sie es in einer Stadt, die fast nichts anzubieten hatte außer Vergangenheit (vielleicht lehnten die Eltern auch deshalb Berlin ab): immer noch eine Trümmerstadt, insofern weit hinter der Geschichte, und doch schon wieder von ihr gezeichnet; eine Stadt, die sich nicht mehr ausdehnen konnte, in der es noch die zwanziger Jahre und den Nationalsozialismus zu sehen gab, in der die Bevölkerung und die Zeitungen auf eine Weise antikommunistisch blieben, die den Verstand provozierte.

Nachdem man alles abgelegt hatte, suchte man zwar eine Vergangenheit, aber doch eine, die in die Gegenwart führte. Und wie immer, wenn man bastelt, greift man zurück auf das, was da ist. Und auch davon gab es genug in Berlin für die Republikflüchtigen: Plötzlich bekam die Rentnerpartei Zulauf, wurden die Genossen von der Schalmeienkapelle nicht mit Rührung, sondern mit dem Gefühl historischer Dringlichkeit betrachtet. Hier gab es eine Infrastruktur an *Kapital*-Kursen wie nirgends sonst, gab es Hunderte aufgegebener kleiner Läden, in denen man »Rote Freiheiten« etablieren, Hunderte großbürgerlicher Wohnungen, in denen man die Dauerreflexion institutionalisieren konnte; eine Stadt mit vielen Brandmauern, zwischen denen man Abenteuerspielplätze bauen und dem sozialen Engagement die Dignität der »Rekonstruktion der Arbeiterklasse« geben konnte. Es ging noch nichts auf eigene Rechnung. Die Geschichte des Arbeitersportvereins Solidarität ist da typisch:

In enger Zusammenarbeit mit der KPD entstand von Anfang an im Verein der Anspruch, dem bürgerlichen Sportbetrieb andere Inhalte entgegenzusetzen. Wir kopierten sehr stark den radikalen Teil der Arbeitersportbewegung (»Kampfgemeinschaften für rote Sporteinheit«) der zwanziger und dreißiger Jahre. Nach Jahren Erfahrung merkten wir jedoch, daß wir uns immer mehr isolierten, vor allem von den Sportlern. Eine sportliche Stagnation des Vereins hing damit eng zusammen. 1979 legten wir unser Selbstverständnis neu fest. Im Mittelpunkt steht jetzt der Sport.

Auch in den Seminaren, in denen es stiller zuging als bei den Parteigründungen oder in den Kinderläden mit dem Bild der chinesischen Riesenrübe an der Wand, war »Rekonstruktion« das Zauberwort. Aber hier konnte man genausolange in die Irre gehen wie bei den praktischen Unternehmungen. Denn es wurde nicht nur erinnert, sondern auch wiederholt und durchgearbeitet; das ist ein gründlicher Prozeß, aber er kostet Zeit. Mit der Entdekkung der alten Gedanken, mit der Wiedereinbürgerung der verschollenen Theorien und Geschichten wurde auch der Optimismus angeeignet, der sie damals begleitet hatte. Wir lasen 1972 im Seminar dasselbe, was man 1922 in Heidelberg oder Frankfurt gelesen hatte: Luxemburgs, Bauers und Hilferdings Theorien über den Zusammenbruch – und wir lasen es auf dieselbe Weise. Und dann kam es zu all den vielen Seminararbeiten, in denen »historische Fehlersuche« betrieben wurde.

Aber es ist nicht nur komisch, wenn einer heute erzählt, wie er Abende lang damals um die Siegessäule gegangen ist und überlegt hat, ob man sie nach der Revolution sprengen muß, oder wenn einer sich an die sonntagmorgendliche Gruppenlektüre der *Roten Fahne* erinnert, in der zu irgendeiner Lage in irgendeinem Land 1975 lange Artikel aus der *Internationalen Presse Korrespondenz* von 1926 abgedruckt waren. Denn diese Nachinszenierungen, gründlicher als bloßes Erinnern, sind prägend geworden; sie haben in Berlin (und anderswo) gelehrte Antiquare, überqualifizierte Sozialarbeiter, gebildete Taxifahrer, die Schaubühne und zweitausend Angehörige des Gesundheitswesens hervorgebracht, die heute Aufrufe gegen die Neutronenbombe unterschreiben. Es wurde raubgedruckt, bevor die großen Verlage die Vergangenheit entdeckten und das Fernsehen *Exil* verfilmte; es wurden Epochen und Lebensgefühle nachgelebt, bevor sie wieder Kultur wurden: in der Zwanziger-Jahre-Ausstellung, auch in der vom Monte Verità. Natürlich, für eine Reihe von Jahren kam es zu einer Konkurrenz und zu einer Überproduktion von Vergangenheiten, und zu Irrläufen: Wieder war es wie früher schon einmal, daß Sozialdemokraten nicht in dieselben Lokale gehen konnten wie Kommunisten, und noch einmal gingen Kommunisten mit Brechstangen auf Trotzkisten los. Manch einer mußte erst vor dem Berufsverbot nach Amerika fliehen, um zugleich dem Zirkelwesen zu entkommen. Und drüben angekommen, rieb er sich die Augen.

Mit einem Freund aus England habe er neulich Berlin bereist, erzählt einer, der seit fünfzehn Jahren hier lebt, und vieles habe er nun zum erstenmal gesehen. Und dann sagt er: »Es ist so viel kaputt in dieser Stadt; nach dieser Reise habe ich Lust auf andere Städte.« Man kennt diese Sprüche; sie fallen, wenn jemand mit »seinem Berlin« fertiggeworden ist. Aber wenn sich der Groll über die verlorene Zeit legt, dann kann er auch bleiben: Schließlich spielen die Volleyballer immer noch, auch wenn die Perspektive nicht mehr revolutionär ist; ist man Patenonkel, auch wenn die Mädchen Jenny oder Rosa heißen; schätzt man die Buchläden, den sechsten Stock vom KaDeWe, die Antiquariate, die Märkte, auch wenn sie nicht länger die Orte des abstrakten Lasters sind, die man besucht hat, um der Dissertation zu entfliehen oder der Beziehung. Wer immer noch unentschieden ist, wer die dünne Luft braucht, der bleibt ohnedies: die Schwulen, die Lesben, die Don Juans und die Mignons. Es gibt hier viele von ihnen und auch von denen, die mit Fünfzig immer noch wissen, was sie nicht wollen – so viele, daß sie miteinander leben können.

In irgendeiner Gegenwart landet man immer, auch in Berlin, aber nach dieser langen Nacherziehung überfordern die Ungleichzeitigkeiten der Stadt nicht mehr das Ordnungsbedürfnis, mit dem man hierherkam – auch wenn man manchmal einen Tag lang unkonzentriert arbeitet, weil man nicht weiß, was man davon halten soll, daß nachts um vier zwei Tamilen an der Tür klingeln und nach einem dritten suchen. Der Freund, dem es manchmal so vorkommt, als sei in den Siebzigern nichts gewesen, erzählte das. Am Ende des Gesprächs sagte er noch einmal: »So weit wie jetzt waren wir doch schon mal«, und er fragt: »Was haben wir gelernt?« Aber dann lacht seine Freundin: »Doch, natürlich, daß es länger dauert, als man denkt.«

Die Ungleichzeitigkeiten und der Surrealismus sind nicht neu in Berlin; und vielleicht ist Surrealismus nur ein anderes Wort für

»objektive Unbestimmtheit als Zeitsignatur«. Aber es scheint, daß man sich dem wieder aussetzen kann. Und man tut es vorsichtig noch, und ist dabei nicht mehr auf der Suche nach unabgegoltener Vergangenheit. Ungefährlich ist es trotzdem nicht: »Ich glaube, daß direkt nach uns eine Generation kommen wird, die wieder tanzen wird können.« Bernard von Brentano schrieb das 1925 über Berlin. Vielleicht hat man dieses Gefühl immer wieder, vielleicht braucht man es nur von Zeit zu Zeit, findet es nur, weil man es sucht oder weil man ein Kind hat – und vielleicht leistet man es sich nur, wenn man ein paar Tage lang nicht in die Zeitung sieht, im August, wenn alle im Urlaub sind.

Gegebenheiten

Ein Tag im August. Jemand hat an eine Litfaßsäule geschrieben: »Mene mene tekel upharsin«. An einer Brandmauer neben dem KaDeWe steht: »Kauft mehr Müll.« Es kommt immer wieder vor, daß es jemand einen Tag lang nicht aushält und durchdreht. Auf der Goltzstraße läuft ein Mann neben mir her: »Die Schweine machen mir Angst. Und dann sagen sie, sie hätten selber Angst, und ich würde ihnen Angst machen. Dabei mache ich ihnen keine Angst. Das ist alles Lüge. Lüge, Lüge, Lübeck. Lübeck, Holstentor. Mortadella heißt die Wurst.« Vor zehn Jahren war die Goltzstraße noch nicht angefressen. Inzwischen sind in die aufgegebenen Gemüse-, Lebensmittel- und Elektrogeschäfte Kinderläden eingezogen und Second-Hand-Shops und Kneipen; und in die aufgegebenen Kinderläden türkische Gemüsegeschäfte und Lebensmittelläden. Aus Hoffmanns Getränke-Discount ist ein Café geworden. Stehen wir kurz vor der Zeit, in der aus pleite gegangenen Aldi-Märkten wieder Kinos werden? Vor dem Café ist der Mann mit seiner Angst stehengeblieben, redet mit zweien, die da sitzen in Latzhosen, freundlich, ruhig. Diese Stadt verkraftet alles.

Um die Ecke, auf einem Grundstück in der Frankenstraße, ist nach dem Krieg der Seitenflügel eines Hauses stehengeblieben, drumherum eine grüne Wildnis, ein Pippi-Langstrumpf-Garten. Rentner wohnen dort und Studenten. Bäume sind gewachsen, wo jetzt ein Neubau hin soll. In einer Verlautbarung der Baumschutzgemeinschaft Berlin, die eine Patenschaft für das besetzte

Grundstück übernommen hat, heißt es: »Den Stadtplanern, die eine geschlossene Straßenfront wünschen und die den Seitenflügel als hohlen Zahn bezeichnen, sei gesagt, daß Städtebau sich nicht nach Gebissen zu orientieren hat. Hier ist es in 30 Jahren grün geworden, und an diese Gegebenheiten hat man sich zu halten.«

Jubiläum

13. August 1981, zwanzig Jahre nach dem Bau der Mauer. Im Osten gab es die Truppenparade und das Märchen vom antifaschistischen Schutzwall. Professor Quatschni von den Insulanern hat es erfunden. Im Westen war die Feier privat. Die Honoratioren blieben im Saal, verharrten im Appell, in der Klage. Sie wissen, die Entscheidungen werden woanders getroffen. Am Nachmittag dann eine Prozession von fünfhundert Bauernkindern aus Westdeutschland über den Kudamm. 87 von ihnen tragen schwarze Holzkreuze, für jeden Mauertoten eines. Auf dem Podium an der Gedächtniskirche stehen die Redner. Wir wollen den Berlinern zeigen, daß man auch ohne Krawall demonstrieren kann. Beifall, den der RIAS in den Osten überträgt. Aber die Berliner sind nicht erschienen, nur diese fünfhundert Bauernkinder und ihre Redner und das Kudamm-Publikum. Amerikaner lassen sich erklären, was vor sich geht, fragen, ob das Rechtsradikale seien. Andere Amerikaner fragen nicht. Sie sitzen vor den Mampe-Stuben oder vor dem Hotel Kempinski. Die Frauen sind nicht so stark geliftet, wie das Amerikanerinnen in ihrem Alter sonst sind. Als junge Mädchen haben sie hier zum erstenmal in einem Café gesessen. Unter dem Podium an der Gedächtniskirche steht der Innensenator der konservativen Regierungspartei. Die anderen Parteien sind gar nicht erschienen. Der Innensenator redet eine Viertelstunde mit dem Karikaturisten Ernst Volland, der den Bauzaun um die Gedächtniskirche gemietet hatte und dem die Polizisten seine Haig- und Carstens-Plakate von der Wand gerissen haben. Sie unterhalten sich, inmitten der Bauernkinder, sachlich, ruhig, ironisch. Sie brauchen einander. Als der dynamische Fraktionsführer der Regierungspartei zum Lob der Polen ansetzt, jubeln die Bauernkinder. Der Innensenator klatscht, mit kurzen ökonomischen Bewegungen. »Wladimir« jubeln die Bauernkinder dem Hauptredner zu. Am Rande der Versammlung stehen

Berliner und diskutieren. Nicht über die Mauer, sondern über Hausbesetzungen. Die Partei des dynamischen Fraktionsführers will ein paar Tausend Eigentumswohnungen bauen, in die die bessergestellten, in ihrer Diktion: die leistungsfähigen und leistungswilligen Mittelschichten einziehen sollen. In die billigen großbürgerlichen Altbauwohnungen, die dadurch frei werden, sollen dann die kinderreichen Familien. Der Plan hat nur einen Haken, und an dem wird er scheitern. Aus diesen großen Wohnungen mit den hohen Stuckdecken will niemand ausziehen, es sei denn, man hebt die Mietpreisbindung auf. Das hieße in Berlin in die Opposition gehen. Ich stelle mir das Ganze vor als einen Kampf zwischen den Politikern und den Baulöwen in der Partei des dynamischen Fraktionsvorsitzenden. Sein Stellvertreter, der nicht so dynamisch aussieht, aber mächtiger ist und mehr verdient, möchte, daß die Freie Universität der Stadt die vielen Villen zurückgibt, in denen noch gelernt und geforscht wird, und in deren Gärten die Sekretärinnen im Sommer Kirschen ernten. Der Stellvertreter des Fraktionsvorsitzenden hat schon in einem Neubau studiert, und deshalb sollen die vielen kleinen Institute nun in den Steglitzer Kreisel einziehen, eines der letzten Denkmäler der Spekulation. Eines der letzten, denn nun ist kein Geld mehr da. Mit jedem neuen Großbau wüchsen überdies die Prozentzahlen der Alternativen Liste. Die Überkapazitäten der Baulöwen sind heute auf den Aufbau von Beirut gerichtet, und wenn es da nicht klappt, baut man in Sambia Straßen, auf denen dann die Trabants der NVA fahren. Die Konkurse bei den kleinen Bauunternehmern haben im letzten Jahr rapide zugenommen. Und die Hausbesetzungen? Es ist ein Irrtum, ihnen mit Bauprogrammen beikommen zu wollen. Die Besetzer wollen keine neuen Wohnungen, sondern daß alles so bleibt, wie es ist. Die wollen, daß nicht noch mehr wegkommt – jedenfalls die, die überhaupt noch etwas wollen. Der konservative Innensenator sorgt dafür, daß es nicht zu weiteren Besetzungen kommt. Die Bezirksverwaltungen unterlaufen die Politik von Regierungspartei, Staatsanwaltschaft und der Neuen Heimat, die die Eigentümer in ihre Rechte setzen wollen. Wo es nur geht, schließen die Verwaltungen Nutzungs- und Erbpachtverträge mit den Besetzern. Niemand weiß genau, wo die 600 Häuser stehen, die angeblich noch unbewohnt sein sollen. Sie werden auch nicht mehr besetzt, die Massen fehlen. Aber die Hausbesetzer sind nur unpopulär, weil sie mit Steinen werfen.

»Wie soll man mit Überzeugung für den Staat eintreten, wenn man zwei Kinder hat, 2000 Mark verdient und 700 Mark Miete bezahlt?« hat eine Polizistenfrau den konservativen Innensenator neulich gefragt, vor den Kameras der Abendschau, und acht Wochen zuvor konnten die Berliner im Radio zwei Stunden lang live hören, wie ein Hausbesitzer mit der Axt durch sein Schmargendorfer Haus zog und eine Tür nach der anderen zerkloppte. Man hörte es splittern. Am besten so wenig wie möglich tun – das scheint die Miene des Innensenators zu sagen. Aber denkt er das auch? Einer seiner sozialdemokratischen Vorgänger hieß Neubauer, wo der geblieben ist, weiß kein Mensch. Bei der Klassenlotterie? Der Name taucht nur noch auf im Zusammenhang mit Hertha BSC.

Ein Bekannter, ein Amerikaner, der dreißig Jahre hier gelebt hat und jetzt zurückgeht, sagt: »Es passiert nichts mehr in Berlin. Nichts Schlimmes jedenfalls.« Die Stadt, so scheint es, schluckt auch die CDU. Ist nur noch Privates zu erzählen? Warum kommen immer noch so viele und gleichen die Mortalitätsrate aus, wachsen hinein in diese Rentner- und Türkenstadt?

Subsidiaritätsprinzip

Frage der *BZ* an den neuen Kultursenator: Während der Sommerpause spielen in Berlin nur drei Theater. Ist das nicht ein bißchen wenig?

Antwort: Das ist furchtbar. Man könnte doch dieses Sommerloch dadurch stopfen, daß wir Berliner Szene vorzeigen.

Frage der *BZ:* Was meinen Sie damit?

Gesamtkunstwerk

Mit dem Rücken zur Hauptstadt gebaut, steht der Reichstag an der Spree. Ein versenkbares Stahlportal, vier Meter hoch, ist eingebaut worden, eine Neuerung, die man sich ausgedacht hat, als man noch glaubte, hier würden einmal wieder Parlamentarier einziehen. Inzwischen darf der Ullstein Verlag das Gebäude nutzen, für die Präsentation von Preußen-Büchern. An sonnigen Wochenenden spielen Arbeiter aus dem Norden und Akademiker aus dem Süden Fußball auf dem Rasen vor dem Reichstag; der ist so groß, daß mehrere Spielfelder draufpassen. Und seit fünf Jahren ist hier das sommerliche Aufklärungs-, Musik- und Radfahrfest der Alternativen. Über den Zelten, Buden und Transparenten hängt dann die steinerne Inschrift DEM DEUTSCHEN VOLK.

Vom Reichstag führt ein Weg an der Mauer entlang zur Preußen-Ausstellung. Vorbei an den Resten des Hotels Esplanade, in denen Grüber neulich ein Stück von Bernard von Brentano inszenierte, vorbei am Potsdamer Platz: Wenn man auf das Holzpodest klettert, sieht man einen großen, kurz geschnittenen Rasen, auf dem in sanft geschwungenem Bogen die Panzersperren stehen. Eine leichte Wölbung im Rasen: das war der Führerbunker. Wenn man sich umdreht, sieht man die Zeltkuppel des »Tempodrom«. In diesen Tagen beherbergt das Zelt, das eine Krankenschwester von einer unerwarteten Erbschaft gekauft hat, Veranstaltungen des Preußen- und des TUWAT-Spektakels. Ideologisch nicht gefestigte Flaneure und professionelle Beobachter mögen sogar beide Male am Platz sein. Sonst noch jemand?

Vor dem nicht zu Ende restaurierten Kunstgewerbemuseum stehen Garben auf einem abgemähten Roggenfeld. »Der 52jährige Axel Kniesel, ein Landwirt aus dem Sauerland, wollte sich eigentlich die Preußenschau ansehen. Doch dann griff er zur Sense und mähte den Roggen vor dem Gropiusbau.«

Über der Treppe, die in den zweiten Stock führt, hängen Zitate über Preußen, das von Churchill über die Wurzel allen Übels und das von Fontane: »Wir leben von der Hand in den Mund.« Umgeben von den Galerien, unter der Glaskuppel des Lichthofes, liegen Erzeugnisse der preußischen Industrie. Darüber schwebt der Kaiser, er hängt an einem Ballon, abgehoben, wie die Gesellschaft, die man im Kaiserpanorama betrachten kann: schwarze Fräcke und hellgraue Uniformröcke bei der Einweihung des Moltke-Denkmals an der Siegesallee. Die kolorierten Stereophotos sind scharf: man sieht, wie die Regentropfen den trockenen märkischen Sand treffen. Ist das erst 75 Jahre her, seit Menschen mit Silberhelmen, auf denen Adler saßen, herumgingen? Es klingelt, das nächste Bild. Die Stahlkonstruktion der Hochbahn an der Gitschiner Straße in Kreuzberg. Die sieht heute noch so aus. Auch die Hochbahnstation Bülowstraße, die das nächste Bild zeigt, steht noch. Im Innern ist heute allerdings ein Trödelmarkt oder eine Diskothek. Die Station ist stillgelegt, die Strecke führte in den Osten. Die Zuhälter an der Bülowstraße gehen dazu über, die Bordellzimmer an Gastarbeiter und Asylanten zu vermieten. Das garantiert ihnen ein ständiges Einkommen. Der Senat bezahlt.

Rentnerinnen aus Schöneberg stehen vor goldenen Schwertern, kleine Mädchen vor Königinnenkronen, die aussehen wie im Bilderbuch, und Gymnasiasten aus Hermsdorf oder Steglitz, die man in vier Jahren an der Juristischen Fakultät der FU sehen wird und vier Jahre darauf in der Verwaltung eines der städtischen Eigenbetriebe, streiten sich, ob das der Große Kurfürst oder Friedrich I. sei auf einem Stich. Graf Zeppelin sieht aus wie ein netter alter Herr. Einer geht durch die Ausstellung und hakt im Katalog ab, ob alles da ist. Gerade hakt er Bettina von Arnim ab; er wird wiederkommen müssen, er hat noch 150 Jahre vor sich, und die Ausstellung schließt in einer halben Stunde. Im Saal »Aufklärung« liegt ein Stück Holzleitung der alten Berliner Kanalisation, daneben ein Schild mit dem passenden Horkheimer/Adorno-Zitat. Die Pressesprecherin der Ausstellung hat einen jüdischen Namen und stammt aus Wien; ihr Vater war, wenn ich mich recht erinnere, ein österreichischer Kommunist. Vor zehn Jahren haben wir uns einen Abend lang über den Tod der Arbeiterbewegung gestritten, seither habe ich sie nicht mehr gesehen. Wieder jemand, denke ich, der alles wissen wollte und nun einen Arbeitsplatz hat. Inmitten der Stahlwaren, über denen der Kaiser schwebt, hängt die Glocke der Bergisch-Märkischen Eisenbahn. Ein Vater aus Frohnau und seine Tochter stehen davor. Sie möchte gern klingeln, aber sie traut sich nicht. »Klingel doch«, sagt der Vater. Aber er traut sich auch nicht, immer noch nicht.

Neben dem Kunstgewerbemuseum ist eine Baulücke. Man wird diese Gegend nahe der Mauer erst im Zuge der nächsten Bauausstellung vollstellen. Gegenüber kann man in einem Elektronik-Geschäft Walkie-Talkies, Heimlichtorgeln, nützliche Dinge und Fernsteuerungen für Modellboote kaufen. Berlin ist immer noch der größte Segelschiffhafen Europas. Im Deutschland-Haus an der Ecke, wo westdeutsche Schulklassen (ist das immer noch so?) bei Streuselkuchen und Kaffee wirtschaftliche Informationen über die DDR erhalten und dösen, weil die Luft so schlecht ist und weil sie so lange im »Big Apple« waren, gibt es eine Ausstellung über Pommern: Farbphotos, auf denen Bauern in Trachten posieren.

Neben dem Portalrest des Anhalter-Bahnhofs (auch diese Ruine hat der Schaubühne schon als Kulisse gedient) ist ein Ungar dabei, eine Imbißstube zu eröffnen. Er malt noch an der Puszta-Landschaft, während er schon verkauft. Die Zahl der Selbständigen unter den Ausländern steigt. Sie müssen etwas machen, wenn sie bleiben wollen, vielleicht haben sie auch weniger Angst vor der Selbständigkeit. Es ist auch keine schlechte Idee, auf diesen sandigen, großen, absurden Platz mit dem Portalrest eine Imbißstube zu stellen. Die Namensschilder auf dem Klingelbrett der Wohnmaschine gegenüber wechseln häufig. In den Neubauten zwischen der Mauer und dem Landwehrkanal leben westdeutsche Arbeitnehmer. Sie kommen, sie suchen etwas, sie gehen. Das macht Laufkundschaft. Die Wohnmaschine ist einer der Orientierungspunkte für den, der mit dem Flugzeug nach Berlin kommt. Bevor die Maschinen die Schleife über dem Ostsektor machen, kann man aus dem rechten Fenster die Leuchtschrift sehen: SASKATCHEWAN. Es war eine Tanzbar, im 16. Stock, seit fünf Monaten heißt sie »Rocktower«. In einem Fahrstuhl kann man außen am Haus hochfahren. Der Fahrstuhlführer hat einen Knopf im Ohr, er läßt keine Hunde in den Fahrstuhl. Wer widerspricht, dem sagt er: »Beschwer Dich bei Deinem Friseur.«

In der ehemaligen Tanzbar stehen jetzt Billardtische und Maschinen, an denen man Jagdbomber vernichten kann. Das Mädchen hinter dem Tresen trägt ein rosa Trikot, auf das silberne Sternchen gedruckt sind. Anstandslos tauscht sie den Ricard um, den sie mir gegeben hat. Ich hatte »Cognac« gesagt. Weitere Anknüpfungspunkte ergeben sich nicht. Aber das ist gut so, denn hier, am Fenster im 16. Stock, mitten im Zentrum der geographischen Einheit Berlin, hat man einen Blick über die Stadt, der die Mauer verschwinden läßt. Nicht wenn man direkt nach unten sieht: da liegt das preußische Roggenfeld und daneben das Autodrom, wo man heute führerscheinfrei Auto fahren kann auf dem Gelände des Prinz-Albrecht-Palais, in dessen Kellern die Gestapo folterte. Ruinenreste liegen dort, Birken sind nachgewachsen. Und auf der anderen Seite der Mauer der geschorene Rasen, der einmal Potsdamer Platz hieß. Das gehört nur historisch zusammen. »Karen, your name is now on the Berlin Wall.« Aber wenn die Augen den Vordergrund verlassen, erscheint die Stadt: als ungegliederte, entgrenzte Einheit, die sich in die Umgebung dehnt, kaum eingefaßt durch die Müggelberge und die Havelberge am

Horizont, kaum gegliedert durch die Hügel der Stadt, den Insulaner, den Teufelsberg, den Kreuzberg, den Prenzlauer Berg – Endmoränen- und Trümmerberge in Koexistenz. Aber eine Stadt ist das Ganze nicht; es ist eine Ansammlung von Steinen. Unten lebt man in einer Stadt, die heißt Westberlin.

An der Pinnwand wirbt das alternative Wahrsagebüro NO FUTURE. Die hier flippern und Jagdbomber abschießen, am hellichten Tage, sind jung und bleich und pickelig. Sie sehen schlecht ernährt aus und haben ausreichend Geld. Es gibt viele von ihnen, und ich weiß nicht, wovon sie leben. Als ich unten aus dem Fahrstuhl steige, kommen wieder vier. »Willkommen in der heilen Welt«, sagen sie. Ich stehe neben dem Parkbunker, der zu dem Hochhaus gehört, in dem die westdeutschen Arbeitnehmer schlafen, und blicke auf das Wandgemälde an der Brandmauer des »Kuckuck«, eines der ersten besetzten Häuser in Berlin. In einer Art Teufelsschlucht schmieden drei Anarchisten in schwarzen Kapuzenmänteln Bomben. Schwarz und rund sind die, und einer stapelt sie. Hausbesetzerblitze zucken durch die Schlucht, einer durchschlägt das Dach, zwei angenagelte, rosa gestrichene Bretter bilden die Spitze. Entlang der Mauer, die den Hof zwischen Vorder- und Hinterhaus abschließt, werden die Anarchistenbomben zu Seifenblasen, die auf der Brandmauer des Hinterhauses hochsteigen. In einer sitzt ein Anarchist, die nächste ist geplatzt: »68« stand auf ihr, und ganz oben, in einer riesigen Blase, liegt eine alternative Großfamilie am Strand, mit Opa dabei und einer Feministin. Einige Familienmitglieder blicken ängstlich durch die Seifenblase nach unten, auf die geplatzte 68er-Blase. Aber noch weiter unten lehnt ja ein Gerüst an der Brandmauer. Eine Frau und zwei Männer stehen darauf und malen an einem riesigen Haufen Wohlstandsmüll mit Haartrocknern und Atomkraftwerken und Fernsehern und einer Vater-Mutter-Sohn-und-Tochter-Familie, die einander quälen. Die Maler arbeiten langsam, reden dabei, ein Vierter kommt dazu und steckt der Frau ein Stück Schokolade in den Mund. »Wo ein Kuckuck geboren wird, wird ein Haus besetzt«, steht auf der Mauer. Es ist ein schönes Bild, in der Augustsonne.

Über den großen Platz, auf dem der Anhalter Bahnhof stand, gehe ich zurück in die Stadt – vorbei an einem Bunker, in dessen Eingang jemand unter einem Mercedes liegt und schweißt, vorbei an streunenden Hunden, einem Hof, auf dem sich Autos stapeln und an dem ein Schild hängt: »Ankauf von Blei, Zink, Kupfer.« Inmitten der sandigen Einöde steht ein Lastwagen, Möbel auf der offenen Ladefläche. Wohnzimmermöbel, Küchenschränke, alte Türen, eine Plane, die einen Sitzplatz inmitten der Möbel überdacht, obendrauf ein Bauernschlitten. Vor dem Lastwagen sitzen zwei Männer und eine Frau. Sie haben ein Feuer gemacht und kochen Kaffee darauf. Zwei Hunde gehören noch dazu und ein Falke. Der sitzt auf einem Stock, den sie in den Sand gerammt haben. Sie kommen aus Donauwörth. Was wollen sie hier? Als ich am Kanal abbiege, steht einer von den pickeligen bleichen Jagdbombervernichtern an der Ecke, inmitten des Verkehrs. Er hat die Hände in den Hosentaschen und tritt gegen eine Mauer.

Evolution

Die Ganztagstour der »Alternativen Stadtrundfahrt- und Studienaufenthaltsgesellschaft« beginnt mit einem Besuch im »Kuckuck« in Grüppchen zu höchstens fünf Leuten. Anschließend »Besuche eines alternativen Produktionsbetriebes mit Möglichkeit zum Kauf von Produkten«.

Heimat Berlin

Dietrich Stobbe, der bis zum Februar Bürgermeister war, stammt aus Pommern. »Ich liebe diese Stadt«, sagte er, als er bei der Regierungsbildung scheiterte. Er sagte es, affektfrei und wahrheitsgemäß, noch einmal in eine Kamera, die ihn filmte, in seinem Neubaueinfamilienhaus im Norden Berlins, vor dem er mit seiner Frau das Laub von dem kleinen Vorgartenrasen harkte.

Expedition

Das Radfahren greift um sich. Die FDP will ein 30 km-Limit in Wohngebieten durchsetzen, damit würde das Fahrrad konkurrenzfähig. An manchen dieser Sonntage, an denen die Ferien noch nicht zu Ende sind, begegnen einem, wenn man in den Nebenstraßen fährt, fast genausoviele Radler wie Autofahrer. Einige heben, wenn man aneinander vorbeifährt, die Hand. Oder sie rufen: »Spart Öl und Benzin« und heben die geballte Faust. Ein Gruß aus der Vergangenheit. Wir fahren umgekehrt durch eine Einbahnstraße. Am stillgelegten S-Bahnhof ist schon wieder ein Buchstabe runtergefallen: W LMER DORF.

Der Blick von der Monumentenbrücke: das Panorama von Ost-Berlin. Am Gleisdreieck sieht man einen U-Bahn-Zug vorbeiziehen. Er verläßt die grauen Stahlstreben der Hochbahn, verschwindet im Loch einer Brandmauer. Das ist schon oft gesehen worden, es gibt eine Handvoll Gedichte, die das beschreiben. Nördlich der Brücke beginnt das Gelände des alten Südbahnhofs: eine große Schneise, zwischen Schöneberg und Kreuzberg gelegt. Eine natürliche Grenze. Nur zwei der vielen Gleise sind noch befahren. Alles andere ist überwuchert von Gesträuch. Birken wachsen zwischen den Schwellen. Bahnwärterhäuschen stehen da mit blinden Scheiben, Wasserkräne, nicht mehr benutzt, nie demontiert. Es ist noch alles zu erkennen, was da einmal unter dem Grün lag, nach 35 Jahren noch. Die märkische Vegetation spinnt es milde ein. Aber es wird keine fünf Jahre mehr dauern und die Stadterneuerer werden einen Stadtteilpark aus diesem wilden Garten gemacht haben, mit Plattenwegen und Bolzplätzen.

Wir lassen den Kreuzberg links liegen, Günter Grass hat ihn beschrieben, und kommen in unbekanntes Terrain, fahren über Kopfsteinpflaster, rechts das Unterholz der S-Bahn-Trasse, links mächtige vierstöckige Klinkerbauten. Gewerbehöfe und kleine Fabriken. Die Zahl der Konkurse in Berlin ist um 25% gestiegen im letzten Jahr, bald wird es »lofts« nicht nur in Kreuzberg geben. Im Richthofenviertel überfällt uns die Vorstadtlangeweile: saubere kleine Reihenhäuser in Straßen, die nach Jagdfliegern benannt sind, eine mittelständische Siedlung, wie sie sich kein Mittelstand heute mehr leisten könnte, mit kleinen Plätzen, wie in Holland, und zivilisierten schmalen Gärten. Rudolf Wissell hat hier bis zu seinem Tod gelebt, lesen wir, der Arbeitsminister der Weimarer Republik. Er ist 93 Jahre alt geworden. An einem menschenleeren Platz – auch er ist klein, alles ist klein hier – sitzen ein paar Halbwüchsige auf den Bänken. Worauf warten sie? Sonst ist niemand zu sehen; die Familien mit Schulkindern sind verreist, und die anderen sind im Grunewald – oder stecken alle in ihren Gärten?

Jeder Bezirk hat seinen Kudamm. Hier heißt er Tempelhofer

Damm. Vor einer der Filialen, in denen es Kunstspeiseeis gibt, steht eine lange Schlange. Die Frauen sind dicker, die Kleider sind bunter, das Eis ist billiger, die Kinder sind zahlreicher als am Kudamm.

Hinter einer Jugendstilfassade, um deren Bestand der Landeskonservator gerade kämpft, biegen wir ab. Wieder Kopfsteinpflaster »mitten in der Stadt«; es gibt inzwischen auch Initiativen gegen Teerbelag: die Steine sind schöner, vor allem aber halten sie den Durchgangsverkehr ab. Tempelhof – das ist kilometerweise Normalität. Am Friedensplatz, er hat kein Monument, er heißt einfach so, streicht einer seine Fenster. Dann fahren wir durch Zwanzigerjahresiedlungen; die sehen eng und kleinbürgerlich aus, aber eine Tontechnikerin aus dem Sender wohnt dort: mit siebzehn ist sie von zu Hause abgehauen, jetzt ist sie eine aktive Gewerkschafterin. Es kommt vor, daß sie einen Beitrag nicht cuttet, weil ihr der Inhalt mißfällt. Dafür macht sie, wenn ihr etwas gefällt, auch Überstunden, unbezahlt und illegal. Natürlich, das gibt es auch woanders, aber es paßt in diese Stadt, wie sie einmal war. Über andere Leute, die hier wohnen, ist mir nichts bekannt.

Tempelhof ist ein weißer Fleck im STATTBUCH, dem 1000 Seiten dicken Führer ins alternative Leben der Stadt. Guck mal, sagen wir, auch hier gibt es schon eine Teestube. Wir umkreisen den Block und entdecken noch einen Laden. Sein Name steht noch nicht fest, er dient den »Grünen Radlern Tempelhof« als Treffpunkt. »Eine Fahrradwerkstatt ist bereits eingerichtet und demnächst wird eine Mieterberatung folgen. Man kann hier Aufkleber und Plaketten sowie Termininformationen erhalten. Jeden Samstagnachmittag gibt es Kaffee und Kuchen für Interessierte. Ein klares Konzept für weitergehende Stadtteilarbeit liegt nicht vor, ist aber in Ausarbeitung.«

Dann entdecken wir inmitten der Reformbauten der zwanziger Jahre den Alboin-Platz. Hier wohnen Rentner, Angestellte und Facharbeiter. Sie sitzen sonntags, obwohl die Sonne scheint, in einer warm vermieften kleinen Kneipe am Rande des Platzes, wie in Castrop. Als wir weiterfahren, ruft ein Sechzehnjähriger hinter uns her, hier sei Einbahnstraße. Hier ist die Welt noch in Ordnung, aber vielleicht hat er ja recht.

In dieser Gegend wohnen die Leute, die außer zu arbeiten eben nur wohnen, die vielleicht ein Kind haben, oder eine Tante in Köpenick und einen Kegelverein.

Hier und im Südwesten sowie in den kleinen Vorstädtchen, wo ein Einfamilienhaus neben dem anderen steht, wo es wie in Köln-Deutz oder Hannover-Langenhagen ist, hier wohnt die Mehrheit. Oder woher sollen die 50 % CDU-Wähler kommen? Auf der Marienhöhe in Tempelhof ist es ruhig und ordentlich, mit Wanderwegen wie im Harz. Hier steigt man von selbst vom Rad, wenn die Rechtslage nicht eindeutig ist und einem die Eigenheimbesitzer entgegenkommen. Wo denn sonst, wenn nicht hier, gibt es diese Abiturklassen, in denen 20% der Jungens angeben, sie wollten zur Bundeswehr, diese 21jährigen Jurastudentinnen, deren Photos abgedruckt sind neben ihren Antworten auf irgendeine Umfrage der Porno-Zeitung *BZ.* An sie denkt man nicht, wenn man an Berlin denkt.

Unternehmensberatung

Irgendwann Mitte der siebziger Jahre, als wir an unseren Diplomarbeiten saßen, an unseren Dissertationen und Trennungen arbeiteten, ist etwas passiert. Wie immer, zuerst im Kino. Als der Bäcker, sein jüngster Sohn und sein Lehrling – nachdem sie gelernt hatten, daß sie mit mehr Maschinen die Brötchen immer noch nicht so billig verkaufen konnten wie der Supermarkt gegenüber – beschlossen, eine Kooperative zu gründen und nicht die Rentabilität, sondern die Organisation der Arbeit zu verbessern, und Kunden nicht durch billigere Produkte, sondern durch solche mit besserer Qualität zu gewinnen, sagte der ältere Sohn des Bäckers: »Das hat doch keine Aussichten, das ist doch schlicht reaktionär. Das wäre doch die Rückkehr zur einfachen Warenproduktion.«

Wir mußten damals lachen, als Marxens Kategorie aus dem Kinolautsprecher kam. Außer uns lachte niemand. Wir konnten nicht entscheiden, warum sie nicht lachten: hatten sie diese Sprache nicht mehr gelernt, hatten sie nie an ihr gezweifelt, oder waren sie alle der Meinung des älteren Bäckersohnes?

»Was Erfolg hat, wird man sehen«, sagte der jüngere Sohn des Bäckers.

Es sind keine Zirkusprinzessinnen, aber sie sind in glänzende bunte Gewänder gekleidet, und man sitzt so nahe, daß man sehen kann, wie anstrengend das ist, was sie tun. Nach der »marokkanischen« Artistentruppe kommt ein Clown. Der will wissen, ob die Kinder das auch können. Ja, rufen die Kinder, und dann müssen sie Rolle über einen Koffer machen. Dabei merken sie, es ist Arbeit. Pädagogik auf Katzenpfoten ist das, und später kommen Clowns, die sich naß machen, eine falsche Kuh, die Müsli will, eine ganze Truppe von Zauberern und ein Dressurakt. Der Schäferhund springt durch einen brennenden Reifen. Alles ist so, daß man merkt: mit ein, zwei Jahren Training könnte man das auch. Es ist gekonnt, ohne Pannen, aber erreichbar. Am Schluß regnet es Konfetti, und alle tanzen miteinander: die Clowns, die Akrobaten, die Kinder und sogar die Eltern, die sich nicht getraut haben, über den Koffer zu springen.

Der Zirkus spielt im festen Gebäude auf einem Gelände, auf dem die UFA früher ein Kopierwerk und Vorführräume hatte. Das Gelände mißt vielleicht 200 Meter im Quadrat, verschiedene kleine Häuser und Werkstätten liegen darauf. Einige der Häuser sind neu gestrichen worden, nachdem die Fabrik-Kommune vor zwei Jahren das Gelände besetzt hat. Vorn ist ein Wandgemälde geplant mit der Giebelschrift: »Hier baut die Fabrik für Handwerk, Kultur und Sport an einer besseren Zukunft.« Juppi erzählt mir das, Juppi, der im Zirkus einen Zylinder trägt, eines der ersten Kommunemitglieder und eine Art Außenminister ist. Der Zirkus sei eigentlich nebenbei entstanden, die Gruppe hätte nicht länger nur für andere Bühnen bauen und Veranstaltungen organisieren wollen. Abends sangen sie dann, machten Musik, turnten. »Aber der Zirkus ist schon unheimlich wichtig«, sagt Juppi. »Die Gewerkschaften können mit Recht sagen, daß es immer besser geworden ist. Aber das Schlimmste haben sie nicht verhindert: daß man den Menschen die Kultur kaputtgemacht hat. Ich will das mal so sagen: Stell dir vor, in einer Fabrik spielt einer Flöte und einer Gitarre. Wenn die sich jetzt zusammentun, dann merkt der Müller doch, was der Schulz für sensible Tönchen aus seiner Flöte quetscht. Da sehen die sich doch gleich ganz anders an. So entsteht doch Solidarität. Und das ist zerstört. Heute gibt es doch nur noch Fernsehen und die Deutsche Oper.«

Juppis Stärke liegt in dieser Art, die Dinge konkret zu sagen. Er kann das auch vor Fernsehkameras, etwa wenn ihm Gerd Bucerius die Schönheit von Frankfurt erklären will und dann als Beispiel die Oper nennt. Juppi ist der Sohn eines Tischlers von der Mosel, der zweite Sohn, also sollte er studieren. Auf dem Internat bekam er Schwierigkeiten, weil die Beatles zu laut gespielt wurden und weil er rote Haare hat. Er ließ sich die Haare wachsen, Mitte der sechziger Jahre, als einer der ersten in Rheinland-Pfalz, und daraufhin reichte es nur noch bis zur mittleren Reife. Später studierte er Innenarchitektur in Berlin; sein Vater wollte auch nicht, daß er Soldat wird. »Eines Tages habe ich meinem Professor gesagt: Ich fahre mal mit verbundenen Augen mit Ihnen durch die Stadt, und dann sage ich Ihnen, in welchem Stadtteil wir sind. Wo die Leute arm sind, da gibt es nämlich nur Tauben und Spatzen, und in Zehlendorf sitzen die Singvögel. Und wenn die Vögel das schon merken, dann brauchen Sie mir gar nichts mehr über Architektur zu erzählen.« Dann habe er, sagt Juppi, drei schwere Nächte gehabt und sei gegangen. Ein Architekt wie die, die vor ihm die Uni verlassen hätten, wollte er nicht werden. Man muß sich selbständig machen, sei damals sein Gedanke gewesen. Das sei die dritte Möglichkeit gewesen, neben dem langen Marsch und der RAF. Buchläden und Kneipen gab es schon, also hat Juppi mit ein paar Freunden von der Mosel Schmuck und Ledergürtel gemacht. 1972 haben sie dann die Kommune gegründet, auf der Basis von Resignation. Es war eine Absage an kommunikative Aufklärungsprozesse: sie wollten nur noch das sagen, was sie selber vorleben könnten, hätten sie damals beschlossen.

Politik? »Selbst der Helmut Schmidt«, sagt Juppi, »ist doch nur der erste Mann der zweiten Liga. Der gehört doch nicht zu den Herren der Welt, das ist doch im Grunde einer wie wir, der hat doch auch nichts zu sagen. Der denkt nur, er hätte es.« Die Fabrik entscheidet von Fall zu Fall, wie man sich zu Politikern stellt. Selbst zur Alternativen Liste, für die Juppi kandidieren sollte, hat man nur lockere Beziehungen. Aber Juppi wäre ein besserer alternativer Abgeordneter geworden als derjenige, der nach der Regierungserklärung eine konventionelle parlamentarische Rede vorlas. Als der Saal sich daraufhin leerte, hätte Juppi nicht auf sein Manuskript geblickt, sondern in die Fernsehkameras –, er hat da Routine – und er hätte gerufen: »Hier, zeigt mal die leeren Bänke der Volksvertreter.«

Die Kommune ist seit 1972 gewachsen; sie zählt heute gut sechzig Mitglieder. Um einen Wohntrakt herum, dessen Zentrum die große Küche ist, liegen verschiedene Werkstätten: Tischlerei, Schneiderei, Bäckerei, Fahrradwerkstatt, eine Kneipe, ein Turnsaal; auch er ist eine Geldquelle, die Kommunarden geben Karate-, Sport- und Pantomimenkurse. Sie haben Esel und Schweine, zur Zucht und für den Zirkus, und neuerdings Hühner. Der Zirkussaal wird auch an andere vermietet, und für die Wärme-Kraft-Koppelungsanlage, die sie gerade bauen, hat der Senat 200 000 Mark genehmigt. Sie seien erst neun Jahre zusammen, sagt Juppi, und es müßten ja nicht alle es so machen wie sie. Als sie dieses freistehende Gelände vor zwei Jahren besetzt hätten, hätten sie etwas nur für sich tun wollen. Noch heute kämen etwa zwanzig Leute in der Woche, die sich anschließen wollten, denen sagten sie: »Fangt doch selber was an. Wenn ihr zu dritt seid, seid ihr auch bald zu sechst. Es muß wachsen. Man muß klein anfangen. Wenn man zu schnell wächst, kann man nicht im selben Tempo Arbeitsplätze schaffen.«

Sie seien unabhängig, sagt Juppi auf die Frage, warum sie so lokker aufträten, hier, im Fernsehen, im Kontakt mit Politikern. Und die Gesamtgesellschaft? Das ist das Argument der alten Linken, der Orthodoxen. »Marx«, sagt Juppi, »konnte noch Bücher schreiben. Da war die Luft auch noch besser, da konnte man noch in jedem Fluß baden. Wir wollen nur unabhängig sein, und wir wollen deutlich machen, daß wir an der Zerstörung der Erde nicht mitarbeiten.«

Die Fabrik hat beschlossen, sich einen Bauernhof in Westdeutschland zu kaufen. »Und dann«, lacht Juppi, und er legt die Hand über die Augen, »werden wir Weizen anbauen, so weit das Auge reicht. Weizen und Tabak, aber ohne diese Brühe. Weißt du, daß wir schon jetzt 50 Tonnen Getreide im Jahr verbacken? Das ist viel.« Ich weiß nicht, wieviel das ist, ich denke an die vielen eingegangenen Assoziationen, die die Geschichte des libertären Sozialismus pflastern. Sie seien vielseitig, entgegnet Juppi, und – was sie von den Studentenkommunen unterscheide – es gehe ihnen nicht um eine Spielwiese. Es sind keine Intellektuellen unter ihnen. Sie lesen, aber die meisten kommen aus handwerklichen Berufen. In den neun Jahren sind erst sechs ausgestiegen. Sie zahlen Krankenkassengebühren, aber keine Sozialabgaben. »Ich vertraue unseren jungen Leuten mehr als dem Helmut Schmidt«, sagt Juppi, und später am Abend redet er von den Zeiten, in denen das Geld nichts mehr wert sein wird. Er meint das ganz ernst, auch den Tip: »Wenn du ein Zirkuszelt kaufen willst, mußt du das jetzt tun.« Sie seien neulich in Süddeutschland gewesen, bei einem Zeltbauer, der könne sich schon jetzt nicht vor Aufträgen retten.

Wir sitzen am Rand einer kleinen Wiese. Hinten üben ein paar Frauen Salto, in der anderen Ecke liest jemand. Drei Frauen mit ihren Kindern kommen auf die Wiese, rollen auf einer Holzbühne ihre Schlafsäcke aus. Ihre Bewegungen sind langsam und leise, sie sind ungeschminkt und beiläufig zärtlich zu ihren Kindern. »Natürlich, wir sind in den Nischen. Man läßt uns rumbasteln. Aber was ist, wenn die Nischen voll sind?« Juppi fragt das, und er gibt selbst die Antwort: »Wir müssen unsere Selbständigkeit ausbauen. Es bleibt uns gar nichts anderes übrig. Sieh dich doch um. Die Selbstmordrate steigt, die Drogenrate, die Kriminalität. Die Politiker sind unfähig, das Gefühlsleben der Menschen zu planen. Das geht auch gar nicht. Die Entfernung zur Natur wird immer größer, und ab und zu springt wieder einer aus dem Fenster, weil er keine Freunde hat. Es bleibt uns gar nichts anderes übrig.«

Es gibt Knackis unter den Kommunarden, auch ehemalige Fixer. Einer von ihnen – eine Frau, die seit Jahren clean ist – sollte neulich nach England ausgewiesen werden. Es gab zwei Rundfunkberichte und einen Artikel in der *TAZ*, und Juppi hatte ein Gespräch mit dem Referenten des Innensenators, den er duzt, wie er alle duzt. Die Sache wurde vergessen.

Juppi spricht eindringlich, aber nicht missionarisch. Alles ist wichtig. »Einer, der hier weggeht«, sagt er, »hat soviel gelernt, daß er sich selbst durchschlagen kann. Wer hier backen lernt, kann nicht nur backen, sondern auch Musik machen oder den Clown spielen. Und er hat etwas gelernt, was immer gefragter werden wird: Eigenverantwortung.«

Die Fabrik für Kultur, Handwerk und Sport ist eines der Vorzeigeprojekte der Alternativszene. Aber es gibt Spannungen zu den Szenensprechern: Auch im »Netzwerk« hätten sich schon wieder die Theoretiker die Posten unter den Nagel gerissen, Leute, die Wörter wie »dezentraler Assoziationalismus« erfänden, aber keine praktischen Erfahrungen hätten. »Die Alternativ-Päpste«, sagt Juppi, »wollen sich mit unserer Arbeit ein schlaues Leben machen. Es ist ja auch schön, zu denken. Aber es gibt eben

Schönes und Drecksarbeit. Anders geht es nicht.«

Und die Zukunft? »Natürlich haben wir auch Angst, aber wir haben gelernt, sie im Griff zu haben. Schlimmer kann es nicht kommen, und jeder Tag fängt neu an. Wichtig ist: wir haben etwas aufgebaut. Das gibt Sicherheit. Wir haben schon eine Geschichte, wir haben gesehen, daß man selbständig sein kann. Und wenn ich an den Zirkus denke, da ist es genauso: die Nummern werden immer besser. Das ist ja das Schöne. Wenn du zurückblickst, siehst du, daß du was geschafft hast. Das gibt Mut.«

Nächste Woche kommen Juppis Eltern zu Besuch. Sein Bruder, der die Schreinerei an der Mosel jetzt führe, sei auch zunächst skeptisch gewesen, aber hier habe er gesehen, daß manches besser laufe als in seinem Betrieb. »Oder wenn sie mich mit Toni und Max sehen«, das sind die Hunde, »da hat doch jeder mal davon geträumt: im Zirkus aufzutreten.«

Politische Ökonomie

(In einer der Diskussionen, die bis Mitte der siebziger Jahre anhielten, zwischen libertären und radikalen Demokraten und Sympathisanten der Partei, die den real existierenden Sozialismus vertritt, benutzte ein Studentenvertreter, auf die unentwickelte Betriebsdemokratie in der DDR hingewiesen, oft mit Erfolg das Argument: Eine Betriebsversammlung = soundsoviel Arbeitsstunden = soundsoviel Kühlschränke. Und die seien nicht nur wichtig, sondern das Proletariat wolle sie vordringlich. Wenn das richtig ist, hat er recht.)

Es ist lange her, seit mir zum letzten Mal in einer Kneipe ein Raubdruck angeboten wurde. *Die Funktion des Orgasmus* war das damals, oder *Geschichte und Klassenkampf* oder *Arbeitsrecht für Betriebsräte*. Aber der Mann, der in das griechische Restaurant kommt, das aussieht wie ein Restaurant in Griechenland, verkauft für fünf Mark *Momo* und *Die unendliche Geschichte*. *Momo* ist die Geschichte eines schmuddeligen kleinen Mädchens, das, um es kurz zu fassen, einen schließlich siegreichen Kampf gegen die grauen Herren kämpft, die den Menschen die Zeit stehlen. Sie schließen Verträge, in denen sich die Menschen verpflichten, alles schnell zu erledigen und die gesparte Zeit in eine Zeitsparkasse einzuzahlen. Davon leben die grauen Herren, und unter ihrer

Herrschaft wird das Leben grau.

Die Geschichte von *Momo* mag unter Studenten heute die Rolle spielen, die vor 15 Jahren *Lohn, Preis, Profit* spielte. Ein Freund, dessen Kinder in Juppis Fabrik einen Karate-Kurs machen, sagte mir vor sechs Jahren: »Seit dem Mittelalter sind im Grunde keine guten Kinderverse mehr geschrieben worden.« Vor vier Jahren hat er mir *Momo* gezeigt, und mit dem bedeutsamen Blick im Gesicht, über den er sonst nur verfügte, wenn er wieder ein Buch gefunden hatte, das seine These über den Ursprung des preußischen Agrarsystems untermauerte, sagte er damals: »Das ist ein sehr gutes Buch.« Er hat, wie andere meiner Freunde auch, fünfzehn Jahre gebraucht, um Kinder zu kriegen, um seine Dissertation zu schreiben, um zu verarbeiten, daß seine Frau ging. Wenn er etwas schneller geschrieben hätte, wäre er vielleicht noch rechtzeitig zum Preußen-Boom fertig geworden. Seine Untersuchung hätte es verdient, sie ist ein sehr gutes Buch. Wenn mein Freund nun nicht Professor wird, dann liegt das nur auf den ersten Blick daran, daß er zu langsam war, daß die Stellen nun von denen besetzt sind, die drei Jahre vor ihm fertig waren. Man kann in seinem Scheitern – so sähe es wahrscheinlich seine Mutter – durchaus eine zielgerichtete Aktion sehen. Er hätte sich eben nicht auf *Momo* und die Kinderverse einlassen dürfen, auf die tagelangen Diskussionen im Kinderladen über die Frage, ob die Grimmschen Märchen den Kindern Angst machen. Man müsse da differenzieren, sagt eine Bekannte meines Freundes, der es in allem ähnlich ging: Frau Holle würde sie vorlesen, aber keinesfalls die Märchen, in denen irgendwelche verzauberten Prinzen oder Prinzessinnen auf Erlösung warteten und sich bis dahin verkannt fühlen dürften. Aber gerade diese Überlegungen kosten Zeit.

Der Freund, von dem ich schreibe, hat in den vergangenen fünfzehn Jahren nicht nur die Kompetenz des Soziologen und Historikers erworben, in Forschung und Lehre, sondern auch die eines Vaters, eines Erziehers, einer Mutter. Er hat alles das gewollt mit demselben Eigensinn, mit dem er über Jahre hinweg immer wieder an seiner Arbeit über die preußischen Agrarverhältnisse schrieb. Wenn die Stellen ausliefen, das Geld zur Neige ging, hat er lieber ein halbes Jahr als Friedhofsgärtner gearbeitet, als etwas zu tun, das ein »Einstieg« in etwas anderes gewesen wäre. Er hat relativ wenig Bücher gekauft und kaum Platten; er spielt Cello und gelegentlich Schach. Er gehört zu der Überkapazität an Intellektuellen, von denen es so viele gibt in Berlin. (Als die Bildungsreformer Mitte des Jahrzehnts merkten, daß die Verfünffachung der Abiturientenzahlen nicht von einer fünffachen Planstellenzahl für Akademiker begleitet würde, erfanden sie die These von der »Entkoppelung des Bildungs- vom Beschäftigungssystem«. Die Ausgebildeten sollten das Unterangebot selbst kompensieren, schließlich sei Bildung ja durchaus ein Wert an sich.)

Mein Freund gehört zum stillen Teil der Szene. Er bleibt Wissenschaftler, für andere Betätigungen redet er zum Beispiel viel zu langsam. Soziologisch gesehen, ist sein Status »inkonsistent«. In irgendeiner Kartei des Arbeitsamtes liegt er als ungelöster Fall. Er selbst ist überhaupt nicht inkonsistent. Er lebt in einer billigen Wohnung, die Möbel sind die aus der Studentenzeit, seine Kleidung würde vermutlich in einen Koffer passen. Mein Freund ist ein freier Unternehmer seiner Arbeitskraft. In dieser Stadt, mit ihren ABM-Programmen, ihren Ausstellungen, ihren Zeitschriften und Verlagen fände er Arbeit, wenn er Geld brauchte – oder beim Ausbau eines Dachstuhls, denn auch das Zimmermannshandwerk hat er *en passant* gelernt. Er korrespondiert mit englischen Historikern, aber er ist kein Privatgelehrter. Neuerdings arbeitet er im alternativen »Mehringhof« in der »Werkstatt Geschichte« mit dem Ziel, ein kollektives Gedächtnis der Stadt Berlin herzustellen. Wohlgemeinte Angebote, etwa für den Rundfunk zu schreiben, lehnt er freundlich ab, außer wenn ihm der Gegenstand wichtig erscheint.

Lückenbüßer

Die anderen widersprechen nicht, wenn man sagt: es ist Erwins Verein. Wenn Erwin nicht wäre, gründend, verhandelnd, schlichtend – zum Beispiel, wenn zu viele der Rentner protestieren, weil die Zeitung der AL im Café ausliegt –, dann bräche der Verein auseinander.

Es ist ein unauffälliges Viertel, in dem Arbeiter und kleine Angestellte wohnen, im Südwesten der Stadt, mit natürlichen Grenzen: ein Kanal, ein Friedhof, die Hermannstraße. Eine Kirche, ein Spielplatz mit Buddelkiste und Klettergerüst, daneben ein Rasenplatz, den Angestellte des Gartenbauamtes durch Aufwerfen eines hünengrabähnlichen Hügels und dessen Neubepflanzung mit Grasnarben rätselhaft und unbespielbar gemacht haben – sonst gab es nicht viel Auffälliges hier, außer einer Baulücke, die dem Senat gehörte. Es ist ein Schlafquartier; die arbeitsfähigen Bewohner fahren morgens weg, kaufen unterwegs ein, kommen abends wieder, verschwinden in ihren Wohnungen. Vor anderthalb Jahren beschlossen Erwin und andere Mitarbeiter eines zur Kirchengemeinde gehörenden Jugendkellers, die Baulücke zu nutzen. Mit etwas Senatsgeld – es war das Jahr des Kindes – und wenigen Eltern bauten sie einen Abenteuerspielplatz. Mit Senats- und Kirchenmitteln wird er pädagogisch betreut. Der Platz ist aufregend. Seit es ihn gibt, gibt es Jungenbanden im Kiez, aber auch eine Mädchengruppe, die Theaterstücke verfaßt, nach dem Vorbild von Christiane F. Erwin, der bei der Kirche als Sozialpädagoge eingestellt ist, führte die Verhandlungen, besorgte Mittel, war der Motor.

Proteste der Rentner gegen den Lärm auf dem Spielplatz führten zur Gründung eines Altencafés in einem pleite gegangenen Supermarkt. Hier wird zum Akkordeon getanzt oder zu einer Combo der Stadtreinigung; es werden Vorträge gehalten, ein Heimatdichter aus dem Viertel, den sonst niemand kennt, liest seine Gedichte, Erwin seine Kurzgeschichten vor. Um das Café auszulasten, tut sich Erwins Verein mit einer Seniorengruppe aus dem Nachbarkiez zusammen. Sie hat sechzig Mitglieder und gibt eine Zeitschrift heraus, die *Ruhestörung* heißt. Die Mitglieder haben sich in »Abenteuerkursen« der Volkshochschule gefunden, in denen sie zum Eishockey gingen oder in Sechsergruppen morgens nach Helmstedt trampten und abends zurück.

Im Westen des Viertels stehen ein paar zweistöckige Häuser um ein Rasenrondell. Bis kurz vor diese Siedlung aus den zwanziger Jahren ist die Autobahn gebaut. Abrupt hört sie hier auf, wie eine Sprungschanze. Jeden Zentner Beton, den man noch verbauen durfte, hat man verbaut; die Toten auf dem Friedhof waren schon umgebettet. Dann haben drei Bewohner der Siedlung, eine Kinderladenerzieherin, ein Taxifahrer und eine Hausfrau, den Prozeß gegen die Stadt gewonnen. Bis auf weiteres wird die Autobahn nicht gebaut. Das Bezirksamt schließt jetzt Verträge mit Wohnungsuchenden, die in die von der Stadt erworbenen Häuser auf der geplanten Trasse einziehen. Es wird von sieben Jahren geredet. Finanznot und andere Erkenntnisse werden vielleicht dazu führen, daß die Autobahn gar nicht mehr gebaut wird. Erwin und seine Freunde haben ein Haus vom Amt gemietet. Der Garten ist leicht verwildert, es gibt Obstbäume; Neues wird angepflanzt. Auf dem Nebengrundstück haben Jugendliche auf Brachland einen Lehrgarten gebaut, in einem Sommer. Es gibt Enten, Hühner, Karnickel, Blumen. Als sie nicht weiterkamen, hat ihnen ein Vereinsmitglied geholfen, das im Botanischen Garten arbeitet. Seitdem bauen sie Pflanzen an, die aussterben in der Stadt. »Ein Prunkstück«, so schreiben sie in der Vereinszeitung, »ist die Hütte mit Veranda, Geräteschuppen und Teilunterkellerung.« Und natürlich sind auch sie jetzt gegen die Autobahn.

Es wächst allmählich ein labiler sozialer Organismus. Einer der Praktikanten aus dem Jugendkeller der Kirche war Handwerker, bevor er Sozialpädagogik studierte. Mit jugendlichen Arbeitslosen baut er eine kleine Renovier- und Reparaturkolonne auf. Einen Markt dafür gibt es: die Rentner hier sind nicht reich, im Altencafé wird es sich herumsprechen. In der Zeitung des Vereins wird über Autobahnbau und die rechte Art, Weihnachten zu feiern, geschrieben. Ohne politische Töne. Als im Café eine Broschüre der AL auslag, ist der Heimatdichter aus dem Verein ausgetreten und hat seinen Beitrag verdoppelt: wegen der wertvollen sozialen Arbeit.

Spielplatz, Garten, Café, Initiative zur Verkehrsberuhigung – das alles ist nicht zusammengewachsen. Ein Dorf im Kiez entstehen zu lassen, das war die Idee am Anfang, ein Dorf, in dem nicht alle abends hinter den blauflimmernden Scheiben verschwinden. Es ist – noch – ein Konglomerat verschiedener sozialer Einrichtungen, ein auf eine Person, Erwin, bezogenes Netzwerk von Gefälligkeiten, Diplomatie, Vermittlung und kleinen Erpressungen. Man müsse der Verwaltung gegenüber Vorleistungen erbringen, sagt Erwin. Wenn so ein Café erst einmal funktioniere, könne man auch zum Stadtrat gehen und sagen: Wir brauchen das und das, und wenn Sie es uns nicht geben: hier ist der Schlüssel. Erwin hat es gemacht, mit Erfolg.

Das alles besteht erst seit zwei Jahren, aber schon würde etwas fehlen, wenn es nicht mehr da wäre. Ohne Zuschüsse trägt es sich nicht, und bis jetzt ist es nicht gelungen, den Kern der Bewohner des Viertels in die Arbeit des Vereins zu integrieren: die Männer und Frauen im erwerbsfähigen Alter. Kein neues Dorf also, sondern eine »soziale Einrichtung«. Erwin hat, wie man seit Anfang der siebziger Jahre sagt, Disparitäten gebündelt: Kinder, Jugendliche, Alte, Arbeitslose und ein paar Sozialarbeiter. Erwins Verein ist nützlich, menschlich, aber nicht aufregend, irgend etwas zwischen staatlicher Sozialpolitik und Bürgerinitiative, nach dem Subsidiaritätsprinzip arbeitend: ein Lückenbüßer. In einer Rundfunksendung des Dritten Programms kritisierte kürzlich ein marxistischer Professor André Gorz' Buch *Abschied vom Proletariat:* die autonomen Freiräume der neuen sozialen Bewegungen könnten nicht gesichert werden, so schrieb er, wenn ihre Träger sich nicht mit der organisierten Arbeiterbewegung und den staatlichen Institutionen vermittelten.

Das soziale Gebilde, das Erwin gegründet hat, ist nicht eigentlich ein Freiraum, es ist autonom, aber es befreit niemanden. Es ist etwas, das vorher gefehlt hat. Aber es ist nicht subsumierbar unter »Sozialstaat« oder »revolutionäre Klasse« oder »Summe der Disparitäten« als deren neue Gestalt. Ob es wächst und wie es wächst, das hängt nicht von der Zuspitzung der Widersprüche ab und auch nicht vom Wachsen der Arbeitslosenzahlen – was ja nicht dasselbe ist. Erwins Verein – die Reparaturkolonne ist ein Anfang in diese Richtung – könnte in Zeiten der Arbeitslosigkeit eine wichtige Rolle spielen in diesem Viertel, aber ob er das tut, das hängt davon ab, ob die Handvoll Aktiver, die dieses Gebilde trägt, es will und durchhält. Erwin ist pragmatisch, er braucht die Sicherheiten nicht, die der marxistische Professor braucht – vielleicht braucht der sie, weil er ein Arbeiterkind ist –, und er denkt nicht gesamtgesellschaftlich. Jedenfalls nicht, wenn es um den Verein geht. Man könnte Erwin einen Sozialunternehmer nennen. Er braucht keine gesamtgesellschaftliche Vision, er organisiert Ressourcen – staatliche, kirchliche, studentische, frustrierte, um etwas herzustellen.

Irgendwann einmal wird er sich fragen, ob er sein Ziel erreicht hat: einen sozialen Zusammenhang herzustellen. Es war schon die Rede davon, daß Erwin dabei umsichtig vorgeht. Vor zehn Jahren haben die Studenten die Kirche des Viertels besetzt, mit Transparenten und roten Fahnen: Befreiung! Man weiß, wie das endete. Heute ziehen allenfalls mal die Kinder vom Spielplatz ums Karree, wenn ein Kind angefahren worden ist, mit Plakaten, die Verkehrsberuhigung fordern.

Ich habe Erwin nach seiner Karriere gefragt. Er ist vor der Bundeswehr nach Berlin abgehauen. Als er hört, daß man Wehrpflichtige ausfliegt, geht er zur Bereitschaftspolizei, die ihn nach drei Disziplinlosigkeiten entläßt. Er wird Bademeister, Politologiestudent, entdeckt in einer Gruppe das revolutionäre Proletariat, entdeckt das nicht mehr revolutionäre Proletariat, setzt auf dessen Kinder, also auf Jugendarbeit. Er wird Praktikant in der Kirchengemeinde. Und bleibt. Er ist einunddreißig und hat über die Sexualität von Arbeiterjugendlichen promoviert. Er ist selbständig. Wenn sein Vertrag mit der Kirche hier ausläuft? Er überlegt, sagt dann: »Irgendeine Mischung von Lehraufträgen, Schreiben, Vorträgen.« Er setzt auf Mischfinanzierung, er hat auch schon Autos in Bremen gekauft und in Berlin verkauft. Während wir reden, kommt ein Mädchen. Sie ist zu Hause ausgezogen und fragt Erwin, ob sie in eines der vom Bezirksamt aufgegebenen Häuser ziehen könne. Er berät sie, sie reden über Renovierung und wo man solange die Möbel unterstellen könne.

Das Mädchen hat ein paar alte Tortenplatten mitgebracht für das Altencafé. Sie wären sonst auf den Müll gewandert.

»Du hältst das hier zusammen wie ein Bürgermeister«, sage ich. »Ja, würde ich hier auch gern werden, unter anderen Umständen. Unter Umständen, in denen man nicht mehr verantworten muß, als man beeinflussen kann.«

Warum ist Erwin hiergeblieben? »Ich wollte irgendwo zu Hause sein«, sagt er, »ich war sechs Jahre auf dem Internat.«

Langer Marsch

Nach dem Vietnam-Kongreß im Januar 1968 standen ein paar Tausend Studenten auf dem Parkplatz, der nach Dag Hammarskjöld benannt ist. »Barsig, wir kommen«, riefen sie zum Sender Freies Berlin hinüber. Sie forderten eine halbe Stunde Sendezeit pro Woche für die APO. Ähnliche, wenngleich nicht so massenhafte Vorkommnisse hat es gegeben im Zusammenhang mit dem Wissenschaftszentrum Berlin, dem die Studenten vorwarfen, konterrevolutionäre Forschung betreiben zu wollen. Heute forschen einige der Studenten von damals in diesem Wissenschaftszentrum, skeptisch hinsichtlich der Wirksamkeit dessen, was sie tun. Wenn Hausbesetzer im Villenviertel Grunewald gegen Spekulanten demonstrieren, hängt von einem Gebäude des Wissenschaftszentrums ein Transparent: »Die Nachbarn der Spekulanten grüßen die Demonstranten.«

Der Intendant Franz Barsig ist nicht mehr da, aber schon zu seiner Zeit gab es mehr als eine halbe Stunde Programm pro Woche außerhalb des offiziellen Spektrums – im Hörfunk, versteht sich. Paranoia kann sich nicht entwickeln, fast vermißt man die Zensur, fast macht ihr Fehlen nachlässig. In einem Einstellungsgespräch zehn Jahre nach dem Ruf der Studenten auf dem Platz heißt es: »Sie gehören zu einer Generation, die in den Sechzigern studiert hat. Die wachsen alle jetzt in den Achtzigern durch die Institutionen, also auch hier durch den Sender – ich meine den X, den Y, den Z, Sie –, und irgendwann fallen sie dann im Pensionierungsalter wieder oben raus.« Gelegentlich trifft ein Wissenschaftler aus dem Forschungszentrum einen Redakteur des Senders, etwa auf einem Fest des Rotbuch-Verlages. Dann reden sie über die Bürokratie, die ein größeres Übel sei als der Kapitalismus, und stellen fest, daß sie ähnliche Probleme mit ihren Sekretärinnen haben.

Ein alltäglicher Vorgang

Brot, aber vernünftiges bitte, stand auf dem Einkaufszettel. Ich setze mich aufs Fahrrad, manchmal ist auch das schon alltäglich, aber meist noch ein Abenteuer, und fahre die paar hundert Meter zum alternativen Bäcker. Das Brot schmeckt besser, da nützen alle Vorbehalte gegen Körnerfresser und Reformhaus nichts. Der Bäcker hat einen Nachbarn bekommen, um die Ecke. Unter einem riesigen, mit weißem Rupfen bespannten Veroneser Sonnenschirm stehen fünf, sechs Tische, drinnen nochmal zehn. Ich frühstücke. Das Frühstück ist kaum billiger als im Café in der Uhlandstraße, aber der Kaffee schmeckt französischer, es sind drei Tassen im Kännchen, und der Käse ist mehr und besser. Die Brötchen sind vom alternativen Bäcker. Man bezieht sie über den Hof.

Am Nebentisch planen, über eine Karte gebeugt, zwei Männer eine Reise. Auf der anderen Straßenseite gehen zwei alte Frauen vorbei, bleiben stehen, blicken rüber, reden. Das nächste Tantencafé ist 500 Meter weiter, aber dazwischen liegt eine der Straßen, die die Provinzen trennen, also gibt es kein Café in der Nähe. Die beiden Alten gucken so, als würden sie beim nächsten Mal auf dieser Straßenseite vorbeigehen, und dann wird man sehen. Die

Zeitungsfrau, die an der Ecke, zwischen den beiden Alternativunternehmen, ihren Laden hat und die eher eine Zeitungsdame ist, eine gepflegte Vierzigerin im schwarzen Overall und mit Stöckelsandalen, wird den beiden Alten demnächst, wenn sie ihre *BZ* kaufen, vielleicht sagen: »Warum trinken Sie Ihren Kaffee nicht mal nebenan, das sind nette junge Leute?« Eine Mutter schiebt ihr Kind vorbei, plauscht mit den beiden Reisevorbereitern.

Man kennt sich, nicht gut, eben so. Sie setzt sich. Die drei reden über Kinderärzte in der Gegend. Ein Golf fährt vor, eine junge Frau lädt eine Kiste mit Salat aus, trägt sie ins Café. Über dem Kopf. Das ist etwas kompliziert, und sie beherrscht es noch nicht ganz, aber so kann man es in Frankreich beobachten. »Wir bemühen uns, nur biologisch angebaute Sachen anzubieten«, steht auf der Speisekarte, und ein Schild hängt draußen: » Donnerstags Zwiebelkuchen«. Das Mädchen, das mich bedient, schmeißt die Zuckerschale hin. Sie arbeitet in dem Designbüro um die Ecke, das sich als Nachbarschaftsverein organisiert hat, um dieses Café aufzumachen. »Der Laden war da, früher war ein Kinderladen drin, und wir fanden es schade, den aufzugeben. Außerdem fehlt hier ein Café.«

Das Mädchen hat vier verschiedene Ohrringe. Neben der Eingangstür sind noch Striche an der Wand, mit Ölfarbe; sie zeigen, wie groß Florian und Caspar und Louise und Julian waren am 20.9.1978. Der Kinderladen ist eingegangen oder umgezogen, aber als sie das Café anstrichen, haben sie diese Stelle sorgsam ausgespart. Nichts aufgeben, den Laden nicht, die Striche nicht, die Thonetstühle nicht; und keine Angst vor Synkretismus! Französischer Kaffee und alternative Brötchen und ein riesiger Veroneser Sonnenschirm. Auf dieser Seite der Straße Altbauten, drüben so ein häßlicher, sechsstöckiger Fünfzigerjahrekasten mit Wohnklos. Vielleicht wächst das ja mal zusammen. Und wenn es nicht zusammenwächst, dann ist das auch keine Katastrophe. Die das Café betreiben, stehen alle auf mehr als einem Bein. Was sie machen in dem Designbüro? »Och, alles mögliche. Einer hat einen Job in Bethanien, manchmal machen wir gute Sachen, wie Fahrradbücher, und wenn das Geld knapp wird, auch nicht so gute.« Die andere Frau trägt noch einen Kasten mit Salat durch die Tür. Es sieht schon besser aus. Sie lacht breit, es macht ihr Spaß. Es ist nicht ihr Beruf. Aber was heißt schon Beruf? »Damit es überhaupt einen ›Beruf‹ gäbe, muß jene . . . Harmonie zwischen dem

Bau und Lebensprozeß der Gesellschaft auf der einen Seite, den individuellen Beschaffenheiten und Impulsen auf der andern vorhanden sein. Auf ihr als allgemeiner Voraussetzung ruht schließlich die Vorstellung, daß für jede Persönlichkeit eine Position und Leistung innerhalb der Gesellschaft bestehe, zu der sie ›berufen‹ ist, und der Imperativ, so lange zu suchen, bis man sie findet.«

Georg Simmel hat das geschrieben, ein Soziologe auf lebensphilosophischer Grundlage. Es ist ein schöner Gedanke. Gesellschaft ist wohl härter, Gesamtgesellschaft jedenfalls. Aber den Imperativ gibt es, auch wenn man ihn nicht für andere haben kann. Natürlich ist diese alternative Ecke nicht verallgemeinerbar. »Die meisten Leute, die hierherkommen, haben viel Zeit«, sagt das Mädchen mit den vier Ohrringen. Ich sehe mich um: sie sind in dem Alter, daß man sagen muß, irgendwann haben sie sich entschieden, Zeit zu haben. Die Zeitungsdame hat sich einen Hocker vor die Tür gestellt und blinzelt in die Augustsonne. Sie sieht so aus, als machte sie das auch noch nicht lange. Aber sie macht es gern, heute, jetzt. Ab und zu guckt sie rüber. Als ich an ihr vorbeigehe und das alternative Brot und die Brötchen und die Zeitung nicht zusammen auf den Gepäckträger kriege, ruft sie: »Warten Sie, ich hole Ihnen eine Tüte.«

Rituale

Zwischen Kongreßhalle und Reichstag findet im Sommer das Fest der Radfahrer und Alternativen statt, und das vom RIAS. Während der Festwochen wird unentgeltlich auf dem Kudamm oder im Schloßhof von Charlottenburg musiziert. Die Grüne Woche, die Funkausstellung, der Weihnachtsmarkt, die Seniorenparty. Den Rest der Rituale stiften die Alliierten: mit dem Deutsch-Französischen und dem Deutsch-Amerikanischen Volksfest und der Alliierten Truppenparade. Dort gehen viele Berliner hin. Allerdings gibt es eine Gewohnheit, die es vielleicht verdiente, ein neues Ritual genannt zu werden. Eine halbe Stunde vor dem Jahreswechsel bewegt es sich am Kreuzberg. Wohngemeinschaften und Bürgerinitiativen, auch Einzelpaare klettern von Norden und Westen und Süden her die gewundenen Wege hoch zu Schinkels Denkmal für die Schlachten der Befreiungskriege. Zumeist sind sie jung und zugereist, die kurz vor zwölf ihre Wohnungen verlassen, Familien neuer Art, die dann eine halbe Stunde oben auf dem Kreuzberg stehen und zuschauen, wie es über der Stadt anfängt zu tanzen: im Westen länger als im Norden, wo die Hauptstadt der DDR liegt, in Wilmersdorf farbenprächtiger als in Kreuzberg, wo die einfachen Leuchtkugeln aufsteigen. Die Wünsche, die hier oben ausgetauscht werden, wenn die Raketen losgehen, sind gute Wünsche: sie gelten meist mehr als einem, und mehr als andere gelten sie der Stadt.

Monteverdi am Chamissoplatz

An einem zweistöckigen neoklassizistischen Palais vorbei – »Hier werden Wohnungen für Führungskräfte gebaut« – geht es zunächst über zwei Hinterhöfe. Im Nebenhof wachsen Petunien und allerlei andere Pflanzen, in den Sand ist eine Badewanne eingelassen: der Goldfischteich. Jemand hat, fein säuberlich mit Schablonen, auf die Garagenmauer in verschiedenen Farben und auf Lateinisch die Namen der Pflanzen geschrieben. Sentimentale Natur.

Im dritten Stock ist der Saal der Berliner Tanzfabrik. Die »Berliner Kammeroper« spielt Monteverdi. Damen aus Dahlem in plissierten Kleidern und Holzperlen, die im *Tagesspiegel* die Kritik gelesen haben; Klavierlehrerinnen, die tuscheln, ob der Cellist, im Programmheft als Manuel Fischer-Dieskau ausgewiesen, der Sohn oder der Neffe sei; Punks im weißen Anzug, mit gefärbten Haaren; Bürgerkinder und ein paar Schwule. Jeans herrschen, trotz alledem, vor. Eine Freundin, mit der ich gekommen bin, trägt seit einiger Zeit einen Neo-Parka, der ist leicht und violett und kein Regenschutz. Es sind gut hundert Zuschauer. Die Sänger sind drei, vier Meter entfernt, der Klang ist nicht so distanziert wie in der Oper, aber nicht so überwältigend wie im Kopfhörer. Der Baß, der den Pluto singt, hat zuerst Mathematik studiert – lehrt und forscht er noch heute? – und trägt einen weißen Anzug mit Strohhut. Clowns spielen die Höllenhunde. Die Stimmen sind fast professionell, der Rahmen ist es nicht. Aber was macht das aus?

Die Seelen, die sich der Liebe verweigert haben, kommen zurück aus der Hölle. »Wer eingeht, lasse alle Hoffnung fahren«, steht neben dem schwarzen Vorhang, der Auftritt und Notausgang verdeckt. Die aus der Hölle der Lieblosigkeit Gekommenen beugen sich zum Publikum, ziehen einzelne Zuschauer in den Bühnenraum und tanzen mit ihnen ein Ritornello. Kein Zuschauer verweigert sich, nie habe ich das so wenig peinlich gesehen. Ein Tänzer schließt die Augen und preßt tröstend die lieblose Seele an sich. Ihre Augen hellen sich auf. Wer wird erlöst in diesem Tanz? Unten auf dem Fabrikhof strahlen wir uns an. Es ist schön, was da passiert ist.

Vor der Nixe am Fuß des Wasserfalls, der illuminiert den Kreuzberg herunterkommt, sitzen unbeweglich zwei Hundebesitzer auf den Felsen, im blauen Licht der Scheinwerfer. Das Straßenfest am Chamissoplatz, zu dem wir wollten, ist aufgelöst. Ausgerechnet am Samstagnachmittag hat die Polizei hier die Durchsuchung eines besetzten Hauses veranstalten müssen. Der Rest verläuft nach dem üblichen Ritual: Barrikade, Tränengas, Anwohner, die ihre Autos in Sicherheit bringen, Feuer, Steine. Am nächsten Tag wird der *Tagesspiegel* den Vorgang melden und die Polizei milde kritisieren.

Als die Steine fliegen, verziehen wir uns. Auf dem Mittelstreifen der Gneisenaustraße nutzen Rocker die Gelegenheit und schlitzen Reifen auf, wahllos. Später sitzen wir beim billigsten und opulentesten Italiener der Stadt. Die Portionen sind seit zehn Jahren nicht kleiner geworden. Die Freundin, die jetzt an der Universität arbeitet und die sich von ihrem Freund getrennt hat, wohnte hier vor zehn Jahren. Damals haben sie beide ihren Nachbarn geholfen, die Anträge für das Sozialamt auszufüllen; und in der Schule nebenan habe ich vor zehn Jahren in einem Schularbeitszirkel kompensatorische Erziehung betrieben. Dann haben wir studiert und uns anstellen lassen. »Wir müssen wieder was tun«, sagt die Freundin. Sie meint nicht: jetzt, gegen den Irrsinn auf der Straße. Vielleicht meint sie: Wir können wieder etwas tun.

Als wir um drei Uhr im 19er nach Schöneberg fahren, steigen die ersten Frühschichtler zu. Man vergißt das, wenn man regelmäßig arbeitet und viel im Auto fährt. In meiner Straße kommt ein Türkenpaar nach Hause. Er hat den Säugling auf dem Arm, neben ihr laufen müde und dunkelhaarig zwei Jungen.

Politiker lieben große Lösungen, weil sie einfacher zu implementieren sind. Man hat nur einen Kontraktor, der die Lösung liefert. Man braucht nur noch eine Schere, um das Band durchzuschneiden. Wenn der Reisende die Stadt auf dem Luftweg erreicht, sieht er nach ein paar Kilometern Stadtautobahn die erste große Lösung auftauchen: das Internationale Congress Centrum, eine fast fensterlose Kreuzung von Burg und Panzerkreuzer, mit gut kontrollierbaren Eingängen und einer glänzenden Außenhaut. Ein Milliardending, ein Zuschußobjekt, eine Überkapazität, nicht genug genutzt, um wirtschaftlich zu sein, ebensowenig wie das zentrale Tierversuchslaboratorium, das ein Veterinärmediziner, eine Kapazität, irgendwann in den Sechzigern als Berufungsbonbon zugesagt bekommen hatte. Der Mediziner ist längst wieder gegangen; die Klinik, ein Betonbunker mit vielen Röhren, die hinaus und hinein führen, liegt fast ungenutzt und erdrückt einen kleinen Platz, auf dem eine Kirche steht. So wie das Kongreßzentrum den Funkturm auf das Niveau des Souvenirs reduziert, das er schon lange ist, so wie der Steglitzer Kreisel das Rathaus gegenüber zu einem Spielzeug aus dem Steinbaukasten macht. Zu viele Milliarden sind geflossen für zu viele große Lösungen. Man kann noch nicht einmal sagen, falsch gelenkte Milliarden, denn wo sie in den Wohnungsbau geflossen sind, waren die Resultate ähnlich monströs. »Ein Märkisches Viertel«, sagt man heute, aber solange genug Geld da war, baute man weiter.

Wenn man die Autobahn weiterfährt, durchquert man in Wilmersdorf ein fünfhundert Meter langes Wohnhaus. »Warum?« fragt der Besucher, und man weiß keine rechte Antwort; weiß nur, daß es eine jahrelange Arbeit wäre, die Fäden, die von der Bauwirtschaft zum Senat und von dort zu den Architektenwettbewerben laufen, auch nur nachzukonstruieren. Aber man kann den Besucher beruhigen. Die Fundamente des langen Hauses sind zwar abgesunken, aber man hat die Toleranzwerte daraufhin erhöht. Es besteht also keine Zusammenbruchsgefahr. So wird versichert. Und nun ist das Geld alle; die Untertunnelung des Tiergartens, die Autobahn zum neuen Anschluß nach Hamburg werden der Stadt vielleicht erspart bleiben. Vielleicht entschließt man sich sogar, die Ruine der zusammengefallenen Kongreßhalle (der alten) stehenzulassen. Es wäre die erste Ruine des Wiederaufbaus, gebraucht wird sie ohnehin nicht, wegen der Überkapazitäten des ICC. Es gibt zu viele Hotelzimmer in Berlin, sagen die Nüchternen unter den Hoteliers. Die lauteren sagen: Wegen der Krawalle kommt niemand mehr. Aber wann gab es keine Krawalle in den letzten 15 Jahren? Die Überkapazitäten der Bauindustrie müssen enorm gewesen sein, wenn erst jetzt die Pleiten anfangen. In den Sechzigern haben Architekturstudenten die ersten Vorschläge gemacht, wie die Kreuzberger Innenhöfe mit ihren 1 1/2 -Zimmerwohnungen (und das ist die Größe, die in Berlin gesucht ist) behutsam zu modernisieren seien. Man hat abgeräumt, entkernt, ausgeschabt, überbaut und untertunnelt. Man hat Plätze zerstört und den Rest mit Betonkübeln vollgestellt. Man hat Fassaden renoviert, Fußgängerzonen gebaut und an die Kreuzung vier Kneipen gestellt, die heißen »Altberliner Kneipe«, »Kutscherstube«, »Zille-Klause« und »Bei Else«, und in allen sieht es gleich aus. Aber vielleicht ist das Geld ja wirklich alle.

Wenn man die Stadt verläßt, wie man gekommen ist, auf dem Luftweg, dann macht die Stadtautobahn einen etwas großkotzigen Bogen kurz vor dem Flughafen, aber sie gibt den Blick frei auf ein »historisches Ensemble«: Links liegen die roten Backsteinblöcke des Siemenswerkes, rechts, unter der Autobahnbrücke, die den Namen eines glücklosen Sozialdemokraten aus den Weimarer Jahren trägt, sieht man ein Stück Spree, eine Schleuse, einen kleinen Hafen. Am Ufer des Flusses, zwischen Böschung und S-Bahn-Damm, liegt eine Schrebergartenkolonie, gegenüber ein paar Lagerhäuser mit blinden Scheiben. Hinter einer Pappelreihe ahnt man den Charlottenburger Schloßpark. Himmel und Wolken zuhauf: man fährt durch ein Bild von Berlin.

Unten, im Park, entdeckt man den kleinen Hinterausgang erst beim dritten oder vierten Spaziergang. Man muß unter der Spreebrücke hindurch, dann führt links ein Weg durch die Schrebergärten. Zunächst kommt man an einem Wehr vorbei, dann gabelt sich der Pfad: links geht es zu einem kleinen, vermieften Gartenlokal; der Autoscooter, den der Wegweiser anpreist, ist unauffindbar. An dieser Stelle kann man seit einem Jahr gefahrlos den Bahndamm hochklettern und auf den Bohlen bis zum Bahnhof Wernerwerk laufen, über den Zaun hinwegklettern, der das Siemensgebäude umgibt. »Hier«, so sagt man dann der Cousine aus Bingen, die zum ersten Mal in dieser Stadt ist und vor Konzentration kichert, aber mutig die heikle Stelle überwindet, an der man durch die Bahnschwellen die Spree sieht, ganz weit unten, »hier wurden in den zwanziger Jahren die elektrischen Anlagen für den Hafen von Shanghai entworfen und die Untergrundbahn für Buenos Aires«. Und in den Schrebergärten, so fügt man vielleicht hinzu, versteckten sich nach dem Januar 1933 die Kommunisten und zogen Flugblätter ab. Die S-Bahn fährt zur Zeit nicht, die Schienen haben Rost angesetzt, aber für die Cousine bevölkert man den leeren Bahnsteig Wernerwerk mit den Siemensarbeitern, die mit gesenktem Kopf an den kommunistischen Flugblattverteilern vorbeigingen oder die Flugblätter schnell wegsteckten und murmelten: »Wir müssen warten, was die Partei sagt« – am Tag nach der Machtergreifung. Jan Petersens Roman über die Charlottenburger Arbeiter ist wieder aufgelegt worden, kurz nachdem ich nach Berlin kam, 36 Jahre nachdem er geschrieben worden war, 25 Jahre nach dem Krieg. »Du erzählst, als wärst du dabeigewesen«, sagt die Cousine und sieht sich neugierig um. Vielleicht hat sie recht, vielleicht kann ich die Geschichte seit ein paar Jahren erzählen, so wie man erzählt, wenn etwas vorbei ist.

Michael Rutschky
Der Zwischenraum
Stücke zu einer Theorie des Soziotop

»Das Ganze ist das Unwahre.«
Theodor W. Adorno

»Alle entscheidenden Schläge werden mit der linken Hand geführt werden.«
Walter Benjamin

»Es gibt nichts zu tun – packen wir's an.«
Graffito, Westberlin und passim

Soziotop – diese Formel stammt gar nicht von mir, sondern von K. Sie wollte damit – einer Analogiebildung zu *Biotop* – gewisse Konstellationen kennzeichnen, über die sie mit Befriedigung das abschließende Urteil fällte: »So geht's eben auch!« Sie mag dabei einen Zeitungsbericht vor Augen gehabt haben, der vor einigen Jahren darlegte, wie in den menschenleeren Schleifen der Autobahnkreuze die Krähen für sich massenhaft sichere neue Siedlungsplätze aufgetan hatten, Krähenschwärme, die im übrigen gegen den Autolärm unempfindlich geworden waren. »Und wovon ernähren sie sich?« hatte K.s – nun, sagen wir – Lebensgefährte seinerzeit skeptisch bemerkt, um K.s Begeisterung für die erfindungsreichen Krähen zu dämpfen: »Sie ernähren sich von den Igeln, Hasen und Katzen, die die Autos totgefahren haben!«

Zwei seltsame Paare

Aber lassen wir uns nicht gleich beirren. Welche Konstellationen hatte K. als »Soziotope« vor Augen, über die sie mit Befriedigung das Urteil fällte: »So geht's eben auch«?

Zum Beispiel ihre Freundin Christa, die Ehe, die diese mit Rudolf führte und die in der Tat das gewohnte Ehe-Schema umkehrte, mit Erfolg, so schien es.

Christa nämlich, ein richtiges Arbeiterkind aus dem Ruhrgebiet, verfügt über einen Tatendrang und eine Energie, die sich Jungunternehmer bei den entsprechenden Seminaren kaum antrainieren könnten: Als K. Christa kennenlernte, hatte die gerade eine Tochter geboren, sie arbeitete weiterhin als Sekretärin, abends besuchte sie Kurse, um das Abitur nachzuholen, und hin und wieder Universitätsveranstaltungen in dem Fach, das sie nach dem Abitur studieren wollte. Christa kann kaum genug bekommen an Aktivität, der Streß, sagt sie, gibt ihr das Gefühl, richtig am Leben zu sein.

Ganz anders Rudolf. Keineswegs ein Arbeiterkind, hat er ein Studium hinter sich, das wohl an dem Sinn von Bildung orientiert war, den Hanns-Josef Ortheil noch einmal in Erinnerung gerufen hat. Dem entspricht auch, daß Rudolf, als er ans Examen gehen wollte, sich darüber belehren lassen mußte, daß sein Studiengang zu unregelmäßig gewesen war, daß er die für eine Prüfung notwendigen Qualifikationen gar nicht erworben hatte. Solche Situationen sind nicht unbekannt, ich habe selber mal darin gesteckt: dann findet sich jemand – nicht gerade auf der Professorenetage, eher im »Mittelbau« – der einen mit dem notwendigen Nachdruck in die Seminare schickt, die noch nachzuholen sind, der einem auch den Zugang zu diesen Seminaren erleichtert.

Anders bei Rudolf. Sei es, daß die westdeutsche Universität, die er besuchte, solche hilfreichen Funktionäre schon nicht mehr produzierte, sei es, daß Rudolf ihren Ermahnungen nicht mehr zugänglich war – er hat das Studium ohne Examen abgebrochen. Und dann? Begann er zu jobben, wie es Jochen Schimmang beschrieben hat, um dahinter, jenseits des Berufsschemas eines qualifizierten Akademikers, eine höchst emphatische Vorstellung von der *eigentlichen Arbeit* zu verfolgen, die, wie auch immer das mit der Bildungstradition zusammenhängen mag, am überzeugendsten vom literarischen Schreiben, von der Künstlerexistenz verkörpert wird?

Nein, Rudolf begann nicht zu jobben. Er hatte ja Christa geheiratet, und deren Tatendrang garantierte das lebensnotwendige Einkommen. Weil dieser Tatendrang die Substanz ihrer Person ausmachte, würde sie ihn auch nie vorwurfsvoll auf diese Rollenverteilung hinweisen, da konnte er sicher sein – sicherer als die Ehefrau der traditionellen Familie, die sich von ihrem Mann die

Anstrengungen des Arbeitstages erzählen lassen muß, Anstrengungen, von denen immer auch gesagt sein soll, daß sie von einem Hausarbeitstag nicht aufgewogen werden können.

Sicher, Rudolf malte ein bißchen, und er schrieb wohl hin und wieder ein Gedicht – aber K. fand bald heraus, daß er dies traditionelle Modell der »Selbstverwirklichung« keineswegs mit der Energie zu realisieren unternahm, welche das Modell eigentlich vorschreibt, er war alles andere als »besessen« von seinen produktiven Ideen (auch das hat Schimmang an seinem Fall beschrieben). Eher schien es so, als zitiere er nachlässig Bruchstücke dieses Modells in seiner Lebensführung, die als ganze keineswegs auf die Verwirklichung des Modells hinauswollte.

Unter diesem Aspekt könnte K. auch ein anderes Element dieses Soziotop beschreiben. Keineswegs hatten Christa und Rudolf in ihrer Ehe das gewohnte Schema einfach umgekehrt, so daß Christa die ökonomische Reproduktion besorgt, Rudolf den Haushalt gemacht und sich um die Tochter gekümmert hätte.

Nein, Rudolf insistierte durchaus auf der Selbständigkeit seiner Lebensführung. Wenn er das Kind versorgte, wenn er Mahlzeiten kochte – deren Ingredienzen er auf langen Gängen durch die Stadt sorgfältig einkaufte –, dann sollte Christa keineswegs sicher sein, daß er das regelmäßig tun würde, darüber müßte jedesmal neu verhandelt werden. Und wenn Christa zu beschäftigt war – und sie konnte ja gar nicht genug an Beschäftigung kriegen –, dann fuhr er eben allein in die Sommerferien (ein falsches Wort, ich weiß, denn Ferien kann man nur machen, wenn es Arbeitszeit gibt). Rudolf zitierte so – darauf will ich hinaus – in seiner Lebensführung ein ganz anderes Rollenelement: er spielte nicht die Hausfrau einer kleinbürgerlichen, sondern eher die einer großbürgerlichen Familie, die, auch von Hausarbeit und Kindererziehung entlastet, ihren Neigungen nachgeht – ihren Launen, wie K.s Lebensgefährte gesagt hätte.

»So geht's eben auch!« Leider erwies sich nämlich – um auf die toten Igel zurückzukommen –, daß K.s Lebensgefährte dies Urteil keineswegs teilen konnte; so sehr er Christa mochte, so unsympathisch war ihm Rudolf, und das gerade aufgrund seiner Lebensführung – eine Antipathie, die sich gewiß auch daraus erklärt, daß K.s Lebensgefährte gerade selber in höchst anstrengenden, zugleich unbefriedigenden Arbeitsverhältnissen steckte. »So geht's eben auch«: eine gewisse Gültigkeit für andere sollte, damit ein Soziotop entdeckt ist, das Urteil schon haben, es sollte nicht auf der Überzeugung eines einzigen Beobachters beruhen. Indem er sich weigerte, Rudolf und Christa gemeinsam mit K. zu besuchen, zerschlug K.s Lebensgefährte die Konstellation. »So geht's eben nicht!«

Wiederum: lassen wir uns nicht gleich beirren. Man könnte das Verhalten des Mannes zur Reaktionsbildung erklären: er *mußte* Rudolf und seine Existenzform ablehnen, denn er hatte, aufgrund seiner eigenen Arbeitsverhältnisse, allen Anlaß, sich diese Existenzform zu wünschen, ein Wunsch, den er sich keinesfalls gestatten konnte, dessen Erfüllung an einem anderen er unerträglich finden mußte. Als Reaktionsbildung verstanden, ist das Verhalten des Mannes also nicht für bare Münze zu nehmen, es wäre gar nicht authentisch, zurechnungsfähig, weil von Abwehrmechanismen beherrscht.

Freilich: würde man dem Mann diese Interpretation vortragen, er könnte sie blank zurückweisen. Laßt mich mit psychoanalytischen Kategorien in Ruhe, könnte er sagen, nicht ich bin der Problemfall, Rudolf ist es. Meine Probleme sind realistischer Natur, sie haben mit Arbeit zu tun – Rudolf dagegen ist überhaupt noch nicht herangekommen an die Realität, er hat noch gar nicht versucht, erwachsen zu werden, er ist immer noch das Baby, das sich von seiner Frau (= Mutter) ernähren läßt und das Lustprinzip lebt. Mit einem Baby aber kann man nicht diskutieren, schon gar nicht über seine Existenzform . . .

Ich sollte die Geschichte einfach noch ein Stück weiter erzählen. Es war natürlich nicht so, daß K. von ihrem Lebensgefährten der Umgang mit Christa und Rudolf »untersagt« worden wäre (womöglich »in aller Form« – Floskeln, die im Sprachgebrauch von Ehepaaren der Gruppen, die hier interessieren, wohl nicht mehr vorkommen), nein, es war so, daß K. halt allein zu Christa und Rudolf ging – insbesondere zu Christa, mit der sie eine dieser intensiven, aus komplizierten Spiegelungsverhältnissen erwachsenden Frauenfreundschaften entwickelte, wie sie in den letzten Jahren gleichfalls als Lebensform entstanden sind (und oben sind dafür eindrucksvolle Beispiele gegeben worden). Was Rudolf über diese Freundschaft sagen würde, weiß ich nicht; K.s Lebensgefährte jedenfalls hatte nicht das Bedürfnis, sich in sie einzumischen – er wurde aber auch nicht von ihr ausgeschlossen, es entstand keine Notwendigkeit zu dieser unermüdlich-eifersüchtigen

Abgrenzungsarbeit, die in den letzten Jahren so viele erschöpft hat.

Ich sollte hinzufügen, daß K.s Lebensform derjenigen Rudolfs in keiner Weise ähnelt. Weder arbeitet sie als Hausfrau und Mutter noch »liegt sie auf dem Diwan und liest Romane«, wie sie das Dasein der großbürgerlichen Ehefrau charakterisieren würde. Vielmehr hat sie eine außerordentlich strenge Vorstellung vom *Arbeiten*, ein Ich-Ideal, das sie in mancher Hinsicht geradezu quält, weil es sie in einer Weise mit Forderungen konfrontiert, die traditionell den Künstlern zugemutet wird (K. ist aber keine Künstlerin, jedenfalls keine in diesem traditionellen Sinn). Daß man »arbeiten« muß, dies Wort hat in ihrem Gebrauch eine Bedeutung, die an eine ganz andere traditionelle erinnert: daß der Mensch »glauben« muß, um wahrhaft zu existieren . . . Wobei diese Vorstellung von Arbeit – ein Gedanke, der manche der Beiträge oben durchzieht, z. B. den von Rainald Goetz – völlig abgekoppelt ist vom Konzept der Berufsrolle: Arbeiten in diesem emphatischen Sinn hat nichts, aber auch gar nichts zu tun mit den Zumutungen irgendeines Betriebes, einer Institution, deren Strukturen einem Pflichten auferlegen – und dies ist genau das Konzept, mittels dessen K. die Leiden ihres Lebensgefährten kritisiert: was ihm fehlt, ist nicht Rudolfs »babyhafter Hedonismus« – wie er sagen würde –, sondern die Entschlossenheit, seine Arbeitsverhältnisse unter dem emphatischen Begriff des Arbeitens, von dessen Realisierung ihn diese Verhältnisse abhalten, aufzukündigen. Die ökonomische Reproduktion – auf deren Notwendigkeit der Lebensgefährte gern verzweifelt verweist bei diesen Diskussionen – sei etwas Hinzutretendes, das mit dem Arbeiten in diesem Sinn nicht substantiell verknüpft ist.

Lebensweltliche Collagen

Was wir vor Augen haben, läßt sich offensichtlich kaum mit soziologischen Kategorien triftig fassen, eher mit ästhetischen: es handelt sich nämlich um eine Collage. Elemente höchst unterschiedlicher Herkunft sind darin vereinigt, aus ihren eigentlichen Zusammenhängen herausgebrochen und doch an sie erinnernd.

Da ist Christa, das Arbeiterkind, mit einem Elan als Naturstoff ausgestattet, der sie für einen Typus von Unternehmer prädestiniert, den die soziale Realität schon lange nicht mehr erfordert – im Vertrauen: auf ihr Betreiben wurde ein Taxi gekauft, damit notwendiges Geld auch von Rudolf beschafft werden kann, denn nur als *Taxi Driver*, ja, kann er in der westdeutschen Großstadt zugleich seinen nicht weniger notwendigen Tagträumen nachhängen.

Da ist Rudolf, der mit Christa nicht einfach die Rollen getauscht hat und »Hausmann« geworden ist, der sich vielmehr für seine Lebensführung ein Stück aus der großbürgerlichen Ehefrauen-Rolle herausgebrochen hat, der, wiewohl Vater eines Kindes, »auf dem Diwan liegt und Romane liest«, eines Kindes, das nicht von den Dienstboten versorgt und erzogen wird, sondern von seiner Ehefrau, die zugleich die ökonomische Reproduktion des Haushalts besorgt.

Da ist K. mit ihrer emphatischen, aus der protestantischen Ethik herausgebrochenen Vorstellung vom »Arbeiten«, eine Vorstellung, die sie, ganz entgegen der historischen Entwicklung, die alle Erlösungshoffnungen vom »Arbeiten« entfernt hat, mit eben diesen Erlösungshoffnungen auflädt, freilich abseits von einem »Beruf«, dessen säkularisierte Konzeption das Ergebnis jener historischen Entwicklung war (wobei »Berufung«, die nicht mehr dem Propheten, wohl aber dem autonomen Künstler zugetraut wird, wobei »Berufung« ein Wort ist, das K. niemals auf sich selber anwenden würde: sie spräche von »meinem Ich-Ideal«, also einer ganz und gar innerpsychisch gewordenen Macht) – im Vertrauen: K. ist nicht in der Lage, sich aufgrund ihrer emphatischen Vorstellung vom »Arbeiten« ökonomisch zu reproduzieren.

Und da ist ihr Lebensgefährte, der für die ökonomische Reproduktion sorgt, der dem ehrwürdigen Konzept des »Berufs« noch anhängt und darin das vom »Arbeiten«, dem er nicht weniger gläubig anhängt, noch unterbringen möchte – im Vertrauen: inzwischen ist er, im Dienste des »Arbeitens«, ausgestiegen aus seinen Arbeitsverhältnissen, die ihn davon abhielten.

Und da ist, gleichzeitig eines ihrer Elemente, eine Interpretation dieser lebensweltlichen Collage, K.s Urteil »So geht's eben auch«, eine Interpretation, die sie vermutlich nicht nur ihrem Lebensgefährten, sondern auch Christa vorgeführt hat in einem ihrer ausführlichen »Frauengespräche«, die eine außerordentlich avancierte Form von Klatsch darstellen, eines heftigen, indiskreten, mit kräftigen, aber folgenlosen Verurteilungen vermischten Geschichtenerzählens.

Und die Metapher der »Collage« trägt auch noch ein Stück weiter. Bekanntlich haben die Collagen – sagen wir: diejenigen des Dadaisten Kurt Schwitters – seit ihrer Erfindung eine seltsame Wirkungsgeschichte durchlaufen. Am Anfang schockhaft als Zerstörung der gewohnten Bildvorstellung erfahren, in die rohe, unsublimierte Realitätspartikel eingeführt worden waren, haben Schwitters' Collagen unterdessen nicht nur den Schockeffekt eingebüßt: sie zeigen inzwischen farbliche und formale Kompositionen von großer Delikatesse, sie erzeugen unzweifelhaft ästhetische Evidenz.

Sicher, Geschichten wie die von Christa und Rudolf, die Lebenskonstellation, die sie unter sich ausgehandelt haben, können bei gewissen Leuten immer noch Schocks auslösen (ebenso Schwitters' Collagen), moralische Schocks, Verurteilungen provozierend, die eine eigentümliche phantastische Funktion zu erfüllen scheinen: nämlich das schockierende Thema zu beseitigen. Irgendwann wurde in den Zeitungen von einer demoskopischen Untersuchung berichtet, aufgrund derer man Männer wie Rudolf und Frauen wie Christa als Avantgarde der gesellschaftlichen Entwicklung ansehen könnte, als Prototypen gewissermaßen, die gerade in Massenproduktion gehen, und es fand sich auch gleich ein Philosophieprofessor, der die finstersten Perspektiven entwickelte und gesamtgesellschaftliche Erziehungsmaßnahmen forderte – eine dieser Phantasie-Aktionen, die das irritierende Thema beseitigen sollen.

Ich will dagegen nicht einwenden, wir sollten ruhig zuwarten, bis Geschichten wie die von Christa und Rudolf (und oben sind ja viele andere mit vergleichbarer Struktur dargelegt worden) als moralisch-lebenspraktische Exempel die unskandalöse Überzeugungskraft einer Schwitters-Collage gewonnen haben. Mich interessiert ein anderes Moment. Der kulturkonservative Standpunkt, von dem aus jener Philosophieprofessor so urteilte, als könne er damit die beschriebene Entwicklung ungeschehen machen, dieser Standpunkt ist ja in unserer Geschichte selber präsent: in der Reaktion von K.s Lebensgefährten auf Rudolf, »so geht's eben nicht«, eine Reaktion, die jenen tatsächlich aus dem Wahrnehmungsfeld des Urteilenden fortschafft, freilich nicht zur Auflösung der Konstellation führt, um so weniger, als der Urteilende sich unterdessen den Determinanten seiner Reaktion entzogen hat (ohne aber seine Haltung gegen Rudolf zu ändern).

Überhaupt finden sich durchaus konservative Elemente in dieser Konstellation – genau besehen, ist keines in einem traditionssprengenden Sinne »neu«. Manche überraschen eher durch ihr unerwartetes Auftauchen – etwa K.s geradezu eschatologische Idee vom »Arbeiten« –, und insgesamt ist eben die Konstellation der Elemente »neu«, ungewohnt. Alle Materialien der Lebenskunst scheinen sich jetzt in einem Zustand der freien Verfügbarkeit zu befinden – eine Tatsache, die Horst Königstein an der avanciertesten Rockmusik so begeisterts hat; auch wer auf der Tradition insistiert, stellt sich dabei, absichtlich oder nicht, als ein Wählender dar; entscheidend für ihre Überzeugungskraft ist einzig und allein die Konstellation, in welche die frei flottierenden Traditionsbestände treten, eine Konstellation, die in dem Sinne »gebastelt« ist, den Lothar Baier noch einmal erläutert hat.

»Jetzt« und für die Gruppen, denen die sich hier exponierenden Autoren angehören, stelle sich das moralisch-lebenspraktische Material in einem Zustand der freien Verfügbarkeit dar, und Lebenskunst (ein anderer abgestorbener Ausdruck, der freilich gleichfalls wiederbelebt werden mag) – und Lebenskunst sei in jenen Gruppen (und nur dort) eine Form des Bastelns: Stimmt das? Ich möchte noch eine weitere Geschichte erzählen, die erstens ein Stück dieser Frage beantwortet und zweitens zur Beantwortung einer anderen beiträgt, die Sie vermutlich schon eine Weile verwirrt: Wie verhält sich der Erzähler oder Interpret zu einem »Soziotop«? Tritt er ihm gewissermaßen aus einem Jenseits gegenüber, entdeckt er es, in einem strengeren Sinne, in der Außenwelt? Oder ist er ein Teil davon, entdeckt er also etwas an sich selber? Oder gilt beides, haben wir es mit einer Verschlingung von Innen- und Außenwelt zu tun?

Die Geschichte – eigentlich handelt es sich nur um einige signifikante Szenen – spielt in einem Wiener Kaffeegarten. Dort ist, wie der eintretende Gast bemerkt, neben den Kellnerinnen ein älterer Mann beschäftigt, er trägt eine blaue Schürze. »Ja, für dich haben wir auch etwas«, sagt er, als er den Hund des Gastes sieht, und bringt wenig später eine Plastikschüssel Wasser, aus der der Hund aber nicht trinken mag, »es ist noch zu kalt«, sagt der Mann mit der blauen Schürze.

Später will ein Paar am Nebentisch zahlen: »Ich schicke sie Ihnen gleich, die Polska«, sagt der Mann, er meint die fette polnische Kellnerin, die auch den Gast, aus dessen Perspektive ich berichte, bedient, ausgesprochen majestätisch, genauer: kokett, sie scheint sich durch die Bestellung des Gastes geradezu geschmeichelt zu fühlen, das Auftragen einer Speise gestaltet sie wie eine teils willige, teils neue Eroberungsanstrengungen herausfordernde Hingabe – kurz: sie verfolgt offenbar eine erotische Vorstellung von ihrer Arbeit.

Aber zurück zu dem Mann mit der blauen Schürze. Andere Gäste, deren Tisch er sich gerade genähert hat, wünschen einmal Soda und ein Tonic Water; »einmal Soda und ein Tonic Water«, wiederholt der Mann, »ich lasse es Ihnen gleich bringen«, und tatsächlich erscheint wenig später eine Kellnerin mit dem Gewünschten. Unterdessen ist der Mann an einen vierten Tisch getreten, wo sich gerade eine alte Dame bei einer dort bereits sitzenden niedergelassen hat; »ich habe gestern Ihre Bekannte gesehen«, erklärt der Mann den beiden (die also anscheinend Stammgäste sind), »nicht die aus der Währinger Straße, sondern die andere . . .« Die beiden alten Damen rätseln ein wenig über die Identität der dritten, »ich habe sie *hier* gesehen«, wiederholt der Mann mit der blauen Schürze, der sonst nichts zur Klärung der Frage beitragen kann, »das wollte ich Ihnen doch sagen!« Hat jene Dame nicht aus der Währinger Straße etwas Unerlaubtes getan, als sie ohne ihre Freundinnen den Kaffeegarten besuchte, etwas Unerlaubtes, über das diese Freundinnen der Mann mit der blauen Schürze aufklären muß, sich ihnen dergestalt durch seine Wachsamkeit empfehlend?

Dann war der Mann wieder an den Tisch des Gastes getreten, aus dessen Perspektive ich hier berichte, er hatte die Plastikschüssel mit dem Hundewasser genommen und ins Gebüsch geschüttet, »er hat also *nichts* getrunken«, sagte er dabei vorwurfsvoll, als wolle er den Gast beschuldigen, daß er seinem Hund nichts von dem Gratiswasser eingeflößt habe. Der Gast hat inzwischen verstanden, worin die Arbeit des Mannes mit der blauen Schürze eigentlich besteht: er ist für das Aufräumen da, er sammelt Geschirr, Gläser, Flaschen von den Tischen ein; Bestellungen darf er gar nicht entgegennehmen, er ist bloß ein Faktotum. Aber es scheint ihm gelungen zu sein, die Phantasie, eigentlich sei er der Chefkellner, durchzusetzen, nicht nur bei seinen Kolleginnen, denen er Bestellungen der Gäste übermittelt, als wären sie seine Untergebenen, sondern auch bei den Gästen selbst, wie das Beispiel der beiden alten Damen lehrt.

Es ist natürlich nicht so, daß Konstellationen wie die Ehe von Christa und Rudolf erst in den siebziger Jahren entstanden wären. Der Literaturgeschichte ließen sich unzählige Beispiele für solche Konstellationen entnehmen – freilich würden sie, wie genau sie auch verführen in der Darstellung, am Ende wohl auf ein »So geht's eben nicht« hinauslaufen.

So bietet die Literatur für Fälle wie Christa und Rudolf, aber auch den Pseudochefkellner in Wien ein Interpretationsschema an, das in vielen Dramaturgien höchst eindrucksvoll durchgespielt worden ist: Es ist das Interpretationsschema der »Lebenslüge«, die irgendwann unweigerlich auffliegt.

Christa und Rudolf wie der Mann mit der blauen Schürze suchen in ihrer Lebensführung eine Fiktion, ein Phantasma durchzusetzen; eine Zeitlang gelingt das auch, aber eines Tages enthüllt sich in einer Katastrophe, daß es sich eben doch um ein Phantasma gehandelt hat, das den historisch geltenden Standards für Wahrheit, Richtigkeit und Wahrhaftigkeit nicht genügt. – Was geschieht, wenn Christa ihr Universitätsstudium abgeschlossen und einen Beruf ergriffen hat, wozu Rudolf gar nicht qualifiziert ist, einen Beruf, in dem sie andere Männer kennenlernt, die Rudolf endgültig als »Versager« erscheinen lassen, der sie um ein gutes Stück ihrer Lebenszeit betrogen hat, weshalb sie die Ehe mit ihm schleunigst aufkündigen muß, um ein neues Leben zu beginnen, das den jetzt geltenden Standards von Wahrheit, Richtigkeit und Wahrhaftigkeit entspricht?

Was geschieht (ich spekuliere), wenn der Geschäftsführer jenes Wiener Kaffeegartens, der den Mann mit der blauen Schürze eingestellt und regelmäßig gegen die Beschwerden der »Polska« und ihrer Kolleginnen in Schutz genommen hat (der »Polska«, die ja ihrerseits weniger den Beruf einer Kellnerin als den einer Hetäre auszuüben meint) – was geschieht, wenn dieser Geschäftsführer, vielleicht ein Kriegskamerad des Mannes mit der blauen Schürze, der ihn, wegen der im Krieg geübten Kameraderie, man kann auch sagen: Solidarität, eingestellt hatte und beschützt –, was geschieht, wenn dieser Geschäftsführer seinen Posten verläßt? Wird der Mann mit der blauen Schürze den neuen davon überzeugen können, daß er eigentlich nicht Faktotum, sondern Chefkellner ist? Oder wird der Neue, schon deshalb, weil er seine Entschlossenheit und Handlungsfähigkeit beweisen muß, den Mann mit der blauen Schürze unnachgiebig mit seiner Lebenslüge, seiner verfehlten Existenz konfrontieren und ihn entlassen, wenn er die Fiktion, die bislang sein Leben gerechtfertigt hat, nicht aufgibt? (Und als nächste wäre dann die »Polska« dran, weil sich häufig Gäste beschweren: zwar agiert sie wie eine Kokotte, aber sie führt die Bestellungen der Gäste nur höchst unbefriedigend aus, weil sie sich nämlich, im Verfolg ihrer erotischen Phantasie, die deutsche Sprache richtig zu erlernen erspart hat, ihre erotische Attraktivität, dachte sie, würde genügen – ein weiteres Phantasma, denn längst ist sie zu alt und zu fett, um jene Attraktivität wirklich auszustrahlen.)

Sicher, wir alle kennen solche Katastrophen, solche tiefgreifenden Konflikte mit Realitätsstandards, in denen sich eine Lebensform, gerade die Befriedigung, welche sie gewährt, als illusionär erweist. Solche Konflikte können höchst unterschiedliche Dimensionen haben, und auch die Lösungsmöglichkeiten sind verschieden – zu ihnen kann man sogar die Psychopathologie zählen, die, wie Freud gerade an den »schweren Geisteskrankheiten«, den Psychosen, gezeigt hat, nicht die Katastrophe anzeigen, sondern den Lösungsversuch.

Solche Konflikte können aus dem plötzlichen Verlust von sozialen Zugehörigkeiten, auch aus dem unerwarteten Zugang zu neuen Positionen und Lebensbereichen, aus Lebensschicksalen wie Arbeitslosigkeit, Emigration, Krieg, sozialem Aufstieg, aus folgenreichen privaten Glücksfällen oder Katastrophen entstehen. Unter Umständen belasten sie ein Persönlichkeitssystem so stark, daß es vor der Alternative steht, zu zerbrechen oder ein neues Leben zu beginnen. Der Beginn eines neuen Lebens kann freilich sehr Verschiedenes bedeuten: entweder genügt man der Forderung, mit sich identisch zu bleiben, gerade durch eine produktive Neuorientierung, die über die bestehenden Diskrepanzen hinweg die Kontinuität der Lebensgeschichte und die symbolischen Grenzen des Ich ermöglicht; oder man rettet seine Haut durch räumliche und zeitliche Segmentierung, also durch eine Abschnürung der unvereinbaren Lebensbereiche oder Lebensphasen, um wenigstens innerhalb dieser Parzellen den üblichen Konsistenzforderungen gehorchen zu können. Wer solche Konsistenzforderungen überhaupt ignoriert, von dem sagen wir, daß seine Identität zerfließt. Identitätsdiffusion ist eine Form *beschädigter Identität*; andere Formen sind etwa die zwanghaft integrierte oder auch die gespaltene Identität. Solche Erscheinungen werden in der Psychopathologie beschrieben; es kommt nämlich zu Krankheiten der Seele oder des Geistes, wenn selbst in alltäglichen Lebenszusammenhängen die

Kraft erlahmt, eine zwanglose Identität des Ich hervorzubringen und zu erhalten.

Ja, wir alle kennen solche Konflikte und Katastrophen – aber die Skizze von Jürgen Habermas, die ich da zitiert habe, bringt mich in eine schwierige Lage. Nicht weil ich sie, wie wohl der von Ortheil vorgestellte »Christoph«, wegen ihres Sprachgebrauchs für »geschmacklos« hielte – nein, die Schwierigkeiten liegen anderswo.

Weder von Christa und Rudolf, auch nicht von K. und ihrem Lebensgefährten, schon gar nicht von dem Wiener Faktotum, aber auch von kaum einem der Autoren oder »Helden«, die oben exponiert werden, bzw. sich exponieren, ließe sich sagen, daß sie in alltäglichen Lebenszusammenhängen eine zwanglose Identität des Ich hervorbringen und erhalten, ganz im Gegenteil, Segmentierung der Lebensbereiche und -phasen, Identitätsdiffusion und andere Formen der Psychopathologie scheinen in alltäglichen Lebenszusammenhängen die Regel zu sein – mehr: zuweilen imponieren gerade diese Formen als »Errungenschaft«.

Von Rudolf kann man nicht einmal sagen, daß er seine Lebensbereiche segmentiert: er weigert sich einfach, in die Arbeitswelt einzutreten, in der auch ihm sogleich klar werden müßte, daß er realitätsuntüchtig ist; das Wiener Faktotum hat es (bislang) geschafft, seine Arbeitswelt phantasmatisch zu überformen, in ihr die imaginäre Anerkennung von Lebensplänen, Karrierewünschen durchzusetzen, die einer eigentlich abgelebten Existenzform entstammen: der Mann hat sich bestimmten Lebensenttäuschungen nicht gestellt, die er längst hätte verarbeiten sollen; Walter Schönau hat an einer Psychoanalyse beschrieben, wie es gar nicht um eine Niederschlagung der Phantasmen, der »je schon« abgespaltenen Identitätspartikel, der Gespenster aus der nicht nur individuellen Prähistorie gehen kann, sondern ausschließlich darum, weniger Angst vor diesen leeren, dunklen Räumen zu haben, wo sie sich herumtreiben, nur darum, diese Räume ein wenig mutiger zu betreten, wo sie sich auftun; Martin Roda Becher beschreibt mit einem Basler Kindergarten eine Institution, wo ein friedliches Herumwandern zwischen Realitätsstücken und Phantasmen, den machtvollen Überbleibseln segmentierter Lebensphasen, möglich ist; Heinz Bonorden sucht zu demonstrieren, wie aus dem Zerfall einer Institution, der Ehe, Lebensformen für die beiden Geschlechter entstehen können, die es vielleicht erst in der Zukunft gestatten, in alltäglichen Lebenszusammenhängen eine zwanglose Identität des Ich hervorzubringen und zu erhalten; und so weiter.

Nun kann das nicht als Einwand gegen Habermas gelten: Seine anhaltenden theoretischen Anstrengungen sollen unter anderem erweisen, daß jene zwanglose Ich-Identität auf Gruppen-Identität und darüber, flach gesagt, auf gesellschaftliche Identität angelegt ist – und um diese gesellschaftliche Identität schaut es, nicht weniger flach gesagt, empirisch nicht so gut aus.

Man kann das auch so formulieren: Es gibt gegenwärtig keine Zentralperspektive, in der sich Vordergrund und Hintergrund, Wahres und Falsches, Wichtiges und Unwichtiges, Zentrum und Peripherie zwanglos ordnen lassen. Die »Durchblicker«, die freilich immer Peripherie waren, haben völlig an Überzeugungskraft eingebüßt, aber – und damit sind wir schon eher in einem ehemaligen Zentrum – das strategische Handeln, das laut Habermas seit Beginn des Kapitalismus die ökonomische Reproduktion des Individuums, des Zusammenhanges egoistischer Individuen, gewährleistet, dies strategische Handeln zum Zweck der ökonomischen Reproduktion, die eine Zentralperspektive, nämlich die egoistische, zu entwickeln und aufrechtzuerhalten erlaubt, dies Handeln hat, seit der ökonomischen Rekonstruktion der Bundesrepublik, kaum weniger an Plausibilität verloren. Und wenn die »Durchblicker« danach in imaginären Szenarien kaum weniger imaginäre Strategien des Klassenkampfes entwickelten, sich selber aus Fragmenten der proletarischen Tradition die Phantasie-Rolle des Berufsrevolutionärs bastelnd, damit das Verhältnis von Zentrum und Peripherie gründlich verwirrend: vielleicht gehören diese Unternehmungen zur Vorgeschichte der mißlungenen Experimente im Bilden von Soziotopen . . .

Ich will mich hier nicht auf eine systematische Habermas-Diskussion einlassen, ich bin dafür gar nicht kompetent, denn ein großer Teil der Argumentationsmaterialien, die er als eine Art Theorien-Epiker durchmißt, ist mir nicht vertraut. Es könnte sein, daß sich die hier beschriebenen Konstellationen, die Manifestationen einer teils exzentrischen, teils vertrauten Lebenskunst anhand von Habermas' Überlegungen zur Ich- und Gruppenidentität theoretisieren lassen, es könnte weiterhin sein, daß diese

Bildungen sich im ganzen oder partikular den idealen Kommunikationen verdanken, auf deren Herausarbeitung Habermas so viel theoretische Anstrengung verwandt hat – ich weiß es nicht, ich habe sogar Zweifel. Ich vermute eher, daß sie mit dem zu tun haben, was Habermas en passant als »ästhetisch-expressives Handeln« eingeführt (und noch nicht gründlich genug ausgeführt) hat – nicht zuletzt Königsteins Beobachtungen am Fortschritt der Rockmusik deuten in diese Richtung. Sogar der von Ortheil vorgestellte »Christoph« spricht dafür: wenn er Habermas' Sprachgebrauch »geschmacklos« fände, würde er damit auf ein ästhetisches Moment, das Verfahren der Theorien-Epik, reagieren. Aber erwarten Sie jetzt nicht, daß ich die Kategorie des »ästhetisch-expressiven Handelns« stellvertretend ausführe und womöglich auch noch kritisiere! Ich wollte nur festhalten, daß diese Kategorie vielleicht manche der Rätsel wird lösen helfen, die uns beschäftigt haben und die weder mit der Kategorie des »instrumentellen« (oder des »strategischen«) noch mit der des »kommunikativen Handelns« zu lösen waren.

Ich hatte Beobachtungen zum Problem der Perspektive versprochen: Wie verhalten sich der Beobachter, der Erzähler, der Interpret zu der Geschichte, als die sich ein Soziotop darstellen läßt? Nun, es schaut wohl so aus, daß deren Perspektive unlösbar an die Geschichte, die sie erzählen und interpretieren, gebunden bleibt, das autobiographische Verfahren – von dem sich ja schwer sagen läßt, ob es dem »ästhetisch-expressiven« oder dem »kommunikativen Handeln« zuzurechnen ist –, das autobiographische Verfahren ist bislang nicht zu ersparen; auch wenn im Mittelpunkt der Geschichte Zweite und Dritte stehen, bleibt ihr Erzähler unabweisbar präsent.

Zwar scheint das autobiographische Verfahren so eine Zentralperspektive zu ermöglichen – warum sollte sie als Form auch kein zulässiges Material dieses lebensweltlichen Collagierens bleiben? –, doch ist diese Zentralperspektive, bloß von einem empirischen Individuum, einer Person getragen, zugleich peripher, randständig. Alle diese Geschichten könnten auch anders erzählt werden; *daß* sie *so* erzählt worden sind, scheint das Entscheidende – bis die alternativen Erzählungen vorliegen, und dann werden wir weitersehen (hier liegt irgendwo der Punkt, wo in Habermas' Konzept des herrschaftsfreien Diskurses, in dem die Geltungsansprüche gesellschaftlicher Normen überprüft werden, die Kategorie des »ästhetisch-expressiven Handelns« intervenieren müßte – aber, wie gesagt, erwarten Sie nicht von mir, daß ich diesen Gedanken ausführe).

Unter diesem Aspekt der Randständigkeit wären etwa großformatige Theorien der »Gegenkultur«, die sich in allen Einzelheiten gegen eine allgemein herrschende wendet und sich oft genug tatsächlich in diesem Unterscheidungskampf erschöpft –, unter diesem Aspekt der Randständigkeit, die freilich auch nicht ohne weiteres auszumachen ist, weil verbindliche Zentralperspektiven zerfallen sind, unter diesem Aspekt, jedenfalls, liegt es nahe, solche großformatigen Konzepte kritisch zu durchmustern: Was Bonorden beschrieben hat, liest sich ja eher wie die *Einlösung* von Ideen, unter denen eine Institution, die Ehe, einmal konzipiert worden ist, nach dem vertrauten Muster also, demzufolge Ideen, deren Wirkungsgeschichte sie beschädigt hat, gegen diese Wirkungsgeschichte eingeklagt werden können (wohlvertraut ist uns das Muster vom Sozialismus, bei dem das Einklagen der Idee aber bislang mißlungen ist); während Baier die *Ablösung* von vertrauten Ideen, die Schriftstellerexistenz betreffend, als Errungenschaft beschrieben hat und damit eine Existenzform, in der, wenn diese Bildungsreminiszenz erlaubt ist, Wilhelm Meisters theatralische Sendung mit seiner späteren, in den Wanderjahren erworbenen pragmatischen Orientierung versöhnt wäre, mit ihr koexistieren würde. Nein, es scheint keine Zentralperspektive des »kritischen Bewußtseins« (so die Formel, bevor es »Gegenkultur« gab) fixierbar zu sein: Bodo Kirchhoff hat als glückhafte *Auflösung* von wirkungsmächtigen Phantasmen, als Realitätskontakt – der eigentlich, nach der Tradition, den Gedanken des Glücks ausschließt –, Kirchhoff hat eine Erfahrung beschrieben, deren regelmäßiges, »je schon« stattgehabtes Gelingen zahllose Veranstaltungen zur internationalen Solidarität längst voraussetzen, und ich sehe keine Möglichkeit, ihn dafür, daß er diese Erfahrung erst jetzt gemacht hat, zu tadeln im Namen des fortgeschrittenen Bewußtseins – wobei der, der das tun möchte, keineswegs jeder Chance verlustig gegangen wäre: er bräuchte bloß seine Lebensform, die ihn dies Bewußtsein errichten und aufrechterhalten läßt, zu erzählen . . .

Aber etwas tiefer läßt sich doch noch eindringen in den Gedanken der Randständigkeit, die sich nicht einmal eindeutig fixieren läßt, weil die Zentralperspektiven glücklicherweise zerfallen.

Zentral, ja, zentral an diesem Geschichtenerzählen scheint mir ein Moment, von dem ich nicht genau sagen kann, ob ich es *Ent*fremdung oder *Ver*fremdung nennen soll.

Was an vielen dieser Geschichten schon befremdet, ist ja ihre schriftliche Fassung – ist das Material, das in ihnen exponiert wird, nicht eigentlich dazu bestimmt, in den »Beziehungen« der Beteiligten, in *face-to-face-communications* verbraucht zu werden? Eine Frage, die sich zum Beispiel an Schönaus Informanten richten läßt, der, statt das Leben mit den Gespenstern der Prähistorie in *seiner* Psychoanalyse zu erkämpfen, in das Beschriebenwerden ausweicht.

Nun, die psychoanalytische Situation ist kein schlechtes Modell, das Problem von Entfremdung und Verfremdung ein wenig zu klären. Es handelt sich ja keineswegs um eine Situation der *face-to-face-communication*, gerade das nicht. Vielmehr versetzt das analytische Setting den Analysanden in einen Raum *zwischen* allen lebendigen »Beziehungen«, einen Raum, in dem er, nicht ohne Hilfe, aber ohne auktorialen Erzähler, seine Geschichte als einen Text lesen lernen muß, der eben gerade nicht in *face-to-face-communications* aufgebraucht werden konnte, aufgebraucht werden kann, als einen Text, in den er unauflöslich verwickelt ist und dessen Lektüre einen zentralen Verzicht von ihm erheischt: den Verzicht auf das narzißtische, das Größenphantasma, er werde diesen Text jemals restlos einer Zentralperspektive unterwerfen können . . .

Ich will mich hier auch nicht auf eine systematische Diskussion der Psychoanalyse einlassen, für unsere Zwecke genügt der Gedanke eines kommunikativen Zwischenraums, in dem eine Geschichte aus den unaufhörlich laufenden »Beziehungen« ausgegliedert werden kann, seien diese Interaktionen nun institutionell oder »zwischenmenschlich« geregelt, handle es sich um eine Gesamtschule oder um eine Liebesgeschichte. Ich möchte hinzufügen, daß ich in der psychoanalytischen Erzählpraxis die tiefste Affinität dieser Wissenschaft zur Literatur sehe . . .

Aber ich will nicht diesen Gedanken weiterverfolgen, um das Erzählen, das in diesem Buch praktiziert wird, die Formel »Soziotop«, das Verhältnis von Entfremdung und Verfremdung zu erläutern. Vielmehr möchte ich zu diesem Zweck in eine andere dieser »Arbeiten an der Geschichte« eintreten, von denen oben eindrucksvolle Beispiele gegeben worden sind. (Im übrigen könnte man wohl zeigen, daß das eigentümliche Verhältnis zu Freud und seiner Wissenschaft, das seit Ende der sechziger Jahre unter uns entstanden ist, gleichfalls auf dieses Arbeiten an der Geschichte zurückgeht.)

Rückblick auf Eugen Rapp

Man soll wohl nicht sagen können, daß die spezielle Wahrnehmungs- und Handlungsperspektive des Eugen Rapp sich restlos aus den historischen Katastrophen erklärt, die seine Lebensgeschichte bestimmt haben, so tief diese Bestimmung auch reicht.

Vielmehr ist diese Perspektive schon an einem Kinderspiel abzulesen, das Eugen Rapp – er mag 1913 geboren sein – mit Leidenschaft betreibt: Mit Kreide werden, wenn ich es richtig verstanden habe, zwei Vierecke auf eine Wand gezeichnet, ein kleineres in einem größeren; die acht Ecken werden mit geraden Strichen verbunden, so daß eine Raumillusion entsteht, eine Art Korridor, »der Weg ins Freie«, in beliebigen Situationen zu eröffnen. Mit diesem Kinderspiel bringt Eugen Rapp ein wesentliches Moment seiner Wahrnehmungs- und Handlungsperspektive zum Ausdruck: nämlich die Möglichkeit, tief abwesend zu sein. Sie charakterisiert ihn früh, auch in den Augen seiner Familie, sie verläßt ihn nie mehr.

Nach dem Abendessen leerte der Großvater eine Opferbüchse aufs Wachstuch aus, und Margret [Eugens Schwester] fing an, die Pfennigstücke wie Linsen mit dem kleinen Finger vom Tisch zu streichen; sie freute sich, wenn sie zehn beisammen hatte, weil die Münzen dann eingerollt wurden und der Aufdruck auf den Rollen so verschnörkelt war. Eugen lehnte in der dunkelrotsamtenen Sofa-Ecke und nahm manchmal ein Spitzendeckchen von seinem Ärmel, denn diese Spitzendeckchen hängten sich ihm an die Ärmelknöpfe. Und wieder sah er aus, als ob er hinter Milchglas säße; dabei war er doch in den Flegeljahren (nicht zu glauben). Einmal stieß sie ihn mit dem Ellenbogen an und fragte leise, was er tue. – »Zugucken halt«, sagte er und wurde lächelnd rot, beugte sich vor und schaute auf die Rollen mit den Pfennigstücken, während der Großvater eine Rechnung langsam ins Kirchenbuch schrieb.

Die Einzelheiten, deren Wahrnehmung Eugen Rapps Perspektive einer intensiven Abwesenheit voraussetzt, machen deutlich, daß wir uns nicht im Zentrum, in keiner Metropole, sondern in der

Provinz befinden, in Süddeutschland. Eugen Rapps Entfremdung geht also keineswegs auf die »Entwurzelung« zurück, welche nach einem kulturkonservativen Lieblingstopos das Leben in den Großstädten bewirkt, nein, Eugen Rapps Lebensraum wird durchaus noch von verläßlichen »Sitten« strukturiert, sein Vater zum Beispiel präsentiert sich in einem ganz ungebrochen traditionellen Sinn von »Männlichkeit« – er ist, im einheimischen Sprachgebrauch, ein »strabeliger Kerle« –, und die deutschnationalen Überzeugungen, denen er in den zwanziger Jahren anhängt und die ihn Anfang der dreißiger mit der NSDAP sympathisieren lassen, diese Überzeugungen wirken durchaus »organisch«: keineswegs kompensieren sie erkennbar eine durch die Niederlage im Ersten Weltkrieg erzeugte Heimatlosigkeit, gegen die auftrumpfend Nationalgefühl mobilisiert werden muß.

Solche Einwände – von denen die Kulturkonservativen sagen würden, sie entstammten ohnehin einer Ideologiekritik, in der sich die großstädtische Heimatlosigkeit widerspiegelt, eine Haltung, in der traditionell eingelebte Formen gar nicht wahrgenommen werden könnten –, solche Einwände gegen seinen Vater liegen dem jungen Eugen Rapp ganz fern.

Für den [wie wiederum seine Schwester Margret wahrnimmt] war die Farbe des Wassers wichtiger; der schaute lieber auf den Bodensee und zum Säntis als den Leuten ins Gesicht; der wußte, wie das Wetter wurde; der sagte, wenn das Wasser dieses Weißlichblaue und obenhin Angelaufene wie von altem Silber habe, werde es bis zum nächsten Tag halten; denn weiter hinaus etwas prophezeien wollen, sei auf alle Fälle Schwindel . . .

»Ja, der Eugen ist halt Demokrat . . .«, sagte Herr Waidelich, und es klang recht abschätzig . . .

Eugen liebte schiefes, schräges, gefiltertes Licht, nicht jenes, das um Mittag gerade und direkt von oben kam . . . Morgens und abends, im noch jungen und im alten, im unberührten und verklärenden Licht, war für ihn Gegenwärtiges erträglich, weil's dann noch nicht oder nicht mehr von Leben dampfte, zischte, brodelte, rauschte oder wie Sand rieb; das Abgemilderte war ihm gemäß. Er wollte herausfinden, herausriechen, was ihm gemäß sei, versuchte dieses ihm Gemäße aufzustöbern . . .

Hinter deiner Haut liegt ein Bezirk, der dir allein gehört; davor dehnt sich die Fremde . . .

Das war kein fortlaufendes Zitat, es war eine Zitat-Montage. Das fällt kaum auf, nicht wahr: weil bei dieser Perspektive das Augenmerk ohnehin auf die Details gerichtet ist, weil die Details keiner, nun ja, Zentralperspektive zu-, d. h. untergeordnet sind. Inzwischen befinden wir uns übrigens im Dritten Reich: das von ihm auf das unheimlichste mobilisierte Lebensgefühl, die imperialistische Vitalität ist es, die Eugen Rapp als »dampfendes Leben« nicht ertragen kann.

Er studiert in München, lernt dort auch ein Mädchen kennen, Hanni Treutlein, woraus sich, trotz dieser anhaltenden Abwesenheit, eine verläßliche Liebesgeschichte entwickelt; das Mädchen ist Halbjüdin, was fast als Liebesbedingung erscheint: es entfernt sie von selbst aus der unheimlichen, auf den »Führer« hingeordneten Vitalität – den Eugen Rapp einmal im Auto vorbeifahren sieht:

Zum Wegschauen, aber du mußt es anschauen, die Zeit anschauen, die Zeit kennenlernen, weil du nicht gefragt wirst, ob du lieber eine andere kennenlernen willst.

Es ist nämlich keineswegs so, daß die Wahrnehmungs- und Handlungsperspektive dieses, nun ja, Aussteigers einen einfachen Eskapismus bedeutet, eine Flucht in andere Zeiten und Räume. Nostalgie – genauer: diese Wahrnehmung ist, dafür habe ich schon einige Belege gegeben, sozusagen selbstreflexiv, sie kann sich selbst zum Thema werden, was einfache Nostalgie ausschließt – und weiter: diese Nostalgie erschließt, wenn sie auftritt, an der Historie Momente, die in ihr gar nicht realisiert worden sind. Die Elemente der Geschichte sind Requisiten eines Schauspiels, das eigentlich erst noch aufgeführt werden müßte, die rückwärtsgewandte Sehnsucht erhebt, nun ja, eine lebensweltliche Collage zur Utopie:

. . . in Dinkelsbühl. Dort hast du doch mit Professor Grauerbach im Zwielicht auf Gärten und Fachwerkgiebel g'schaut, und ein Stall ist erhellt gewesen . . . Der Professor hatte gesagt: »Ja, das verschlafene Deutschland vor achtzehnhundertsechsundsechzig . . . Wissen Sie, ich bin zwar Preuße, aber mir ist die Kleinstaaterei auch lieber. Da nehme ich sogar das Muffige in Kauf . . . Dagegen das mächtige Deutschland Bismarcks: Sie sehen, was daraus geworden ist.«

Eugen Rapp, der sein Studium nicht richtig hat betreiben können, weil er ihn kommen sah, muß in den Krieg, erst nach Frankreich, dann nach Rußland. Hier erweist sich seine eigentümliche Wahrnehmungs- und Handlungsperspektive als Schutzmechanismus, die ihn Entsetzen und Gefahr überstehen läßt – und man könnte auf den Gedanken kommen, hier, in Schrecken und Todesgefahr, in einer *Grenzsituation,* von der uns die deutschen Existentialisten nach dem Krieg so viel zu erzählen wußten –, man könnte auf den Gedanken kommen, Eugen Rapp habe eigentlich erst hier, in dieser Situation, seine eigentümliche Perspektive ausgebildet und sie bloß in der Retrospektive auf frühere Lebensphasen ausgedehnt, es handle sich einfach um den von Entsetzen gebannten, traumatisierten Blick, in dem Angst und Neugier die Zeit stillstellen, und auf dieses Trauma lasse sich die Entstehung dieser Attitüde datieren, »irgendwo, wo man nicht hingehört, sich aufzuführen, als ob man zuhause sei«.

Sei froh, daß du durabel bist. Dein Leib hat bisher immer fest zu dir gehalten. Und wen hast du hier, außer deinem Leib? Verlaß dich auf dich selber, mit dir selber kannst du rechnen . . .

Alles sehen, alles hören, alles spüren, alles riechen, was sich dir hier zeigt. Laß es in dich eindringen, nimm daran teil, dann wird es dir klar. Du bist jetzt hier hineingestellt; ausweichen kannst du nicht mehr. Freilich, mehr, als daß du es erträgst, bleibt dir nicht übrig . . .

Es kam Eugen so vor, als wundere sich der [Feldwebel Raunecker] weil er nicht mit den anderen nach Ssablino wollte; aber was wäre schon in Ssablino besser gewesen als hier vorne? Jedenfalls weißt du, wie's hier ist . . .

Das Wasser eines Granattrichters hatte eine Haut aus Eis, und die zerging allmählich, während Eugen sich Machorka in die Pfeife stopfte, rauchend dahockte, auf zerfetzte Stangen des Sumpfwaldes schaute, drüben eine braune Wand aus Bäumen den gleißenden Horizont begrenzte und neben ihm die drei ausgezogenen Toten in der Sonne tauten, was zu riechen war. Einer hatte an der Hüfte einen hellroten Blutflecken, und es sah wie Gefrierfleisch aus mit naß glänzender Haut. Daß du es siehst und riechst, und den Machorka rauchst, der einem von den dreien da gehört hat . . . Sonderbar . . .

Und wieder einmal merkte er, wie er durch die Zeit weiterglitt, fast so, als ob er Luft geworden wäre (s'kann dir nix g'schehn) . . .

Eugen Rapp hat den Krieg überlebt – »s'kann dir nix g'schehn«: das ist eine Zeile aus einem Theaterstück von Ludwig Anzengruber, das er als Jugendlicher gesehen hat, wobei sich ihm die Zeile tief einprägte – es ist übrigens dieselbe Zeile, mit der Freud Anfang des Jahrhunderts den alltäglichen, selbsterhaltenden Narzißmus, die grundlegende Einstellung »seiner Majestät, des Ich« charakterisierte, eines Ich, das solche historischen Katastrophen wie das des Eugen Rapp noch gar nicht auszustehen hatte – und das ergibt erneut, nun ja, eine lebensweltliche Collage: Eugen Rapp, inmitten der weltgeschichtlichen Katastrophen, ausgestattet mit dem Normal-Ich einer vergangenen Epoche, das ihm, dem Provinzler, dem Regionalisten, aufgrund seiner entfremdeten Wahrnehmung auch noch als solches auffällt, was es, als gut funktionierendes, gar nicht dürfte, wofür vielleicht gleichfalls die Maxime gilt, die er anderswo aufstellt: »Alles ist für dich erst interessant, wenn es Gerümpel ist . . .«

Eugen Rapp überlebt auch die Kriegsgefangenschaft in den USA (die ihm so wenig feindselig begegneten wie dem Lehrer K., von dem Michael Becker und Stefan Heerich berichtet haben), Eugen Rapp macht sich auf den Weg zurück nach Süddeutschland.

. . . bald danach wurden sie verfrachtet, wie Eugen Rapp zu sich selber sagte, während er an sich hinunterschaute und überlegte, wie es wäre, wenn er niemand mehr zu Hause träfe, von Hanni Treutlein nichts erführe und weiterhin in diesem schwarzgefärbten Mantel herumginge, herumlungerte, in Wartesälen nächtigte, denn daß er etwas zu arbeiten anfing, das kam nicht in Frage.

Aber er findet seine Familie vor in dem Stuttgarter Haus, in dem auch seine Schwester Margret mit ihrem Mann, einem Bäcker und Konditor, lebt; in dies Haus holt Eugen Rapp auch Hanni Treutlein, um sie zu heiraten, Hanni Teutlein, um die er viel Angst hat ausstehen müssen, weil er nicht wissen konnte, ob sie der Rassenwahn nicht doch noch, im letzten Augenblick, ums Leben gebracht hätte; und hier, in diesem Stuttgarter Haus, das zufällig von Bomben nur leicht beschädigt ist, entfaltet sich zwischen 1945 und 1948, bis die Währungsreform die Bundesrepublik Deutschland begründet, der Inbegriff eines »Zwischenraums«. Die Zentralperspektive einer barbarischen Weltherrschaft war ja zum Glück vernichtet worden, Deutschland war (für allzu kurze Zeit) aus der Geschichte ausgegliedert. Ich gebe zum dritten Mal eine Zitat-Montage.

Gemeinsam kochten beide Frauen, die alte und die junge, das Essen für vier Leute. Im ersten Stock wohnte Eugens Schwester mit Mann und Kind, und unterm Dach war er zu Hause, der alles anschaute, als wäre er hier nur vorübergehend eingemietet als ein fremder Mann . . .

Ob es ihm gelingen würde, abseits zu bleiben und etwas fertigzubringen nur mit Papier und einem alten Federhalter, in dem wie vor zwanzig Jahren eine Stahlfeder steckte, das war nahezu unwahrscheinlich oder zumindest ungewiß . . .

Das Schreiben droben in der Stube, das war jetzt wichtig, weil's den Krieg zurückdrängte (du willst deinen Bezirk abgrenzen). Und er überlegte, wie er leben könnte, wenn er einen Beruf ausüben müßte, denn Schreiben war ja kein Beruf. Da fiel ihm dann Zoglauer Michel, der Zimmermann aus Regensburg, ein, der zu ihm gesagt hatte: »Du waarst a guater Gmoaschreiber.« Und als Gemeindeschreiber dort in der Altstadt von Regensburg wärest du am Platz . . . In einer hohen Mauer war ein Pförtchen, und das führte in einen engen Hof hinein, der holperig gepflastert war. Dann kam er zur Haustüre. Und wenn du die aufmachst und aufwärts gehst über eine steile, ausgewetzte und knarrende Stiege, kommst du auf eine weite Diele mit polierten Steinplatten. Dort gehst du wieder aufwärts über knarzende und krumme Stufen. Die Treppe wird eng wie eine Wendeltreppe. Und oben dann, bei den Aborten, wo der Podest ist und ein niedriger offener Mauerbogen, kommst du auf einen Dachboden im Hinterhaus, wo's dann links hinten zum Gemeindeschreiber Rapp Eugen hineingeht, übrigens eine Stufe tiefer. Der Rapp hat seinen Schreibtisch in der Fensternische und schaut auf moosige und braune Dächer. Zusammenkommen, Umgang pflegen und so weiter tut der Gemeindeschreiber nur noch mit wenigen Leuten. Da geht er dann manchmal in einen Wirtsgarten, wenn's im Sommer abends schwül ist. Und die Anni, die das Bier bringt und einen Korken mit den Zähnen aus der Flasche zieht, die sieht er gern. Das ist eigentlich alles.

Also willst du nicht mehr mitmachen. Die andern sollen ferne von dir bleiben, wie? So ungefähr.

Klar, Eugen Rapp hatte in diesem Raum und in dieser Zeit, wo Deutschland aus der Weltgeschichte ausgegliedert war, herausgefunden, daß seine besondere Wahrnehmungsperspektive eigentlich nur in *einer* Handlung realisiert werden könnte: der Literatur, dem Schreiben. Der historische Augenblick der Neutralität, der Indifferenz bekräftigte die Attitüde, die ihm ohnehin eignete, und machte ihn handlungsfähig, für eine Handlung freilich, in der Aktion und Abstinenz davon eigenartig zusammenfallen, eben das Schreiben.

Regionalismus. Lesen

Peter Handke hat 1973 berichtet, wie er die Bücher von Hermann Lenz – das heißt »Eugen Rapp« und zugleich seinem Erfinder – entdeckt und welche »begütigende«, wie Handke sich ausdrückte, Wirkung die Lektüre auf ihn ausgeübt hat. Ich kenne einige, denen das genauso ging in den siebziger Jahren, ich gehöre dazu.

Handkes Entdeckung führte dazu, daß Hermann Lenz an der richtigen Stelle eingefädelt wurde in die bundesrepublikanische Literaturgeschichte – wir haben es auch im Fall von Lenz und Handke mit einer dieser Arbeiten an der Geschichte zu tun, bei denen, jenseits der offiziellen Tradition und ihrer Kontinuität, plötzlich ein Stück Vergangenheit zugänglich wird, ein Partikel eigentlich nur, eine einzelne Person, die freilich eine überwältigende Fülle von Fragen beantwortet, wie Katharina Rutschky demonstriert hat. Wie gesagt, ich meine auch, daß wir uns in dieser Form Freud angeeignet haben, ebenso Marx; Walter Benjamins explosive Wirkungsgeschichte bezeugt diese Form der Arbeit an der Geschichte kaum weniger deutlich; wie der Expressionismus in die Texte hineingeraten ist, die Königstein zitiert hat, das mag sich nur auf diesem Wege klären lassen.

Aber ich habe Hermann Lenz nicht so ausführlich zitiert, um diese Arbeiten an der Geschichte ein weiteres Mal zu exemplifizieren – obgleich ich ihr Muster für höchst bedeutsam halte, ohne daß ich mich freilich getraute, in dem Muster den berühmten »Tigersprung ins Vergangene« wiederzuerkennen: »Nur als Bild, das auf Nimmerwiedersehen im Augenblick seiner Erkennbarkeit eben aufblitzt, ist die Vergangenheit festzuhalten.« Diese Arbeiten an der Geschichte, deren Muster Katharina Rutschky herauspräpariert hat, scheinen nämlich etwas anderes zu vollbringen: die Tradition, die sich als direkte Rede kontinuierlich fortpflanzt, ist vom Dritten Reich so gründlich zerrissen worden, die Träger der Tradition, Eltern und Lehrer, sind, wenn nicht ermordet oder vertrieben, so gründlich verstummt, daß indirekte Rede, Lektüre einspringen mußte, damit überhaupt so etwas wie Verkörperung von Tradition stattfinden konnte, die freilich seltsam kraftlos bleibt. Der Tigersprung ins Vergangene, wenn er noch einen lebendigen und vor allem beredten Zeugen findet, realisiert jetzt genau das, wovon Benjamin ihn auf das gründlichste unterschieden hatte, nämlich den Impuls des Historismus, wissen zu wollen, »wie es wirklich gewesen ist«. Dieser Impuls hat jenen Lektüren ihre besondere Intensität verliehen . . .

Nun aber endlich zu Hermann Lenz. Ich möchte seiner autobiographischen Konstruktion des »Eugen Rapp« eine Vorstellung von Regionalismus entnehmen, in der sich vielleicht die Ideen über Entfremdung und Verfremdung, über »Soziotope« und die kommunikativen Zwischenräume, in denen sie sich entfalten mögen, zusammenschließen lassen. (Ich könnte mir übrigens vorstellen, daß die anthropologisch sehr tief ansetzende Literatur, die Peter Handke unterdessen verfolgt, sehr zum Mißfallen der Literaturkritik, in eine ähnliche Richtung geht.)

Eigentümlich an Eugen Rapp scheint mir, daß der Regionalismus, den er verkörpert, alles andere als eine Lebensform propagiert, die, wie uns die Konservativen gern predigen, eine von fraglosen Sitten und Gebräuchen, von traditioneller Autorität bestimmte »Heimat« wäre. Die Wasserfarben des Bodensees, in denen Eugen Rapp sich verliert: so, wie er sie anschaut, erschließen sie sich wohl gerade nicht dem Blick des fraglos Einheimischen. Auch diese Art der Aufmerksamkeit selbst muß wohl eher als »Gerümpel« gelten, als eine Gebrauchsform, die aus den offiziellen Standards herausgefallen ist.

Sicher, Süddeutschland ist unzweifelhaft der Lebensraum, in dem Eugen Rapp sich zu bewegen versteht – in dem Hermann Lenz sich zu bewegen versteht als Schriftsteller, der auf Elemente des einheimischen Dialekts nicht verzichtet –, und ich gebe gern zu, daß seine Literatur mir eine höchst prägnante Vorstellung von »Süddeutschland« verschafft hat (ich bin kein Süddeutscher) und allgemein die Vorstellung, daß Süddeutschland als Region eine Kategorie sei.

Aber da ist diese Fremdheit, aus der, wie man wohl sagen muß, überhaupt erst die Notwendigkeit und auch die Möglichkeit entsteht, diese Region zu beschreiben. Das »Gerümpel«, das rotsamtene Sofa wie die Farben des Bodensees, wie die Art dieser Aufmerksamkeit selbst, Materialien also, die aus den zentralen, den institutionell durchgesetzten und gesicherten Perspektiven ausgegliedert sind –, die literarische Darbietung und Entfaltung dieser Materialien hat, wie Handke sich ausdrückte, etwas »Begütigendes«, etwas von Errettung: sie fordern nämlich in keiner Weise zur Wiederherstellung von Zentralperspektiven heraus. Die *literarische* Wiederherstellung der Region, die sie ja gar nicht als politisches, moralisches, lebenspraktisches Modell zu stilisieren braucht – »Bayern, die Elite Deutschlands«, lautete eine der blödsinnigsten Parolen des letzten Bundestagswahlkampfes, sie war hier in München auf Autoaufklebern zu lesen –, die *literarische* Herstellung der Region als eines Lebensraumes, in dem er sich bewegen darf (und in dem sich höchst Widersprüchliches in ihm selber bewegen darf), geht nämlich auf Eugen Rapps Entfremdung zurück, die das Erfahrungsmaterial des selbstverständlich Einheimischen von vornherein – ja: – verfremdet. Die Phantasie vom Gemeindeschreiber, der Eugen Rapp in dem letzten Zitat anhängt, diese Phantasie, könnte man sagen, entwirft eigentlich eine Region, ein Soziotop, das den Schriftsteller als Arbeiter an eben dieser Verfremdung, die Lebensmöglichkeiten unterhalb der institutionalisierten Zentralperspektiven rekonstruiert, als Funktion eines Lebenszusammenhanges, nun ja, institutionalisiert hat – als »Gemeindeschreiber in Regensburg« wird eine Utopie skizziert, in der sich vielleicht manche der oben aufgetretenen Autoren verorten ließen . . .

Bevor ich den Einwand, der bei manchen von Ihnen entstanden sein mag: es gehe also doch bloß um Literatur, um eine so überlebte Tätigkeit wie das Schreiben – bevor ich diesen Einwand angehe, möchte ich den von Eugen Rapp verkörperten Regionalismus noch ein Stück weiter verfolgen.

Wie weiter oben gesagt: Hermann Lenz läßt keinen Zweifel daran, daß Eugen Rapps Entfremdung von seinen Situationen schon früh ansetzt, nicht erst im Dritten Reich – das wohl für Adorno der Inbegriff des unwahren Ganzen war –, Hermann Lenz stellt es auch nicht so dar, als hätten die Traumen des Krieges Eugen Rapps Entfremdung produziert.

Genetisch betrachtet mag das triftig sein. Historisch gesehen kommt es mir vor, als konserviere Eugen Rapps Blick, sein Regionalismus, einen bestimmten Zeitpunkt der BRD-Geschichte: tatsächlich die Zeit von 1945 bis 1948, tatsächlich einen Zwischenraum, für die jedenfalls, die die Niederlage des Dritten Reichs als Befreiung erfuhren in jenem, wie auch Jürgen Habermas sich erinnert hat, außerordentlich strahlenden Sommer 1945. Nicht »Süddeutschland« als »intakte« Region wäre unter diesem Aspekt das Entscheidende an Eugen Rapps Regionalismus, sondern daß das Deutsche Reich insgesamt in Regionen, daß seine von den Nazis projektierte unwahre Zentralperspektive zerfallen war – Edgar Reitz' Film *Stunde Null,* der an einem Eisenbahnknotenpunkt in Mitteldeutschland spielt, wo die Nazis fort-, die sowjetischen Soldaten aber noch nicht einmarschiert sind, verlieh dieser Erfahrung einen kaum weniger prägnanten Ausdruck.

Jedenfalls begann Eugen Rapp erst in diesem Zwischenraum, der sich 1945 auftat, im Ernst zu schreiben, die *Wahrnehmung*sperspektive, die »je schon« die seine ist, auch als *Handlung*sperspektive zu realisieren. Es ist viel darüber gesagt worden, daß dieser historische Zwischenraum von 1945 bis 1948 nicht richtig genutzt, daß diese Aussteigerchance, »noch einmal von vorn anzufangen«, vertan wurde. Die sich als befreit erfuhren, waren ohnehin in der Minderzahl. Freilich scheinen sich zentrale politische Erfahrungen, wie anderswo an anderen Materialien gezeigt worden ist, nicht folgenlos unterdrücken zu lassen. Unter diesem Gesichtspunkt leuchtet ein, daß Hermann Lenz gerade Anfang der siebziger Jahre, als die Adenauer-Ära unwiderruflich vorbei und auch durch keine sog. Tendenzwende mehr wiederzubeleben war, an der richtigen Stelle in die BRD-Literaturgeschichte eingefädelt wurde. Und unter diesem Aspekt leuchtet erst recht ein, daß Mathias Greffrath Berlin, wo von 1933 bis 1945 das Herz der Finsternis war, das aber danach nicht mehr ernsthaft als Zentrum in Frage kam –, unter diesem Gesichtspunkt leuchtet ein, daß Greffrath gerade Westberlin als Inbegriff eines Zwischenraums, in dem Soziotope entstehen mögen, beschreiben konnte, denn hier ist die zentrale historische Erfahrung nie in der bekannten Manier ausgeschlossen worden, in keiner westdeutschen Stadt gibt es ein Äquivalent zum Potsdamer Platz.

Und gerade Westberlin ist auch geeignet, einen letzten Aspekt an dem Regionalismus zu klären, den Eugen Rapp verkörpert. Es ist eben ganz und gar nicht so, daß er eine selbstverständliche, unproblematische Vorstellung von »Heimat«, dem angestammten, von Normen, die keiner anzweifeln mag, »durchherrschten« Lebensraum realisierte, nein, es ist so, daß im Innern dieses Raumes die Fremdheit seines Blicks entstanden ist, der die Elemente jenes Raumes als »Gerümpel«, als aus den Standards herausgefallene Gebrauchsformen erscheinen läßt, einschließlich des Blickes, der auf sie fällt und dessen sich Eugen Rapp, als er zu schreiben beginnt, bemächtigt, weil er dadurch der Zentralperspektive des »Wiederaufbaus«, der rastlosen Restauration zu entkommen vermag.

Unter diesem Aspekt ist aber die *eingelebte* Existenzform unwichtig, die Frage, ob es sich gewissermaßen um den Blick des Auswanderers oder den des Einwanderers handelt, sollte niemanden beschäftigen. Interessanter scheinen mir gewisse Tugenden an diesem Blick selbst, richte er sich nun auf den Bodensee – und auf die Leichen der sowjetischen Soldaten, ja – oder auf die Lebensmöglichkeiten, die zentralperspektivisch ungesicherten, die ein

Zwischenraum wie Westberlin eröffnet. Man könnte zum Beispiel sagen, daß es sich hier um Wahrnehmen – und nicht um Urteilen – handelt, um Kennen – und nicht um Meinen, diesen philosophischen Erzfeind Adornos –, um ein einläßliches Verstehen – diese Zentralkategorie der Psychoanalyse. Aber es scheint mit unfruchtbar, zum gegenwärtigen Zeitpunkt die Idee des »Soziotop« sozusagen grundbegrifflich anzugehen. Wie gesagt: wäre die Kategorie des »ästhetisch-expressiven« so weit entfaltet wie die des »kommunikativen Handelns«, man käme in dieser Hinsicht wohl leichter voran.

Damit sind wir bei der Frage der Literatur, ob es bloß eine solche sei, was hier vorgeführt worden ist – wobei Sie, wenn Sie diese Frage enttäuscht stellen, nicht vergessen sollten, daß sie Ihnen hier, beim Lesen, gekommen ist, Sie sind, will ich sagen, schon verwickelt in die Literatur.

Aber so einfach brauchen wir es uns gar nicht zu machen. Schauen wir noch einmal auf Eugen Rapp. Hermann Lenz will, wie mehrfach gesagt, keinen Zweifel daran lassen, daß seine entfremdete und verfremdende Wahrnehmung schon da war, *bevor* er im Ernst mit dem Schreiben begann, im Schreiben kam sie dann zu sich selbst, wurde eine Handlungsperspektive.

Mag sein, daß diese Wahrnehmung notwendig zu einer »ästhetisch-expressiven Kompetenz« gehört, es müßten sich dann Äquivalente für Schreiben (und Lesen) finden lassen, Basisqualifikationen meinetwegen, die im Schreiben und Lesen ausdifferenziert und spezialisiert werden (ich sehe mal ab von den anderen ästhetischen Medien). An der Psychoanalyse, das hatte ich schon gesagt, fällt auf, welche Bedeutung in ihr dem Formulieren als Erzählen, als genaueste, gegen Urteils- und Meinungsschemata durchgesetzte Darbietung von lebensgeschichtlichen Materialien, zukommt – es ist aber ein prinzipiell mündliches Erzählen, das sich, wie Schönau noch einmal gezeigt hat, nicht wirklich verschriftlichen läßt. Und den Analytiker kann man sich – wenn es um solche Basisqualifikationen geht – durchaus in einem strengeren, nicht bloß metaphorischen Sinne als Leser dieser Erzählungen vorstellen, wobei der analytische Prozeß darauf hinausläuft, daß der Analysand seine eigenen Erzählungen, in die er zunächst hilflos und angstvoll verstrickt war, gleichfalls in diesem Sinne lesen lernt.

So könnte man Eugen Rapp, bevor er zu schreiben beginnt, als Leser seiner Lebenswelt auffassen: das dergestalt Gelesene ist das potentiell Schreibbare, aber der Übergang von der Potentialität zur Realisierung ist, wenn es um Basisqualifikationen geht, keineswegs zwingend notwendig. (Im Vertrauen und nebenbei: »Hanni Treutlein«, die Eugen Rapp in dem sich nach 1945 eröffnenden Zwischenraum geheiratet hat, organisierte in den fünfziger Jahren als Verlagslektorin das Erscheinen eines der zentralen Bücher über die Psychoanalyse, eines Buches von Herbert Marcuse, das in den sechziger Jahren unter dem Titel *Triebstruktur und Gesellschaft* Furore machte, freilich im SDS schon in der von »Hanni Treutlein« besorgten Ausgabe studiert worden war.)

In diesem Sinne hat sich, um auf den Anfang zurückzukommen, auch K. als »Leserin« betätigt, als sie die Ehe von Christa und Rudolf, die ungewöhnliche Rollenkonstellation, die die beiden miteinander ausgehandelt hatten, mit dem befriedigten Urteil »So geht's eben auch« bedachte. Auch der Gast in dem Wiener Kaffeegarten, der das Faktotum, das sich als Chefkellner inszenierte, beobachtete (statt sich über den Mann zu ärgern, weil er seine Profession nicht profihaft ausübe), auch dieser Gast wäre in jenem Sinne als Leser tätig gewesen – an vielen der oben aufgetretenen Autoren könnte ich diesen Gedanken weiterführen, beispielsweise an Dieter Hacker und Andreas Seltzer, an ihrer Suche nach dem, was sie »Volkskunst« nennen, und ich gebe gern zu, daß mir angesichts ihrer Fundstücke die Idee eines solchen »Lesens« zum ersten Mal gekommen ist.

Ich bin jetzt nicht in der Lage, diese Idee im Rahmen ästhetischer Theorien, in den Begriffen von »Entkunstung«, »Avantgarde«, »Aura-Zerfall«, »Institution Kunst«, »Entsublimierung«, »Moderne« usw. zu diskutieren, ich kann dazu nicht einmal eine Skizze geben. Ich will bloß nicht verschweigen, daß Siegfried Kracauers Idee, die Kamera des Fotografen wie die des Filmemachers verkörpere einen Leser (und keinen Schöpfer), unzweifelhaft in diesen Zusammenhang gehört. Mag auch sein, daß Peter Handkes Idee vom »verborgenen Volk der Leser« hier aufgenommen und weiterverfolgt werden müßte . . .

Ich muß noch ein letztes Problem angehen, das Sie gerade anläßlich von Dieter Hacker und Andreas Seltzer beschäftigt haben mag (bei Herrn F. jedenfalls war es so). Handelt es sich bei diesem Zwischenraum, in dem Soziotope entstehen mögen, bei diesem operativen Regionalismus, der nicht die Autonomie existierender Regionen gegen Zentralgewalten verteidigt, sondern Regionen aus dem Zugriff von Zentralgewalten heraussprengt und sie autonomisiert –, handelt es sich hier um eine Sache der Wahrnehmung oder des Wahrgenommenen, des Blickes oder des Erblickten, des »Lesens« oder des »Textes«? Kann man nicht die Arbeitsweise von Hacker und Seltzer als *Methode* beschreiben, wie man solche Funde macht, die dann, mit einer ehrwürdigen Geste der Avantgarde, die wohl auf Marcel Duchamp zurückgeht, zu Kunst erklärt, d. h. autonomisiert werden?

Ich sage es gleich: ich muß und will die Frage offenlassen. Ob der Blick von Eugen Rapp, um es metaphorisch zu sagen, der initiale Lese-Akt ist, der diesen Zwischenraum überhaupt erst produziert, und das bloß für den Leser selber, oder ob man sich die Sache sozusagen hegelianisch vorstellen soll, das möchte ich nicht entscheiden. *Weiterlesen!* Es ist ja auch offen, ob die Ehe von Christa und Rudolf, anhand derer K. die Formel des »Soziotop« eingeführt hatte, in dieser Form fortbesteht, sich als Soziotop erhält. Keine der Geschichten, die hier erzählt worden sind, ist in einer Weise fertig, daß man um das »Weiterlesen« herumkäme.

Sehen wir also zu. Die Frage, um nochmal auf den Anfang zurückzukommen, die Frage, wer die Hasen und Igel erledigt, von denen sich die Krähenschwärme in den Autobahnschleifen ernähren, ist ja überhaupt noch nicht angegangen.

Die Autoren

Werner Graf, wissenschaftlicher Angestellter an der Universität-Gesamthochschule Paderborn, Mitherausgeber von *Literatur & Erfahrung*. 1981 ist erschienen: *Erfahrungskonstruktion. Robert Musils Roman »Der Mann ohne Eigenschaften«*.

Rainald Goetz, geboren 1954, Arzt und promovierter Historiker, lebt in München vom Schreiben.

Walter Schönau, geboren 1936, arbeitet als Literaturwissenschaftler am Germanistischen Institut der Universität Groningen (Niederlande).

Hilke Holinka, geboren 1946, Hamburg; unterrichtet Deutsch und schreibt. *Ruth-Ester Geiger*, geboren 1950, Hamburg; Autorin für Funk, Fernsehen und Zeitschriften. *Gabriele Kreis*, geboren 1947, Hamburg; schreibt, u. a. für Funk und Presse. *Claudia Rosenkranz*, geboren 1948, Hamburg; arbeitet an einer Dissertation, diverse Nebentätigkeiten.

Heinz Bonorden, geboren 1948; Lehrer in Berlin für Deutsch und Geschichte

Martin Roda Becher, geboren 1944 in New York, aufgewachsen in Österreich und in der Schweiz. 3 Jahre am Bühnenstudio in Zürich. Mitarbeit an verschiedenen Filmen. Lebt heute als Journalist und Schriftsteller in Basel. Zuletzt erschien *Im Windkanal der Geschichte*, Frankfurt 1981.

Katharina Rutschky, geboren 1941, Lehrerin, lebt jetzt als freie Autorin in München. Veröffentlichungen: *Schwarze Pädagogik (1977)*, Zeitschriftenaufsätze.

Michael Becker, geboren 1952 in Hannover. Studium der Germanistik und Politikwissenschaft in Düsseldorf, Hannover und Berlin. Lebt in Berlin und arbeitet als Lehrer. Mitherausgeber der Zeitschrift *Literatur & Erfahrung*. *Stefan Heerich*, geboren 1953 in Düsseldorf, Studium der Romanistik und Germanistik an der Universität Düsseldorf und der FU Berlin. Seit 1979 Mitherausgeber der Zeitschrift *Literatur & Erfahrung* in Berlin, in der er diverse Artikel und Essays veröffentlicht hat. Wohnt in Berlin und arbeitet zur Zeit als Fremdsprachenassistent in Arles/Frankreich. Der vorliegende Beitrag ist die veränderte Fassung eines in *Literatur & Erfahrung* erschienenen Aufsatzes.

Bodo Kirchhoff, geboren 1948, lebt in Frankfurt/Main. Bücher: *Ohne Eifer, ohne Zorn* (Novelle), *Body-Building* (Erzählung, Schauspiel, Essay), *Die Einsamkeit der Haut* (Prosa). Stücke: *Das Kind oder die Vernichtung von Neuseeland, Body-Building, An den Rand der Erschöpfung weiter.*

Jochen Schimmang, geboren 1948, von 1969 bis 1974 Studium der Politischen Wissenschaft in Westberlin. Danach wechselnde Jobs und Arbeitslosigkeiten in Hamburg, Wiesbaden, Bochum und Heimsheim (Baden-Württemberg). Seit Ende 1978 in Köln, zur Zeit beim Versuch, als »freier« Autor zu leben. Veröffentlichungen: *Nicht versöhnt* (in: *Ausgeträumt*, Frankfurt 1978); *Der schöne Vogel Phönix*, Frankfurt 1979; *Das Ende der Berührbarkeit*, Frankfurt 1981; außerdem Veröffentlichungen in Zeitschriften.

Hans-Josef Ortheil, geboren 1951 in Köln. Studium der Musikwissenschaften, Germanistik und Philosophie in Göttingen, Rom, Paris und Mainz. Promotion 1976. Seit 1976 wissenschaftlicher Mitarbeiter am Deutschen Institut der Universität Mainz. Roman: *Fermer*, Frankfurt 1979. Aspekte-Literaturpreis 1979. Essays, Erzählungen, Aufsätze in zahlreichen Zeitschriften.

Dieter Hacker, geboren 1942; Studium an der Akademie der Bildenden Künste in München. 1971 Gründung der »7. Produzenten-Galerie« in Berlin. Mit Andreas Seltzer Herausgeber der Zeitschrift für Photographie *Volksfoto*. Lebt und arbeitet in Berlin. *Andreas Seltzer*, geboren 1943 in Danzig, 1964-1968 Studium der Malerei an der HdK in Berlin, 1981 Gründung des »Talwerk-Archivs«, Anfang 1982 Eröffnung eigener Galerie-Räume in Berlin-Kreuzberg.

Lothar Baier, geboren 1942, lebt als freier Autor in Rödermark, der vorliegende Beitrag ist die veränderte Fassung eines im *Merkur* erschienenen Aufsatzes.

Horst Königstein, geboren 1945 in Bremen; Lehrer, promovierter Medien-Pädagoge, freier Rundfunk-Journalist bis 1970; dann Redakteur im Bildungs- und Kursusprogramm des NDR; seit 10 Jahren Fernsehfilme über Rockmusik und jugendliche Subkulturen, Alltagserleben, Geschichte der Städte. Drehbücher zu Fernsehspielen und Co-Texter von Rock-Musikern wie Udo Lindenberg und Peter Gabriel.

Michael Zeller, geboren 1944, lehrt neuere deutsche Literatur an der Universität Erlangen. Letzte Buchveröffentlichungen: *Aus meinen Provinzen*, Gedichte (1981); *Gedichte haben Zeit. Aufriß einer zeitgenössischen Poetik* (1982)

Mathias Greffrath, geboren 1945, Soziologe, lebt in Berlin, arbeitet als Redakteur beim SFB.

Michael Rutschky, geboren 1943 in Berlin. Er studierte Literaturwissenschaft, Soziologie und Philosophie in Frankfurt am Main, Göttingen und Berlin. Literaturkritische, essayistische und wissenschaftliche Beiträge in Zeitschriften und Sammelwerken. Publikationen: *Erfahrungshunger. Ein Essay über die siebziger Jahre; Lektüre der Seele*. Er lebt in München.

edition suhrkamp. Neue Folge

1 Gertrud Leutenegger, Lebewohl, Gute Reise
2 Hans Georg Bulla, Weitergehen
3 Von nun an: Neue deutsche Erzähler. Hg. v. Hans-Ulrich Müller-Schwefe
4 Franz Böni, Hospiz
5 Bodo Kirchhoff, Body-Building
6 Thomas Bernhard, Die Billigesser
7 Sinclair, Der Fremde
8 Octavio Paz, Suche nach einer Mitte
9 Tove Ditlevsen, Sucht
10 Hoffnung auf Frühling. Moderne chinesische Erzählungen. Bd. 1: 1919–1949. Hg. v. Volker Klöpsch u. Roderich Ptak
Hundert Blumen. Moderne chinesische Erzählungen. Bd. 2: 1949–1979. Hg. v. Wolfgang Kubin
11 Paul Feyerabend, Erkenntnis für freie Menschen
13 Stanisław Lem, Dialoge
14 Leo Löwenthal, Mitmachen wollte ich nie
15 William G. Niederland, Folgen der Verfolgung: Das Überlebenden-Syndrom. Seelenmord
16 Politik der inneren Sicherheit. Hg. v. Erhard Blankenburg
17 Der gerechte Krieg. Christentum, Islam, Marxismus. Red.: Reiner Steinweg
18 Darcy Ribeiro, Unterentwicklung, Kultur und Zivilisation
19 Uwe Johnson, Begleitumstände. Frankfurter Vorlesungen
20 Walter Benjamin, Moskauer Tagebuch
21 Dieter Leisegang, Lauter letzte Worte
22 Renate Rubinstein, Nichts zu verlieren und dennoch Angst
23 Hanna Krall, Schneller als der liebe Gott
24 Roberto Calasso, Die geheime Geschichte des Senatspräsidenten Dr. Daniel Paul Schreber
25 Nicolaus Bornhorn, America oder Der Frühling der Dinge
26 Winfried Menninghaus, Paul Celan. Magie der Form
27 Claude Lévi-Strauss, Mythos und Bedeutung
28 Der Neger vom Dienst. Afrikanische Erzählungen. Hg. v. Rüdiger Jestel
30 Roland Barthes, Leçon/Lektion
31 Das kontrollierte Chaos. Die Krise der Abrüstung. Red.: Reiner Steinweg
32 Die Museen des Wahnsinns und die Zukunft der Psychiatrie. Hg. v. Manfred M. Wambach u. a.

33 Alejo Carpentier, Stegreif und Kunstgriffe
34 Ernst Kris/Otto Kurz, Die Legende vom Künstler
35 Horst Antes, Poggibonsi 1979–1980
36 Wolfgang Glöckler, Seitensprünge
37 Manfred Jendryschik, Die Ebene
38 Christian Meier, Die Ohnmacht des allmächtigen Dictators Caesar
39 Das Afrika der Afrikaner. Gesellschaft und Kultur Afrikas. Hg. v. Rüdiger Jestel
40 Aufklärung und literarische Öffentlichkeit. Hg. v. Chr. Bürger, P. Bürger, J. Schulte-Sasse
41 Dalton Trevisan, Ehekrieg
42 Logik des Herzens. Die soziale Dimension der Gefühle. Hg. v. Gerd Kahle
43 Hans-Georg Backhaus, Marx und die marxistische Orthodoxie
44 Versuchungen. Aufsätze zur Philosophie Paul Feyerabends. Hg. v. Hans Peter Duerr
45 Julio Cortázar, Reise um die Tage in 80 Welten
46 Ernst Bloch, Abschied von der Utopie?
47 Karl Marx, Enthüllungen zur Geschichte der Diplomatie im 18. Jahrhundert. Hg. v. Karl August Wittfogel
49 Thomas Brasch, Engel aus Eisen
50 Hans Mayer, Versuche über die Oper
51 Maxime Rodinson, Die Araber
52 Eduard Heimann, Soziale Theorie des Kapitalismus. Theorie der Sozialpolitik
53 Renato P. Arlati, Auf der Reise nach Rom
54 Lao She, Das Teehaus
55 Max Kaltenmark, Lao-tzu und der Taoismus
56 Unsere Bundeswehr? Zum 25jährigen Bestehen einer umstrittenen Institution. Red.: Reiner Steinweg
57 Michael Buselmeier, Der Untergang von Heidelberg
58 Karl Heinz Bohrer, Plötzlichkeit. Zum Augenblick des ästhetischen Scheins
59 Kim Chi Ha, Die gelbe Erde und andere Gedichte
60 Tankred Dorst, Mosch
61 Anselm Glück, Falschwissers Totenreden(t)
62 Dambudzo Marechera, Das Haus des Hungers
63 Soziale Unterstützung und chronische Krankheit. Hg. v. B. Badura
64 Octavio Paz, Der menschenfreundliche Menschenfresser
65 Adolf Muschg, Literatur als Therapie?

edition suhrkamp. Neue Folge